LE JUGEMENT PRATIQUE

BIBLIOTHÈQUE D'HISTOIRE DE LA PHILOSOPHIE

NOUVELLE SÉRIE

Fondateur : Henri GOUHIER — Directeur : Jean-François COURTINE

LE JUGEMENT PRATIQUE

AUTOUR DE LA NOTION DE *PHRONÈSIS*

sous la direction de

Danielle LORIES *et* **Laura RIZZERIO**

Ouvrage publié avec le concours du Fonds national belge de la Recherche scientifique

PARIS

LIBRAIRIE PHILOSOPHIQUE J. VRIN

6, Place de la Sorbonne, V^e^

—

2008

Imprimé en France

ISSN 0249-7980

ISBN 978-2-7116-1980-1

www.vrin.fr

INTRODUCTION

CONTRE UNE « IDÉE MORTELLE »[1]

En 1719, dans un ouvrage dont le succès ne se démentirait pas jusqu'à la fin du siècle, Jean-Baptiste Du Bos écrivait :

> Notre siècle peut être plus savant que les siècles illustres qui l'ont précédé ; mais je nie que les esprits aient aujourd'hui, généralement parlant, plus de pénétration, plus de droiture et plus de justesse qu'ils n'en avaient dans ces siècles-là. Comme les hommes les plus doctes ne sont pas toujours ceux qui ont le plus de sens, de même le siècle qui est plus savant que les autres, n'est point toujours le siècle le plus raisonnable. Or c'est du sens qu'il s'agit ici, puisqu'il s'agit de juger. Dans toutes les questions où les faits sont généralement connus, un homme ne juge pas mieux qu'un autre, parce qu'il est plus savant que lui, mais parce qu'il a plus de sens ou plus de justesse d'esprit. [...] Je me contenterai de dire que l'esprit philosophique qui rend les hommes si raisonnables, et pour ainsi dire *si conséquents*, fera bientôt d'une grande partie de l'Europe, ce qu'en firent autrefois les Goths et les Vandales, supposé qu'il continue à faire les mêmes progrès qu'il a faits depuis soixante-dix ans. Je vois les arts nécessaires négligés ; les préjugés les plus utiles à la conservation de la société s'abolir ; et les raisonnements spéculatifs préférés à la pratique. Nous nous conduisons sans égard pour l'expérience, le meilleur maître qu'ait le genre humain ; et nous avons l'imprudence d'agir, comme si nous étions la première

1. Paul Ricœur qualifie ainsi l'idée d'une « science de la praxis » dans un texte intitulé « La raison pratique », dans *Du texte à l'action. Essais d'herméneutique II*, Paris, Seuil, 1986, p. 278.

> génération qui eût su raisonner. Le soin de la postérité est pleinement négligé. [...] Que les particuliers se gouvernent, comme s'ils devaient avoir leurs ennemis pour héritiers, et que la génération présente se conduise comme si elle devait être le dernier rejeton du genre humain ; cela n'empêche pas que nous raisonnions mieux dans les sciences, que n'ont fait tous les hommes qui nous ont précédés. Ils nous auront surpassés, si l'on peut se servir de cette expression, en *raison pratique*, mais nous les surpassons en *raison spéculative*[1].

C'est dire que l'on n'a pas attendu l'avènement d'une ère post-moderne pour s'inquiéter de l'aveuglement périlleux qui accompagne les progrès technico-scientifiques, ni pour se soucier de l'état dans lequel ces avancées de l'esprit humain pourraient léguer notre planète aux générations à venir. C'est dire aussi que la modernité du XVIIIe siècle ne va pas sans que se maintienne en son sein la conscience du précieux héritage des Anciens qu'il demeure vital de sauvegarder quand le mouvement du savoir et des techniques nous emporte.

Les réflexions du bon Abbé sur la poésie et sur la peinture ne nous intéressent pas directement et notre préoccupation n'est plus de savoir si « l'Iliade n'est [...] point exposée à subir un jour le sort du système de Ptolémée, dont le monde est aujourd'hui désabusé »[2]. Ce qui retient ici l'attention, c'est en effet la distinction qu'opère l'auteur entre la raison spéculative et la raison pratique, c'est la stigmatisation de cet esprit « philosophique » qui fait son siècle si « savant » et ses contemporains si « doctes » sans qu'il dote leur esprit de plus de pénétration, de droiture ou de justesse. En contrepoint au docte esprit philosophique, toujours « si conséquent » et toujours plus « savant », Du Bos dessine le portrait de l'homme de « sens », doué de justesse d'esprit, « raisonnable » en un mot, et capable, au contraire de la plupart des « philosophes », d'agir avec « prudence », et eu égard à « l'expérience ». C'est que « les plus doctes ne sont pas toujours ceux qui ont le plus de sens », et quand il s'agit de pratique et d'action, « c'est du sens qu'il s'agit ici, puisqu'il s'agit de juger ». Face à la rationalité du théoricien spéculatif, donc, la raison pratique et l'expérience de l'homme de jugement et d'action.

1. J.-B. Du Bos, *Réflexions critiques sur la poësie et sur la peinture*, 7e édition, Paris, Pissot, 1770 (édition reproduite par Slatkine, Genève, Paris, 1982), partie II, section XXXIII, p. 475-478.

2. *Ibid.*, p. 474.

Et si nous avons choisi d'ouvrir ce recueil par ce texte du XVIIIe siècle, c'est qu'il ne s'agira pas ici d'opposer une fois de plus la sagesse pratique ou la prudence des Anciens à celle des Modernes[1]. Il ne s'agira pas de dénoncer encore la négation de l'antique notion par la modernité, ou sa vacuité proclamée par la science triomphante, ni même de redire l'absence moderne d'un équivalent de la *phronèsis* ancienne. Nous souhaitons au contraire souligner la pérennité à travers les siècles d'une spécificité reconnue de la raison pratique. En dépit des avatars bien identifiés de cette idée face à l'évolution de l'esprit scientifique moderne jusqu'à la techno-science et la société de l'information contemporaines, et sans les vouloir nier d'aucune façon, nous voulons mettre en évidence le fait que cette distinction non seulement tient bon et a toujours trouvé et trouve toujours à s'exprimer, mais qu'il est toujours plus crucial de la réaffirmer, et toujours plus utile d'y recourir.

Ceci explique certaines spécificités du parcours que nous proposons au lecteur. Au contraire de beaucoup de retours à l'enseignement aristotélicien en matière de sagesse pratique[2], nous ne traitons pas les thèses d'Aristote sur la *phronèsis* comme l'unique recours face à des dérives de notre temps, ni comme une exception dans la pensée ancienne, nous voulons – sans pourtant aucune prétention à l'exhaustivité – les inscrire dans une histoire qui remonte aux Présocratiques, se lit chez les Socratiques et chez Platon, et se poursuit après Aristote, dans le néoplatonisme, chez les Stoïciens, avant de prendre forme latine et de poursuivre son chemin dans la pensée chrétienne.

UNE LONGUE HISTOIRE

Renvoyant à des indications de R. A. Gauthier dans l'édition de l'*Éthique à Nicomaque*, le travail de P. Aubenque nous ouvre la voie en montrant la filiation de la *phronèsis* tragique à celle d'Aristote. Sur le plan

1. On peut à cet égard lire par exemple : *Une prudence moderne* ?, Journée organisée par P. Raynaud et S. Rials sous l'égide de l'Institut La Boétie, Paris, P.U.F., 1992 ; A. Tosel (éd.), *De la prudence des anciens comparée à celle des modernes. Sémantique d'un concept, déplacement des problématiques*, Annales littéraires de l'Université de Besançon, 572, Paris, 1995 ; A. Tosel (éd.), *Formes de rationalité et phronétique moderne*, Annales littéraires de l'Université de Besançon, 574, Paris, 1995 ; Gil Delannoy, *Éloge de la prudence*, Paris, Berg International, 1993.

2. Sur la « réhabilitation » de l'Aristote de la *praxis* dans ce que l'on a appelé le « néo-aristotélisme allemand » et d'autres courants, cf. *infra*.

philosophique, on a pu faire de Démocrite une sorte de précurseur d'Aristote sur cette question[1]. Une fort stimulante étude d'André Motte réunit ici tous les éléments pour une comparaison approfondie. Pour lors nous en retiendrons simplement que la *phronèsis* « tient ensemble toutes les choses humaines »; descendue « du royaume des dieux dans la cité et dans le cœur des hommes », elle assure à la vie humaine unité et cohérence par les trois « bienfaits » qui naissent d'elle: bien délibérer, bien dire, agir comme il faut[2]. La *phronèsis* est l'instance d'ordonnancement de la vie humaine en totalité, « au double sens, précise A. Motte, du mot ordonner, à savoir mettre en ordre, harmoniser, d'une part, orienter, commander, d'autre part », elle régit « une vie où règne la cohérence entre ce qui est pensé et ce qui est, entre ce qui est dit et ce qui est fait, l'action étant d'ailleurs la fin du processus, au double sens de terme final et de but poursuivi ». Non seulement cette *phronèsis* démocritéenne anticipe sur la vertu dianoétique aristotélicienne dans son rapport à la vertu éthique, à l'action, à la délibération, mais encore au *kairos*, au discernement, à la *proairèsis*. Si Démocrite rejette l'intellectualisme moral de Socrate, ce qui lui fait défaut, ce sont les distinctions nettes qu'Aristote tracera, avec les implications épistémologiques que l'on sait, entre la *phronèsis*, d'une part, et la science et la *sophia*, d'autre part. Pourtant, chez Héraclite déjà certains commentateurs ont relevé des éléments qui donnent à penser que cette distinction est en germe. Bien qu'en dépit des efforts des interprètes et en deçà de leurs divergences, cette pensée fort ancienne conserve tout son caractère énigmatique (qui prête à toutes les projections rétrospectives), il semble qu'une *phronèsis* se dessine chez l'Obscur comme pensée du cœur, une pensée du cœur qu'on retrouve chez Empédocle (du cœur et du « sang » dans la physiologie de celui-ci)[3]. Héraclitéenne, la *phronèsis* a dès ce moment partie liée à l'expérience et au sentir, voire à l'affectivité et à l'émotion (le cœur), plutôt qu'à l'intelligence « pure ». Commune, elle semble néanmoins menacée le plus souvent (chez les *polloi*), tant par la tendance à l'enfermement sur soi et ses propres désirs qui s'oppose à l'ouverture aux choses telles qu'elles sont dans l'expérience véritable que

1. *Cf.* R. A. Gauthier et J. Y. Jolif, *L'Éthique à Nicomaque. Introduction, traduction et commentaire*, Louvain-Paris, Peeters, 1970[2] (réimpr. 2002), t. II, 2, p. 464 et surtout *infra*, chap. II.

2. A. Motte confronte scrupuleusement les cinq formulations qui témoignent de cette affirmation de Démocrite (DK, B 2), cf. *infra*, chap. II.

3. *Cf.* à ce propos le point que fait L. Rizzerio sur les différentes lectures que l'on peut soutenir des fragments principaux concernés, *infra*, chap. I.

par le savoir acquis de façon scolaire, lequel substitue habituellement des modèles appris à l'effort de réflexion qu'exige la réalité rencontrée dans l'immédiateté de l'expérience. De sorte que le *phronein* semble une lucidité réfléchie et néanmoins sensible, bornée d'un côté par l'aveuglement du désir immodéré et incontrôlé, qui fait envisager les choses seulement sous l'angle de son propre intérêt, et de l'autre par un *gignôskein*, un connaître résultant d'un enseignement et objet d'apprentissage (*manthanein*).

Chez le Socratique Antisthène, la vertu, qui est science, dépend de la *phronèsis* et s'enseigne, mais il est clair que cette dernière, propre de l'homme, lui *permet d'agir* sur ce qui lui est étranger, la réalité extérieure. Impliquée dans la transformation nécessaire de l'inclination en désir du beau et du bien, la *phronèsis* est intimement liée à l'idée d'une *paideia* supérieure à l'instruction traditionnelle ou à la nouvelle éducation proposée par les sophistes. Si l'objet de ce savoir supérieur consacré par la *paideia* « démonique » (par opposition à « humaine ») est identifié comme « choses supérieures et principales », il est clair que son instrument est la *phronèsis* et son but l'acquisition des principes d'orientation de l'agir moral qu'il faut opposer aux creux discours et aux sophismes comme la science s'oppose à la simple conjecture. On voit que la *phronèsis*, si elle appartient au registre de la connaissance théorique (le savoir du bien et du mal, du propre et de l'impropre…) ressortit aussi à la connaissance pratique, dictant ce qu'il faut faire[1]. Si la nette distinction du théorique et du pratique fait évidemment défaut ici encore, la *phronèsis* est bien porteuse néanmoins de traits qu'elle conserve chez Aristote, quand elle devient l'excellence propre de la *praxis*.

On sait la difficulté d'identifier l'unité des sens de *phronèsis* chez Platon. Dans une étude où elle rassemblait les emplois platoniciens de *phronèsis* en plusieurs « constellations » distinctes pour établir un classement des occurrences, Monique Dixsaut différenciait déjà une « *phronèsis* pure » d'une « *phronèsis* comme genre » et concluait que l'opposition d'Aristote à Platon quant à la portée de ce concept repose, au fond, de manière moins essentielle dans la séparation de *sophia* et de *phronèsis* que dans celle du produire et de l'agir, cette dernière relevant en fin de compte du refus métaphysique par Aristote de l'unique mode causal platonicien, celui de la forme : « L'opposition est métaphysique, écrivait-elle, car à s'en tenir au niveau éthique et technique, les différences échappent au fur et à

1. Sur ceci, cf. *infra*, chap. III par A. Brancacci.

mesure qu'on tente de les saisir»[1]. Le terme, fait ici observer le même auteur, est mis en relation avec les différentes formes de pensée, *c'en est le genre et l'espèce la plus haute*. Genre de toutes les capacités de l'âme, elle peut être dite pure quand elle est associée à l'intelligence et à l'être qui est vraiment, mais alors elle «ne se trouve que là-bas». Sorte de «face intérieure de l'intelligence», la *phronèsis* platonicienne s'avère pourtant régulatrice en de nombreux domaines : elle civilise, elle féconde l'âme en matière poétique aussi bien que législative, elle préserve de la pauvreté du sophisme, comme du délire; elle est aussi source de valeurs et, prenant parfois la place de la *sophia*, revêt des traits qui lui seront plus spécifiquement attribués chez Aristote : politique, elle est de bon conseil et, dans l'individu, elle désigne la vertu de sa part raisonnable capable de délibération; elle est aussi le fondement de l'unité des vertus en ce sens qu'elle est en elles cela même qui fait de chacune d'elles une vertu. « Pour agir, écrit ici même M. Dixsaut, la *phronèsis* doit persuader la nécessité, s'insinuer, pénétrer, s'adapter, saisir l'occasion. L'inscription de l'intelligence dans ce qui en est privé comporte nécessairement des degrés, en fonction de la résistance rencontrée». Comment ne pas voir là, en amont d'Aristote, une reconnaissance de la spécificité de la sphère pratique ou plus exactement du mode propre de pénétration de l'humaine intelligence en ce registre de l'action et de sa difficulté spécifique? Mais nous sommes chez Platon, et c'est pourquoi se maintient ici «la continuité et l'unité du genre» plutôt qu'« une discontinuité et une distinction» : « la *phronèsis* est précisément pour Platon l'instrument de la continuité : par elle, l'intelligence a le moyen d'affirmer sa présence dans ce qui lui est le plus hostile ou le plus indifférent»[2]. Autant dire qu'elle inscrit de l'intelligibilité dans le contingent; – n'est-ce pas ce qu'en un autre registre de pensée, cherchera expressément à faire le *phronimos* d'Aristote?

En aval d'Aristote, les Stoïciens renouent avec la tradition intellectualiste socratico-platonicienne et à nouveau *phronèsis* et *sophia* tendent à se confondre, la *phronèsis* redevient *epistèmè*. L'accent sur le statut épistémique a tendance à minorer l'importance de la maîtrise de soi[3] et de la modération en leur rapport à l'exercice de la *phronèsis*; il n'en demeure pas

1. « De quoi les philosophes sont-ils amoureux ? Sur la *phronèsis* dans les dialogues de Platon », dans M. Dixsaut (éd.), *Platon et la question de la pensée. Études platoniciennes I*, Paris, Vrin, 2000, p. 119.

2. Sur tout ceci, cf. *infra*, chap. IV par M. Dixsaut.

3. Cf. *infra*, le chap. VI que J.-B. Gourinat consacre aux éclipses de la *phronèsis* chez les Stoïciens.

moins que la *phronèsis* stoïcienne préside à toute décision pratique, y compris dans l'incertitude quant à l'avenir. Devenue vertu rapportée aux devoirs, à ce qu'il convient de faire, la *phronèsis* continue à déterminer en chaque circonstance particulière ce qu'il faut faire, l'action qui convient; la référence aux *kathèkonta* vient pour ainsi dire remplacer la médiété aristotélicienne qui impliquait la figure du *phronimos*. Bien des traits de la vertu dianoétique d'Aristote se maintiennent ainsi à travers d'autres stratagèmes pour faire face à l'imprévisibilité et à la fragilité des affaires humaines [1].

Chez Plotin, on retrouve une *phronèsis* alliant traits aristotéliciens et épicuriens, qui se définit comme « une sorte d'*epilogismos* », d'« évaluation comparative qui a surtout à voir avec l'universel », et qui semble tenir un lieu et un rôle intermédiaires, « se nourrissant de principes intelligibles » et « capable de diriger les actions éthiques, de sorte que ces dernières sont rattachées au principe général qu'est l'Intellect » [2].

La filiation platonicienne qu'on identifie chez Augustin n'empêche pas non plus chez celui-ci une certaine reconnaissance des traits spécifiques du domaine de l'action et de l'aptitude phronètique correspondante. Selon l'héritage de Cicéron, la *phronèsis* est distincte de la *sophia*, tout en étant en une certaine continuité avec elle : devenue *prudentia*, elle est ce à quoi conduit *dans le domaine de l'action* la *sapientia*. La *prudentia*, parmi les vertus cardinales, reste bien chez Augustin orientée vers l'action : elle est science de ce qu'il faut désirer et éviter; non seulement cette définition conserve l'essentiel rapport qu'entretenait la *phronèsis* aristotélicienne avec l'inclination et le désir, mais lorsqu'on définit ainsi cette vertu, on ne peut manquer de donner un rôle crucial au discernement quant à la situation concrète particulière. En un sens, au travers des différentes étapes de la tradition, l'alliance de la justesse du coup d'œil et de la rectitude du désir se maintient, et avec elles, sous diverses guises, les composantes indissociables de la vertu de la *praxis* aristotélicienne. C'est ce que l'on voit à l'œuvre chez Augustin dans la valorisation de l'expérience et des exemples, ainsi que dans la nécessaire inscription de la *prudentia* dans le temporel (c'est dans le temps que l'on agit) [3].

On ne saurait s'étonner de retrouver tous les traits essentiels de la *phronèsis* d'Aristote dans la *prudentia* thomasienne. Inutile de s'attarder

1. Pour une argumentation sur ce point, *cf.* D. Lories, *Le sens commun et le jugement du* phronimos. *Aristote et les stoïciens*, Louvain-Paris, Peeters, 1998, chap. VI, section 3.

2. Sur Plotin, cf. *infra*, le chapitre VII que lui consacre A. Schniewind.

3. Cf. *infra*, chap. VIII de J.-J. Duhot.

ici sur cet aspect des choses. Mais le texte de Tobias Hoffmann[1] qui traite de Thomas d'Aquin insiste sur le fait que la simple connaissance ne suffit pas au progrès moral, à moins que cette connaissance ne se mue en connaissance pratique, c'est-à-dire prudentielle. Ce qui ressort ici est la nécessaire complémentarité de la prudence et de la vertu morale : la droite raison doit guider les désirs, prudence et tempérance vont de pair. La prudence est un savoir qui a un effet sur les inclinations, qui s'y intègre. Ce qui veut dire aussi, soulignons-le, que la prudence discerne la fin de l'action, et ne se contente pas de délibérer sur les moyens, même si cette juste appréhension de la fin de l'action présuppose la vertu morale. L'alliance de l'appétit et de la raison héritée des thèses aristotéliciennes se complète ici de l'intervention de cette faculté qui fait défaut chez le Stagirite : la volonté. Cette instance permet à Thomas d'insister à nouveaux frais sur le *choix* : soumis aux mêmes inclinations mauvaises, ce qui distingue les continents des incontinents est que les premiers choisissent de freiner leurs passions. Il faut en outre noter, sans pouvoir ici développer ce point, qu'à certains égards Thomas d'Aquin offre une phase de transition entre une position ancienne et une position moderne de la question éthique. C'est qu'en effet, héritier incontestable d'Aristote, Thomas reprend à son compte la définition de la vertu éthique dans une lecture qui fait du *phronimos* ou de l'homme vertueux (on ne peut être vertueux sans être *phronimos* ni *phronimos* sans être vertueux) la mesure du bien, mais par ailleurs il défend l'idée que la loi naturelle comporte des « principes pratiques » par soi évidents et dont dépend toute connaissance relative aux actions particulières. Que le jugement pratique relève pour ainsi dire de deux « mesures » qui sont chez Thomas d'Aquin non pas concurrentes mais complémentaires et en rapport mutuel de besoin, voilà qui explique que certains auteurs contemporains ont pu chercher du côté de la lecture d'Aristote par Thomas des voies pour concilier les exigences modernes de la morale de la loi avec la nécessaire prise en considération du particulier dont rend mieux compte le recours à la *phronèsis* aristotélicienne[2].

Chez les Modernes, nous entendons insister sur ceci que la rupture avec ces références anciennes n'est ni totale, ni brutale. À côté de la distinction bien connue chez Pascal de l'esprit de géométrie et de l'esprit de finesse, des éléments de l'ancienne sagesse pratique du Stagirite sont passés par l'École pour laisser des traces remarquables chez Descartes, dans l'alliance

1. Cf. *infra,* chap. IX.
2. Sur de telles tentatives, cf. *infra,* le chap. XV par A. Campodonico.

qu'exige sa morale, d'une part, d'une justesse de vue, du jugement (« sens » ou « sentiment », auraient dit Du Bos comme Pascal), qui repère et désigne toutes les choses qui sont les meilleures à entreprendre et exécuter, et, d'autre part, de résolution, ferme et constante, de bien user de la libre disposition de ses volontés, dont l'homme généreux doit savoir que seule elle lui appartient véritablement[1]. Chez Kant même[2], là où se manifeste dans tout son éclat l'opposition de la moderne morale du devoir à l'ancienne éthique du bonheur, l'impératif de la loi à l'exercice eudémonique des vertus, le respect non négociable de la règle universelle à la quête toujours hésitante d'une excellence fragile, on trouvera place pour l'héritage d'une sagesse prudentielle. Pierre Aubenque avait déjà fait remarquer que dans les *Réflexions sur l'éducation*, « la culture pragmatique de la prudence est destinée à former en l'homme le citoyen » et qu'ainsi, chez Kant, « la prudence, exclue de la moralité, revendique au moins une place dans le domaine auquel le sens commun l'associe le plus volontiers, à savoir la politique »[3]. À cet égard, François Marty montre que la prudence s'immisce jusqu'au cœur de l'impératif catégorique. Ce faisant, elle y inscrit la finitude de la raison humaine et fait en sorte que la morale kantienne résiste à l'interprétation formaliste et à son impasse[4]. De même qu'au plus fort de son expression, l'idéal platonicien de la Cité fondée sur le savoir des philosophes ne réussit pas à éliminer toute espèce de spécificité non techni-

1. *Cf.* la définition de la générosité à l'article 153 des *Passions*. Ici même voir chap. X.

2. Notre parcours, avons-nous dit, n'a à l'évidence aucune prétention à l'exhaustivité. L'une des lacunes les plus flagrantes, pour ce qui est des Modernes, est dans ce saut de Descartes à Kant qui fait l'impasse sur toute la tradition, surtout de langue anglaise, du *sens moral*, par rapport à laquelle Kant ne manque pas du reste de se situer. Sur cette importante étape moderne de la question, *cf.* L. Jaffro (éd.), *Le sens moral. Une histoire de la philosophie morale de Locke à Kant*, Paris, P.U.F., 2000, en particulier L. Jaffro, « La formation de la doctrine du sens moral : Burnet, Shaftesbury, Hutcheson ». Sur la filiation de l'éthique ancienne à l'élaboration du concept de sens moral chez Shaftesbury, *cf.* L. Jaffro, « La question du sens moral et le lexique stoïcien. Sur la définition du "sense" comme "affection" dans l'*Enquête sur la vertu* », dans F. Brugère et M. Malherbe (éd.), *Shaftesbury, philosophie et politesse.* Actes du Colloque (Université de Nantes, 1996), Paris, Honoré Champion, 2000 ; et dans le même recueil, D. Lories, « Sens moral et sens commun. Shaftesbury entre tradition et modernité ». Sur le rapport de Kant à Shaftesbury sur ce point : D. Lories, « Derechef du *sensus communis* : Shaftesbury (1709), Kant (1790) », dans R. Theis et L. K. Sosoe (éd.), *Les sources de la philosophie kantienne aux XVIIe et XVIIIe siècles*, Paris, Vrin, 2005. Une autre étape moderne de la problématique qui mériterait une investigation, en aval de Kant cette fois, est celle de l'idéalisme allemand et du romantisme.

3. P. Aubenque, « La prudence chez Kant », *Revue de Métaphysique et de Morale*, 2, 1975, p. 175 et p. 176.

4. Cf. *infra*, le chap. XI et l'impressionnante démonstration de F. Marty à cet égard.

cienne de la sagesse propre à l'action, de même il faudrait dire que ni les assauts dialectiques de l'idéalisme allemand, ni les négations pleines d'assurance du positivisme scientiste le plus extrême du XIXe siècle ne sont venus à bout de cette spécificité. Ou au moins faut-il dire que nous en sommes aujourd'hui revenus, puisqu'il est clair que s'expriment actuellement dans les débats sur l'action humaine et ses principes, sous diverses formes, les insatisfactions et les renoncements quant au vain espoir de trouver une solution à ces questions dans le savoir technico-méthodique desdites sciences humaines. Quant à la scène contemporaine, les tableaux qu'on en peut dresser ne sauraient faire l'économie de ce débat sur le caractère irréductible de la raison pratique, ni donc de la discussion sur la *phronèsis*[1].

UN ÉCHEVEAU DE QUESTIONS

Dans la pensée allemande, la *phronèsis* en vint à occuper le devant de la scène avec le mouvement, remontant au début des années soixante du siècle dernier, et connu sous le nom de « réhabilitation de la philosophie pratique »[2]. Celui-ci s'instaura pour l'essentiel dans le sillage des ouvrages de Hannah Arendt, *Vita activa* et de Hans-Georg Gadamer, *Wahrheit und Methode*, publiés en Allemagne tous deux en 1960[3]. C'est dire qu'il a son origine « essentiellement dans des positions philosophiques [...] assez différenciées entre elles », ce qui ne les empêcha pas d'être « ensuite rassemblées sous la désignation unitaire de "néo-aristotélisme" »[4].

1. On trouvera un rappel des caractères majeurs de la *phronèsis* aristotélicienne, présupposés par ce qui suit, dans le chap. V que J.-L. Labarrière consacre à Aristote.

2. D'après le titre donné au recueil qui fournit la première documentation sur le débat en question : M. Riedel (éd.), *Rehabilitierung der praktischen Philosophie*, 2 vol., Freiburg i B., Rombach, 1972-1974.

3. *The Human Condition* d'Arendt avait paru deux ans plus tôt dans sa version originale américaine.

4. C'est Habermas qui utilisa à ce propos le terme de « néo-aristotélisme » pour la première fois en 1975. Sur la réhabilitation de la philosophie pratique et le néo-aristotélisme, on lira, en français : E. Berti, « La philosophie pratique d'Aristote et sa "réhabilitation" récente », *Revue de Métaphysique et de Morale*, 2, 1990 et F. Volpi, « La naissance de la rationalité pratique dans la différenciation aristotélicienne du savoir : sa tradition et son actualité », dans J.-Fr. Mattéi (éd.), *La naissance de la raison en Grèce*. Actes du congrès de Nice, mai 1987, Paris, P.U.F., 1990, qui donnent toutes les indications nécessaires sur les tendances dans ce débat et les références utiles en la matière ; et aussi : E. Berti, « *Phronèsis* et science politique », dans P. Aubenque (éd.), *Aristote politique*, Paris, P.U.F., 1993, et dans le même volume : F. Volpi, « Réhabilitation de la philosophie pratique et néo-aristotélisme »,

On peut certes rattacher au nom d'Arendt « la redécouverte de l'actualité des modèles de philosophie pratique d'Aristote, puis de Kant », ainsi que « la tentative de se rattacher à ces modèles pour proposer une nouvelle considération philosophique du domaine de l'agir » ; et on doit lui reconnaître le mérite d'avoir « [attiré] l'attention de la pensée contemporaine sur la détermination aristotélicienne de la *praxis* et sur son caractère fondamental pour la compréhension *du* politique [...], contre la tyrannie de la production et du travail, qui caractérisent le monde moderne » ; il est dès lors indéniable que son œuvre constitue « une dénonciation hardie des apories et des naïvetés de la *science* politique moderne » et, contre celle-ci, une revendication de « l'actualité de la *philosophie* politique classique »[1]. Et l'on peut à bon droit indiquer par ailleurs que « Gadamer, lui aussi, dans un chapitre [...] devenu, par la suite, célèbre, soulignait l'actualité de l'éthique d'Aristote, en raison précisément de l'intérêt que présente la détermination aristotélicienne du savoir qui oriente l'agir et le vivre de l'homme, à savoir la *phronèsis*, la prudence »[2]. Néanmoins, il semble plus problématique d'envisager de manière critique l'une et l'autre pensées ensemble, voire tout à la fois ce qui dans leurs sillages respectifs a pu recevoir l'étiquette de néo-aristotélisme et se voir inscrit dans la « réhabilitation de la philosophie pratique ». En particulier, on pourrait dire, si l'on veut, qu'Arendt, au même titre que d'autres supposés « néo-aristotéliciens », a « puisé de nouveau dans Aristote, à vrai dire un peu rhapsodiquement » – si l'on n'entend pas par là une sorte d'incohérence –, et qu'elle l'a fait en étant surtout soucieuse des « apories de la modernité » et poussée « par l'anxiété de les résoudre »[3]. Mais il semble difficile de croire, en ce qui la concerne, que cette anxiété lui ait fait oublier ou négliger « l'exigence de comprendre effectivement les transformations historiques et conceptuelles qui ont porté la modernité à régresser en deçà de la

auquel nous empruntons la citation, p. 463. Également, A. Tosel, « Champ et dialectique des logiques de l'agir », dans A. Tosel (éd.), *Les logiques de l'agir dans la modernité*, Paris, Annales littéraires de l'Université de Besançon, 462, 1992 ; P. Aubenque, « Philosophie pratique et herméneutique. Réflexions sur le néo-aristotélisme allemand contemporain », dans A. Tosel (éd.), *Formes de rationalité et phronétique moderne*, *op. cit.*

1. *Cf.* F. Volpi, « Réhabilitation de la philosophie pratique et néo-aristotélisme », art. cit., p. 461, p. 463 et p. 464. Sur Arendt et son recours conjoint à Aristote et Kant, *cf.* dans le présent recueil, chap. XIII par J. Taminiaux.

2. F. Volpi, *ibid.*, p. 463. Sur Gadamer et sa lecture de la *phronèsis* chez Aristote, *cf.* ici chap. XII par P. Kontos.

3. F. Volpi, « La naissance de la rationalité pratique », déjà cité, p. 290.

détermination aristotélicienne du savoir pratique »[1]. Non seulement une telle hypothèse fait fi des longues analyses par lesquelles, dans *La condition de l'homme moderne*, Arendt montre précisément les révolutions historiques et conceptuelles qui marquent l'avènement de la modernité puis son évolution jusqu'aux sciences et à la société d'aujourd'hui, du modèle de la *poièsis* qui s'impose progressivement au domaine de la *praxis*, et du triomphe de l'*homo faber* à son effacement progressif devant l'*animal laborans* et sa société de consommation. Mais en outre la formulation même de l'hypothèse a dans ce cas un caractère historiquement trop caricatural pour qu'Arendt eût pu y souscrire : à aucun moment elle ne s'exprime comme si à ses yeux le mouvement opéré par la modernité avait été « une régression vers une compréhension préaristotélicienne du savoir pratique (et du rapport entre la théorie et la praxis) », vers l'espèce d'indifférenciation dont on peut créditer encore les pensées présocratiques et platonicienne[2]. Dans la voie indiquée par Arendt, on est bien plutôt amené à penser que les Modernes ne peuvent pas retourner à l'indistinction dans laquelle se trouvait sur ce point la pensée des Grecs avant Aristote et qui leur permettait de donner à leur *theoria* ou leur *sophia* une ambition de retombée ou d'impact dans l'action et la recherche du bien-vivre – une ambition évidemment patente chez Platon. Dès lors, en rompant avec la reconnaissance aristotélicienne d'un savoir propre à la *praxis*, les Modernes se sont progressivement interdit toute possibilité de résoudre le problème du passage de la théorie à la pratique, précisément parce qu'ils ont conservé la frontière entre théorie et pratique et l'ont rendue toujours plus impénétrable en se privant à la fois de cette *phronèsis*, savoir autant que vertu caractéristiques de l'homme d'action, et de la science pratique, éthique et politique (dont Aristote reconnaît aussi l'épistémologie spécifique), que peut développer le philosophe. Dans la sagesse préaristotélicienne des Grecs, il y a pour ainsi dire une part de *phronèsis* au sens aristotélicien du terme : si elle demeure certes dans l'indistinction, elle est néanmoins présente. Dans le savoir avec lequel les Modernes entendent saisir l'agir, en revanche, on n'a pour ainsi dire conservé que les caractères de la *sophia* et de l'*epistèmè* aristotéliciennes, encore accentués par le

1. *Ibid.*, p. 290.

2. *Ibid.*, p. 289, et note 30 qui cite Aubenque indiquant que l'originalité d'Aristote est dans une nouvelle conception des rapports entre théorie et pratique, reposant sur la distinction, jusqu'à lui inconnue, entre *sophia* et *phronèsis*, les deux mots ayant indifféremment, avant Aristote, le sens d'une sagesse indissociablement théorique et pratique.

devenir plus strictement quantitatif de leur science et par l'exclusivité du modèle mathématique du savoir. Ce faisant, la modernité a érigé un mur infranchissable par les moyens épistémologiques dont elle se dotait entre théorie et pratique, entre science et vie. Il n'y a pas là régression en-deçà d'Aristote à y bien regarder avec Arendt, parce qu'un tel mur n'existait pas alors, même si l'indistinction recelait bien des difficultés.

De même, il ne semble pas que s'applique aisément à Arendt l'objection qu'Enrico Berti construit à l'encontre de Gadamer et desdits « néo-aristotéliciens » qui s'inspirent de *Wahrheit und Methode*[1]. Ce qu'en lecteur averti d'Aristote, Berti reproche à Gadamer au premier chef, c'est qu'en donnant comme « modèle des problèmes posés dans la tâche herméneutique », « la description faite par Aristote du phénomène éthique et particulièrement de la vertu du savoir moral [c'est-à-dire justement de la *phronèsis*] », le philosophe herméneute « réintroduit dans la philosophie d'aujourd'hui », non pas seulement la notion de *phronèsis*, mais avec elle « la tendance à l'identifier tout court avec le savoir pratique »[2], ce qui est contraire à l'enseignement d'Aristote qui maintient bien la distinction entre le savoir propre du *phronimos* et celui du philosophe pratique. Même si l'on peut penser qu'elle ne fait pas droit à toute la richesse de la *phronèsis* aristotélicienne[3], l'argumentation de Berti trace à juste titre les grandes lignes de la distinction entre science pratique (éthique et politique) et vertu dianoétique de la *phronèsis*. Ce n'est pas l'objet du présent texte introductif d'entrer dans les détails des argumentations déployées par Berti ni dans

1. *Cf.* les deux études d'E. Berti déjà citées.

2. « La philosophie pratique d'Aristote et sa "réhabilitation" récente », déjà cité, p. 252 (citant Gadamer).

3. Dans le sillage d'Aubenque, Berti a tendance à interpréter la *phronèsis* comme portant sur les moyens et non sur la fin. Selon lui, l'orientation vers « la fin bonne est indiquée par la vertu éthique » (« La philosophie pratique d'Aristote et sa "réhabilitation" récente », p. 256) et « la découverte de la fin bonne appartient à la science politique » (« *Phronèsis* et science politique », p. 446). Un second point sur lequel Berti nous semble amputer la *phronèsis* pour faciliter l'argumentation opposant *phronèsis* et philosophie pratique est le rapport à l'*èthos* : s'il soutient que la philosophie pratique d'Aristote est loin d'entériner la situation de fait en la matière, ce qu'il montre judicieusement sur bien des exemples, il indique que c'est « à la différence de la *phronèsis* » (« La philosophie pratique d'Aristote et sa "réhabilitation" récente », p. 261). C'est un bien pauvre *phronimos* qu'un conformiste de bon ton, et ce n'est surtout pas le portrait qu'en trace Aristote, lequel portrait ferait du reste en ce cas un bien médiocre modèle pour qui ou pour quoi que ce soit, aujourd'hui. Sur ces deux points, voir *infra*.

les distinctions de positions qu'il opère entre néo-aristotéliciens[1]. Ce qui importe, c'est qu'au long de ses deux articles, il évoque toute une série de questions et de problèmes qui forment l'écheveau au sein duquel le présent volume entend se situer. En effet, notre auteur montre quelle différence il y a chez Aristote entre philosophie (science) pratique et *phronèsis*, et comment, au moment où il fait de la philosophie pratique d'Aristote un modèle pour son herméneutique[2], Gadamer la conçoit en trop « étroite connexion » avec la *phronèsis*, « dont elle garde tous les caractères la distinguant du savoir proprement scientifique, à savoir la relation directe aux situations concrètes, l'impossibilité d'être apprise par l'enseignement et d'être oubliée, la capacité d'établir une connexion étroite entre l'universel et le particulier, l'implication de l'expérience ». À tel point que c'est la *phronèsis* qui est « le véritable modèle, du point de vue épistémologique, d'un savoir qui se propose d'être différent des sciences proprement dites et de garder en même temps un rapport avec la vérité, c'est-à-dire le modèle de la philosophie elle-même »[3]. Une telle réduction de la philosophie pratique, voire de la philosophie en général, à la *phronèsis*, entend montrer Berti, n'a pas de fondement chez Aristote : la science pratique, argue-t-il textes à l'appui, est bien dans l'œuvre du Stagirite une science, une science *pratique*, avec une méthode, laquelle ne lui confère certes pas la rigueur des mathématiques (elle ne montre la vérité que *pachulôs kai tupôs*, de façon grossière et dans les grandes lignes), mais ne la laisse pas se réduire à un discours simplement fondé sur l'*èthos* en vigueur. « La philosophie pratique peut être considérée comme une véritable science, du même type que la physique et la métaphysique, tout en restant différente, quant à sa méthode, de la mathématique, et tout en gardant son caractère, précisément pratique, c'est-à-dire orienté vers l'action », de sorte qu'Aristote donne là « un modèle de rationalité pratique différente de la *phronèsis* bien qu'en continuité avec celle-ci »[4]. Les affinités entre la *phronèsis* et la science pratique sont d'avoir toutes deux un but pratique, d'être orientées vers

1. À ce sujet, *cf.* en particulier « La philosophie pratique d'Aristote et sa "réhabilitation" récente », p. 251-256.

2. « Véritable alternative aux sciences politiques et sociales » caractérisées par la *wertfreiheit* et de ce fait « incapables en tant que telles d'orienter l'action humaine du point de vue moral » : « *Phronèsis* et science politique », déjà cité, p. 436. Nous garderons ici l'allemand *Wertfreiheit*; pour éviter les périphrases ou les ambiguïtés. On pourrait dire : l'absence de (tout) lien (ou rapport) aux valeurs.

3. *Ibid.*, p. 436.

4. « La philosophie pratique d'Aristote et sa "réhabilitation" récente », p. 261.

l'action, de supposer une certaine maîtrise des passions et de l'expérience ; mais des traits les opposent : la *phronèsis* a affaire directement aux cas concrets, contingents et particuliers, et non à ce qui est *hôs epi to polu*, doté donc d'une relative régularité (« la plupart du temps »), elle ne démontre pas, n'examine pas systématiquement et de manière critique les opinions les plus répandues, et n'opère donc pas par dialectique[1]. On peut souscrire dans ses grandes lignes à cette conclusion générale qui établit la différence entre la discipline intellectuelle que pratique Aristote dans les *Éthiques* et la *Politique* et la vertu dianoétique de *phronèsis* qu'il attribue de façon paradigmatique à Périclès[2]. Aucun procès en confusion sur ce point ne peut être intenté à Arendt.

Ce n'est pas en quête d'un modèle épistémologique de rechange pour les sciences politiques et sociales qu'Arendt se tourne vers Aristote, et plus précisément vers la *phronèsis*, mais en quête avant tout d'éléments et de pistes pour une phénoménologie de l'agir. Autant dire que la *phronèsis* est pour elle, comme pour Aristote, un objet d'étude. Et ceci même si, bien entendu, sa phénoménologie de l'agir conduit à une mise en garde contre les dérives modernes quant à l'usage fait des sciences sociales et humaines, *wertfrei*, dans diverses entreprises de manipulation, de déshumanisation et de déresponsabilisation de l'*animal laborans* qu'a connues le XXe siècle. Berti peut bien avoir raison de conclure que s'il s'agit de recourir au modèle de la *phronèsis* pour faire échapper le discours sur l'action à l'interdit de la « loi de Hume »[3], alors ce qu'Aristote nomme philosophie pratique ou politique offre un modèle de rationalité plus forte que celle de la *phronèsis* et capable de résister à cette loi parce que, dit-il, « son objet, c'est-à-dire le bien, a une signification tant ontologique que déontologique, c'est-à-dire qu'il est simultanément objet de connaissance et norme, ou critère,

1. Pour cette synthèse, *cf.* « *Phronèsis* et science politique », p. 449.

2. Ce n'est pas notre objet ici de nous demander à quel point cette conclusion peut mettre en question la lecture d'Aristote par Gadamer et ce qu'il fait reposer sur elle dans sa propre conception de l'herméneutique. Pour une lecture plus nuancée de la position gadamérienne et de ses impasses, cf. *infra*, chap. XII par P. Kontos. Sur Gadamer et l'héritage grec, on se reportera utilement aussi au recueil J.-C. Gens, P. Kontos et P. Rodrigo (éd.), *Gadamer et les Grecs*, Paris, Vrin, 2004. Nous ne pouvons non plus entrer, par exemple, dans le débat de spécialistes, non clos, sur la question de savoir si le caractère dialectique de la philosophie pratique aristotélicienne lui autorise ou non le statut de science proprement dite.

3. On a pris l'habitude de nommer ainsi l'interdit de dériver un devoir-être de l'être en rattachant cet interdit à la dénonciation du passage subreptice du « est et n'est pas » au « doit ou ne doit pas » par David Hume dans le livre III du *Traité de la nature humaine* (trad. fr. P. Saltel, Paris, Flammarion, 1993, p. 65).

d'action »[1]. Arendt n'a, quant à elle, aucun besoin de résister à cette critique, ne confondant jamais le savoir du *phronimos* avec celui du philosophe, ce qu'elle indique bien – pour peu que l'on tienne compte de sa grande familiarité avec le vocabulaire aristotélicien et de son fidèle attachement aux distinctions respectives entre la *theoria* et la *praxis* et entre la *poièsis* et la *praxis* – quand elle se désigne elle-même comme « théoricienne » du politique ou comme « phénoménologue », c'est-à-dire philosophe, et non pas praticienne, de l'action. Arendt se rangeait ainsi clairement, toute modestie mise à part et en toute connaissance de cause, du côté d'Aristote, philosophe de la pratique, auteur de traités d'éthique et de politique, se donnant pour interlocuteur privilégié le sage Socrate, et non pas du côté de Périclès, du *phronimos*, de l'excellent homme d'action. Si elle avait dû faire de la *phronèsis* le modèle épistémologique de sa philosophie de la *vita activa*, c'est aux côtés de Périclès qu'elle eût dû se ranger, ce dont il n'y a pas trace chez elle, en dépit de l'admiration dont elle fait preuve à son endroit et du grand cas qu'elle fait de ses actes et de ses dires. Périclès est pour elle comme pour Aristote un paradigme de *phronimos* et c'est à ce titre qu'il retient l'attention de la théoricienne qu'elle se veut de la *praxis* : elle ne se mesure pas à Périclès, elle l'étudie pour tirer de son exemple, de ses actions et de ses discours (telle la célèbre oraison funèbre rapportée par Thucydide, laquelle est à l'évidence un discours politique et non théorique) toute la compréhension possible de ce qu'est l'aptitude du *phronimos*. Arendt est bien moins directement concernée que Gadamer par le statut épistémologique des diverses « sciences » de l'agir humain. Son urgence est l'analyse de cet agir : après la guerre, elle commence par son monumental ouvrage sur le totalitarisme, elle s'intéresse à l'examen théorique de la *vita activa* et trouve précieuses les distinctions qu'opère Aristote au livre VI de l'*Éthique à Nicomaque* quand il s'agit de saisir la spécificité de l'action politique par rapport au cycle du travail et de la consommation, d'une part, et par rapport à la maîtrise des moyens en relation à une fin conçue de manière précise et par une volonté libre dans la production-planification, d'autre part. Cela a évidemment comme conséquence qu'à ses yeux comme à ceux d'Aristote, l'intelligence que le *phronimos* a de la situation où il agit n'est pas du même ordre que celle que le *technitès* a de l'usage qu'il fait de ses outils, ni de la fin qu'il poursuit par leur moyen. Et bien sûr, cette différence rejaillit sur les connaissances différenciées qu'a le philosophe de la *vita activa*, des méthodes de production de l'artisan ou de

1. « *Phronèsis* et politique », p. 459.

l'artiste d'une part, de l'action politique du *phronimos* d'autre part. Il ne peut s'agir dans ce dernier cas d'une intelligibilité dont le modèle serait celui de la science moderne, unitaire, mécaniste, mathématique, ni celui du savoir technique d'un homme « possesseur et maître » de son objet, savoir manipulateur parce qu'il n'est qu'en étant pouvoir. C'est probablement chez Gadamer qu'il y a non seulement tendance à assimiler la science pratique à la *phronèsis*, qui sert alors de modèle épistémologique à l'herméneutique philosophique, mais aussi à rabattre l'interprétation pratique d'une situation d'action sur le modèle esthétique de l'interprétation des œuvres d'art[1]. Chez Arendt, à l'inverse, s'il y a apparentement significatif du jugement décisionnel de la *phronèsis* aristotélicienne avec le jugement (et non avec une sorte d'intuition !) esthétique kantien[2], c'est en tant qu'à ce dernier est reconnue une portée politique intrinsèque (dans sa dimension de sens commun et de manière de penser « élargie »). C'est dire que le rapprochement entre pratique et esthétique est bien en un sens (en un sens seulement) kantien, chez Arendt, tandis qu'il est pseudo-aristotélicien et anti-kantien chez Gadamer[3]. L'attention de Gadamer se centre sur l'interprétation du spectacle, on en prend le temps, on se trouve dans un modèle sinon contemplatif, du moins d'examen lent et patient, auquel on peut toujours revenir – comme dans la tâche herméneutique du philologue ou de l'historien. L'attention d'Arendt se porte sur le jugement, moment instantané de décision, prise dans l'urgence de l'action, son modèle est prioritairement fidèle à la situation de l'agent, c'est la question que se pose l'homme d'action qui l'intéresse au premier chef, et ce n'est que comme épure du jugement lui-même que la *Critique* kantienne vient en aide. Le modèle de Gadamer est plus proche du modèle esthétique, il tient moins bien compte du temps de l'action, il s'apparente davantage à un modèle « théorique », plus orienté par la question d'une épistémologie de l'étude des comportements. Le débat avec Gadamer implique d'emblée le statut épistémo-

1. Berti commente : « ce dernier savoir [le savoir pratique fondé essentiellement sur la *phronèsis*] semble avoir les traits plutôt d'une intuition esthétique que d'une connaissance scientifique, et ce n'est pas par hasard qu'il a été identifié avec la compréhension herméneutique, dont le véritable modèle est constitué par l'interprétation des œuvres d'art » (« La philosophie pratique d'Aristote et sa "réhabilitation" récente », p. 254). Savoir « faible » donc que la *phronèsis*, auquel Berti oppose la rationalité bien plus « forte » de la science pratique aristotélicienne.

2. À ce sujet, *cf.* dans le présent volume l'analyse minutieuse du chap. XIII par J. Taminiaux.

3. *Cf.* la charge contre Kant et la *Critique du jugement* dans la première partie de *Wahrheit und Methode*.

logique des sciences humaines[1], le débat avec Arendt est d'emblée politique. C'est dans ce dernier type de débat de philosophie pratique que s'inscrit le présent volume, bien plus que dans le premier.

La belle argumentation de Berti distinguant *phronèsis* et science pratique chez Aristote ne doit cependant pas faire ignorer les difficultés réelles de l'articulation des deux[2]. Il ne nous appartient certes pas ici d'apporter une solution à ce problème complexe. Les choses sont moins simples qu'il ne peut paraître à lire les deux articles de Berti, surtout parce qu'il propose une lecture restrictive de la *phronèsis*. Que demeurent des ambiguïtés quant à l'articulation de la vertu dianoétique et de la science de la *praxis*, c'est ce qui apparaît à même ces analyses. Concluant en effet à la différence, mais à la « continuité », entre rationalité de la *phronèsis* et rationalité de la science pratique[3], Berti enchaîne au point suivant en affirmant que la science aristotélicienne de la pratique s'éloigne de, et met en discussion sur bien des points, l'*èthos* existant, à la différence, assure-t-il, de la *phronèsis*. Bien sûr la démonstration porte sur la première partie de l'assertion et est menée contre des lectures récentes d'Aristote tendant à rapprocher l'éthique de celui-ci de la conception hégélienne de la *Sittlichkeit*[4]. Elle consiste donc simplement en une série d'exemples et de points sur lesquels l'éthique aristotélicienne est en rupture avec l'*èthos* de son temps, il s'agit de se persuader que l'éthique se fonde « sur une série d'argumentations dialectiques, qui discernent dans l'*èthos* existant ce qui doit être gardé en tant que valide et ce qui doit être critiqué et remplacé par des conceptions nouvelles »[5]. N'est guère documentée en revanche la question de savoir si la *phronèsis*, quant à elle, serait toujours en phase

1. Sur ce point, cf. *infra*, le chap. XII par P. Kontos.

2. Concernant ce problème et les autres grandes questions qui partagent les interprètes de la *phronèsis* aristotélicienne, un point utile est fait par l'article de C. Natali, « La *phronèsis* d'Aristote dans la dernière décennie du XXe siècle », dans G. Romeyer Dherbey (éd.), *L'excellence de la vie. Sur l'*Éthique à Nicomaque *et l'*Éthique à Eudème *d'Aristote*, Paris, Vrin, 2002. Sur cette question-ci, voir surtout les sections I et III. Notons par exemple que Natali soutient l'idée que « les Éthiques en elles-mêmes ne sont pas une partie de la *phronèsis* et ne sont pas non plus dictées par elle », mais qu'il s'agisse d'une science différente, « ceci, dit-il, est prouvé par le fait que les conditions de validité de ses définitions ne sont pas restreintes à "la plupart des cas", mais sont universelles » (p. 183), de sorte que Natali prend le contre-pied de la thèse défendue par Berti quant à la définition de la science pratique.

3. « La philosophie pratique d'Aristote et sa "réhabilitation" récente », p. 261.

4. Berti vise en particulier J. Ritter, *Metaphysik und Politik. Studien zu Aristoteles und Hegel*, Frankfurt, Suhrkamp, 1969, dont il a esquissé les thèses (« La philosophie pratique d'Aristote et sa "réhabilitation" récente », p. 254).

5. « La philosophie pratique d'Aristote et sa "réhabilitation" récente », p. 264.

avec l'*èthos* en vigueur, et comment dans cette vue, il y a lieu de concevoir la continuité également affirmée entre les deux types de rationalité en présence. Sans se lancer ici dans de longues analyses, on peut se demander si le paradigme de Périclès tend bien vers une vertu qui « se fonde simplement sur l'*èthos* existant »[1] : son caractère d'homme d'exception, son excellence résident-ils tout entiers dans sa capacité à voir et à faire, en chaque cas particulier, ce que l'*èthos* existant recommanderait de faire ? Cela paraît bien réducteur et ne conduit certes pas à comprendre l'intérêt que suscite aujourd'hui encore la notion de *phronèsis* aristotélicienne. Témoin de la tendance à amoindrir la portée de cette dernière qui sous-tend l'argumentation de Berti, ce résumé, face aux tenants de l'identification entre *phronèsis* et science pratique aristotéliciennes, de la lecture défendue par Aubenque qui « faisait [de la *phronèsis*] simplement la disposition à suivre le conseil de l'homme prudent »[2]. Ou encore cette manière discutable de répartir les rôles entre vertus éthiques et vertu du *logistikon* (*phronèsis* donc) : « La bonne fin est indiquée par la vertu éthique, c'est-à-dire par la vertu du caractère (*èthos*), qui ne fait pas partie de la raison, tandis que les moyens sont découverts par la partie calculatrice de l'âme, qui fait partie de la raison »[3]. Discutable, d'une part, parce que ceci semble clairement supposer que la *phronèsis* ne s'occupe « presque exclusivement »[4] que des moyens, ce qui n'est pas chose acquise, mais surtout parce que l'insistance sur le fait que la vertu éthique, qui indique la fin, n'appartient pas à la raison, laisse à penser que l'identification de la fin pourrait être totalement hors champ de la rationalité chez Aristote[5]. Cette présentation des choses, si elle est cohérente avec l'affirmation précédente quant à la *phronèsis* et son rôle : « elle suppose une bonne fin et consiste dans la capacité de calculer exactement les moyens les plus aptes pour atteindre cette fin », ne semble pas découler en toute nécessité de la définition

1. *Ibid.*, p. 261.

2. « *Phronèsis* et science politique », p. 435.

3. « La philosophie pratique d'Aristote et sa "réhabilitation" récente », p. 256. Nous préférerons quant à nous éviter de parler de partie « calculatrice » et surtout de « calcul » afin d'échapper à ce que ce vocabulaire induit de conception arithmétique du raisonnement. Cf. *infra*.

4. Cette expression est empruntée à Berti lui-même, qui l'utilise pour caractériser la position d'Aubenque sur la question. « *Phronèsis* et science politique », p. 436.

5. C. Natali, dans l'article déjà cité, p. 190, relève l'étrangeté de cette position, visant S. Broadie (*Ethics with Aristotle*, Oxford-New York, Oxford UP, 1991) : « comment la vertu d'une partie de l'âme qui est irrationnelle, mais capable d'obéir à la raison, peut-elle donner à la *phronèsis* cette fin universelle comme un principe pratique ? ».

rappelée de la *phronèsis* comme « capacité de bien délibérer sur ce qui est utile à une vie heureuse dans un sens global, c'est-à-dire à une vie bonne »[1]. Si la délibération sur ce qui est utile à une vie heureuse implique indéniablement une certaine compréhension de ce qu'est une vie heureuse, rien ne dit ici que cette compréhension doive venir « d'ailleurs », n'être pas comprise dans l'aptitude du *phronimos* comme tel. C'est ce qui paraît contredit immédiatement par la manière d'introduire l'exemple de Périclès, cité comme appartenant à ceux qui « sont capables de voir ce qui est bien pour eux-mêmes et pour les autres » : voir ce qui est bien, pour soi et pour les autres, n'est-ce pas avoir une vue de ce qu'est une vie bonne, et donc de la fin bonne ? C'est parce qu'il est réputé percevoir cela que Périclès est le *phronimos*... Du reste, attribuer à la vertu éthique l'indication de la fin bonne, ce n'est pas encore la faire échapper au *phronimos* dont on sait l'intervention dans le texte au moment où Aristote donne la définition de la vertu éthique[2].

Sans pouvoir entrer dans le détail des arguments textuels des uns et des autres, il paraît opportun de s'arrêter un instant sur cette question des moyens et de la fin tels qu'ils sont de la compétence (ou non) de la *phronèsis* selon Aristote[3]. S'il faut y revenir, ce n'est pas simplement parce que les interprètes ne s'accordent pas unanimement sur la question, mais parce que cela permet de prêter attention à une autre distinction aristotéli-

1. « La philosophie pratique d'Aristote et sa "réhabilitation" récente », p. 256.

2. Même si le rôle du *phronimos* à cet égard est lui aussi sujet à débat parmi les interprètes. 1106 b 36 *sq.* : « La vertu est une disposition à agir d'une façon délibérée, consistant en une médiété relative à nous, laquelle est rationnellement déterminée et comme la déterminerait l'homme prudent » (trad. Tricot, voir la note qui souligne la dépendance de la vertu éthique par rapport à la vertu dianoétique); Aubenque lisait : « La vertu est une disposition de la volonté consistant dans un juste milieu relatif à nous, lequel est déterminé par la droite règle et tel que le déterminerait l'homme prudent » (*La prudence chez Aristote*, Paris, P.U.F., 1963, p. 39). Chez Bodéüs : « La vertu est un état décisionnel qui consiste en une moyenne fixée relativement à nous. C'est sa définition formelle et c'est ainsi que la définirait l'homme sagace » (Paris, GF-Flammarion, 2004), voir aussi la note sur les leçons du texte et ce que certaines lectures impliquent quant à l'évacuation du rôle de la raison dans la détermination du bien; sur ce débat et sur la traduction de *phronèsis* par sagacité, *cf.* dans le présent volume les remarques de J.-L. Labarrière au chap. V.

3. On peut ici encore renvoyer aux différentes positions tenues à ce propos telles que les expose C. Natali : l'auteur commence par indiquer que tous les interprètes s'accordent aujourd'hui au moins sur ceci que la *phronèsis* « doit avoir une certaine connaissance de la fin elle-même ». Mais, poursuit-il, pour ce qui est de savoir si elle la tient d'une autre faculté ou discipline, ou si elle la peut poser elle-même, « les textes aristotéliciens qui traitent de cette question demeurent ambigus au point que chaque interprétation y trouve de quoi se conforter » (art. cit., p. 187 et p. 188).

cienne importante, celle qui oppose le couple *poièsis* et *technè* à celui que forment *praxis* et *phronèsis*, et parce qu'il faut donner raison à Franco Volpi sur un point : s'il s'agit, en réhabilitant le « savoir phronètique », de contribuer à répondre à « la crise de l'idée moderne de raison [...], incapable d'indiquer d'une manière contraignante des fins ultimes à l'agir de l'homme », alors il est pertinent de se demander si la *phronèsis* chez Aristote ne concernerait pas « les moyens aptes à atteindre une fin et non pas la fin elle-même ». En effet, il faut bien accorder aussi à cet interprète que ce qui manque au monde moderne, « ce ne sont assurément pas les moyens » ! [1] Mais bien plutôt des fins dignes de ce nom, et de l'homme. Or comment espérer trouver des indications substantielles sur les fins lorsqu'on se tourne vers la *phronèsis* s'il est entendu qu'elle porte sur les moyens ? Si les fins ne peuvent que lui être procurées par ailleurs, la *phronèsis* ne se réduit-elle pas à la *deinotès* (habileté, astuce), tout à fait *wertfrei* ? De quel secours en ce cas pourrait-elle bien nous être en notre monde moderne ? Inutile de tergiverser : si la *phronèsis* ne s'occupe nullement des fins, alors elle n'est d'aucun secours et ne vaut pas une heure de peine. L'implication mutuelle de la *phronèsis* et des vertus éthiques, chargées de l'orientation vers la fin bonne, répond au moins partiellement au problème posé. Plus généralement, le fait même que le débat des spécialistes ne soit pas clos indique pour le moins que le texte d'Aristote recèle des possibilités autres que la circonscription d'une *phronèsis* vouée aux seuls moyens. Ce sont assurément ces autres possibilités qu'il y a lieu d'exploiter si l'on veut que les thèses du philosophe grec soient pertinentes et utiles face à la rationalité moderne et à ses impasses. Il y a dans le second texte de Berti déjà évoqué une formulation qui traduit mieux ces possibilités que les passages cités jusqu'ici. Il écrit : « la question très discutée de savoir si la *phronèsis* porte sur les fins ou sur les moyens se résout, à mon avis, en reconnaissant qu'elle porte aussi bien sur les fins que sur les moyens, quoique en des sens différents. Elle porte sur les fins en ce sens qu'elle doit présupposer toujours une fin bonne, et donc la connaître ; mais sa tâche n'est ni de la découvrir ni d'orienter le désir vers celle-ci, parce que la découverte de la fin bonne appartient à la science politique et que l'orientation du désir vers cette fin appartient à la vertu éthique. La *phronèsis* porte en outre sur les moyens en ce sens qu'elle doit les découvrir par un calcul exact, calcul, cependant, qui n'est pas applicable à n'importe quel moyen,

1. F. Volpi, « Réhabilitation de la philosophie pratique et néo-aristotélisme », p. 483.

mais seulement à ceux aptes à atteindre une fin bonne »[1]. Cette formulation est significative des possibilités du texte d'Aristote quant à l'implication des fins dans le rôle de la *phronèsis*, ou même à l'implication de la *phronèsis* dans l'identification des fins bonnes, et ce à plusieurs égards. D'abord parce qu'il est reconnu que la *phronèsis* « porte » sur les fins, et qu'elle « connaît » la fin bonne, ce qui la rend déjà pertinente pour qui a quelques difficultés à se donner de telles fins. Mais surtout on repère ici les limites de la position tenue : si la *phronèsis* ne « découvre » pas par elle-même la fin à poursuivre par des moyens qu'elle doit repérer comme les meilleurs par voie de délibération, alors il faut qu'elle lui soit « donnée »... – mais par quoi ou qui ? Par la science politique. Autant dire que Périclès doit avoir suivi les cours d'Aristote (ou d'un de ses prédécesseurs philosophes plus exactement) pour pouvoir faire figure de *phronimos*. À quel point cela est-il tenable ou crédible[2] ? Quant à l'implication de la *phronèsis* dans l'orientation vers cette fin, une fois celle-ci identifiée autant qu'il est possible, tout dépend de la manière dont se peut comprendre le rôle du *phronimos* dans la détermination du juste milieu caractéristique de la vertu éthique ou dans la définition de cette même vertu. En tout état de cause, il y a implication mutuelle : on ne peut être *phronimos* sans être vertueux, ni vertueux sans être *phronimos*. C'est ce qui transparaît aussi dans la dernière phrase de la formule examinée : le « calcul » auquel se livre le *phronimos* ne porte pas sur n'importe quels moyens, mais sur ceux qui conviennent à une fin bonne, autrement dit les moyens « bons ». C'est avouer que l'essentiel de la *phronèsis* n'est affaire ni de calcul en un sens trop étroit, ni de moyens en tant que tels. Le *phronimos* est celui qui délibère bien à propos des moyens qui conviennent à la poursuite d'une fin bonne. Si c'était une affaire de moyens comme tels, il serait question de leur efficace, non de savoir s'ils sont bons ou non, mais alors on aurait affaire à une vulgaire habileté (*deinotès*), non à la *phronèsis*. Il n'est donc pas si simple de cantonner la *phronèsis* aux seuls moyens.

On peut penser que les résistances à reconnaître qu'il appartient aussi à la *phronèsis* de rechercher quelles sont les fins bonnes proviennent d'un préjugé qui veut que ces fins soient données par ailleurs à l'homme, et donc

1. « *Phronèsis* et science politique », p. 446-47.

2. Nous rejoignons ici une objection formulée par S. Broadie et dont C. Natali fait état. Il est de loin plus vraisemblable, quant à l'articulation de la philosophie pratique et de la *phronèsis*, que comme propose de le résumer Natali : « la philosophie pratique découvre et rend pleinement conscients les principes pratiques déjà présents obscurément dans l'esprit d'hommes sages comme Périclès » (art. cit., p.186).

relèvent peu ou prou, ou en tout cas dépendent d'autres disciplines philosophiques : cosmologie, métaphysique, théologie... Mais ce sur quoi il peut être pertinent d'attirer l'attention pour finir sur ce point, c'est que les lectures qui réduisent la *phronèsis* à un savoir relatif aux moyens procurent une vision « moderne » et « technicienne » de cette vertu aristotélicienne[1]. C'est qu'en effet, on ne peut manquer dans ce cas de supposer la fin donnée et connue et on ne peut dès lors qu'avoir tendance à concevoir les moyens[2] comme susceptibles d'un exact « calcul ». Or la difficulté de la *praxis*, sa spécificité, en particulier par rapport au registre de la *poièsis* et de la *technè*, réside précisément dans la fragilité de la fin et de la perception qu'on peut en avoir : la fin discernée ne l'est pas sans un certain flou qui rejaillit immanquablement sur la délibération[3] qui ajuste moyens et fin. Quelle que soit la faculté ou la discipline à laquelle on attribue le repérage des fins pratiques, on ne peut dire qu'elle les « donne », en toute clarté et maîtrise, tout au plus aide-t-elle à les discerner tout en mettant en garde – ce que ne manque pas de faire Aristote – contre l'illusion que le savoir de la fin dont a besoin le *phronimos* puisse être confondu avec la maîtrise que la *technè* procure et quant à la fin et quant aux moyens qui la concernent. La fin discernée dans l'agir ne saurait être l'objet d'un savoir technicien dans lequel la fin, plus encore que les moyens peut-être, est non seulement connue mais sous contrôle total, et ce dès le point de départ, puisque justement dans cette sphère qu'est la *poièsis* le commencement est dans la conception en l'esprit, en toute conscience et maîtrise, de la fin. En insistant sur la distance entre *poièsis* et *praxis*, entre *technè* et *phronèsis*, c'est sur cette distinction dans la saisie et la nature de la fin, et des moyens, et sur le danger de l'illusion dans laquelle l'acteur risque de tomber faute d'y être

1. Il nous est apparu après coup que l'argumentation ici proposée se trouve confortée par l'interprétation serrée du texte menée par J.-Y. Chateau, « L'objet de la *phronèsis* et la vérité pratique : sur l'unité et la cohérence de l'*Éthique à Nicomaque* », dans J.-Y. Château (éd.), *La vérité pratique. Aristote*, Éthique à Nicomaque, livre VI, Paris, Vrin, 1997, en particulier p. 193-197, où l'auteur défend l'idée que la *phronèsis* n'est connaissance au sens ordinaire ni des fins ni des moyens, les sens ordinaires étant ceux de la connaissance scientifique, d'une part, de la connaissance technique, et forcément corrélative, des moyens et des fins, d'autre part.

2. Si même il faut ainsi traduire les *ta pros to telos* d'Aristote, comme se le demande à juste titre Ricœur. *Cf.* « À la gloire de la *phronèsis* », dans J.-Y. Chateau (éd.), *La vérité pratique*, *op. cit.*, p. 15.

3. On préférera décidément ce terme à celui de calcul (que choisit Berti, on l'a vu), lequel impose par trop à notre esprit moderne l'image d'une exactitude arithmétique totalement déplacée.

attentif, qu'insiste Aristote et c'est elle qu'il entend rappeler sans relâche au politicien qui agit. Dans un autre vocabulaire, on pourrait dire que l'interprétation de la *phronèsis* comme portant presque exclusivement sur les moyens n'est pas seulement « technicienne », elle a aussi tendance à faire du jugement du *phronimos* un jugement déterminant, puisqu'il semble que la loi, la règle universelle, la fin à poursuivre soit donnée (par ailleurs), connue, et qu'il suffise alors, pour être *phronimos*, d'être capable d'identifier le particulier comme étant à subsumer sous la règle, c'est-à-dire, en la circonstance, comme étant la bonne action à accomplir. À l'inverse, si la *phronèsis* s'occupe aussi et à titre essentiel de la fin, c'est dire qu'elle tâtonne à la recherche de fins inconnues, non identifiées, à l'aide de précaires principes régulateurs, passablement tautologiques, qu'il s'agirait de spécifier : *eu prattein*, *eu zên*... [1] ; dans ce cas, la *phronèsis* se met en quête de la règle générale à laquelle le particulier donné, telle situation d'action, pourrait correspondre. On est dans le cas de figure du jugement réfléchissant, et non d'un jugement technico-pratique dépendant toujours d'un savoir de type théorique. Et l'on comprend pourquoi l'intérêt pour la *phronèsis* aristotélicienne peut se renforcer d'une attention soutenue à ce que Kant appelle le jugement réfléchissant et à l'analyse qu'il en propose. C'est du reste pourquoi il faut donner raison à Volpi sur un autre point encore : l'affinité, par delà les différences marquées dans leurs compréhensions respectives du savoir pratique, entre Kant et Aristote. Kant, au cœur de la modernité, s'élève contre la tendance générale à « l'idée d'une application d'un savoir aussi rigoureux que le savoir mathématique à l'éthique (Spinoza), à la politique (Hobbes), au droit (Pufendorf) et à l'économie

1. Ici encore ce qui est avancé a des parentés avec les positions défendues par certains interprètes qui, remarque Natali, « ont cherché à résoudre le problème de l'origine des principes pratiques en les vidant de tout contenu. Le principe pratique se résume pour eux à "agis bien", et c'est à la délibération et à la *phronèsis* qu'il revient de dériver de cet universel vide des informations concrètes sur ce qu'il convient de faire » (art. cit., p. 190). J.-Y. Chateau, de son côté, tente de cerner la spécificité du savoir phronètique que nous tentons de dire ici en ces termes : « Ce n'est pas d'une connaissance intellectuelle et discursive de ce principe [le principe du domaine de la pratique] qu'il s'agit, [...] : la *phronèsis* ne s'occupe pas de trouver ce qu'il faut faire pour réaliser chaque fin particulière (ce n'est pas l'*habileté*), mais elle rappelle qu'il faut se soucier de ce que valent les fins particulières à l'aune du bonheur, c'est-à-dire de la vie tout entière. Elle réfléchit, comme on dit, aux "conséquences" des actes du point de vue du bonheur, aux risques, à l'imprévisible contingence de la vie, à l'incontournable passage du temps qui change et indétermine tout [...] » (art. cit., p. 254-56).

(Petty)»[1]. Il s'y oppose en séparant, «avec quelle radicalité et quelle décision», «la considération de l'homme comme être appartenant à l'ordre de la nature, et donc soumis à la causalité physique, de la considération de l'homme comme appartenant à l'ordre de la liberté». Ce faisant, «Kant prétend restituer [au savoir practico-moral] un caractère d'orientation, en sorte qu'il introduit un changement remarquable à l'égard de la tendance prédominante à l'époque moderne, d'après laquelle on considère l'agir humain comme objet possible d'un savoir scientifique rigoureux, étendant donc aussi à cet objet l'idéal d'une connaissance objective, uniquement constative et descriptive»[2]. Cette séparation radicale entre le domaine de la nature et celui de la liberté est ce qui rend nécessaire la troisième *Critique*, par laquelle la faculté de juger, dans sa fonction réfléchissante, autonome, vient jeter un pont par-dessus l'abîme creusé entre nature et liberté.

Si le débat des auteurs de langue allemande ne pouvait manquer de toucher assez directement le monde anglo-saxon, en particulier en vertu du rôle qu'y ont joué des philosophes allemands émigrés aux États-Unis[3], le renouveau de l'intérêt pour la philosophie pratique d'Aristote a également suivi Outre-Manche comme Outre-Atlantique des voies plus spécifiques. Donald Davidson n'hésite pas à faire mérite à Aristote d'avoir «inventé» le thème de l'action «tel que nous le traitons aujourd'hui», lui sachant gré, même s'il «s'est intéressé au lien que l'action entretient avec l'éthique», d'avoir pourtant «traité l'action de façon indépendante»[4]. Ce qui aurait engendré «le relatif désintérêt dont le sujet a souffert au cours des millénaires qui nous séparent d'Aristote» serait que «le lien posé entre

1. F. Volpi, «Réhabilitation de la philosophie pratique et néo-aristotélisme», p. 469.

2. *Ibid.*, p. 469, *cf.* aussi la note 42, p. 481, sur le jugement réfléchissant comme «paradigme du savoir adéquat à la *praxis*». Gadamer effectue le rapprochement entre *phronèsis* et jugement réfléchissant kantien en ces termes en évoquant son souvenir du séminaire de Heidegger, suivi à Fribourg, sur le livre VI de l'*Éthique à Nicomaque* : «c'est ainsi que la *phronèsis* aristotélicienne est devenue presque un prélude pour ce que nous connaissons avec la philosophie moderne au titre de concept de la faculté de juger et de la signification autonome de la troisième *Critique* de Kant» («Un écrit "théologique" de jeunesse de Heidegger», p. 12. Ce texte sert de préface à M. Heidegger, *Interprétations phénoménologiques d'Aristote*, trad. J.-Fr. Courtine, Mauvezin, Trans-Europe-Repress, 1992).

3. Tant E. Berti que F. Volpi associent les noms de H. Arendt, de L. Strauss et d'E. Voegelin; *cf.* E. Berti, «La philosophie pratique d'Aristote et sa "réhabilitation" récente», déjà cité, p. 250 et F. Volpi, «La naissance de la rationalité pratique», déjà cité, p. 280.

4. D. Davidson, «L'action», dans J. Benoist, J. Bouveresse, S. Cavell *et al.*, *Quelle philosophie pour le XXIe siècle ? L'Organon du nouveau siècle*, Paris, Gallimard-Centre Pompidou, 2001, p. 299 et p. 301.

l'action et l'éthique a été tellement fort qu'il a obscurci l'intérêt pour l'action en tant que telle ». Mais, ajoute Davidson, « quelle qu'en soit la raison, il en résulte que le thème a peu évolué et n'a guère été modifié depuis Aristote »[1]. On voit combien l'angle d'attaque est ici différent de celui qui occupait le débat allemand et continental sur la « réhabilitation de la philosophie pratique ». De ce point de vue plus analytique, et selon Davidson toujours, « l'événement crucial dans l'émergence d'une nouvelle conception de l'action fut peut-être la publication, en 1957, de l'ouvrage d'Elisabeth Anscombe intitulé *Intention* »[2]. On peut ainsi relever la coïncidence chronologique qui fait que la pensée philosophique se tourne dans son expression anglaise vers Aristote et sa pensée de l'action au moment même (au tournant des années 60 du siècle dernier) où elle revient en Allemagne sur son enseignement éthique et politique, coïncidence aussi relative à l'espèce de quasi vide de la tradition (d'Aristote à nous) suggéré tant par Davidson que par Arendt[3], selon des perspectives pourtant bien différentes. Même si l'examen philosophique de l'action se veut dans certains chefs indépendant des considérations prescriptives[4], adoptant l'optique large d'une « ontologie » de l'action ou celle du « *mind-body problem* », les points de rencontre avec les « néo-aristotéliciens » allemands et leurs préoccupations ne peuvent manquer d'être nombreux dès lors qu'on se tourne vers la théorie aristotélicienne du « syllogisme pratique » et qu'on s'interroge sur le moment clé de la décision ou du passage à l'acte, sur le poids des intentions, la manière dont une motivation l'emporte sur une autre, etc. Sans compter que, de part et d'autre, et en dépit de critiques souvent justifiées soulignant le manque de recours direct à une connaissance approfondie des textes anciens sur lesquels on entend s'appuyer[5], ces discussions ne se mènent pas sans s'alimenter aux études

1. *Ibid.*, p. 300.

2. *Ibid.*, p. 311. Ici même *cf.* A. Campodonico, chap. xv, p. 362 qui indique de son côté que le renouveau de l'éthique de la vertu dans la philosophie anglo-saxonne remonte à l'article d'E. Anscombe, « Modern Moral Philosophy », *Philosophy*, XXXIII (1958).

3. Cf. *infra* pour ce qui est d'Arendt sur ce point.

4. Dans la ligne de la science moderne et de l'impossible transgression de la « loi de Hume » ?

5. Ricœur est de ceux qui soulignent « la distance au texte » prise par le débat contemporain autour de la *phronèsis* aristotélicienne, n'hésitant pas à associer à cette indication les noms de Gadamer aussi bien que de MacIntyre (*cf.* « À la gloire de la *phronèsis* », déjà cité, p. 13-14). Pour l'association même des spécialistes à une manière un peu expéditive de traiter du texte d'Aristote, voir aussi C. Natali, art. cit., p. 180 et note 5. Dans le même sens, plus généralement, quant au retour à Aristote aujourd'hui, M. Canto-Sperber indique :

savantes nombreuses des spécialistes, philosophes et philologues, d'Aristote et de la pensée ancienne, ni du reste sans avoir quelque écho en celles-ci[1]. Plus proche des intentions et préoccupations du présent volume, A. Campodonico nous brosse un tableau de la manière dont la philosophie d'expression anglaise a traité durant la seconde moitié du XXe siècle « des vertus et de la sagesse pratique d'origine aristotélicienne »[2]. Ce tour d'horizon, pour rapide et sélectif qu'il soit, montre bien que la question du jugement pratique est au cœur de l'interrogation. D'emblée l'insistance porte sur l'aptitude à choisir et sur la difficulté du choix parmi les actions possibles, et bien sûr sur le rôle qui revient à cet égard chez Aristote à ce qu'il appelle *phronèsis* : le jugement pratique qu'énonce le *phronimos* est à la croisée de la cognition et de la vie affective. Et l'on voit sur le thème du jugement (de l'homme vertueux) surgir des apparentements d'Aristote avec Kant, chez R. Audi, par exemple, associant l'aptitude à juger de la situation singulière de la *phronèsis* aristotélicienne et la référence kantienne essentielle à la dignité de la personne comme fin en soi. De même lorsque l'on se voit contraint de s'opposer, comme le fait Mc Dowell, à la lecture qui suggère que la relation entre *phronèsis* et vertus éthiques serait chez Aristote de l'ordre d'une relation extrinsèque fin-moyens, lecture qui aboutit, montre l'auteur, à faire de la vertu éthique « une loi qui doit être appliquée » : autant dire qu'elle mène à faire du jugement pratique en situation un jugement déterminant plutôt que réfléchissant. On voit aussi Aristote servir d'antidote contre un adversaire dont il n'a pas encore été question jusqu'ici, peu présent qu'il est par tradition dans le débat du vieux continent : l'utilitarisme, dans la prétention de celui-ci à énoncer des principes moraux universels, voire scientifiques. Et l'on comprend comment des lectures quelque peu rapides des textes aristotéliciens permettent de tirer l'auteur grec du côté d'une défense du communautarisme et du

« L'aristotélisme d'aujourd'hui est en partie un prétexte dont certains courants de la philosophie moderne se servent pour critiquer d'autres courants et penser à nouveaux frais certaines de ses difficultés. [...] Les "Grecs" ne sont-ils pas une création de la pensée moderne, qui donne un objet à son insatisfaction et entretient sa nostalgie ? La faveur actuelle dont jouit la pensée aristotélicienne n'est-elle pas fondée sur un quiproquo ? » (*Éthiques grecques*, Paris, P.U.F., 2001, p. 421).

1. Concernant l'abondante littérature spécialisée, outre l'article synthétique de C. Natali, déjà cité, on pourra se reporter, à titre indicatif, à des recueils comme *Aristote politique*, *op. cit.*; *La vérité pratique. Aristote,* Éthique à Nicomaque, livre VI, *op. cit.*; ou *L'excellence de la vie. Sur* L'éthique à Nicomaque *et* L'éthique à Eudème, *d'Aristote*, *op. cit.*, et à leurs bibliographies respectives.

2. Cf. *infra*, chap. XV.

contextualisme, voire d'un certain relativisme, tandis qu'on peut chercher dans l'interprétation qu'en proposait déjà Thomas d'Aquin des éléments de résistance à de telles lectures.

En mettant en question la morale moderne de la loi d'inspiration kantienne, Anscombe ouvrait l'ère d'un retour à l'éthique des vertus. Cette opposition met aux prises les modernes partisans de Kant d'une part, mais aussi la tradition utilitariste plus proprement anglaise, aux partisans d'un retour à Aristote, d'autre part. R. Audi tient dans ce débat une position équilibrée et conciliatrice entre la morale de la loi et l'éthique de la vertu dans laquelle il fait jouer au jugement de la sagesse pratique le rôle de synthèse, pour ainsi dire. Ce débat trouve un prolongement et un écho, une tentative de conciliation aussi, chez Ricœur, qui fait résonner sur la scène française tant les écoutes continentales et anglo-américaines de la notion de *phronèsis* que les tendances diverses du débat contemporain : Habermas et Gadamer [1], comme communautariens et libertariens. Ricœur résume le retour de ses contemporains à Aristote [2], négativement, par le rejet simultané du formalisme kantien et de l'empirisme anglo-saxon, et, positivement, comme une manière d'insister sur le rapport de l'intelligence pratique aux situations singulières, sur une argumentation non démonstrative et sur l'inscription et « l'enracinement de la réflexion philosophique dans une pratique préalable, dans une culture vivante » [3]. Mais lui-même participe de ce mouvement en tablant sur le rôle conciliateur et synthétique, pour ainsi dire, de la *phronèsis*, dont il retient surtout la dimension de « jugement

1. On a peu insisté ici sur cet aspect du débat dans la seconde partie du XXe siècle. Quoi qu'il en soit des critiques d'Habermas à l'adresse d'un « néo-aristotélisme mâtiné d'herméneutique » et de sa défense de l'héritage de l'*Aufklärung*, il est évident que les distinctions aristotéliciennes, fussent-elles parfois qualifiées de « dichotomies rigides », trouvent encore un écho chez les auteurs de l'« éthique de la discussion », à commencer par celle qui oppose *praxis* et *poièsis* et qu'on repère sans hésitation derrière la distinction d'une raison communicationnelle et d'une raison stratégique. Sur la pertinence d'une notion de prudence héritière de la *phronèsis* aristotélicienne chez Habermas, on lira utilement le texte de J.-M. Ferry, « La rationalisation habermassienne de la prudence », dans *Une prudence moderne* ?, *op. cit.* Même si l'on a tendance à conclure que ce qui reste à détecter de la *phronèsis* aristotélicienne sous la raison communicationnelle et la pragmatique de l'éthique de la discussion est de l'ordre d'une réduction de la *phronèsis* à la *technè* selon un penchant moderne que nous avons déjà souligné chez d'autres, on peut se plaire à penser qu'un lointain écho de cette *phronèsis* se laisse encore entendre dans la sorte d'« universalisme modeste, assoupli dans une rationalité purement procédurale de l'argumentation » (J.-M. Ferry, art. cit., p. 92). L'auteur évoque aussi brièvement (p. 89, note 4) la position de Ricœur quant au débat Gadamer-Habermas.

2. À la fin du texte, déjà cité, qu'il a intitulé « À la gloire de la *phronèsis* ».

3. *Ibid.*, p. 22.

moral en situation », qu'il associe à l'idée de conviction et dont il souligne les liens essentiels à la notion d'équité et de sollicitude à l'égard d'autrui [1]. Chez Ricœur, en dépit de leur complémentarité nécessaire, le téléologique a préséance sur le déontologique, donc Aristote sur Kant, la visée de la vie bonne sur le devoir et la loi universelle. C'est « le jugement moral en situation » qui fait le lien, discernant l'*orthos logos* « dans les circonstances difficiles de l'action », sur fond d'une sorte de « sens éthique originaire ». Ce qui donne aussi à Ricœur l'occasion de prendre ses exemples dans les domaines de l'éthique appliquée et de montrer par là même comment la thématique de la *phronèsis* pénètre tout le champ de la philosophie pratique contemporaine. Avec Arendt par ailleurs, outre la référence conjointe et complémentaire à Aristote et à Kant, Ricœur partage l'accent mis sur la dimension politique de la *phronèsis*.

À LA MARGE ET AU CŒUR : JUGER

On ne saurait ici faire une synthèse de toutes les discussions en cours. Dans ce volume, nous avons cependant visé deux objectifs. Le premier, on l'a dit, c'est l'inscription de l'actuel intérêt pour la raison pratique aristotélicienne dans une histoire tout au long de laquelle, au gré des avatars des tendances adverses, la spécificité de la rationalité propre à l'action parvient à se dire. Le second objectif, qui est aussi une seconde spécificité de l'approche proposée, et qui a pu transparaître déjà au fil de la présentation du nœud d'interrogations enchevêtrées et impliquées jusqu'ici, c'est de mettre l'accent, à côté de la position bien connue qu'occupe l'œuvre herméneutique de Gadamer quant à la question, sur les interventions phénoménologiques et les pistes qu'elles ouvrent. Ce faisant, il nous est apparu que la phénoménologie de l'action, devait, sur les traces de Hannah Arendt, mener à voir au cœur de la pratique cette très humaine et finie capacité mentale qu'est le jugement.

Ce qui nous semble en effet être à la fois au centre et à la marge des discussions en cours est bien l'aptitude à « juger droit et juste ». *Au centre*, parce que c'est cette aptitude qu'il est besoin d'éclaircir autant que faire se pourra, si l'on veut avancer dans l'affrontement des enjeux vitaux de tous ces débats. Cette élucidation est plus centrale que l'opposition entre la référence à la loi et la quête d'accomplissement de ce que l'humain a de

1. Sur tout ceci, *cf.* le chap. XIV du présent recueil consacré à Ricœur par G. Fiasse.

plus haut en soi, ou plus centrale que la recherche de la conciliation dans leur complémentarité de l'éthique eudémonique et de la morale déontologique, ou encore que l'effort pour rétablir dans la discussion une universalité des principes que l'on s'est d'abord épuisé à défaire. Plus central est de comprendre ce que l'on appelle « juger » que de démontrer la valeur d'une éthique des vertus à l'ancienne en la mettant à l'épreuve des questions les plus diverses d'éthique appliquée [1]. Au centre donc, parce que sans cette aptitude, rien ne sert d'avoir, de connaître, de respecter, principes généraux ou lois ou de poursuivre de nobles fins. Ce qui n'est pas donner raison aux lectures et reprises contextualistes unilatérales de la *phronèsis* aristotélicienne, car pour juger, il n'est pas question de s'en tenir au particulier, ni au particulier et seulement à de pseudo-principes localement ou régionalement partagés ou admis, mais il faut une visée droite, une vue qui n'est pas sensible seulement à la particularité du particulier, mais qui vise et atteint les principes eux-mêmes. Pascal l'a ainsi noté :

> ce qui fait que des géomètres ne sont pas fins, c'est qu'ils ne voient pas ce qui est devant eux et qu'étant accoutumés aux principes nets et grossiers de géométrie et à ne raisonner qu'après avoir bien vu et manié leurs principes, ils se perdent dans les choses de finesse, où les principes ne se laissent pas ainsi manier. On les voit à peine, on les sent plutôt qu'on ne les voit, on a des peines infinies à les faire sentir à ceux qui ne les sentent pas d'eux-mêmes. Ce sont choses tellement délicates, et si nombreuses, qu'il faut un sens bien délicat et bien net pour les sentir et juger droit et juste, selon ce sentiment, sans pouvoir le plus souvent le démontrer par ordre comme en géométrie, parce qu'on n'en possède pas ainsi les principes, et que ce serait une chose infinie de l'entreprendre. Il faut tout d'un coup voir la chose, d'un seul regard et non pas par progrès de raisonnement, au moins jusqu'à un certain degré. Et ainsi il est rare que les géomètres soient fins et que les fins soient géomètres, à cause que les géomètres veulent traiter géométriquement ces choses fines et se rendent ridicules, voulant commencer par les définitions et ensuite par les principes, ce qui n'est pas la manière d'agir en cette sorte de raisonnement. Ce n'est pas que l'esprit ne le fasse pas, mais il le fait tacitement, naturellement et sans art. Car l'expression en passe tous les hommes, et le sentiment n'en appartient qu'à peu d'hommes [2].

1. On trouvera des exemples de telles tentatives évoqués par le texte d'A. Campodonico dans le présent volume.

2. Pascal, *Pensées*, 1 (Brunschvig), 512 (Lafuma).

Et Kant, dans sa langue plus tranchante, de redire le caractère capital du jugement :

> la faculté de juger est la faculté de *subsumer* sous des règles, c'est-à-dire de discerner si quelque chose rentre ou non sous une règle donnée (*casus datae legis*)[1]. La logique générale ne contient pas de préceptes pour la faculté de juger et ne peut en contenir. [...] si l'entendement est capable d'apprendre et de s'équiper au moyen de règles, la faculté de juger est un talent particulier, qui ne peut pas du tout être appris, mais seulement exercé. Aussi la faculté de juger est-elle la marque spécifique de ce qu'on nomme le bon sens [*Mutterwitzes*], au manque de quoi aucune école ne peut suppléer.

Et de reproduire l'opposition des types d'esprit :

> un médecin, un juge, ou un homme politique peuvent avoir dans la tête beaucoup de belles règles pathologiques, juridiques ou politiques, à un degré qui peut en faire de solides professeurs en ces matières, et pourtant faillir aisément dans leur application, soit parce qu'ils manquent de jugement naturel (sans manquer pour cela d'entendement) [...], soit parce qu'ils n'ont pas été assez exercés à ce jugement par des exemples et des affaires réelles. Telle est l'unique et grande utilité des exemples : ils aiguisent la faculté de juger[2].

Mais cette aptitude à juger droit et juste est aussi *marginale* dans les débats, car au fond c'en est le présupposé ou, pour ainsi dire, la tache aveugle. On suppose que l'on sait ce que juger veut dire, ce qu'il en est de cette opération : juger du meilleur à faire, qui conduit à la décision et à l'action ;

1. On sait que la troisième *Critique* revient pour la préciser sur cette définition (section IV de l'« Introduction »), en distinguant le jugement réfléchissant (si seul le particulier est donné) et le jugement déterminant (si l'universel est donné) ; il n'est pas indifférent que le jugement déterminant lui-même implique une aptitude qui ne s'enseigne pas, un talent naturel qui s'aiguise par les exemples.

2. *Critique de la raison pure*, A 133-134 ; B 172-173 ; trad. A. J.-L. Delamarre et F. Marty, dans E. Kant, *Œuvres philosophiques*, I, « Bibliothèque de la Pléiade », Paris, Gallimard, 1980, p. 881-82. En note, Kant ajoute : « Le manque de faculté de juger est proprement ce que l'on nomme sottise, et à tel vice, il n'y a pas de remède. Une tête obtuse ou bornée, à laquelle il ne manque que le degré convenable d'entendement et des concepts qui lui soient propres, peut très bien être équipée par l'étude, et arriver même jusqu'à l'érudition. Mais comme il y a encore habituellement manque dans la faculté de juger [...], il n'est pas rare de rencontrer des hommes fort instruits, qui laissent fréquemment voir, dans l'usage qu'ils font de leur science, cet irréparable défaut ».

ou qui rétrospectivement évalue ce qui fut fait[1]. Ou encore l'on fait comme si cela n'importait guère, ou comme si cela ne posait aucun problème. Que cela importe et de façon capitale, c'est ce qui transparaît à même l'ensemble des textes réunis. Que l'opération reste mystérieuse et peu investiguée, c'est ce que laissent à penser aussi les grands textes de la tradition étudiés. On comprend dès lors que Hannah Arendt ait pu regretter que d'Aristote à Kant on ne se soit guère sérieusement penché sur la question[2]. Elle a en cela à la fois raison et tort. Raison car assurément dans la tradition, c'est chez Aristote et chez Kant que l'on en trouve les approches les plus fines. Arendt a également raison en ceci que si les sources sont peut-être moins rares qu'elle ne semble le suggérer, elles sont pourtant fort rares à être à cet égard « concluantes », puisque là même où elle figure comme élément central dans la réflexion, la question de ce qu'on appelle juger n'est guère à proprement parler élucidée – tache aveugle, avons-nous dit. Mais Arendt a tort aussi, et de deux manières : d'une part non pas seulement chez Aristote, mais chez Kant lui-même, en un sens, il est un point aveugle du jugement : qu'est-ce que « voir juste » après avoir bien délibéré, c'est-à-dire après avoir pesé les impondérables, mesuré les unes aux autres de façon nécessairement hésitante les meilleures « mesures à prendre » sans étalon défini, en visant la bonne fin ? quel est cet étrange pouvoir de l'âme humaine d'approuver ou désapprouver, de « choisir » intelligemment et « bien » sans ultimement pouvoir s'en justifier précisément par la raison discursive ? – peut-être faudra-t-il conclure après tout que le savoir humain, fini, rencontre là une de ses limites. Mais non sans avoir essayé de creuser la question encore après eux et sur leurs traces, c'est à quoi veut inviter le présent volume. En effet, Arendt a tort en un second sens, c'est que ce jugement est bien *au cœur* même des réflexions (même s'il n'en constitue pas, il est vrai, l'objet direct d'analyse) chez toute une série d'auteurs de la tradition et actuels, sans doute pas toujours d'aussi premier plan que Kant ou Aristote, nous le lui concéderons. Mais cela mérite qu'on y aille voir.

1. Encore faudrait-il se demander si c'est bien la même chose ou s'il s'agit là de deux usages différents de la même (?) aptitude.

2. Annonçant, dans le « Post-scriptum » du tome I de *La vie de l'esprit*, qu'après avoir, dans un second volume, traité de la volonté, elle terminerait par « une analyse de la faculté de jugement », Arendt indique : « à ce point, la difficulté majeure proviendra de l'étonnante rareté des sources qui offrent un témoignage concluant. Ce n'est qu'avec la *Critique de la faculté de juger* de Kant que cette faculté est devenue centre d'intérêt essentiel pour un penseur de premier plan » (H. Arendt, *La vie de l'esprit. I : La pensée*, trad. L. Lotringer, Paris, P.U.F., 1981, p. 240).

Ainsi, on l'a dit déjà, chez Platon aussi, montre M. Dixsaut, la *phronèsis* a affaire au particulier et au contingent. Et la prescription, rôle qui revient à la *phronèsis* pure, fait le lien entre penser et agir. Or que suppose prescrire, sinon *juger* de ce qu'il faut faire ? Du reste, « non seulement la *phronèsis* produit de la valeur, mais elle en est juge ; avec l'expérience et le *logos* elle est l'un des trois facteurs de l'acte de juger (*krinesthai*), mais l'expérience n'est bon juge que si son acquisition s'est accompagnée de *phronèsis* (*Rép.*, IX, 582a-582d), comme le *logos* n'en est un que s'il procède d'elle »[1]. On le voit, la triade : *logos*, expérience, *phronèsis* n'est pas le propre d'Aristote, et le jugement tient une place centrale dans ce qu'impartit Platon à la *phronèsis*. On reconnaît chez le disciple de Socrate déjà, dans cet instrument qu'elle est de la continuité et de la pénétration de l'intelligence dans ce qui lui est étranger, le rôle qu'assignera Arendt au jugement, en suivant l'enseignement conjoint d'Aristote et de Kant. Le jugement, c'est en effet, selon *La vie de l'esprit*, le retour de la pensée, depuis son ciel des concepts et universaux intelligibles, vers le monde commun du vivre-ensemble des hommes, avec ce que cela comporte de passage d'une retraite solitaire au mode de pensée qui tient compte d'autrui, ce qui veut dire non pas seulement de sa manière propre de penser, mais aussi de l'imprévisibilité de ses actions.

Un élément que mettent en évidence tant Aristote que Kant, pour autant que le modèle du jugement réfléchissant esthétique s'applique au jugement pratique, c'est que c'est l'homme cultivé qui est bon juge[2]. Cela signifie que pour être le critère de la *phronèsis*, le *phronimos* doit pouvoir transférer à l'homme en général ce qui le concerne en propre, ce qui implique en particulier qu'il ne peut céder au plaisir immédiat comme le ferait un homme immodéré (c'est la *sôphrosunè* sauvant la *phronèsis*). Que dit d'autre Kant en faisant reposer la prétention à une validité universelle du jugement esthétique sur le désintéressement de celui qui juge (c'est le désintéressement autorisant le sens commun) ? Avec le même corrélat : ni la *phronèsis*, ni le jugement esthétique ne s'enseignent comme on enseigne la géométrie, l'un et l'autre ne peuvent être le fruit que d'un talent naturel dûment exercé et éduqué, à force d'expérience et de temps, d'exemples.

Le point aveugle est bien identifiable dans le stoïcisme, la *phronèsis* est savoir qui préside à la décision d'agir, elle juge de ce qu'il faut faire ici et maintenant. En quoi consiste ce jugement ? cette prise de décision ? en

1. *Cf.* M. Dixsaut, *infra*, p. 142.

2. Pour ce qui est du texte d'Aristote, voir *infra*, le chap. V par J.-L. Labarrière.

vocabulaire stoïcien, c'est la *sugkatathesis*, l'assentiment. Chez l'animal non doué de *logos*, fait remarquer un commentateur, la *phantasia*, la « représentation », qui vient au vivant d'une cause externe qui « impressionne » son âme (corporelle), est « cause parfaite de l'action » [1], l'homme en revanche se distingue par ceci qu'il « juge » des *phantasiai* : c'est alors l'assentiment qui a le rôle de la cause au sens le plus plein du terme eu égard à l'action. Ce qu'est ainsi approuver ou désapprouver une représentation ou plus exactement son interprétation, ce en quoi consiste cette opération de la raison, la psychologie des Stoïciens ne nous l'apprend pas ; elle le suppose en quelque sorte connu ou évident, comme fait le reste de la tradition. Le mérite de la position stoïcienne est de mettre un nom spécifique (*sugkatathesis*) sur cette difficulté de dire ce qu'on appelle juger, dans sa fine pointe. Arendt attire l'attention sur cette place vide, sur le besoin que l'on a de la combler, si possible, pour affiner notre compréhension du domaine de l'agir, et au premier chef, pour améliorer notre aptitude à juger. Si l'on ne sait ce dont il s'agit, comment espérer améliorer l'aptitude à juger? comment concevoir une éducation qui s'efforce d'exercer cette aptitude qu'elle ne peut enseigner ?

Lieu d'articulation de la théorie et de la pratique, de la *sophia* et des vertus, la *phronèsis* plotinienne est jugement : elle s'interroge « sur la question de savoir s'il faut s'abstenir maintenant ou plus tard, ou s'il est mieux de faire toute autre chose » ; elle évalue, c'est-à-dire considère les différentes options et choisit. Elle n'en demeure pas moins une opération énigmatique de la raison : une *sorte* d'*epilogismos*…

Chez Augustin également transparaît cette fine pointe du discernement que désigne l'assentiment stoïcien : toute science qu'elle soit, la *prudentia* doit chez le penseur chrétien, en raison de l'existence du péché, avoir un fondement autre qu'intellectuel, l'amour. La *prudentia* est l'amour qui sait avec sagacité choisir les choses qui l'aident en les distinguant de celles qui lui font obstacle, c'est un amour qui sait faire la différence entre ce qui le favorise et ce qui lui est nuisible dans son cheminement vers Dieu [2]. Discernement, discrimination, jugement donc, où l'on voit à nouveau l'inaltérable complémentarité entre la dimension intellectuelle (savoir,

1. *Cf.* B. Inwood, *Ethics and Human Action in early Stoicism*, Oxford, Clarendon, 1985, p. 91 ; pour une analyse de cette question, *cf.* D. Lories, *Le sens commun et le jugement du* phronimos, *op. cit.*, chap. VI. 1.

2. Sur saint Augustin et la *prudentia*, cf. *infra*, chap. VIII par J.-J. Duhot.

discernement) et affective (désir, amour), déjà signalée par Aristote parlant de désir raisonnant ou de raison désirante.

Le jugement est clairement à l'avant-plan, sans être pour autant davantage élucidé chez Thomas d'Aquin, la donnée nouvelle dans l'articulation de la question est cependant la notion de volonté, nous l'avons signalé. Les passions peuvent porter à juger telle chose comme étant à rechercher (comme source de plaisir, par exemple). Mais l'individu peut lui-même se départir de ce jugement en en jugeant, en l'évaluant[1]. C'est que la volonté commande l'attention de la raison, elle contrôle donc le degré auquel un individu laisse sa raison être entravée par la passion. Les choses ne sont pourtant pas simples, car la volonté elle-même repose sur un acte antérieur de la raison. Ce qui signifie pour le moins que la raison ne peut être entièrement soumise aux passions pour que la volonté ait le pouvoir de juger le jugement premier et de réorienter l'attention de la raison vers d'autres fins. Encore cette articulation compliquée par l'intervention de la volonté ne nous dit-elle pas comment on peut s'assurer du meilleur jugement possible. Ni ce que c'est au fond que juger, c'est-à-dire, plus que jamais ici, quand entre en scène la volonté, *décider*. Ni comment progresser vers de meilleures décisions. Il est clair que la *prudentia* reste au croisement de la connaissance et de l'affectivité, de l'intelligence et de la motivation, la prudence est « le moyen par lequel un individu applique la connaissance morale à une action concrète et commande un acte en conséquence ». Composée de connaissance générale et de connaissances particulières, la prudence est aussi aptitude à une « application correcte, prompte et infaillible » de la connaissance à la situation individuelle, et ceci exige la droiture de l'appétit. Mais cette application correcte est précisément le jugement, sa droiture, le vertueux est celui à qui « il est devenu connaturel de porter sur la finalité d'une action un jugement droit », ce qui signifie une intériorisation telle de la connaissance morale que le jugement moral lui-même est soutenu par les inclinations de l'individu vertueux et non plus entravé par elles. Néanmoins, si les éléments favorisant le jugement droit de cette sorte rappellent l'enseignement d'Aristote : expérience et temps sont nécessaires à son acquisition, lucidité et ouverture aux conseils d'autrui… la description du jugement droit lui-même ne va guère plus loin que la nécessaire coïncidence de la justesse de vue et de la rectitude du désir.

1. Cf. *infra*, chap. IX, l'exposé de T. Hoffmann.

La volonté cartésienne moderne ne nous éclaire pas davantage sur le jugement au cœur de la générosité. Elle invite seulement à retourner aux textes de Descartes pour y scruter les indices de la spécificité du jugement et de sa nature[1]. Et les indices, communs à l'idée aristotélicienne de *phronèsis*, ne manquent pas, qui demandent d'être examinés de près : la distinction de l'ordre du monde – des affaires humaines – et de l'ordre de la nature, l'insistance sur le temps opportun et sur la particularité des circonstances de l'action, sur la nécessité de l'expérience, sur l'exigence conjointe d'une aptitude intellectuelle et d'une option pour le bien, sur l'autonomie du jugement et sur la solidarité avec ses semblables, la complémentarité du jugement exercé le mieux possible et de la volonté résolue du meilleur : « le jugement est tout mais il n'est rien sans la résolution », conclut un commentateur – le jugement est ainsi « au cœur de la problématique pratique » et il est irréductible dans le champ de l'action comme le « sentiment » l'est pour ce qui est de la substance composée…[2].

On ne saurait faire ici le point sur l'apport de Kant en la matière, mais il reste que cette faculté conserve chez lui son secret : elle pense, dit-il, le particulier, mais, comme le suggère Arendt, annonçant ce volume sur le jugement qu'elle n'aurait pas le temps d'écrire : « *penser* signifie généraliser, c'est donc la faculté de combiner, de façon mystérieuse, le particulier et le général »[3]. L'essentiel de ce que met au jour l'analyse kantienne est cette prétention à ce que le penseur critique nomme l'universalité subjective, c'est-à-dire cette sorte de prétention à l'adhésion d'autrui, fondée sur la « pensée élargie », sur le sens commun comme mode de pensée qui, en imagination, pense en se mettant à la place de tout autre. L'essentiel est cette forme de validité universelle – subjective, c'est-à-dire intersubjective, plurale – sans règle et s'appuyant sur la pluralité des hommes, leur être-ensemble et leur aptitude à tenir en compte cet être-ensemble, à ménager la possibilité de sa continuation. C'est ce qui fait de cette faculté

1. Alain, qui rangeait Descartes parmi les partisans de la « doctrine secrète » qui résistent à la tyrannie du « roi Raisonnement » et défendent « ce genre de connaissance [qui] a reçu le beau nom de Jugement », disait à son sujet : « Avoir les idées claires, cela signifie que l'on ne voit plus le monde à travers les passions ; mais si les idées sont claires on ne les voit plus ; on voit le monde ». Tel est le jugement. *Cf.* Alain, *Propos. I*, « Bibliothèque de la Pléiade », Paris, Gallimard, 1956, p. 1053 (en date du 3 décembre 1931).

2. *Cf.* G. Jacquemot, « Descartes et la rationalité de l'action », dans *Les logiques de l'agir dans la modernité*, *op. cit.*, p. 51-52.

3. H. Arendt, *La vie de l'esprit. II Le vouloir*, Paris, P.U.F., 1983, Appendice « Le juger », p. 266.

examinée par Kant la plus politique des facultés de l'esprit: elle tient compte en pensant de l'être-ensemble, c'est la faculté dans l'exercice de laquelle l'homme n'est jamais seul mais intrinsèquement parmi les hommes. Seul un homme parmi les hommes peut juger. Une universalité sans loi énonçable, sans règle de référence. Tel est pour Arendt le défi de l'intellection propre à l'action et aux affaires humaines sur lequel Kant a mis le doigt dans cette épure du jugement qu'il trace à propos du jugement esthétique: « On peut remplacer partout chez Kant le terme de goût par celui de faculté de juger, note Arendt en août 1957. Il devient dès lors immédiatement clair qu'il s'agit dans la critique de la faculté de juger d'une critique dissimulée de la raison politique »[1].

« Si on renonce à la faculté de juger, tout n'est effectivement plus que vertige, note encore Arendt un jour de février 1951. – Mais qu'est-ce que la faculté de juger? [...] Dans la vie, ce qui veut également dire dans la politique réelle, pourrait-on seulement passer le coin de la rue sans juger? »[2]. Élément vital pour une vie digne des hommes, le jugement demeure une opération mystérieuse, dont le mystère tient en ces quelques mots:

> les jugements déterminants et les jugements réfléchissants: subsumer un particulier sous une règle, l'universel, et « réfléchir », c'est-à-dire voir le particulier, s'y tenir et le considérer à la lumière d'un universel inconnu que le particulier révèle: nous le considérons sous l'hypothèse d'un universel[3].

Car bien sûr nous sommes loin de la définition logique et formelle du jugement: « "ceci est une table" ou "la table est verte" ne sont à proprement parler ni l'un ni l'autre des jugements. On ne leur ajoute aucune "force" en les formulant. C'est seulement lorsque je dis: "la table est belle" ou bien encore: "la table est utile" que je commence à juger »[4]. Il n'y a jugement que lorsqu'il y a ajout de cette « force », laquelle ne peut venir que de ce trait que comporte la vertu éthique aristotélicienne et que la tradition a appelé « inclination », et qui fait dire « cela me plaît », « cela ne me plaît pas »: ce

1. H. Arendt, *Journal de pensée*. Volume 2: mars 1954-1973, éd. par U. Ludz et I. Nordmann, trad. S. Courtine-Denamy, Paris, Seuil, 2005, p. 772. Et en mars 1968: « La faculté de juger est la faculté politique par excellence, parce qu'elle a toujours affaire au particulier », *op. cit.*, p. 872.

2. H. Arendt, *Journal de pensée*. Volume 1: juin 1950-février 1954, éd. par U. Ludz et I. Nordmann, trad. S. Courtine-Denamy, Paris, Seuil, 2005, p. 74.

3. H. Arendt, *Journal de pensée*. Volume 2, p. 1016.

4. *Ibid.*, p. 881 (note de juin 1968).

qui explique l'assimilation de la question du jugement à celle du goût, lequel approuve ou désapprouve de la sorte, sans autre critère formulable. Arendt note encore, pour signaler l'« erreur fondamentale » de la philosophie morale de Kant : « la capacité de juger [...] ne joue aucun rôle », alors même que « ce n'est pas d'abord Nietzsche mais Kant lui-même, fait-elle observer, qui a su qu'il vaut mieux se fier à quelqu'un ayant une inclination pour le bien plutôt qu'à l'impératif catégorique qui ne tient pas compte de l'inclination »[1], évoquant le fait que Kant avait d'abord songé à une critique du « goût moral », oublié ensuite au profit de la « raison pratique », mais que retrouve en effet la troisième *Critique* en diverses occurrences.

Tache aveugle au cœur de ce qui régit l'action, le jugement appelle toujours aujourd'hui toute notre attention. On a dit quel rôle conciliateur et central Ricœur et d'autres auteurs contemporains, de langue anglaise notamment, donnent à cette aptitude en en appelant à son nom aristotélicien de *phronèsis*. Ces pensées plus proches de nous nous incitent ainsi à faire retour à l'énigme que transmet la tradition. Tant il est vrai que la proposition de Heidegger qu'évoque Gadamer de traduire *phronèsis* par *Gewissen*, et maintes fois rapportée ces dernières années, ne résout rien[2].

1. H. Arendt, *Journal de pensée*. Volume 2, p. 986 (note de septembre 1970).

2. Parmi les textes déjà cités ici, voir sur ce point, par exemple, P. Aubenque, « Philosophie pratique et herméneutique », p. 26 ; E. Berti, « La philosophie pratique d'Aristote et sa "réhabilitation" récente », p. 266 et note 49. Gadamer évoque cette proposition de traduction dans ses souvenirs du séminaire sur le livre VI de l'*Éthique à Nicomaque* auquel il assista en 1923 à Fribourg (H.-G. Gadamer, *La philosophie herméneutique*, trad. J. Grondin, Paris, P.U.F., 1996, p. 20). Les ambiguïtés que peuvent receler les rapides allusions à cette traduction de Heidegger rapportée par Gadamer dépendent ultimement de l'écoute du mot allemand *Gewissen*, conscience, et ordinairement conscience morale, ainsi que du contexte particulier de la lecture heideggerienne du texte d'Aristote. C'est ce contexte, interdisant toute retransposition du *Gewissen* heideggerien en « conscience morale », qui assure que cette « traduction » n'éclaire nullement le débat ici en cause. Le souvenir de Gadamer correspond à ce que le lecteur d'aujourd'hui découvre dans l'édition du cours sur *Le sophiste* (GA 19 ; *Platon* : Le sophiste, trad. fr. sous la dir. de J.-Fr. Courtine et P. David, Paris, Gallimard, 2001). Le passage clé est au § 8 dans lequel l'intitulé du premier sous-titre établit d'emblée et avec netteté le contexte ontologique : « L'objet de la *phronèsis* : le *Dasein* lui-même ». La discussion porte ensuite sur le rapport de la *phronèsis* à l'*alètheuein* et c'est à ce propos qu'apparaît le *Gewissen* : « Avec la *phronèsis*, il n'y a pas la possibilité avalisée de l'oubli. Sans doute l'explication ici fournie par Aristote est très concise. Pourtant il ressort clairement du contexte que l'on ne va pas trop loin dans l'interprétation quand on dit qu'Aristote se heurte ici au phénomène de la conscience (*Gewissen*). La *phronèsis* n'est rien d'autre que la conscience, mise en mouvement, telle qu'elle illumine de part en part l'action. La conscience on ne peut l'oublier » (p. 56 ; trad. p. 61). Il est clair que le contexte est celui d'une lecture

L'ensemble des textes qui suivent n'a pas l'ambition d'expliciter autant qu'on le pourrait souhaiter ce qu'il en est du jugement en ce sens pratique [1], ils contribuent, espérons-nous, à mettre en évidence son caractère crucial et devraient inviter à suivre les pistes ouvertes ou seulement suggérées par les penseurs de la tradition abordés en vue d'une élucidation de ce qu'on appelle juger.

Pour ne pas encourir le reproche déjà évoqué d'une trop grande distance par rapport aux textes de la tradition dont pâtissent certaines parts de la philosophie pratique d'aujourd'hui, nous avons voulu que bon nombre de chapitres se tiennent au plus près des textes anciens, médiévaux ou modernes. Et c'est eu égard aux contemporains que nous ne nous sommes pas interdit quelques panoramas plus ou moins rapides. C'est aussi que nous n'avons pas voulu non plus nous cantonner dans un désir de « clarification historique » [2]. Ni débat d'experts aristotélisants et pointilleux mais ne parlant que pour eux-mêmes, ni interventions de prétendus spécialistes éthiciens contemporains ayant « une fois pour toutes » fait le tour de ce qu'il y avait à prendre au gré de l'histoire de la pensée et de ce qu'il fallait laisser aux errements antiques d'Aristote et des autres, et à leur ignorance de nos problèmes « inédits ». Penser est toujours repenser, et donc il s'agit bien encore ici de nourrir la réflexion d'aujourd'hui, mais en cherchant dans le respect des pensées classiques et plus proches de nous le moyen qu'elles nous soient le plus éclairantes possible. Pour les débats en cours, nous avons donc voulu tracer une figure plus pleine de la notion aristotélicienne de *phronèsis* et la faire « bouger », « hésiter », l'ébranler quelque peu, en la

intégralement ontologisante et non éthique de la notion, et la dernière notation suggère bien qu'en aucun cas la « conscience » ou science intime que dit ici *Gewissen* ne peut désigner ce qu'on nomme communément la conscience morale. Sur la réception de cette leçon heideggerienne par Gadamer, en ce compris les malentendus et l'aveuglement, reconnu ou non, qu'elle comporte, *cf.* J. Taminiaux, *Sillages phénoménologiques. Auditeurs et lecteurs de Heidegger*, Bruxelles, Ousia, 2002, chap. VIII : « L'herméneutique de Gadamer et les avatars d'une fascination précoce ». Sur *Gewissen* et *phronèsis*, en particulier p. 169 ; et aussi : « Gadamer à l'écoute de Heidegger, ou la fécondité d'un malentendu », dans *Gadamer et les Grecs*, *op. cit.*, où l'auteur conclut : « le *Gewissen* auquel il fait ici allusion est déjà celui dont traitera *Sein und Zeit* hors de toute portée morale : l'attestation en chacun, dans le coup d'œil de la résolution, du pouvoir-être le plus propre » (p. 124).

1. Un des auteurs de ce volume constate, commentant Gadamer : « personne ne peut rationaliser la façon dont le *phronimos* arrive à percevoir le cas particulier et à prendre des décisions correctes » (cf. *infra*, chap. XII par P. Kontos).

2. Nous empruntons cette expression à C. Natali, qui l'utilise pour désigner sa propre démarche : *L'action efficace. Études sur la philosophie de l'action d'Aristote*, Paris-Louvain, Peeters, 2004, p. 1.

resituant dans une tradition philosophique plus ancienne, mais aussi plus récente, de pensée de cette thématique afin qu'on se sente aujourd'hui moins sûr qu'on ne semble l'être trop souvent d'en connaître avec certitude les avantages et les limites.

Et au centre de cette notion nous avons voulu particulièrement relever l'énigme de cette étrange opération mentale : juger. Juger est la dignité des hommes. Seuls les hommes jugent, et c'est en jugeant qu'ils sont hommes, proclamait Arendt. Renoncer à juger, c'est ouvrir la porte à la barbarie. Et aujourd'hui, céder à la barbarie, c'est probablement plus que jamais emmener les hommes à leur perte, non pas seulement morale, mais physique et irréversible ! La seule arme dont nous disposions contre cela, c'est la *phronèsis* ou le jugement, ce que mettent à mal, dans sa capacité d'exercice, les sociétés de masse, la massification et l'atomisation, dans lesquelles les progrès des techniques et la puissance des outils de manipulation des foules et des masses sont toujours plus rapides et efficaces. Cultiver la *phronèsis* est une urgence de la mondialisation, et ce n'est pas d'une application du « principe de précaution » à la mode qu'il s'agit. Et puisque la *phronèsis* ne s'enseigne pas plus que le jugement kantien, puisque seuls les exemples et l'exercice peuvent affiner cette toute humaine aptitude, tournons-nous vers l'histoire, l'histoire des hommes et dans celle-ci vers l'histoire de la pensée philosophique, afin qu'elle nous éclaire. Parce que générations après générations les penseurs se sont mis à l'écoute et à l'école des circonstances particulières qui leur étaient offertes, qu'ils y ont « réfléchi », et qu'elles leur ont donné à penser, et parce qu'ils ont accumulé une expérience humaine incomparable, écoutons-les pour faire le meilleur usage possible des « précédents » et autres cas exemplaires :

> Kant : l'incapacité de subsumer ce qui est individuel. On ne peut tomber sur l'individuel ou le rater que dans le jugement. C'est de cela qu'il est question en politique, où nous sommes toujours confrontés à des situations pour lesquelles, s'il existe bien d'éminents précédents, il n'y a toutefois aucune règle générale[1].

Danielle Lories

Juin 2006

1. H. Arendt, *Journal de pensée*. Volume 2, p. 763 (note d'août 1957).

CHAPITRE PREMIER

ASPECTS DE LA *PHRONÈSIS* PRÉSOCRATIQUE : HÉRACLITE ET EMPÉDOCLE

La question de la *phronèsis* a une longue histoire dans la pensée grecque classique. Ce terme, dérivé de φρήν qui signifie originairement le diaphragme ou le cœur, subit une évolution sémantique significative à partir du moment où la philosophie commence à se développer, de sorte qu'il finit par désigner une des facultés et des vertus les plus importantes pour l'agir humain, l'intelligence pratique, avec en corollaire une certaine hésitation quand il s'agit de cerner avec précision sa valeur exacte[1].

Plus précisément, φρήν, φρενός (pl. φρένες) indique le diaphragme séparant le cœur et les poumons, d'une part, et le foie, l'estomac et les intestins, d'autre part. Mais il peut aussi indiquer le cœur ou l'âme en tant que siège de la soif, de la faim, de la crainte, de la souffrance. En d'autres termes, il peut indiquer la partie émotive de l'âme par opposition au θυμός (le cœur en tant que siège de la volonté et de l'action) et au νοῦς (le cerveau en tant que siège de la raison et de la pensée). Au pluriel cependant, φρένες peut aussi indiquer le siège de l'intelligence, voire de la volonté.

De cette racine sont issus plusieurs termes, par composition (association à une autre racine) ou par dérivation (ajout d'un suffixe à la racine). Nous avons ainsi, par composition, de nombreux adjectifs en – φρων : ἄφρων (insensé), ἔμφρων (raisonnable), εὔφρων (bienveillant), σώφρων

1. *Cf.* P. Chantraine, *Dictionnaire étymologique de la langue grecque : histoire des mots*, Paris, Klincksieck, 1968-1980.

(modéré), δαΐφρων (courageux ou prudent). Et par dérivation, nous avons tous les termes qui nous intéressent de plus près dans cette étude : φρενῖτις, φρένεσις (folie ou frénésie) ; φρονέω (penser, réfléchir), φρόνησις (pensée, prudence), φρόνημα (pensée, orgueil), φρόνιμος (sensé) ; φροντίζω (se soucier de), φροντίς (soin, souci)[1].

Φρονεῖν, qui est formé de φρήν par dérivation, en vient rapidement à indiquer tout ce qui concerne les sentiments de l'âme et donc le fait de sentir dans sa propre âme, comme, par exemple, d'avoir les sentiments inhérents à la vie, au vivre et au revenir à soi (chez Homère). Chez Homère mais aussi, plus tard, chez Sophocle, Démosthène et Lycurgue, *phronein* accompagné d'un adverbe ou d'un accusatif neutre peut indiquer le fait d'avoir des sentiments de telle ou telle sorte, ou de posséder une telle disposition, ou encore le fait de faire « agir » son âme et donc de réfléchir, penser, être sage et prudent. En union avec un complément à l'accusatif, toujours chez Homère et chez les tragiques, *phronein* peut aussi en venir à indiquer le fait d'avoir des sentiments. Uni à l'infinitif, il peut dire le fait de songer à, d'envisager des projets[2].

Le terme *phronèsis* est postérieur à *phronein*, mais nous le retrouvons déjà attesté chez les Présocratiques. Il est formé par composition à partir de la racine et du suffixe *-tis*, *-sis*, qui donne lieu surtout à des abstraits verbaux (action de…). Il indique la façon de diriger ses sentiments et, par extension, la manière de voir, ou le fait d'envisager un projet, ou encore une intention, pour en venir plus tardivement à être le terme courant pour indiquer la bonne direction de l'âme, la prudence et la sagesse[3].

D'une façon générale donc, les termes dérivés de la racine φρήν, φρενός (pl. φρένες), en viennent progressivement à signifier l'action de penser qui naît dans les tréfonds émotifs de l'âme et, par extension, la perception de la réalité de l'expérience selon le mode de la réflexion. C'est ce qu'en général les anciens appellent *phronein* : un sentir qui est aussi une intelligence des

1. Par dérivation et composition nous avons ensuite des termes tels que : ἀφροσύνη (déraison), σωφροσύνη (modération) ; καταφρονέω (mépriser), παραφρονέω (déraisonner) ; εὐφραίνω (réjouir, charmer).

2. *Cf.* V. Magnien, M. Lacroix, *Dictionnaire grec-français*, Paris, Belin, 1969 (désormais : Magnien-Lacroix).

3. *Cf.* Magnien-Lacroix, p. 2052. Quant à l'adjectif φρόνιμος, ος/η, ον, on ne le retrouve que plus tard, chez les tragiques, dans le sens d'« être capable de », comme le suggère le suffixe *–imos*. En parlant de personnes, *phronimos* indique donc le fait d'être maître des sentiments de son âme, d'avoir du bon sens et, par extension, d'être sage, sensé. En parlant d'objets, il peut indiquer ce qui a une signification et, référé à des actions, un agir sage et sensé.

choses. Le lien fondamental et originaire de ces termes avec la partie émotive de l'âme (le diaphragme ou le cœur) fait en sorte que cette intelligence est toujours conçue comme une sagesse pratique[1].

Ceci est vrai déjà chez les Présocratiques, pour qui, comme nous allons le voir, *phronein* signifie, par delà le simple « sentir », le fait de « bien sentir » en vue d'agir comme il se doit par rapport à la totalité du monde.

L'étude ici proposée a pour but d'analyser la signification que les termes que nous venons d'évoquer acquièrent chez deux philosophes présocratiques : Héraclite et Empédocle, chez qui l'emploi des termes liés au vocabulaire du φρήν est important et chez qui il est assez différent, tout en s'avérant significatif pour le développement ultérieur de la notion de *phronèsis*[2].

Il est évident qu'on ne trouve pas encore chez Héraclite et Empédocle un développement de la notion de *phronèsis* s'articulant autour de l'action morale et de la vertu, comme ce sera le cas plus tard. Se référant à leur pensée et à leurs écrits, on ne peut interpréter le terme *phronèsis* comme indiquant une certaine « science du bien » capable d'orienter l'homme dans le « bon » choix. Et d'ailleurs, le plus souvent, ce n'est pas *phronèsis* qu'on rencontre, mais bien le verbe correspondant, *phronein* avec la valeur fondamentale de « sentir », au sens le plus étendu du terme. Les Présocratiques n'ont pas encore développé une idée claire de la responsabilité morale de l'homme, et ils se font seulement lentement à l'idée que l'homme possède une âme et qu'il peut être tenu pour « responsable » de ses actes, et donc considéré comme un véritable sujet moral[3]. Plus encore, on le voit chez Empédocle surtout, ils considèrent le sentir du corps comme équivalent au sentir de l'âme, concevant ainsi le « penser », et l'agir en fonction de ce penser, comme une réalité encore bien matérielle.

Et pourtant, dès cette époque, les premiers philosophes découvrent en l'homme une certaine capacité « réflexive » et ils s'y intéressent, en l'appelant aussi, bien souvent, *phronèsis*. Nous verrons qu'ils l'identifient à une « pensée-du-cœur » qui permet à l'homme de s'orienter dans le monde et d'agir dans le respect de la nature du tout et de la « norme »

1. C'est ainsi que comprennent Liddell, Scott, Jones, *Greek-English Lexicon*, Oxford, Clarendon Press, 1968.

2. En ce qui concerne Démocrite, *cf.* l'article qui lui est entièrement consacré dans ce volume, la question de la *phronèsis* étant effectivement importante chez ce philosophe. On aurait pu également se tourner vers les Sophistes.

3. Sur ce point, *cf.* F. Sarri, *Socrate e la nascita del concetto occidentale di anima*, Milano, Vita e Pensiero, 1997, surtout la première partie.

universelle. Et en ce sens, même s'ils ne peuvent pas encore penser la *phronèsis* par rapport à la vertu ou au bien, ils la placent parmi ces qualités qui distinguent l'homme et en font un être à part dans la nature, un être capable de réfléchir sur les choses, d'être conscient qu'elles forment un tout, et d'agir en conséquence en vue de la réalisation de son bien-être.

L'étude de la *phronèsis* présocratique présente ainsi l'intérêt que, dès avant l'invention de l'« éthique », cette notion nous permet de voir comment l'homme fut en mesure de découvrir en lui une capacité de réflexion et d'y prêter attention en vue de la connaissance du monde et de son bonheur en lui.

HÉRACLITE

Nous rencontrons chez Héraclite plusieurs attestations des termes liés à la racine φρήν : τὸ φρονεῖν, φρόνησις, σωφρονεῖν. La signification à attribuer à ces mots n'est pas aisée à préciser, et les interprètes ont souvent montré un certain désaccord dans la manière de rendre ces vocables dans le cadre de la pensée d'Héraclite. La présente étude ne cherche pas à résoudre ce problème, mais simplement à proposer une description des contextes dans lesquels ces termes sont utilisés, dans le but de montrer que la notion de *phronèsis* est déjà bel et bien présente chez Héraclite et qu'elle joue un rôle important dans sa pensée.

Les fragments intéressants à ce propos, dans l'ordre suivi par Diels-Kranz, sont les cinq suivants : B 2, 17, 104, 112, 113 (114) et 116[1].

Dans le cadre de la philosophie d'Héraclite, la sagesse réside dans la compréhension de la manière dont le monde fonctionne (fr. B 41 DK) et correspond à la « compréhension » du *logos*, qui est l'élément fondateur de l'aménagement du *cosmos*, un *logos* que seul le divin peut atteindre, étant le

1. Pour notre analyse nous nous référons d'une manière systématique et générale aux éditions et traductions les plus importantes des fragments, que nous citons dès maintenant avec leurs abréviations. L'édition de référence est H. Diels-W. Kranz (éd.), *Die Fragmente der Vorsokratiker. Griechisch und Deutsch*, Berlin, Weidmannsche Verlagsbuchhandlung, 1956 [DK] et pour la traduction J.-P. Dumont, *Les écoles présocratiques,* Paris, Gallimard, 1991 [J.-P. Dumont] ; nous avons consulté aussi M. Marcovich, *Heraclitus. Greek Text with a Short commentary*, Merida, Los Angeles University Press, 1967 ; J. Bollack, H. Wismann, *Héraclite ou la séparation,* Paris, Minuit, 1972 ; Héraclite, *Fragments*, éd. M. Conche, Paris, P.U.F., 1986 ; G.S. Kirk, J.E. Raven, M. Schofield, *Les philosophes présocratiques,* Paris, Cerf-Éditions universitaires de Fribourg, 1995 ; Héraclite, *Fragments*, éd. J.-F. Pradeau, Paris, GF-Flammarion, 2000.

seul qui soit véritablement sage (fr. B 32; 78; 102 DK). Le *logos*, qui est aussi feu, coïncide dans une large mesure avec les différents aspects de cette « chose » totalement sage qu'est le divin. L'âme humaine est faite de feu. Elle est issue de l'humide auquel elle retourne, mais l'humidité signifie aussi pour elle la mort. L'âme la meilleure est l'âme la plus sèche, celle qui est la plus proche du feu (fr. B 117 et B 118 DK). En un certain sens, Héraclite pense que l'âme peut être conçue comme un fragment modifié du feu cosmique, et qu'elle posséderait, dès lors, une partie du pouvoir directif du feu[1]. La veille, le sommeil, la mort sont en rapport avec le degré d'embrasement de l'âme. Dans le sommeil, l'homme est comme proche de la mort; le feu de son âme brille faiblement; la vision est éteinte et ce que l'on voit (en songe, par exemple) est comme ce que l'on perçoit lorsqu'on allume une lumière dans la nuit: on voit mal et chacun voit d'une façon particulière, sans que la lumière du *logos*, commune à tous, puisse véritablement éclairer les choses comme elles sont. Dans le cadre de cette philosophie de la nature, Héraclite est convaincu que seule la compréhension du système fondamental des choses permet à l'homme d'atteindre la sagesse et la pleine efficacité. Or, puisque ce « système » est représenté par le *logos* qui est commun à tous, la véritable morale de la philosophie d'Héraclite est qu'il faut chercher à atteindre le *logos* et à vivre dans la compréhension de celui-ci. Et cela implique de vivre « conformément à la loi la plus profonde de la nature » (fr. B 114 DK). L'âme est appelée à dépasser le « moi » pour aller se perdre dans le *logos*. La compréhension, l'adhésion au *logos*, est indispensable pour que l'âme ne s'humidifie pas et n'agisse pas suivant la déraison des individus particuliers. C'est dans ce contexte que nous pouvons saisir l'usage que fait Héraclite des termes liés à la racine de φρήν, et qui débouche sur l'élaboration de la notion de *phronèsis*.

Voyons cela de plus près.

Partons du fr. B 113, dans lequel Héraclite présente le *phronein*[2]. Il en parle comme d'une caractéristique générale de tous les hommes :

> ξυνόν ἐστι πᾶσι τὸ φρονέειν
> Penser est commun à tous[3].

1. *Cf.* Pradeau, p. 286.

2. fr. B 113 DK (= Stobée, *Anthologie* III, 1, 179; III, p. 129 Hense), fr. 6 Conche; fr. 118 Pradeau.

3. Trad. Conche, p. 55. Pradeau (p. 175) traduit : « Réfléchir est commun à tous » et Bollack-Wismann, (p. 314) : « Elle est chose commune à tous la pensée-du-cœur ».

Dans son édition, Marcovich considère ce fragment comme une variante du B 114, dans lequel Héraclite affirme :

> ξὺν νοῷ λέγοντας ἰσχυρίζεσθαι χρὴ τῷ ξυνῷ πάντων
> Ceux qui parlent de façon réfléchie (ξὺν νοῷ) doivent nécessairement s'appuyer sur ce qui est commun à tous.

Mais Conche réfute cette interprétation, montrant que les deux fragments doivent être dissociés car en réalité il n'ont de semblable que ce terme « ce qui est commun » : « *xun-on* ». Ce dernier ne voudrait pas dire la même chose dans l'un et dans l'autre contexte[1]. En effet, dans le fr. B 113 DK, l'expression ξυνόν ἐστι πᾶσι est bien curieuse et singulière. Héraclite unit deux termes qui indiquent tous les deux une totalité et qui donc se renforcent mutuellement : ξυνόν et πᾶσι. Pourquoi redoubler cette signification ? Puisque *xunon* fait référence à « une notion politique qui joue un rôle important aux VIIe et VIe siècles »[2], pour Conche il faut voir là une intention bien précise du philosophe d'Éphèse. La communauté à laquelle le mot fait songer est la communauté politique de la cité, c'est-à-dire une communauté « particulière ». En ajoutant *pasi,* Héraclite voudrait supprimer cette particularité du *xunon* et indiquer que « commun à tous » doit être compris ici non pas comme « commun » à la communauté des Grecs ou aux membres du *dèmos* ou de la *polis*, mais comme commun à tous les hommes. Le but étant de suggérer que l'acte de « penser » est un droit qui leur appartient à tous indistinctement, quelle que soit leur condition ou leur appartenance[3]. Mais si tous les hommes ont le droit et la possibilité d'aller vers la vérité, de la saisir et de la dire, il est vrai aussi que, lorsqu'ils sont trop préoccupés par leurs problèmes, leurs soucis particuliers, le pouvoir de penser qui est en eux reste un pouvoir mort ou aliéné, et ils deviennent étrangers à la vérité. Si donc la plupart des hommes ne font pas usage de ce don de la nature, cela tient à ce qu'ils ne s'intéressent pas aux choses pour elles-mêmes. Mais la vérité existe pour tous et tous ont la possibilité de l'atteindre. Même lorsqu'elle est réduite à un fantôme en eux, elle exerce toujours un certain pouvoir d'attraction capable de saisir l'amant de la

1. *Cf.* Conche, p. 55.
2. *Cf.* M. Detienne, *Les maîtres de vérité dans la Grèce archaïque*, Paris, Maspero, 1973², p. 90.
3. Dans le fr. B 17 DK, que nous examinons plus bas, Héraclite montre que ceci est vrai même si, en réalité, les hommes ne pensent (*phronein*) pas les choses telles qu'elles sont et, dès lors, se trompent.

vérité et de l'extraire de la condition commune pour le mener vers la philosophie.

Dans leur édition, Bollack et Wismann rappellent, quant à eux, que l'origine du mot *phronein* en fait l'organe du diaphragme[1], siège des émotions, de la vie affective, par opposition à l'effort de distinction et de division exprimé par le terme qui désigne l'*intelligence,* le *noûs* (fr. 104, 114 Bollack-Wismann). Et ce sont bien ces caractéristiques qui sont propres à faire du *phronein* une réalité commune à tous les hommes. Bollack et Wismann traduisent *phronein* par « pensée-du-cœur » et ils décident de séparer celle-ci de l'intelligence (*nous*) laquelle, à la différence du *phronein*, ne serait pas pour Héraclite un bien commun à tous, même si elle découvre *ce qui est commun en tout (xunon pantôn)*, à savoir le fondement de toutes les réalités, l'*être ensemble* (*xun-on*) des contraires, en un mot le *logos*[2]. Le complément *pasi*, « à tous », servirait ainsi à définir le « commun » comme une somme de différences, l'ensemble des hommes, et non comme ce qui est commun à tout, l'accord des opposés. La pensée-du-cœur devient alors une forme altérée et affaiblie de la pensée du *noûs*, une pensée commune à tous, mais incapable de saisir véritablement « ce qui est commun à tout » : le *logos*. En ce sens, l'interprétation de Bollack-Wismann se dirige vers la compréhension du *phronein* comme radicalement séparé du *noûs*, mais elle confirme aussi le caractère universel de celui-là, commun à tous les hommes.

Dans son édition récente, Pradeau, s'appuyant sur Marcovich[3], affirme que le fr. B 113 DK (118 dans son classement) est indissociable du B 114 DK (119 chez lui) et qu'ils doivent être lus en continuité l'un avec l'autre. Cela l'amène à interpréter le *phronein* comme « commun » dans le sens d'une pensée dont tous les hommes disposent en tant qu'hommes, de manière égale. Et puisque le *phronein* permet d'accéder à la connaissance du réel, c'est bien de droit que la connaissance de toutes les choses est possible à tous les hommes. De sorte que c'est bien à eux (et non pas au caractère inaccessible du réel ou à quelque fâcheuse disposition divine) qu'il faut imputer la responsabilité de leur ignorance.

1. Bollack-Wismann, p. 103 ; 314.

2. D'après Bollack-Wismann, par sa caractéristique même, la pensée du cœur (*phronein*) « ne parvient pas à se joindre elle-même dans le “commun” absolu des contraires, elle n'occupe pas les termes de l'opposition » (p. 314).

3. *Cf.* Marcovich, fr. 23, p. 89.

Or, si l'on accepte de lire le fr. B 114 à la suite de B 113, une autre caractéristique de ce *phronein* héraclitéen devient évidente. En B 114, en effet, Héraclite semble associer ce qui est commun à tous (*xun- nô*) à la loi (*nomos*), en montrant que, de la même manière que la loi dans la cité est commune à tous et permet à tous de vivre en commun accord, cette pensée commune qu'est le *phronein* (B 113) est aussi commune à tous et qu'elle permet de vivre bien. Pradeau en conclut que, pour Héraclite, les hommes n'échouent pas à comprendre toutes les choses et eux-mêmes parce qu'ils ne parviennent pas à la raison universelle, mais parce qu'ils ne font pas bon usage de leur capacité de penser[1].

D'une façon générale, en tout cas, la lecture des deux fragments et des différentes interprétations qui en sont données, nous permet d'affirmer que *phronein* est pour Héraclite une des caractéristiques de l'homme en tant qu'homme, et qui le rend capable aussi bien de sentir que de réfléchir sur ce qu'il sent. Ce *phronein* correspondrait donc à un mode de penser dont tous les hommes sont dotés, qui est lié à leur expérience et qui s'avère nécessaire pour progresser dans la connaissance de la réalité. Cette capacité de réflexion qu'est le *phronein* permet à l'homme de développer un « bon raisonnement » et le rend responsable de cette tâche. Un bémol cependant s'impose : ce même *phronein* est affaibli par la situation même dans laquelle il surgit : la partie émotive de l'âme. Cela fait qu'il est souvent pris dans ses propres limites et qu'il est ainsi, dans la plupart des cas, dans l'impossibilité d'aboutir à ce « bon raisonnement » dont il est pourtant capable.

Pourquoi cela ? Pourquoi tout se passe-t-il pour les hommes comme si leur expérience courante de la réalité était faussée et incapable de les ouvrir à la vérité ?

Le fr. B 2 DK permet peut-être une première réponse à cette question. Héraclite s'exprime ainsi :

> τοῦ λόγου δ'ἔοντος ξυνοῦ ζώουσιν οἱ πολλοὶ ὡς ἰδίαν ἔχοντες φρόνησιν

1. « Si l'on résiste à la tentation de croire que la "raison" est elle-même la loi du tout, ce que le texte ne dit pas, force est de suivre la seule comparaison qui soit ici explicite et qui pose comme équivalents la réflexion (*phronein*) et la raison (*logos*). De la sorte, suivre la connaissance vraie et "parler de façon réfléchie" (l'expression grecque dit, littéralement, "ceux qui parlent avec intelligence" - avec le *noûs*, l'intellect) sont une seule et même chose » (p. 301). En cela Pradeau critique Bollack-Wismann et propose une autre lecture du fragment, car il n'est pas convaincu que le *phronein* ne donne pas accès à la vérité des choses.

> Alors que le discours vrai est universel, la plupart des hommes vivent en ayant une pensée comme une chose particulière [1].

Notons d'abord que c'est la seule attestation explicite de *phronèsis* dans les fragments d'Héraclite, et il est déjà intéressant de constater qu'il n'y a pas grand changement dans la signification de ce terme par rapport à ce que *phronein* signifie dans d'autres contextes. Ceci dit, nous pourrions nous interroger sur le fait qu'Héraclite paraît ici opposer la *phronèsis* au *logos,* présentant celle-là comme une pensée « particulière » manifestant le caractère déraisonnable de la plupart des hommes, incapables de se détacher de leurs opinions personnelles et de s'orienter vers la compréhension du fondement de toutes les choses. En ce sens, Héraclite dévaloriserait cette forme de pensée qu'est la *phronèsis*, et Bollack et Wismann auraient raison d'insister sur la séparation entre *phronein* et *noein*. Mais est-ce bien cette critique négative à l'égard de la *phronèsis* qu'Héraclite cherche ici à exprimer ?

Les mêmes Bollack et Wismann, en réalité, suggèrent une interprétation plus nuancée. Ils confirment effectivement que cette fonction vitale qu'Héraclite appelle *phronèsis*, laquelle est proche de la conscience perceptive (voir *to phronein*, fr. B 17 DK) et est liée au diaphragme (*phrèn,* fr. 104 B-W), ne doit pas être confondue avec l'intelligence (*noûs*), et qu'ici Héraclite la dévalorise quelque peu. L'article devant *polloi* servirait justement à distinguer la masse des individus (voir fr. 29 et 104 B-W) des « individus de la masse » (*polloi* sans article, en B 17 DK), et à indiquer que, pour cette masse d'individus, le diaphragme, façonné par l'héritage culturel et l'affectivité du groupe, n'apprendrait plus à connaître la vérité, mais seulement la chose qui est déjà connue et telle qu'elle est déjà connue. La « tribu » revendique cette forme de pensée comme un bien propre, particulier, qu'elle ne veut plus partager. Mais cette pensée, enfermée dans les limites d'une interprétation du réel trop particulière, manque d'ouverture et

1. = Sextus Empiricus, *Contre les mathématiciens*, VII, 133 [*cf.* I 148, 26]. Nous citons la traduction de M. Conche en modifiant la traduction de *polloi.* J.-P. Dumont traduit : « Aussi il faut suivre ce qui est <commun> à tous – car à tous est le commun. Mais bien que le Logos soit commun, la plupart vivent comme avec une pensée en propre » ; Bollack-Wismann : « Bien que la raison soit commune, la masse des gens vit en ayant la pensée du cœur comme une chose particulière » ; Kirk-Raven-Schofield : « C'est pourquoi il est nécessaire de suivre le commun ; mais bien que le Logos soit commun à tous, la plupart vivent comme s'ils jouissaient d'un entendement particulier » ; Pradeau : « Il faut obéir à ce qui est commun ; mais alors que la raison est en commun, la plupart des hommes vivent comme s'ils possédaient une réflexion particulière ».

devient incapable de conduire au *logos*. La *phronèsis* qu'Héraclite critique dans ce texte ne serait donc qu'une ombre de la vraie *phronèsis,* une ombre mal constituée à cause des attachements aux « ressentis » de la masse[1].

Le fr. B 2 DK semble donc confirmer que pour Héraclite la *phronèsis* est une caractéristique commune à tous les hommes, importante pour eux, et qu'elle se trouve à l'origine de leur capacité de sentir et de réfléchir sur ce qu'ils sentent. Mais cette capacité de réflexion qui est « pensée-du-cœur », très proche du niveau émotif de l'âme et de la conscience perceptive, possède aussi ses limites : lorsque les hommes ne parviennent pas à prendre leurs distances par rapport à l'opinion de la masse indistincte et à évaluer leur expérience autrement qu'en se fiant au sens commun de leur communauté d'appartenance ainsi qu'à l'héritage culturel et à l'affectivité du groupe, cette même *phronèsis*, mal utilisée, peut empêcher d'atteindre la vérité des choses.

Existe-t-il un remède qui puisse sauver la *phronèsis* de ses limites ?

À partir de certains fragments, on pourrait comprendre qu'Héraclite rend les sens responsables de la faiblesse de la *phronèsis* (fr. B 107 DK). En réalité, cependant, dans ce même fragment déjà, Héraclite témoigne de ce que cette défaillance n'est le fait que des « âmes barbares », à savoir celles qui ne comprennent pas la langue du « *logos* ». Ce n'est donc pas en raison de sa dépendance à l'égard des sens que la *phronèsis* ne parvient pas à dépasser le stade de la réflexion émotive ; c'est surtout parce que ce qui est reçu n'est pas bien interprété, faute de manque de compréhension du *logos*. C'est comme lorsqu'on parle aux étrangers, *barbaroi*, qui ne connaissent pas le *logos* grec : ils écoutent mais ils ne comprennent rien de ce qu'on leur dit. Cela ne dépend pas du fait qu'ils n'entendent pas ou qu'ils entendent

1. « Loin d'opposer la mentalité collective à la réflexion individuelle, Héraclite dénonce plutôt l'accord du sens commun qui se substitue à la raison commune pour imposer son hégémonie. Dans la communauté, le particularisme mal entendu compose avec la fiction de l'universel », Bollack-Wismann, p. 66, et 65-67 pour toute l'argumentation. Pour Bollack-Wismann, en effet, l'adjectif « commun » (*xunon*) admettrait une double étymologie chez Héraclite : intelligence (*xun nooi*, fr. 114 B-W) et « étant ensemble » (*xun-on*). « Comme les extrémités de la courbe coïncident sur une circonférence (fr. 103), les extrêmes "sont ensemble" dans des choses. En faisant le tour de chacune d'entre elles, l'intelligence découvre, dans leur identité contradictoire, la raison qui dit ensemble (*homologein*, fr. 50 et 51) les contraires. Malgré l'apparence qui associe les phénomènes, les choses n'ont en commun que de n'avoir rien en commun (fr. 54). Plus strictement commune que le sens, la raison déchire les associations complices ; plus radicalement universelle, l'intelligence brise les ententes universelles. On sauve la pensée (*sô-phronein*, fr. 116) en s'arrachant aux allégeances de l'affectivité » p. 66-67.

mal, comme s'ils étaient sourds. Cela dépend de leur incapacité à décoder les sons correctement : ils entendent des sons mais, puisqu'ils ne connaissent pas la langue parlée, ils ne peuvent pas les interpréter et ces sons restent comme muets pour eux. Dans ce cas, il est évident que la faute ne peut pas en être imputée à l'organe des sens, mais bien à l'ignorance du *logos*. La défaillance de la *phronèsis* n'est donc pas liée à sa proximité avec la connaissance par les sens.

Le fr. B 17 DK[1] nous permet d'approfondir davantage :

> Οὐ γὰρ φρονέουσιν τοιαῦτα πολλοί, ὁκοίοις [ὁκόσοι] ἐγκυρεῦσιν, οὐδὲ μαθόντες γινώσκουσι, ἑωυτοῖσι δὲ δοκέουσι.
> Beaucoup ne réfléchissent pas aux choses telles qu'ils les rencontrent, pas plus qu'ils ne les connaissent pour les avoir apprises, mais il leur semble [2].

Revenons à l'acte de *phronein*. D'après l'interprétation de Conche, Héraclite se réfère ici non aux hommes pris dans leur universalité (tous), mais seulement aux hommes pris dans leur généralité (la plupart). Conche comprend ainsi le texte : dans leur affairement quotidien, les hommes, dans la masse, ne comprennent pas les choses telles qu'elles se présentent devant eux. Ils ne leur prêtent pas une attention lente, pensante, s'attardant sur la chose, mais une attention hâtive, qui saisit la chose par où elle les intéresse,

1. = Clément d'Alexandrie, *Stromates* II, 8 (II 117 éd. Sthälin), trad. Conche, fr. 5 (p. 52-53) : « Les nombreux ne pensent pas les choses telles qu'ils les rencontrent, ni, en étant instruits, ne les connaissent, mais il leur semble » ; trad. Pradeau fr. 90 (p. 157-158) : « C'est que la plupart des hommes ne réfléchissent pas aux choses telles qu'ils les rencontrent, pas plus qu'ils ne les connaissent lorsqu'on les leur a enseignées ; mais ils se les imaginent (selon le noble Héraclite) » ; trad. Bollack-Wismann : fr. 17 (p. 101) : « Ils ne sentent pas ces choses telles qu'elles sont, les hommes de la masse, tous tant qu'ils sont à les affronter, et même quand ils les connaissent, ils ne les distinguent pas ; c'est à eux-mêmes qu'ils apparaissent » ; trad. J.-P. Dumont : « La plupart n'ont pas conscience de ce que sont les choses qu'ils rencontrent. Ils ne comprennent pas, quand ils apprennent, mais ils se figurent ».

2. À propos de ce fragment, un débat naît concernant le terme *hokoiois* (corrélatif, tel que…) par lequel Clément corrige le MS *hokosoi* (nombreux). Les interprètes sont partagés sur la question. Finalement Conche choisit la leçon *hokoiois* par assonance avec la proposition d'Archiloque (fr. 68 Diehl), tandis que Bollack-Wismann gardent *hokosoi* (p. 101). Pradeau aussi choisit *hokoiois* (p. 276), montrant que, en ce fragment, Héraclite veut surtout mettre en cause la manière dont les hommes se rapportent aux objets qu'ils rencontrent. Pour Pradeau, l'argument d'Héraclite est épistémologique et vise à établir que la connaissance porte sur ce qui nous est donné au gré des rencontres (des expériences). Le premier tort du plus grand nombre consiste à ignorer cet environnement immédiat et à substituer les objets de connaissance fictifs et éloignés de la connaissance de la réalité dans ce qu'elle a de plus ordinaire et de plus immédiat. La plupart des hommes agit de la sorte et finit alors par élaborer une connaissance fictive qui éloigne de la réalité.

l'arraisonnant, l'insérant dans le circuit de la subjectivité. La chose, là devant, n'est alors plus vue pour elle-même, mais en fonction d'autre chose. Elle devient ce qui sert ou peut servir, ou ce qui gêne, une aide, un obstacle, un outil, un embarras. Penser en tant que *phronein* correspondrait en soi à un acte qui s'arrête à la chose en soi, prise pour mesure, ce qui suppose la liberté à l'égard du désir, comme principe de distraction ou de hantise. Cependant, puisque « beaucoup » vivent dans le monde du désir, les choses leur sont occultées ; ils ne voient pas ce qu'elles sont sous leurs yeux ; ils ont l'esprit ailleurs[1].

Conche attire ici notre attention sur un aspect significatif du *phronein*. Cet acte de penser, bien qu'encore lié au niveau émotif de notre esprit, n'est pas défaillant en soi et à cause de ce lien. Au contraire, en soi, il permet de découvrir les choses en ce qu'elles sont véritablement, comme parties de la nature, comme prises dans le flux universel, en écartant les fantasmes dont nous les recouvrons habituellement. En ce sens, *phronein*, penser, c'est reconnaître en chaque chose particulière l'universel. Si le circuit de la subjectivité nous replie sur nous-mêmes, nous isole de la nature, le *phronein* au contraire nous ouvre au monde, où tout est relié à tout et partout hors de soi (puisque l'être est relation). Le *phronein* est donc un bien précieux pour l'homme, mais pour l'accueillir, l'homme doit accepter de s'ouvrir à la réalité en ce qu'elle est. Voici donc une des limites dont il faut préserver le *phronein* : le repli sur soi, et l'attachement aux fantasmes des choses plutôt qu'à l'expérience.

Ceci dit, Héraclite établit aussitôt un lien entre le *phronein* et le *gignôskein*, suggérant peut-être que l'un n'est pas à confondre avec l'autre. Connaître suppose que l'on ait appris (*manthanein*). Ayant appris l'astronomie, on connaît le ciel, comme Thalès. Le « savoir » du savant qui a appris un tas de choses, le savoir de la science, présente une attitude objective qui peut ouvrir à la connaissance mais aussi voiler ce qui est à connaître. Les savants ramènent les choses à eux, en font des objets pour le sujet épistémologique, ils « arraisonnent » les choses selon leurs principes et leurs axiomes.

Parce qu'on calcule, semble dire Héraclite, et parce qu'on fait des plans, parce qu'on apprend ce qu'est le ciel, ou la terre, etc., alors on s'imagine

1. Nous ne pouvons pas manquer de souligner que l'interprétation proposée par Conche ressemble à une projection de la modernité dans une pensée ancienne. Cependant, nous avons décidé d'en faire état ici parce que, malgré tout, elle ne nous semble pas trahir la pensée d'Héraclite et, par certains aspects, elle contribue à l'éclairer.

qu'on « pense ». En réalité, penser les choses n'est pas les connaître objectivement, car penser n'est pas assujettir les choses à la subjectivité entreprenante, mais disparaître comme sujet pour que disparaisse ainsi l'« objet » et nous soit révélée la nature en elle-même. En tant qu'aide à ne pas réduire les choses à leur aspect objectif, à ne pas en faire des corrélats du sujet, à ne pas les ramener à notre mesure, le « penser » ouvre le champ de la connaissance véritable. Voici donc l'autre limite du *phronein* : s'identifier à la pensée de la science qui apprend des « modèles » et les applique à la réalité, sans s'ouvrir à celle-ci en ce qu'elle est[1].

Pradeau suit Conche dans cette interprétation et, en commentant B 17 DK[2], affirme que, en ce fragment, Héraclite veut souligner que l'enseignement ne peut pas suffire à la connaissance : « Il y a encore un effort, qui est ici nommé réflexion et qui consiste en une attention soutenue à ce qui nous entoure. La critique épistémologique d'Héraclite ne s'en tient donc aucunement au simple procès d'une connaissance ordinaire ou commune ; elle vise plutôt l'élaboration et la diffusion d'un savoir scolaire ou savant (la *mathèsis*) qui se substitue à cette connaissance ordinaire et la fausse. Comme Conche en fait l'hypothèse, il est probable que cette critique vise les artifices savants des cosmologies ou des physiques milésiennes, dont l'abstraction toute fictive empêche la réflexion »[3].

Dans le fr. B 17, Héraclite ferait ainsi une importante distinction entre l'activité de « réflexion » (*phronein*), celle d'enseignement (*mathèsis*) et celle de connaissance (*gignôskein, gnômè*), pour témoigner du fait que, pour que l'enseignement ouvre véritablement à la connaissance, il faut y ajouter un effort, et cet effort est la « réflexion », la *phronèsis*.

Bollack et Wismann, quant à eux, proposent encore une autre interprétation de B 17 DK. Ils insistent sur le fait qu'Héraclite, en reprenant à nouveaux frais la phrase d'Archiloque (*et ce qu'ils pensent est tel que les faits qu'ils rencontrent*), ne veut pas dire que la masse des individus, *polloi*, ne pense pas. Cela serait contradictoire avec ce qu'il affirme par ailleurs à propos du *phronein* comme pensée « physiologique » commune à tous les hommes. « En faisant porter la négation sur le pronom *tel* (*toiauta*) qu'il coupe de son complément, la relative (*que sont...*), Héraclite donne une valeur à la nature du *tel*. Non seulement, comme les théoriciens de la

1. Conche considère que les « nombreux » qu'Héraclite critique ici sont alors les Ioniens, ceux qui ont « inventé » la science (p. 53-54).

2. Dans le classement de Pradeau il s'agit du fr. 90, p. 157-158 et p. 276-277.

3. Pradeau, p. 277.

connaissance le disaient, et le diront, on ne pense pas ce que l'on veut, puisque l'on pense comme l'on perçoit, mais cela même que l'on perçoit, on ne le perçoit pas tel qu'il est, dans sa *telléité* et sa différence »[1]. Autrement dit, Héraclite soulignerait que la pensée des hommes n'est pas libre, qu'elle dépend de la perception de l'objet, et qu'on ne parvient jamais à « penser » l'objet qu'on rencontre tel qu'il est. La nouvelle négation qui suit dans la phrase montre où le problème se situe : dans l'impossibilité de sortir des limites de la conscience collective et du sens commun. Le *phronein*, la pensée « physiologique » du diaphragme, conduit donc à penser et à sentir comme « tous » le font sans pouvoir saisir la chose dans sa « différence », en ce qu'elle est véritablement. Le résultat est la fabrication d'une image qui correspond de fait à ce que l'on sait déjà de la chose et qui reflète plus l'identité de celui qui l'a pensée que la réalité de la chose telle qu'elle est. L'acte de *phronein* serait donc cette pensée du diaphragme qui est incapable d'atteindre la véritable identité des choses[2].

D'une certaine manière, la lecture de B 17 nous fait bien percevoir la difficulté dont nous avons parlé au début de l'analyse et les différences dans les interprétations de la pensée d'Héraclite. Il est difficile de trancher entre ces différentes positions, mais il nous semble que, malgré tout, ces interprétations présentent un certains nombre de caractéristiques du *phronein* que nous pouvons qualifier de « communes ».

Phronein, phronèsis impliquent un « penser » qui est attention soutenue à la réalité en ce qu'elle est en elle-même. Disant que la plupart des hommes « ne réfléchissent pas » (*ou gar phroneusi*), Héraclite critiquerait aussi bien la connaissance ordinaire ou commune de la « multitude » que celle des ceux qui élaborent et diffusent un savoir scolaire se substituant à la connaissance de l'expérience et la faussant. Le véritable apprentissage qui conduit au savoir doit être pour Héraclite une réflexion (*phronèsis*) sur ce que l'on

1. Bollack-Wismann, p. 101-103.

2. Bien évidemment, d'autres interprétations de ce texte sont possibles. A. Motte a attiré notre attention sur un autre aspect du texte, qu'on pourrait par exemple comprendre comme ceci : beaucoup (*polloi*) d'hommes ne tirent pas de l'expérience les bonnes pensées qu'ils devraient tirer, pas plus qu'il n'apprennent à connaître par l'apprentissage (« pour l'avoir appris »). En ce sens, φρονέουσι, ἐγκυρεύσιν et γιγνώσκειν dépendraient d'un même sujet, auquel le *polloi* se rapporte. Héraclite affirmerait ainsi que ces deux types d'acquisition d'une connaissance adéquate des choses, par l'expérience naturelle et par l'apprentissage, font défaut à beaucoup. Il est vraiment difficile de décider laquelle de ces interprétations est la plus proche du texte d'Héraclite. Aucune, en effet, ne nous semble le trahir, pas plus que l'interpréter d'une manière décidément plus « correcte » que l'autre. Nous remercions A. Motte pour ses remarques à ce sujet.

rencontre. Cette *phronèsis* est aussi bien la condition d'une pratique que d'un discours réfléchis, ceux-là mêmes qui, normalement, font défaut aux hommes, aussi bien aux savants qu'aux ignorants.

Ce n'est donc pas parce qu'ils emploient leur *phronein* que les hommes ne comprennent pas. C'est parce qu'ils le font en le dénaturant. Et cela de deux manières opposées mais également erronées : en se fiant trop aux « principes » du sens commun et du « ressenti » de la masse des individus, ou bien en se laissant transporter dans les discours objectivants de la science qui connaît ses modèles et ses images, et empêche la nature de se dévoiler pour ce qu'elle est en elle-même.

De façon plus générale, l'analyse de tous les fragments suggère que, pour Héraclite, le *phronein* est cet acte de penser qui, potentiellement, nous permet d'accéder aux choses telles qu'elles se donnent à nous dans l'expérience, qui nous permet ainsi de « penser » le réel objectivement à partir de ce que nous ressentons en nous au fil de nos expériences, qui nous permet aussi de nous protéger de l'imagination, aussi bien celle de la « masse » que celle des constructions fictives de la science et des savants. La pensée-du-cœur est un bien commun permettant à l'homme d'être ouvert au réel et de progresser vers la saisie du sens de celui-ci, mais elle l'est seulement en puissance. En effet, nous l'avons vu aussi, ce même *phronein* a des limites et il est souvent mal utilisé par les hommes, ce qui les rend inaptes à bien penser. Bollack et Wismann attirent l'attention sur une limite quasi infranchissable à laquelle le *phronein* est confronté : l'impossibilité pour l'homme d'être affranchi des « pré-jugés » dans son acte de penser les réalités qu'il rencontre.

Nous trouvons donc chez Héraclite une conception assez complexe, mais cohérente, nous semble-t-il, de *phronein* et de *phronèsis*. Ces termes indiquent pour lui une « pensée-du-cœur » qui est encore solidaire de la partie émotive de l'âme et qui est donc à la fois un sentir et un réfléchir sur ce qu'on sent. Cette « pensée » est commune à tous les hommes et constitue une des réalités les plus précieuses pour eux, elle les rend aptes à s'orienter dans la structure du réel, à l'appréhender et à lui donner du sens. En cela, *phronein* est une vraie intelligence du réel, et il ouvre à la compréhension du *logos*. Mais son caractère de pensée liée aux émotions de l'âme « sensible » ou « émotive » fait de la *phronèsis* une pensée faible, du moins affaiblie par tout ce qui conditionne la partie émotive de l'âme humaine. Cela conduit la plupart des hommes à ne pas faire un usage correct de cette « pensée-du-cœur » : au lieu de reconnaître dans cette capacité de réflexion une chance de « sentir » et de comprendre les choses telles qu'elles se donnent à voir dans l'expérience, objectivement, la plupart des hommes restent repliés sur eux-mêmes et sur les « images » venant de leur appartenance à un « groupe social ». Accrochés à leur acquis, ces hommes, la plupart tout compte fait, échouent à penser et se perdent dans une pensée collective incapable de les conduire à la vérité. Pour ces hommes le *phronein* est déréglé et la *phronèsis* mauvaise.

Ce n'est pas l'échec du *phronein* et de la *phronèsis* en soi, c'est celui du mauvais usage qu'en font les hommes.

EMPÉDOCLE

Avec Empédocle, nous entrons dans un contexte tout autre pour la *phronèsis* et nous découvrons une vision plus matérielle de cette dernière.

Les termes dérivés de la racine *phrèn* présents dans les textes d'Empédocle sont importants et significatifs pour le développement ultérieur de cette notion. Nous les retrouvons dans une dizaine de fragments[1]. Chaque fois, nous constatons que, chez Empédocle, le *phronein* et la *phronèsis* sont quelque chose de bien matériel auquel tous les éléments et les êtres vivants participent et qui leur permet de s'intégrer dans l'harmonie du *Sphairos*, c'est-à-dire dans l'ordre du monde dans sa totalité.

La physiologie d'Empédocle est bien connue. Empédocle imagine que le monde est le résultat du mélange de quatre éléments sous l'influence de deux forces qui s'opposent mutuellement *Philia* et *Neikos* (fr. B 17 DK). Empédocle accorde beaucoup d'importance à la proportion mathématique dans la constitution du monde. Pour lui, la proportion entre les éléments détermine la nature des choses, en offrant à celles-ci l'équilibre nécessaire à les maintenir en vie. Par exemple (fr. B 96 et B 98 DK), l'os est constitué par la proportion de 2/8 de terre, de 2/8 d'eau, et de 4/8 de feu[2]; les nerfs sont formés par la proportion de 2/8 de feu, 2/8 de terre, 4/8 d'eau ; le sang

1. fr. B 1, 5, 11, 17, 103, 105, 106, 107, 108, 110, 134 DK. Nous analyserons un certain nombre de ceux-ci. Pour ce qui concerne les éditions et les traductions, *cf.* les références déjà proposées à la note 1, p. 50, auxquelles il faut ajouter J. Bollack, *Empédocle,* 4 vol., Paris, Minuit, 1965-68 [Bollack].

2. *Cf.* Simplicius, *Commentaire sur la physique d'Aristote*, 300, 19. Dans son *Commentaire sur le traité de l'âme,* 68, 5, le même Simplicius modifie quelque peu la proportion, en disant que ce serait 4/8 de feu, 2/8 de terre, 1/8 d'eau et 1/8 d'air. Cela ne change rien à l'idée de fond : le monde est constitué sur la base d'une proportion bien définie.

(qui est ce qui véhicule le *phronein*) est constitué par une proportion parfaite car tous les éléments s'y trouvent dans un rapport de 1 à 1[1].

D'une façon générale, dans toute réalité, la perte de la proportion originaire implique l'imperfection de ses composés et de leurs fonctions. Dans le cas du sang, la perte de la proportion comportera une mauvaise « circulation » du *phronein* (fr. B 61 DK)[2]. Nous en déduisons que le *phronein* circule avec le sang.

À la suite de cette physiologie, Empédocle développe une importante épistémologie, qui deviendra une référence pour tous les Présocratiques postérieurs[3].

Pour Empédocle, sens et intellect sont sur un pied d'égalité : c'est par eux, en mesure égale, que l'homme sent et connaît, pense et perçoit, et entre en contact avec le tout. L'ensemble des fragments que nous avons conservés concernant le thème de la sensation est très vaste. Même si Empédocle n'utilise jamais des termes comme *aisthanetai* ou *aisthèsis,* il fait cependant usage de nombreux vocables se rapportant à la sensation, aussi bien pour les sens de la vue et de l'ouïe que pour la parole[4]. La

1. *Cf.* fr. B 98 DK, témoignage de Simplicius encore, *Commentaire à la physique d'Aristote* 32, 3.

2. Simplicius, *Commentaire sur la physique d'Aristote* 371, 33, et Aristote, *Physique* II, VII, 198 b 29.

3. L'objectif d'Empédocle est double : répondre à Parménide en redonnant vigueur à la connaissance sensible comme moyen d'accès à la vérité, et mettre en garde contre une utilisation fallacieuse, c'est-à-dire non harmonieuse, non mesurée, non équilibrée de cette même connaissance. Dans le fr. B 3 DK (= Sextus Empiricus, *Adv. Math* VII 125) on le voit assez clairement. Cette épistémologie est très importante pour la compréhension de la valeur qu'Empédocle attribue aux termes *phronein* et *phronèsis*. Sur la théorie de la sensation d'Empédocle, *cf.* R. Laurenti, *Empedocle*, Milano, D'Auria, 1999, p. 92 *sq*.

4. R. Laurenti (*op. cit.*, p. 92 *sq.*) analyse le vocabulaire de la sensation et de l'intellection et montre, par exemple, que celui de la sensation est très étendu chez Empédocle. Des verbes comme ὁρᾶν, ἐποπτευεῖν, οἶδα, δέρκεσθαι en ce qui concerne le sens de la vue, mais aussi ἀκούειν, κλύειν (écouter pour s'approprier la parole entendue), πυνθάνεσθαι (écouter pour apprendre) pour ce qui concerne l'ouïe, ou encore ἐρεῖν, λέγειν en ce qui concerne la parole, sont beaucoup utilisés par Empédocle et presque toujours ils indiquent une réalité matérielle (ou immatérielle). Tous ces verbes comporteraient une sorte d'« attitude » que l'homme prend face aux choses en vue de les connaître. Par exemple, δέρκεσθαι indiquerait le fait d'observer les choses pour en saisir la qualité ; νόωι δέρκευ (fr. B 17, 21) signifie « regarder avec intelligence ». Il s'agit en effet de « voir » Aphrodite et cette opération ne peut pas s'effectuer à partir du simple sens matériel de la vue. Ce « voir » nécessite l'intervention de l'intellect. Pour Empédocle, il y a donc continuité entre l'opération sensible de « voir » et le « voir » de l'intellect, et ceci est tellement vrai que le verbe utilisé pour indiquer ce voir de l'intelligence est un verbe emprunté au « voir » sensible : δέρκεσθαι.

situation est comparable pour le vocabulaire spécifique de l'intellection qui est aussi très riche : *noein, noûs, noèma, gignôskein oiesthai, phronein, mètis*. Tous ces verbes et ces substantifs, et en particulier *phronein* et *mètis*, indiquent un connaître qui s'accroît avec l'expérience et demande l'action dans l'expérience.

Il y a donc chez Empédocle un grand intérêt pour tout ce qui touche au « sentir » et une volonté de montrer qu'on peut « sentir » aussi bien avec l'intellect qu'avec les sens. Les sens sont essentiels dans le processus de connaissance, quel qu'il soit, et le fait de « penser » est quelque chose de bien matériel. Sens et intellect travaillent ensemble de manière à permettre la perception du monde. Ils exigent donc, tous deux, qu'on leur fasse la même confiance.

C'est surtout Théophraste, dans le *De Sensu (*fr. A 86 DK), qui nous renseigne sur l'épistémologie d'Empédocle. Le philosophe d'Agrigente aurait pensé la connaissance sensible comme un transfert d'effluves entre connu et connaissant. Pour cela, il est indispensable qu'il y ait accord entre la source et la cible car, pour être reçus, les effluves nécessitent, au niveau des corps sentants, la présence de pores qui correspondent, qui ne soient ni trop grands ni trop petits[1]. En ce sens, connaître signifie établir un contact physique entre le connu et le connaissant, de telle manière qu'il soit possible d'opérer un transfert de l'un à l'autre[2]. La connaissance sensible se produit donc par contact entre les pores des organes des sens et les effluves émanant des objets sentis, ce qui présuppose que chaque sens juge uniquement l'objet qui s'adapte à lui, en recevant les effluves qui lui sont proportionnés. Cette théorie de la sensation fait en sorte que toutes les choses soient considérées comme capables de « sentir », car toutes

1. L'entrée des effluves venant des objets à connaître advient en effet par des pores situés dans les organes de connaissance. Ces « pores » doivent se trouver en correspondance avec les caractéristiques des effluves émanant des objets à connaître. Chaque chose est donc capable de sentir et de s'adapter, et afin que la connaissance ou cette « adaptation » soit possible, il faut aussi que sujet et objet soient compatibles. Pour mieux se faire comprendre, Empédocle propose l'exemple de l'eau et du vin qui peuvent se mélanger parce qu'ils sont « compatibles » au niveau de leurs pores respectifs qui s'adaptent les uns aux autres en se mélangeant. L'huile et l'eau, par contre, n'étant pas compatibles au niveau des pores, ne peuvent pas s'adapter l'un à l'autre et, même quand ils sont mis en contact, ne parviennent jamais à se mélanger. Cette structure présuppose un acte de connaissance décidément matériel.

2. C'est ce qu'Aristote identifie dans le *De Anima* comme la conception la plus ancienne de la connaissance.

possèdent une forme capable de s'adapter au moins à une autre et de recevoir d'elle les effluves qui lui sont « proportionnés »[1].

Cette règle est valable aussi pour la connaissance intellectuelle. Dans ce cas, Empédocle attribue au sang la fonction de trait d'union entre le connaissant et le connu. À ce propos, nous savons qu'Empédocle a soutenu la doctrine « hémocentrique » en matière de connaissance intellectuelle, rejetant la position encéphalocentrique proposée par les Pythagoriciens et ensuite répandue partout dans toute la philosophie occidentale[2]. L'hémocentrisme est la tentative d'expliquer les phénomènes physiques et psychiques de l'homme en partant du sang, qui est alors conçu comme la seule substance capable de contenir toutes les autres substances et de circuler dans tout le corps pour les transporter et les mettre en communication les unes avec les autres. Cette théorie présuppose que ce sont les substances transportées et non les organes des sens qui expliquent l'activité gnoséologique[3].

Le sang est donc pour Empédocle ce par quoi l'on pense, et nous le retrouvons d'ailleurs souvent associé au verbe *phronein*[4]. On comprend alors que le mélange et la proportion des éléments dans le sang soient très importants pour la « pensée »[5]. Et si le sang est le véhicule du *phronein*, alors il est normal que le siège de l'activité gnoséologique se trouve dans le cœur[6]. En effet, au niveau physiologique, l'étude du sang comporte l'étude de l'organe auquel il est nécessairement le plus lié. Celui-ci est le cœur,

1. Dans le fr. B 109 DK, Empédocle montre qu'une certaine ressemblance entre les choses est nécessaire afin que leur connaissance puisse se réaliser.

2. Sur cette problématique, R. Laurenti, *op. cit.*, propose des remarques intéressantes. Par ailleurs, l'encéphalocentrisme, au contraire de l'hémocentrisme, accorde de l'importance aux organes et surtout au cerveau, en faisant de ce dernier le centre de toutes les activités de connaissance et donc l'organe hégémonique du corps humain.

3. Il est facile d'imaginer que, si l'hémocentrisme a permis le développement d'une épistémologie dans laquelle on ne fait pas de différence entre sens et intellect, l'encéphalocentrisme a contribué au contraire à séparer intelligence et sens, en reléguant ces derniers et la connaissance qu'ils rendent possible à un rang inférieur et subordonné à la connaissance intellectuelle, dont l'organe devient le cerveau.

4. Dans son édition des fragments d'Empédocle, Bollack réunit du reste dans un même groupe tous les fragments qui contiennent le vocabulaire de la *phronèsis : phrèn, phronein, mètis, noèma* et ceux qui rappellent la problématique du sang (fr. 510-539 dans son édition).

5. Nous verrons que l'homme sera d'autant plus capable de *phronein* que le mélange des éléments dans son sang sera bien fait (équilibré, comme on l'a vu plus haut, suivant la bonne proportion).

6. Dans le fr. B 105 DK, Empédocle dit clairement que la pensée (*noèma*) de l'homme est « sang » autour du cœur.

dont la qualité la plus évidente est la chaleur. Le cœur est l'organe qui se forme le premier dans l'être vivant et la chaleur est la qualité qui préside aux activités vitales les plus nombreuses et les plus importantes[1].

En conclusion donc, Empédocle associe d'une manière très étroite le « penser » à la (bonne) circulation du sang et au bon fonctionnement du cœur, en montrant ainsi que le penser et le sentir sont sur un pied d'égalité, étant tous deux identifiés à des actes dont la mécanique est chaque fois analogue : il s'agit de l'échange entre les parties qui entrent en contact mutuellement dans les différents processus de connaissance, aussi bien sensibles qu'intellectuels.

On pourrait cependant faire remarquer que dans le fragment B 2 DK, Empédocle semble considérer la connaissance sensible comme plus fragile et donc inférieure à l'acte de comprendre. En introduisant ce fragment, en effet, Sextus Empiricus souligne que pour Empédocle le critère de vérité n'est pas constitué par les sens mais par la raison droite :

> Étroits sont les pouvoirs répandus en nos membres, / mais nombreux sont les maux assaillant nos pensées ; / courte est la part de vie laissée à notre vie : / voués à la prompte mort, nous partons en fumée. Chacun de nous ne croit qu'à ce que le hasard / place sur son chemin, et pourtant nous croyons / avoir tout découvert. Fort éloignés de nous / pourtant sont les objets, que l'on croit voir, entendre / ou saisir par l'esprit. Mais toi, qui es venu / faire retraite ici, tu sauras, mais pas plus / que ce que la raison d'un mortel peut savoir[2].

Effectivement, on pourrait lire ce fragment comme s'il indiquait que les maux qui assaillent les pensées (μέριμνας) sont nombreux et que bien étroits sont les pouvoirs de perception dont disposent les hommes (στεινωποὶ παλάμαι). Mais cette lecture serait encore partielle. Commentant ce fragment, Bollack fait remarquer que l'insistance sur l'étroitesse des moyens de perception ne signifie pas une critique de la perception sensorielle tout court, mais bien celle de l'usage que l'on fait de celle-ci.

1. La chaleur est indispensable par exemple à la respiration. L'alternance inspiration et expiration est liée en effet à une modification du niveau de la chaleur dans les voies respiratoires. Voir fr. A 74 DK.

2. = *Adv. Mathematicos* VII, 122-124 : στεινωποὶ μὲν γὰρ παλάμαι κατὰ γυῖα κέχυνται·/ πολλὰ δὲ δείλ'ἔμπαια, τὰ τ'ἀμβλύνουσι μέριμνας·/ παῦρον δὲ ζωῇσι βίου μέρος ἀθροίσαντες/ ὠκύμοροι καπνοῖο δίκην ἀρθέντες ἀπέπταν,/ αὐτὸ μόνον πεισθέντες ὅτῳ προσέκυρσεν ἕκαστος/ παντοσ'ἐλαυνόμενοι : τὸ δ'ὅλον <πᾶς> εὔχεται εὑρεῖν·/ οὕτως οὔτ ἐπιδερκτὰ ταδ'ἀνδράσιν οὔτ'ἐπακουστά/ οὔτε νόῳ περιληπτά : σὺ <δ'> οὖν, ἐπεὶ ὧδ'ἐλιάσθης,/ πεύσεαι· οὐ πλέον ἠὲ βροτείη μῆτις ὄρωρεν. Trad. J.-P. Dumont.

Chaque voie offerte à la connaissance est étroite quand elle ne veut compter que sur elle-même. Pour parer à cette étroitesse structurelle des perceptions, il suffit de favoriser une coopération entre tous les moyens de connaissance. La connaissance du tout exige l'éveil et la participation de toutes nos facultés[1].

La seconde partie du fragment : « chacun de nous ne croit qu'à ce que le hasard place sur son chemin, et pourtant nous croyons avoir tout découvert. Pourtant, fort éloignés de nous sont les objets que l'on croit voir, entendre ou saisir par l'esprit », semble d'ailleurs confirmer que l'origine de nos erreurs ne réside pas dans la défaillance des facultés elles-mêmes mais dans le mauvais usage qu'on en fait. L'erreur de perception dépend du fait que l'homme se limite à une connaissance partielle de la réalité, souvent en s'attachant à celle qu'il rencontre la première, échangeant ainsi le tout avec la partie. Cet échange (qui conditionne non seulement la connaissance mais la vie entière) peut être dû à la faiblesse, aux habitudes, à la peur d'agir et de faire face à l'inconnu, à la timidité, à l'indifférence, etc.[2]. Mais il conduit toujours à ceci que chacun découpe pour lui un morceau de réalité qu'il interprète à sa manière, se disant que celle-là est vraie, et que c'est la totalité. C'est accorder un poids excessif aux catégories mentales propres aux individus, ou à certaines convictions ou modes de vie particuliers, qui sont seulement une « partie » de la réalité, et cela finit par détruire la vie de la plupart des hommes.

Le fr. B 110 DK, qui nous apporte aussi une référence explicite à la *phronèsis*, est un bon témoin du risque qu'on court quand on prend la partie pour le tout :

> Si tu graves profondément en ton esprit / ferme, ces vérités ; et si tu les contemples d'un cœur pur et avec inlassable attention, / toutes ces vérités t'appartiendront toujours, / et grâce à elles, tu pourras en acquérir / beaucoup d'autres encore. D'elle-même en effet / chacune croît, au cœur de chaque individu / où siège sa nature. Mais si, tout au contraire, / tu brûles de désir pour de tout autres choses, / comme celles qu'on voit, tout à fait méprisables, / par milliers émousser des hommes les pensées, / ces vérités bientôt déserteront ton âme / au fur et à mesure que le temps coulera, /

1. *Cf.* Bollack, vol. 3, p. 7.
2. *Cf.* R. Laurenti, *op. cit.*, p. 92.

aspirant à revoir le terrain familier / dont elles sont issues. Sache-le, en effet, toute chose a conscience et part à la pensée (*phronèsis*)[1].

Si l'on s'arrête à la partie, semble dire ce texte, c'est parce qu'on a peur de regarder vers la totalité. Mais telle vision « partielle » des choses provoque une attitude humaine que tout le monde reconnaît comme mauvaise, celle du méchant, de l'égoïste ou de l'avare, qui accomplissent tout en vue de leur propre intérêt : au lieu de regarder au bien commun, ils poursuivent leur *idion* au détriment du *koinon*. Or, c'est bien la totalité qui doit tenir la partie et non l'inverse. La *phronèsis* semble être une caractéristique de tous les êtres, en tant qu'elle est une caractéristique des éléments qui composent la partie et en tant qu'elle tend vers la totalité[2]. Elle dit le désir des éléments de s'unir à leur « race » se liant au tout.

En conclusion, nous pouvons dire que, pour Empédocle, sensation et intellection sont équivalentes dans l'approche de la réalité, même si le sentir s'arrête à la saisie de la *qualité* de la chose et si l'intellection cherche à fixer, au-delà de la qualité, les éléments constitutifs de celle-ci, son *essence*, lorsqu'elle échappe à la sensation[3]. Tous deux souffrent cependant de la même difficulté : en rester à ce qui est partiel. Le fait qu'Empédocle prône l'éloignement physique des autres (un peu comme Héraclite le faisait déjà) indique qu'il suggère de trouver d'autres voies que celle que la plupart des hommes choisit de parcourir pour saisir la vérité : il faut s'éloigner des règles et des opinions communes. C'est parce qu'il accomplit cela que Pausanias est *phronimos* comme son père !

1. Hippolyte, *Réfutation de toutes les hérésies*, VII, 29-30 : εἰ γὰρ κέν σφ'ἀδινῇσιν ὑπὸ πραπίδεσσιν ἐρείσας/ εὐμενέως καθαρῇσιν ἐποπτεύσῃς μελέτῃσι,/ ταῦτα δέ σοι μάλα πάντα δι'αἰῶνος παρέσονται,/ ἄλλα τε πόλλ'ἀπὸ τωνδ'ἐκτήσεαι : αὐτὰ γὰρ αὔξει/ ταῦτ'εἰς ἦθος ἕκαστον, ὅπῃ φύσις ἐστὶν ἑκάστῳ./ Εἰ δὲ σύ γ'ἀλλοίων ἐπορέξεαι, οἷα κατ'ἄνδρας/ μυρία δειλὰ πέλονται ἅ τ'ἀμβλύνουσι μερίμνας,/ ἦ σ'ἄφαρ ἐκλείψουσι περιπλομένοιο χρόνοιο/ σφῶν αὐτῶν ποθέοντα φίλην ἐπὶ γένναν ἱκέσθαι·/ πάντα γὰρ ἴσθι φρόνησιν ἐχειν καὶ νώματος αἶσαν. Trad. J.-P. Dumont. Ce fragment étant important, nous y reviendrons à la fin de cette étude.

2. Ici πάντα est le sujet de φρόνησιν ἔχειν, et πάντα se réfère aux éléments.

3. *Cf.* B 133 DK. Il faut donc bien lire Sextus Empiricus dans son témoignage sur Empédocle (fr. B 2 DK). Empédocle ne dit pas que l'intelligence vaut mieux que les sensations et que celles-ci sont moins fiables que celle-là ; il dit simplement que les sensations s'arrêtent à la saisie de la qualité des choses, tandis que l'intelligence cherche à atteindre les éléments fondamentaux de la chose, ceux qui la constituent de la manière la plus essentielle. C'est avec les deux qu'on arrive à la compréhension totale du réel. La faiblesse réside dans le fait que l'homme se limite à la partialité, et ceci attaque également sens et intellect.

Quittons maintenant cet aperçu de la physiologie et de l'épistémologie d'Empédocle. Que nous apprend l'analyse des fragments examinés jusqu'ici sur le *phronein* et la *phronèsis* tels qu'Empédocle les conçoit ?

Nous avons vu que le *phronein* indique un acte de sentir/penser ayant des caractéristiques bien matérielles, il est aussi étroitement lié à la circulation du sang. Nous avons vu également que, contrairement à ce qu'on pourrait penser, cela n'implique aucunement chez Empédocle sa limitation à l'expérience sensible. En effet, si sentir et comprendre sont sur un pied d'égalité et fonctionnent de manière analogue en se référant à une même dialectique, le *phronein*, qui circule dans le corps à travers le sang, peut tout aussi bien indiquer le « sentir » que le « penser ».

Dans quelques fragments, Empédocle attribue ce *phronein* à toutes les choses (fr. B 103, B 107, B 108, B 110 DK), du moins à toutes les choses qui ont des parties aptes à recevoir les effluves. Étant lié au sang, qui est constitué d'une proportion égale d'éléments et circule partout dans le corps, il est très adapté à accomplir une telle opération de saisie du réel. *Phronein* se précise ainsi comme une activité qui rend capable de rester à l'écoute de la totalité des choses, de la saisir et de se l'approprier. Reste pour nous la difficulté de trouver, dans nos langues modernes, un terme qui soit en mesure de rendre cette complexité qui lui est propre.

Nous avons vu par ailleurs qu'Empédocle désigne le cœur comme organe du *phronein* parce que le cœur est l'organe le plus irrigué par le sang. Mais comment le cœur fait-il concrètement pour « penser » ?

Une réponse est donnée au fr. B 108 DK, dont nous possédons différentes versions[1].

Aristote, *Métaphysique* Γ 5 1009 b 18 :

> Et ailleurs il dit : « car pour autant que leur nature est modifiée, / pour autant chaque fois il leur vient en l'esprit / des pensées différentes. »

Aristote, *Traité de l'âme* III 3, 427 a 24 :

> Et ailleurs il explique « d'où leur vient en l'esprit des pensées différentes. »

Jean Philopon, *Commentaire sur le traité de l'âme*, 486, 13 :

> Car Empédocle, parlant des différences entre les rêves, dit que des événements diurnes procèdent les images nocturnes. Il appelle cette image

1. Simplicius, *Commentaire sur la physique d'Aristote*, 331, 12 : ὅσσον <γ'> ἀλλοῖοι μετέφυν, τόσον ἄρ σφίσιν αἰεί / καὶ τὸ φρονεῖν ἀλλοῖα παρίσταται.

pensée dans les vers où il déclare : « *c'est pourquoi il leur vient [...] des pensée différentes.* »

Simplicius, *Commentaire sur le traité de l'âme,* 202, 30 :

> (dans les hommes), le penser (τὸ φρονεῖν), dans leurs rêves, se présente à lui-même (παρίσταται) des choses changeantes (ἀλλοῖα)...

On en déduit que le cœur peut produire du *phronein* en laissant circuler le sang qui, quant à lui, se compose de tout ce qui entre en l'homme à la faveur de ses « rencontres » diurnes. La pensée serait-elle donc changeante ?

Si l'on regarde la version de Simplicius, on voit qu'il interprète le verbe *phronein* d'une manière transitive en en faisant le sujet de ce qui se passe chez les hommes. Les hommes ne changent pas de pensée, ce sont les pensées qui changent en eux. Bollack suit Simplicius, et il interprète *to phronein alloia* non pas comme le groupe sujet de *paristatai* mais, en séparant *to phronein* de *alloia*, il lit ceci : chez les hommes la pensée – *to phronein* – se représente – *paristatai* – à soi-même des choses changeantes – *alloia*. Simplicius et Philopon sont les seuls à nous apprendre que le fragment a trait aux songes. Philopon dit précisément que, d'après Empédocle, les imaginations de la nuit proviennent des activités du jour. C'est bien dans le sommeil, en effet, que les hommes, déconnectés de leur corps, ne cessent de revoir les « apparences » des choses qu'ils ont rencontrées et qui ont pris place dans leur sang. Et comment cela se fait-il ? Pour Empédocle, l'imagination onirique trouve son fondement dans le corps et dans les modifications opérées, dans la composition du sang, par ce que le corps rencontre au fil des expériences faites à l'état de veille. La formation des images oniriques est liée à la constitution du sang, laquelle dépend à son tour de ce que l'homme laisse entrer en lui, notamment à travers la nourriture, mais aussi par toutes les expériences psychologiques qu'il fait.

Nous comprenons alors que le cœur peut penser en laissant circuler le sang, qui se modifie au fur et à mesure de ce que l'homme rencontre. Le *phronein* est ainsi en correspondance avec ce que l'homme vit et qui exerce une influence sur la composition de son sang[1].

1. Empédocle soutient donc la thèse selon laquelle les images oniriques dépendent de conditions corporelles. À la même époque, Démocrite considérait au contraire que les images venant du dehors pénètrent en nous par des pores, fr. A 136 DK, Aétius, V 2, 1 : « Démocrite dit que les songes se produisent en fonction des dispositions des images (εἴδωλα) qui se présentent à l'esprit ».

Le fr. B 103 DK le confirme :

> Là par le vouloir de fortune, toute chose pense [1].

Empédocle évoque ici la Fortune. En elle il ne voit pas la « chance » ou le « hasard » [2], mais presque une déesse, un des noms d'Harmonie. Les éléments se rencontrent dans le sang et c'est là, grâce à cette « bonne fortune » ou Harmonie, que le mélange se réalise, et que les êtres pensent selon ce mélange et sa qualité. La pensée découle de la composition. *Phronein* est donc l'acte de connaître ce qu'on rencontre en se l'appropriant à travers le sang. Lorsque le sang est en bon état, le *phronein* est bon, et on évite alors d'adhérer à cette « partialité » de vues dans laquelle résident la limite et l'erreur mortelle des expériences et des connaissances de la plupart des hommes.

En fin de compte, l'homme sera d'autant plus « intelligent » que son sang aura une bonne composition et conservera sa juste proportion. Et son sang aura une bonne composition si l'homme fait attention à ce qui « entre » en lui. Empédocle souligne l'importance de la « diète » pour le bon fonctionnement de l'être humain. Le sang souffre de l'immodération de l'homme et la réfléchit. Lorsque la juste proportion n'est plus respectée et que le mélange des éléments n'est plus de 1/1, alors la pensée n'est pas bonne et la santé de l'homme ira se dégradant. L'acte de *phronein* met donc en garde l'homme contre ce qu'il laisse entrer en lui aussi bien au niveau physiologique que psychologique, et il l'invite à poser un certain choix par rapport à ce dont il se nourrit [3].

Le fr. B 107 DK fournit encore quelques éléments importants pour compléter l'analyse.

> À partir de ceux-ci, toutes choses tiennent ajustées, / Et c'est encore par eux qu'elles pensent, se réjouissent et souffrent [4].

1. Simplicius, *Comm. sur la physique d'Aristote*, 331, 10 : τῇδε μὲν οὖν ἰότητι Τύχης πεφρόνηκεν ἅπαντα, trad. Bollack.

2. J.-P. Dumont traduit par « hasard », mais la lecture de « Fortune » dans le sens indiqué par Bollack nous semble plus conforme à la pensée d'Empédocle.

3. Cela semble assez clair dans le fragment B 110 DK, que les spécialistes et les éditeurs d'Empédocle situent souvent à la fin de son œuvre, en guise d'exhortation finale.

4. fr. B 107 DK = Theophrastus, *De sensibus* 10 : ἐκ τούτων <γάρ> πάντα πεπήγασιν ἁρμοσθέντα / καὶ τούτοις φρονέουσι καὶ ἥδοντ' ἠδ'ἀνιῶνται. Nous traduisons. Il est probable que ce fragment soit lié à B 109 DK et qu'il le suive (comme Théophraste en témoigne dans son *De sensibus*).

Le sujet serait Aphrodite, ou l'amour, laquelle, grâce aux éléments (*ek toutôn*), pourrait tenir ensemble toutes les choses en veillant à ce qu'elles soient toujours bien « adaptées » les unes aux autres [1]. La force de Discorde (*neikos*) lui est subordonnée [2]. C'est parce qu'Aphrodite plie les éléments à l'harmonie que ceux-ci se mettent à penser. Le *kai* est interprété par Bollack avec une valeur consécutive [3]. Le fonctionnement du *phronein* dépendrait donc de la bonne harmonie existant entre les éléments qui composent l'être du connaissant et du connu et qui se rencontrent lors de l'acte de connaissance. De nouveau, nous voyons comment, pour Empédocle, « penser » est un acte dépendant de la constitution physiologique et psychologique des êtres parce qu'il s'opère à partir d'un contact physique entre celui qui pense et ce qui est pensé. Nos pensées sont semblables à la nourriture, aux images et aux expériences dont nous nourrissons notre sang [4].

Qu'en est-il maintenant de la *phronèsis*? Possède-t-elle la même valeur dans le langage d'Empédocle?

Empédocle emploie le terme *phronèsis* dans deux fragments : B 108 et B 110 DK, que nous avons tous deux déjà cités.

Nous nous étions promis de revenir sur le fr. B 110 parce qu'il est important et parce qu'il est, probablement, nous l'avons signalé, celui par lequel le poème se clôturait [5]. Il s'agit d'un extrait des *Réfutations* d'Hippolyte (VII 29, 26), Empédocle y affirme que toutes les choses ont une certaine *phronèsis*. Cette *phronèsis* semble ici identifiée avec une pensée qui conduit chaque « race » d'éléments à s'orienter vers elle-même. Dans ce fragment, Empédocle, qui adresse son exhortation à Pausanias, invite tout lecteur ou auditeur à continuer de s'intéresser à ce qu'il a enseigné, à savoir les pensées concernant la totalité, le *Sphairos*. Ces pensées, si elles sont bien cultivées, permettront à tous de grandir, suivant les caractéristiques qui lui sont propres et en accord avec la nature. Mais si

1. L'intervention d'Aphrodite pour la bonne réalisation du mélange d'éléments en vue de la génération du monde est déjà citée en B 71, B 86 et B 87 DK.

2. B 87 et 109 DK.

3. *Cf.* Bollack, p. 451.

4. Ne retrouvons-nous pas là une des explications possibles de ce que la sagesse populaire nous a transmis dans le dicton « je me suis fait un sang d'encre » pour indiquer que quelque chose nous a troublés ou fait souffrir ou mis en colère? Nous avons, en quelque sorte, conservé ainsi l'idée que nos expériences peuvent agir profondément en nous, jusque dans la composition de notre sang, à savoir de ce qui nous fait vivre.

5. C'est ainsi que le situent aussi bien Bollack que Kirk-Raven-Schofield.

elles ne sont pas bien cultivées, parce que l'homme s'intéresse à d'autres choses, à des maux qui troublent les pensées par exemple, alors ces mêmes pensées, présentes en chaque élément et donc en chaque être, chercheront à retrouver chacune sa patrie, son élément, et quitteront l'homme en qui elles étaient venues. Ce fragment est important parce qu'il nous permet de voir que la *phronèsis*, si elle est capacité donnée à tout être, puisqu'elle est une caractéristique des éléments, est aussi une puissance « d'union », qui travaille en chaque être de manière à lui faire désirer s'unir à ce qui lui est semblable (son « espèce »). En l'homme, la *phronèsis* est capacité de s'ouvrir à la totalité de toutes les choses, et de la garder en soi, dans la bonne proportion du sang. En ce sens, la *phronèsis* humaine montre que l'homme est supérieur à tous les autres êtres en ce qu'il est capable de désirer et réaliser l'union avec tous les éléments de la Sphère.

Phronèsis spécifie les caractéristiques du *phronein*, qui était capacité d'ouverture et d'assimilation au réel, et elle s'inscrit aisément dans le *phronein*.

L'homme « pense » bien lorsqu'il est bien, c'est-à-dire quand il a en lui l'harmonie de tous les éléments et une bonne proportion dans le sang. La *phronèsis* est cette pensée du cœur qui rend l'homme capable, si le mélange dans son sang est bon, de saisir et refléter l'harmonie cosmique dans laquelle seulement il peut se sentir bien. L'homme qui a un bon *phronein* est aussi un homme bien dans sa peau, dont le sang a la bonne proportion et répand la santé dans tout le corps.

On constate donc, chez Empédocle, que la *phronèsis* est bien une « pensée-du-cœur », suivant la traduction proposée par Bollack dans les fragments d'Héraclite.

Conclusion

Le *phrèn* des origines, qui est « pensée-du-cœur », reste donc lié à la notion de *phronèsis* telle qu'elle est développée par la suite. La notion même de *phronèsis* n'est pas encore très élaborée chez Héraclite et Empédocle, il faudra pour cela attendre Démocrite. Mais elle est bien présente et sa signification se veut en continuité avec celle qui est attribuée au *phronein*. Ce verbe, riche en nuances, est quasi impossible à rendre dans nos langues modernes. Il indique un « sentir » qui est à la fois matériel et attaché à la sensibilité du corps, mais qui est aussi un acte de la « réflexion » par laquelle l'homme se situe dans le monde et devient conscient de lui-même, de ce qu'il a à faire et à connaître pour être bien. En ce sens, *phronein* devient un sentir qui permet aussi de saisir la bonne harmonie entre les choses à l'aide de l'intelligence. Par cet aspect plus « intellectuel », le « sentir » ou la « pensée-du-cœur » qu'est le *phronein* s'ouvre davantage au développement de cette *phronèsis* comprise comme vertu intellectuelle, sagacité, capacité de délibération dans l'action, portée que le terme aura définitivement acquise avec Aristote.

La contribution des Présocratiques au développement d'une notion de *phronèsis* comme vertu intellectuelle liée au sens des choses et capable de délibérer en tenant compte des aspects concrets de l'expérience apparaît ainsi incontournable.

Laura RIZZERIO

CHAPITRE II

L'INVENTION DE LA *PHRONÈSIS* PAR DÉMOCRITE[1]

PRÉAMBULE : UNE ÉTONNANTE DISGRÂCE

Dans les pays de langue française, chercher à mobiliser l'intérêt sur la philosophie de Démocrite n'est pas une entreprise gagnée d'avance, si l'on en juge par le peu d'échos qu'elle a rencontré jusqu'ici chez les chercheurs appartenant à cette aire culturelle[2]. Mais traiter de son éthique relève plus

1. Selon l'usage, les références à Démocrite se feront, sauf indication contraire, selon l'édition de Diels-Kranz, soit, sous la lettre A, les témoignages biographiques et doxographiques, sous la lettre B, les fragments. Dans cette édition, le numéro d'ordre du philosophe est le 68 (vol. II), que je m'abstiendrai de répéter dans les références. – Pour l'étude des philosophes présocratiques, précieuses sont la traduction et les notes de J.-P. Dumont, *Les Présocratiques*, Paris, Gallimard, 1988, mais la traduction des fragments de Démocrite que je citerai est personnelle.

2. Entre 1928, année où parut l'ouvrage assez sommaire de M. Solovine, *Démocrite. Doctrines philosophiques et réflexions morales*, Paris, et 1993, année où cette édition a été revue et augmentée par P.-M. Morel, Paris, Pocket, aucun ouvrage d'ensemble sur la philosophie de Démocrite n'a paru en français, et les études partielles ont été très peu nombreuses (à noter la contribution brève mais magistrale de J. Brunschwig, dans D. Huismans (éd.), *Dictionnaire des philosophes*, Paris, P.U.F., 1984). Durant cette longue période, le silence fait sur Démocrite allait tellement de soi qu'il était possible de consacrer 126 pages, au demeurant de qualité, à une histoire de la philosophie grecque sans même faire une place au philosophe d'Abdère parmi les Présocratiques (J.-P. Dumont, *Histoire de la philosophie antique*, Paris, P.U.F., 1962). Il convient donc de saluer l'essai méritoire publié voici quelques années par J. Salem, *Démocrite. Grains de poussière dans un rayon de soleil*, Paris, Vrin, 1996, étude remarquablement documentée qui passe méthodiquement en revue tous les domaines de la philosophie sur lesquels Démocrite a fait porter sa réflexion. La même année a paru, limité

encore du défi, tant pèse sur cette partie de son œuvre tantôt un incoercible soupçon d'inauthenticité, tantôt un antique jugement dépréciatif[1].

Ce n'est pas ici le lieu d'aborder en détail la question de l'authenticité des fragments moraux du philosophe d'Abdère. Une mise au point s'impose néanmoins après ce qui vient d'être dit. Il sera possible, par la même occasion, de rappeler brièvement ce qui, de l'éthique de Démocrite,

cette fois à la physique, l'ouvrage important de P.-M. Morel, *Démocrite et la recherche des causes*, Paris, Klincksieck, 1996. À signaler aussi, le très savant article, de portée historiographique, de D. O'Brien, dans R. Goulet (éd.), *Dictionnaire des philosophes antiques*, II, Paris, CNRS éditions, 1994; cet auteur, dont on connaît l'esprit critique très aiguisé, ne remet nullement en cause l'existence d'une éthique démocritéenne (à noter aussi son savant ouvrage, publié en anglais avec un résumé en français, *Theories of Weight in the Ancient World I. : Democritus*, Leiden-Paris, Brill-Les Belles Lettres, 1981).

1. Le ton est donné par L. Robin (*La pensée grecque*, Paris, La renaissance du livre, 1923, p. 145), qui estime qu'il n'y a pas lieu de s'arrêter à la morale de Démocrite, malgré qu'elle soit la partie de son œuvre dont il reste le plus de fragments. Dans *La morale antique* (Paris, P.U.F., 1938, p. 23-24), il reconnaît cependant à cette pensée une certaine élévation, mais rien de très original. Dans la suite, la plupart des histoires de la philosophie en français, générales ou spéciales, ou bien passent sous silence l'éthique de Démocrite ou bien ne lui réservent qu'un intérêt très médiocre, quand ce n'est pas du mépris comme chez A. Kojève (*Essai d'une histoire raisonnée de la philosophie païenne*, Paris, Gallimard, 1968, p. 296): «Les seuls fragments probablement authentiques qui sont parvenus jusqu'à nous constituent un ensemble de "réflexions morales" dont la banalité, pour ne pas dire la médiocrité, n'est atteinte que dans certains écrits moraux des Stoïciens de seconde classe». Il faut avoir lu bien rapidement la documentation ancienne pour énoncer un tel jugement. Font exception à ce concert d'indifférence ou de rejet A. Rivaud (*Histoire de la philosophie*, I, Paris, P.U.F., 1948, p. 100-102) et J. Chevalier (*Histoire de la pensée*, I, Paris, Flammarion, 1955, p. 112-113), qui parle d'un «moraliste pénétrant et sagace». Un renouvellement de l'intérêt pour cette partie de l'œuvre démocritéenne se manifeste de nos jours. Outre l'ouvrage déjà cité de J. Salem, qui lui fait une place importante, on peut mentionner la contribution «Éthique» de M. Canto-Sperber (dans J. Brunschwig, G. Loyd (éd.), *Le savoir grec*, Paris, Flammarion, 1996, p.137-138), qui estime que «la contribution de Démocrite au développement du rationalisme en éthique fut remarquable», et L. Couloubaritsis (*Histoire de la philosophie ancienne et médiévale*, Paris, Grasset, 1998, p. 246-248), qui pointe certains aspects novateurs de la pensée morale du philosophe d'Abdère. L'occasion m'a été plusieurs fois donnée, depuis une vingtaine d'années, de rompre une lance en faveur de cette étude : «Aux origines de la réflexion morale: l'eudémonisme de Démocrite», dans *Justifications de l'éthique. Actes du XIXe Congrès de l'Association des Sociétés de philosophie de langue française (Bruxelles-Louvain-la-Neuve, sept. 1982)*, Bruxelles, Éditions de l'Université de Bruxelles, 1984, p. 301-305; «Le nécessaire, le naturel et l'agir humain selon Démocrite», dans *Proceedings of the Ist Internationl Congress on Democritus (Xanthi, oct. 1983)*, Xanthi, 1984; *De Démocrite à Russell et retour*, Université de Liège, Faculté ouverte, «La philosophie aujourd'hui», 1984; «Aristote et Démocrite. À propos de l'éthique», dans A. Motte, J. Denooz (éd.), *Aristotelica secunda. Mélanges offerts à Christian Rutten*, Liège, Université de Liège-C.I.P.L., 1996. Il est utile de préciser que la rédaction du présent article a été clôturée en 2001.

a pu parvenir jusqu'à nous. Car ce philosophe, rendu célèbre par son atomisme, a bénéficié aussi, dans l'Antiquité, d'une large réputation de moraliste et de sage [1]. Parmi les quelque 300 fragments qui lui sont attribués et qui revêtent le plus souvent la forme de sentences, 250 environ relèvent de l'éthique, entendue au sens large de l'expression ancienne τὰ ἠθικά. La plupart de ces γνῶμαι ont été conservées par Stobée (Vᵉ s.), mais une vingtaine d'autres auteurs plus anciens que cet anthologiste, – chrétiens aussi bien que païens –, se sont faits aussi les artisans de cette renommée, que ce soit par la louange ou par la critique. On relève notamment parmi eux l'épicurien Philodème de Gadara (Iᵉʳ s. av. J.-C.), Strabon, Plutarque, qui cite Démocrite en tant que moraliste une dizaine de fois, Diogène Laërce, Athénée, Porphyre, Denys et Clément d'Alexandrie, Eusèbe de Césarée, l'évêque Épiphane (IVᵉ s.) ainsi que deux philosophes romains d'importance, Cicéron et Sénèque. Certains de ces témoignages sont très circonstanciés, soit qu'ils mettent en relief et commentent une notion de l'éthique démocritéenne, au besoin avec citation, soit qu'ils se réfèrent même à des titres d'ouvrages. Démocrite, en effet, fut un des premiers philosophes à avoir consacré des œuvres distinctes aux différentes parties de la philosophie. Au premier siècle de notre ère, le grammairien Thrasylle dressa, comme il l'avait fait pour les dialogues de Platon, un catalogue de ses écrits qu'il répartit en tétralogies, classées sous six rubriques. Deux tétralogies concernent τὰ ἠθικά, et trois des huit titres répertoriés sont expressément cités, textes à l'appui, par plusieurs auteurs [2]. L'un de ces titres, comme on va le voir, concerne la notion de *phronèsis*, laquelle est attestée en outre

1. Nombreux sont les auteurs anciens qui se sont accordés pour tresser à Démocrite une couronne de sagesse. Cicéron (*Ac. pr.*, II, 23, 73 = B 165 Diels-Kranz) se demande à qui Démocrite pourrait être comparé « non seulement pour la grandeur de son génie, mais aussi pour sa grandeur d'âme ». Ces deux qualités trouvaient sans doute leur illustration dans le surnom de *Sophia* qu'on lui aurait décerné de son vivant (A 2 et 18). Des témoignages nombreux et variés dressent de lui le portrait d'un sage apprécié pour sa bonne humeur, par opposition au caractère acariâtre d'Héraclite (A 21), pour sa modestie (B 116), pour son détachement des richesses (A 1, § 35, A 14-16), pour son ardeur à l'activité contemplative (A 1, § 37, B 118, etc.), pour son dévouement à sa cité dont il fut magistrat, « parce qu'on l'honorait pour sa sagesse » (A 2, A 19), pour la sérénité dont il fit preuve devant la mort (A 1, § 43). Juvénal (X, 48-49 = A 21) évoque la *prudentia* de ce très grand homme (*summus vir*) et les exemples édifiants qu'il en avait donnés. Nul ne peut garantir évidemment l'historicité de toutes les anecdotes relatées, lesquelles témoignent du moins de la réputation de sagesse dont a bénéficié ce philosophe.

2. Il va être question de deux de ces ouvrages. Le troisième, intitulé *De ceux qui sont dans l'Hadès*, est cité par Athénée (B Oc) et par Proclus (B 1); trois textes de Philodème (B 1 a) semblent bien s'y rapporter.

dans des fragments et est évoquée par cinq auteurs. Un autre titre se rapporte à la notion d'εὐθυμίη, « joie du cœur », terme par lequel Démocrite exprimait sa conception du bonheur et signifiait le τέλος, le plus grand bien que les hommes sont invités à rechercher. Le terme εὐθυμίη, ou un mot de la même famille, apparaît une dizaine de fois dans les sentences, et pas moins de sept auteurs présentent cette notion comme significative de l'éthique démocritéenne. Cicéron en parle à deux reprises dans son *De finibus*, une première fois (V, 8, 23 = A 169) en précisant que les mots latins *securitas* et *tranquillitas animi* peuvent traduire le grec εὐθυμία, une seconde fois (V, 29, 87) en indiquant que Démocrite exprime par ce mot, – ou souvent aussi, ajoute-t-il, par le mot ἀθαμβία – le *summum bonum*, le « bien suprême ». Ces considérations sont suivies d'un jugement dans lequel Cicéron qualifie cet enseignement, qu'il tient pour antérieur à celui de Socrate, de « remarquable » (*praeclare*), bien que « manquant encore de fini » (*nondum perpolita*), la notion de vertu n'étant pas assez élucidée. Cette appréciation pertinente[1] ainsi que les précisions apportées par le philosophe romain semblent bien indiquer qu'il avait sous les yeux cet ouvrage de Démocrite. On peut en dire autant de deux auteurs qui lui sont postérieurs. Dans son traité *De tranquillitate animi*, Sénèque fait aussi par deux fois référence au terme εὐθυμία, qu'il dit traduire par *tranquillitas*; sur ce sujet, précise-t-il (2, 3), il existe un célèbre volume (*volumen egregium*) de Démocrite. Plus avant dans le même traité (13, 1), le nom de ce dernier apparaît à nouveau, accompagné d'une citation, en traduction latine, du début du fragment B 3 que Stobée quant à lui a transmis en entier. Enfin, le commencement du même texte est aussi cité par Plutarque dans son traité *De tranquillitate animi* (en grec : Περὶ εὐθυμίας) dont on a montré qu'il s'inspirait sur certains points de la pensée de Démocrite ; à noter que ce n'est pas pour être loué que notre moraliste est ici cité, mais pour être critiqué[2].

1. Le mot ἀρετή apparaît au moins six fois dans les fragments qui subsistent et on enregistre une bonne vingtaine d'emplois du mot ἀγαθός qui peut en évoquer l'idée. Mais cette notion, de fait, n'est guère élucidée, l'objectif de Démocrite n'étant pas d'ailleurs de faire des théories dans ces écrits. Il faut rappeler toutefois que Cicéron est, en morale, un adepte du stoïcisme pour lequel la vertu est le seul bien véritable. Il n'est donc pas étonnant qu'il reconnaisse en Socrate le vrai père de la philosophie morale qu'il professe. Le fait qu'il ait tenu à rendre à Démocrite un hommage mesuré n'en est que plus significatif.

2. *De tranquillitate animi*, 2, p. 465 c (= B 3) : l'étude est de H. Broecker, *Animadversiones ad Plutarchi libellum* περὶ εὐθυμίας, Bonn, Rudolf Habelt, 1954. Le stoïcien Panétius de Rhodes écrivit lui aussi un Περὶ εὐθυμίας, mais l'ouvrage est perdu : Diogène Laërce, IX, 20.

Le nombre et la qualité de ces témoins, l'abondance diversifiée de leurs témoignages ainsi que la convergence de plusieurs d'entre eux autour d'importantes notions comme celle d'*euthumia* et de *phronèsis* font qu'on ne peut sérieusement, sauf à verser dans une hypercritique d'un autre âge, contester le fait que Démocrite ait été l'auteur d'une œuvre éthique importante ni mettre globalement en doute l'authenticité des fragments qui lui sont attribués par les Anciens[1]. Ce jugement n'exclut pas évidemment que la vigilance soit de rigueur quand on examine ces textes et que certains d'entre eux puissent être écartés[2], comme il est de mise d'ailleurs pour tous les auteurs anciens dont on n'a conservé que des bribes, et très particulièrement pour les philosophes présocratiques. Reconnaissons aussi que la documentation dont on dispose au sujet de l'éthique de Démocrite ne permet pas de savoir à quel(s) moment(s) de sa longue vie il a composé des œuvres qui s'y rapportent, – il n'en va pas autrement pour tous les philosophes qui lui sont contemporains ou antérieurs, – ni de se faire une idée précise de la manière dont se présentaient ces écrits. Il s'agissait, selon toute vraisemblance, d'une forme gnomique évoluée qui recourt à la prose[3].

Contre l'authenticité, on n'a pas manqué d'objecter que les premières citations de fragments moraux étaient assez tardives, puisque aucune n'est antérieure au premier siècle avant notre ère (Philodème, Cicéron et Strabon). Mais, d'une part, pareille situation n'est pas exceptionnelle pour

1. Sur la question de l'authenticité, bonne mise au point par F. K. Voros, « The Ethical Fragments of Demokritus : the Problem of the Authenticity », *Hellenika*, 26 (1973) ; position plus réservée chez J. Salem, *op. cit.*, p. 302-305.

2. Une prudence particulière s'impose pour la série de 80 sentences lapidaires (B 35 - B 115) transmises par un recueil très tardif intitulé Δημοκράτους γνῶμαι. Cependant, comme une vingtaine de ces sentences sont reproduites dans le florilège de Stobée, on considère généralement que l'ensemble est attribuable au philosophe d'Abdère, une altération de son nom ayant pu se produire dans la transmission manuscrite. Lorsque j'utiliserai certaines de ces sentences non reprises par Stobée, je ferai précéder leur numéro d'un astérisque.

3. La plupart des sentences sont assez brèves, mais une petite vingtaine d'entre elles présentent un texte plus long, la palme revenant au fragment 191 qui compte 24 lignes dans l'édition de Diels-Kranz ; les anthologies et les citations occasionnelles s'accommodent mieux évidemment de sentences brèves. Les fragments du second type témoignent d'une autre écriture : la proposition initiale se voit ici prolongée par des explications, souvent introduites par le mot γάρ, et le style s'amplifie, sans perdre tout à fait son tour sentencieux. Rien n'autorise cependant à conclure que certains ouvrages éthiques de Démocrite revêtaient la forme d'un discours continu. Sans doute procédait-il par approches successives des thèmes choisis. On remarquera le dialecte ionien dans lequel il s'exprime et dont un des traits distinctifs les plus apparents consiste dans la substitution de η à α.

les philosophes présocratiques; la plupart des fragments d'Anaxagore, par exemple, ne sont connus que par Simplicius (VIe s.), et le plus ancien auteur qui reproduise un texte du philosophe de Clazomènes est Plutarque (Ier-IIe s.). D'autre part, certains faits donnent à penser que l'œuvre éthique de Démocrite fut connue bien avant l'époque de Philodème. Il est intéressant d'observer tout d'abord que plusieurs disciples qui fréquentèrent le philosophe atomiste à Abdère se sont à leur tour intéressés à l'éthique[1]. Des études ont pu montrer, d'autre part, que certaines idées défendues par des écoles socratiques mineures, les Cyniques et les Hédonistes, et aussi par l'école sceptique n'étaient pas sans rapport avec la pensée morale de Démocrite[2], situation qui est plus manifeste encore dans le cas d'Épicure[3]. Restent les silences de Platon et d'Aristote. Celui du premier, s'agissant de l'éthique, n'étonne d'aucune manière puisque le nom de Démocrite n'apparaît nulle part dans les dialogues et que cette absence n'est sans doute pas le fait du hasard. En revanche, Aristote cite Démocrite de très nombreuses fois dans son œuvre, mais jamais dans ses œuvres d'éthique. Il sait néanmoins que le philosophe d'Abdère avait « réfléchi sur toutes choses », selon son propre dire[4]. Plutôt que de conclure prématurément à

1. Clément d'Alexandrie (*Strom.*, II, 130 = 68 B 4), après avoir précisé en quoi consistait le τέλος pour Démocrite, indique que quatre de ses disciples ou à tout le moins de ses concitoyens qui l'ont approché, Hécatée d'Abdère (73 A 4), Apollodore de Cyzique (74 A 1 et 3), Nausiphane de Téos (75 A 1, B 2 et 3) et Diotime de Tyr (76 A 1 et 2) ont défendu des conceptions quelque peu différentes du τέλος. Voir le chapitre que consacre à ces « Abdéritains » P. Natorp, *Die Ethica des Demokritos*, Marburg, 1893, réimpr. Hildesheim, Olms, 1970, p. 122-126.

2. P. Natorp, *op. cit.*, p. 143-150; Aristippe, p. 151-156; les Sceptiques; voir aussi Z. Stewart, « Democritus and the Cynics », *Harvard Studies in Classical Philology*, 63 (1958), et A. Brancacci, « Democrito e la tradizione cinica », dans *Democrito e l'atomismo antico. Atti del convegno internazionale, Catania, aprile 1979*, Catania, Edizioni Università di Catania, 1980.

3. À propos du plaisir, par exemple, voir les remarques de A.-J. Festugière, « La doctrine du plaisir des premiers sages à Épicure », dans *Études de philosophie grecque*, Paris, Vrin, 1971. Voir aussi P. Natorp, *op. cit.*, p. 127-142 et en partic. p. 140, où il apparaît qu'Épicure usait de la notion d'εὐθυμία dans un contexte typiquement démocritéen. On sait ce qu'Épicure doit à Démocrite en ce qui concerne son atomisme. Toutefois, se prétendant autodidacte (Diogène Laërce, X, 13), il préféra écrire des ouvrages contre Démocrite (Usener, *Epicurea*, 97, 10) plutôt que de reconnaître une dette. Mais les Anciens ne furent pas dupes (68 A 51, témoignage de Cicéron). S'agissant en particulier de la morale, Théodoret, *Remède contre les maux de la Grèce*, XI, 6, observe que « Démocrite est le père du dogme » selon lequel seul le plaisir serait le bien achevé, mais qu'il utilise à cette fin le mot εὐθυμία au lieu du mot ἡδονή. Ce jugement polémique n'est pas faux, mais doit être fortement nuancé.

4. *De gen. et corr.*, I, 2, 315 a 34.

une fabrication tardive et apocryphe de la morale démocritéenne, la question à se poser est de savoir s'il s'imposait vraiment que le Stagirite entrât en dialogue avec celle-ci, soit pour la critiquer, soit pour l'approuver. On rappellera tout d'abord que, dans ses traités d'éthique, Aristote ne procède pas systématiquement à une revue des opinions des philosophes qui l'ont précédé, comme il le fait souvent dans les ouvrages relevant de la philosophie théorique; les citations de philosophes y sont d'ailleurs au total peu nombreuses. Mais il s'avère surtout que le degré d'élaboration que connaît la morale démocritéenne, compte tenu de sa visée pratique et de son caractère non critique, n'en faisait pas une référence obligée pour l'auteur des *Éthiques*. Les pensées des deux philosophes, en l'occurrence, évoluent à des niveaux très différents. Il n'est pas exclu qu'Aristote ait pu mettre à profit certaines idées de son prédécesseur sans éprouver le besoin de le mentionner. En matière d'éthique, les avancées deviennent rapidement des biens communs, et les Anciens, du reste, n'avaient pas la notion de propriété littéraire qui est la nôtre. On ne voit pas qu'Aristote se mette en devoir de citer son maître ou tel de ses condisciples chaque fois qu'il utilise, et c'est souvent le cas, des matériaux de réflexion forgés à l'Académie. En revanche, lorsqu'il prend des distances par rapport à des théories élaborées, il lui arrive souvent d'indiquer précisément sa cible[1].

Même si l'on peut continuer à s'étonner du silence du Stagirite à propos de la morale de Démocrite, il ne serait pas de bonne méthode de contester à partir de cet unique critère l'existence même de celle-ci et de faire fi ainsi de toute une tradition qui l'atteste abondamment, et sans la moindre réserve. Personne ne met en doute d'ailleurs le fait que l'Abdéritain ait consacré une part de sa réflexion à d'autres sujets relevant d'une philosophie de l'homme, comme l'histoire des progrès de l'humanité, l'origine de la religion, le langage, la musique et les arts, l'éducation, sujets sur lesquels, si je ne me trompe, Aristote n'est pas non plus témoin. Cette curiosité universelle, à laquelle le Stagirite a rendu lui-même hommage, fait voir en Démocrite, non un physicien attardé, bon à ranger parmi les « Présocratiques »[2], mais un homme largement ouvert aux problèmes de son temps

1. Dans l'*Éthique à Nicomaque*, par exemple, Eudoxe et Speusippe sont nommément cités par Aristote qui critique leur conception du plaisir. Pour expliquer le silence d'Aristote, d'autres hypothèses sont possibles dont j'ai fait état dans mon étude de 1996, p. 34-36, citée *supra*, p. 76, n. 1.

2. Cette appellation traditionnelle m'apparaît particulièrement malvenue dans le cas d'un Démocrite, pour les raisons de fond que j'indique, mais déjà pour de simples raisons

et qui n'a rien à envier à ceux que l'on désigne d'ordinaire comme les promoteurs d'un nouvel humanisme. À un moment où la philosophie est en butte à des poussées centrifuges, le philosophe d'Abdère apparaît comme le premier penseur à avoir entrepris d'en explorer tout le champ, ouvrant ainsi la voie aux synthèses magistrales de Platon et d'Aristote.

Supposé que cette brève argumentation puisse inciter à ne pas négliger les témoignages des Anciens touchant l'éthique de Démocrite, reste la question de savoir si cette partie de son œuvre, si diversement appréciée par les Modernes, mérite qu'on l'examine de près. Je laisserai à chacun le soin d'en juger, me contentant d'observer qu'une appréciation adéquate implique notamment que l'on tienne compte d'abord de ce que l'auteur a voulu faire, du dessein qui l'animait et du public auquel il entendait s'adresser, quitte à montrer ensuite qu'il était possible, dans le genre, de mieux faire ou que ce genre, vu par un philosophe bénéficiant du recul de l'histoire, ne représente que les débuts d'une réflexion morale s'ouvrant à la rationalité, – ce dont chacun conviendra aisément, mais qui n'enlève pas à Démocrite tout mérite, tant s'en faut. Son dessein, en l'occurrence, ne vise pas, manifestement, un traité savant à l'usage de spécialistes avertis, comme le sont les *Éthiques* d'Aristote. Dans ce domaine, des ouvrages d'une telle facture n'existaient pas d'ailleurs à l'époque de l'Abdéritain. S'adressant à un large public, dans un monde où bien des traditions étaient remises en question, celui-ci invite à une prise de conscience lucide touchant l'art de bien vivre et de vivre heureux [1]. Le genre gnomique ainsi que le style simple et concret qu'il choisit pour s'exprimer en cette matière témoignent bien de l'objectif pratique qu'il se donne et de la large audience qu'il vise. Le discours ne se met donc pas en quête ici de définitions abstraites ni d'un système rigoureux de propositions. Il observe les comportements, scrute les instances occultes et les motivations qui les

chronologiques : Démocrite est sans doute né après Socrate et il lui a sûrement survécu de beaucoup.

1. Voici, parmi bien d'autres, trois fragments très brefs qui témoignent de ce dessein. B 35 (sentence inaugurant le recueil transmis sous le nom de Démocratès) : « Qui prête attention à ces pensées (γνῶμαι) et y applique son intelligence (νοῦς) accomplira beaucoup d'actions dignes d'un homme de bien et en évitera bien des mauvaises ». Les conseils n'ont pas l'efficacité d'une recette : appel est fait à l'intelligence de chacun et il n'est pas dit que toutes les actions seront bonnes ni toutes les mauvaises évitées. B 189 : « Le meilleur (ἄριστον) pour l'homme est de passer sa vie avec un maximum de joie au cœur (εὐθυμηθείς) et le moins possible de chagrin (ἀνιηθείς). Cela peut être si l'on ne place pas ses plaisirs dans les choses mortelles ». B 216 : « Une sagesse inaccessible à l'effroi (σοφίη ἄθαμβος) vaut plus que tout ».

inspirent, propose des valeurs à rechercher, indique les chemins qui y conduisent, dénonce les impasses. Aussi bien aborde-t-il, à côté de quelques points centraux remis plusieurs fois en chantier, un grand nombre de sujets, ce qui dénote sans doute une approche qu'on peut qualifier déjà, sous ce rapport, de systématique, mais qui nous laisse en même temps, renforcée par l'état de fragmentation de l'œuvre conservée, une impression de dispersion. Cette morale du bon conseil qui n'a rien de savant est davantage exhortative, protreptique, qu'impérative : Démocrite s'installe dans un rôle de sage et d'éducateur qui mise davantage sur la persuasion que sur la contrainte[1] et qui insiste, d'autre part, sur les exigences d'une morale davantage intériorisée[2].

Le fait que cette réflexion éthique s'exprime par des sentences et n'est ni critiquement élaborée ni solidement argumentée ne signifie nullement qu'elle soit dépourvue de principes dûment pensés qui lui confèrent une cohérence et parfois aussi une note originale. On peut le vérifier en suivant à la trace des concepts majeurs et nouveaux comme celui d'*euthumia* ou des concepts dont la signification est fortement renouvelée comme celui d'*aidôs*[3]. Celui de *phronèsis* fait partie de cette seconde catégorie.

« LA *PHRONÈSIS* TIENT ENSEMBLE TOUTES LES CHOSES HUMAINES »

Ce n'est pas la première fois qu'est soulignée la présence, dans l'éthique de Démocrite, d'une notion de *phronèsis* qui anticipe celle qu'a magistralement théorisée Aristote. Lui consacrant un bref historique dans son commentaire de l'*Éthique à Nicomaque*, le P. R. A. Gauthier écrit : « Il est certain que Démocrite, dès la fin du ve siècle, en avait élaboré toute une doctrine. La *phronèsis* est déjà pour lui cette sagesse pratique qu'elle sera pour Aristote dans l'*Éthique* »[4]. Trois textes sont cités à l'appui. Quelques années plus tard, dans sa brillante étude consacrée à *La prudence chez*

1. Comme il est dit clairement dans le fragment B 181, où l'on remarquera l'expression ἐπ'ἀρετὴν … προτροπή.

2. Voir la note suivante.

3. L'αἰδώς se voit attribuer un rôle capital : ce sentiment embrasse (συνέχει) la vertu (B 179). C'est que, de pudeur sociale, souvent liée à la justice, qu'elle était jusqu'alors, la notion de honte devient un sentiment proprement moral : c'est devant soi-même qu'il convient d'abord de l'éprouver (*B 84 et 244 ; le mot utilisé est ici le verbe αἰσχύνομαι). Même idée en B 264, à laquelle Démocrite ajoute : « il faut se fixer dans l'âme cette loi (νόμος) : ne rien faire d'inconvenant… ».

4. R. A. Gauthier, J. Y. Jolif, *L'Éthique à Nicomaque*, *op. cit.*, t. II, 2, p. 464.

Aristote, P. Aubenque observe à son tour que « Démocrite fait le premier la théorie de la *phronèsis* » et se réfère aux trois mêmes documents[1]. C'est donc à la suite de ces guides avertis que je me range pour examiner de plus près ces fragments et témoignages, pour en ajouter quelques autres et pour tenter de montrer ainsi l'important développement que Démocrite avait déjà donné à cette notion.

La pièce maîtresse de ce petit dossier a trait à une épithète traditionnelle d'Athéna, *Tritogeneia*, que le moraliste avait donnée pour titre à une de ses œuvres d'éthique et par laquelle, en manière d'allégorie, il désignait la *phronèsis*. Il justifiait cette assimilation par une interprétation étymologique lisant dans le mot τριτογένεια la racine du nombre trois (l'ordinal τρίτος), d'une part, et la racine *γεν qui signifie l'idée de naître, d'autre part. C'est une apostille, jointe au titre de l'œuvre éthique citée par Thrasylle, qui nous informe de cette spéculation étymologique originale :

> Τριτογένεια (τοῦτο δέ ἐστι ὅτι τρία γίνεται ἐξ αὐτῆς ἃ πάντα ἀνθρώπινα συνέχει).
> *Tritogeneia* (c'est d'elle que naissent trois choses qui embrassent toutes les affaires humaines)[2].

L'explication qu'appelle ce titre, à première vue assez insolite, est de nature, je pense, à lui conférer un petit cachet d'authenticité. Depuis un siècle, en effet, le procédé allégorique, né dans des milieux pythagoriciens, était assez en honneur auprès des philosophes. Il est notamment présent chez des contemporains de Démocrite : Anaxagore, Métrodore de Lampsaque, Diogène d'Apollonie ainsi que plusieurs Sophistes[3]. Mais nous avons la chance d'en découvrir deux exemples chez l'Abdéritain lui-

1. P. Aubenque, *La prudence chez Aristote*, *op. cit.*, p. 163, n. 1. On trouvera, à la page 155, n. 1, de cet ouvrage, un relevé circonstancié des études consacrées à la notion de *phronèsis* dans la littérature préplatonicienne ; le commentaire du P. Gauthier y est cité en premier lieu.

2. A 33, I, 4 : le citant est Diogène Laërce, IX, 46, mais on ne sait si l'apostille est de lui ou de Thrasylle. Plusieurs lexicographes anciens, dont la *Souda*, *s.v.* *Τριτογένεια*, font mention de cette interprétation étymologique. Les trois œuvres qu'énumère auparavant, dans cette première tétralogie, le catalogue de Thrasylle sont : *Pythagore*, *De la disposition* (διάθεσις) *du sage* (σόφος) et *De ceux qui sont dans l'Hadès* ; la deuxième tétralogie comprend : *De la vertu* (ἀνδραγαθία ου ἀρετή), *La Corne d'Amalthée*, *De la joie du cœur* (εὐθυμίη) et *Pensées* ou *Commentaires* (ὑπομνήματα) *éthiques*. *De ceux qui sont dans l'Hadès* et *De la joie du cœur* sont aussi citées par plusieurs auteurs, comme il a été précisé plus haut (n. 2, p. 77).

3. Voir à ce sujet, et pour Démocrite également, J. Pépin, *Mythe et allégorie*, Paris, Études Augustiniennes, 1976, p. 98 *sq*. Voir aussi l'article *Tritogeneia* de G. Kruse, *R.E.*, VII, A, 1 (1939), col. 245, qui prend parti en faveur de l'attribution d'un tel ouvrage à Démocrite.

même. L'un est une allégorie physique dont il se fait l'écho et qui assimile Zeus à l'air[1], l'autre concerne le titre d'une œuvre, promis dans la suite à un large succès : *La Corne d'Amalthée*; devait être sans doute intitulé ainsi un recueil de sentences que leur auteur jugeait particulièrement précieuses ou abondantes, mais que nous ne pouvons pas identifier dans les fragments qui subsistent.

Appliquée à Athéna depuis Homère et Hésiode, l'épithète *Tritogeneia* avait reçu plusieurs explications dans l'Antiquité, souvent de type géographique et aquatique. Mais l'une d'entre elles renvoyait au mythe de la naissance monstrueuse de la déesse, sortie tout armée de la tête de Zeus ; cette explication, en effet, entendait *Tritogeneia* dans le sens de « née de τριτώ », un mot éolien synonyme de κεφαλή[2] qui désigne la tête. Ainsi comprise, l'épithète, tout comme le mythe, consacrait donc Athéna dans sa qualité de déesse de l'intelligence, et l'on sait que c'est l'intelligence pratique, voire l'intelligence rusée, la μῆτις, qu'elle incarnait[3]. Il vaut la peine de conter ici la version hésiodique des circonstances très particulières qui précédèrent cette naissance peu banale. Zeus, roi des dieux, avait pris comme première épouse Mètis, « celle qui savait le plus de choses parmi les dieux et les hommes mortels ». Elle devint bien vite enceinte d'Athéna. Or il était inscrit dans le destin que de cette épouse ne devaient naître que des enfants περίφρονες, « très réfléchis, très sages », à commencer bien sûr par le premier, sa fille *Tritogeneia*, laquelle, précise encore le poète, détenait une ardeur (μένος) ainsi qu'un « prudent vouloir » (ἐπίφρων βουλή) égaux à ceux de son père. Mais le destin avait aussi prévu qu'un fils naîtrait ensuite, destiné à devenir le roi des hommes et des dieux. Aussi bien, sur le conseil de ses grands-parents Terre et Ciel – qui s'y connaissaient déjà en matière d'artifices ! –, Zeus n'hésita-t-il pas, en usant de ruse et de paroles caressantes, à engloutir vivants dans ses entrailles Mètis et son fruit, « afin que la déesse lui fît ainsi connaître le bien et le mal »[4]. Un haut degré de sagesse réfléchie, capable de discerner le bon comme le mauvais et entraînant un prudent vouloir : il y aurait sans doute beaucoup à apprendre en scrutant

1. B 30, fragment conservé par Clément d'Alexandrie. Anaximène, déjà, avait fait de l'air le principe de toutes choses et cette théorie avait été reprise et amplifiée par Diogène d'Apollonie qui assimilait l'air à Zeus.

2. *Cf.* le *LSJ*, *s.v.* Τριτογένεια, où trois références sont produites.

3. On connaît, sur ce thème, l'ouvrage suggestif de J.-P. Vernant, M. Detienne, *Les ruses de l'intelligence. La métis des Grecs*, Paris, Flammarion, 1974, 2e éd., 1978.

4. Hésiode, *Théogonie*, 886-900.

plus avant ce vieil arrière-fond mythique qui précède l'invention philosophique de la *phronèsis*[1].

En assimilant *Tritogeneia* à celle-ci, Démocrite opérait en somme un redoublement qui n'avait rien de très inattendu pour ses lecteurs, son originalité consistant plutôt dans l'interprétation étymologique qu'il avait faite de l'épithète et qui mettait en relief le chiffre trois. Il n'empêche que placer la *phronèsis* sous les auspices d'Athéna était une manière efficace de la valoriser aux yeux de son public et que faire de *Tritogeneia* le titre d'un ouvrage affichait clairement le rôle essentiel que, dans sa conception de l'éthique, il réservait à cette excellence intellectuelle, réputée embrasser tout l'humain. Et ce fut là certainement la plus grande originalité du philosophe en la matière : il faisait descendre la *phronèsis* du royaume des dieux dans la cité et dans l'esprit des hommes.

On aura remarqué que, dans son apostille qui glosait le titre et esquissait du même coup le contenu de l'ouvrage, Diogène Laërce, – à moins que ce ne fût Thrasylle lui-même, – ne s'est pas donné la peine de préciser en quoi consistent les trois choses qui naissent de *Tritogeneia*, pas plus qu'on ne lui doit d'ailleurs l'information selon laquelle celle-ci désignerait la *phronèsis*. S'il n'est pas plus explicite, c'est sans doute que sa brève explication devait suffire, pour les lettrés auxquels il s'adressait, à évoquer l'enseignement de Démocrite au sujet de la *phronèsis* et de ses trois bienfaits. Mais plusieurs siècles plus tard, des savants érudits éprouvèrent le besoin de mettre les points sur les i. Cinq autres témoins peuvent être ici cités, qui ne recopient donc pas Diogène Laërce et qui présentent entre eux quelques divergences textuelles, explicables soit par un flottement terminologique trouvé dans l'ouvrage même de Démocrite qu'ils lisaient encore, soit par une dépendance de sources différentes dans lesquelles figuraient déjà ces leçons variées. L'ensemble de ces témoignages atteste du moins que les idées du philosophe au sujet de la *phronèsis* avaient été largement diffusées dans l'Antiquité. Ce n'est peut-être pas un hasard si le poète Juvénal louangeait l'homme Démocrite en évoquant expressément sa *prudentia*[2]. Voici les cinq textes en question[3] :

1. Comme P. Aubenque l'a fait méritoirement pour les Tragiques, *La prudence chez Aristote*, *op. cit.* (p. 84, n. 2), 3e partie : « La source tragique ».

2. *Cf.* note 1, p. 77.

3. Les deux premiers textes sont cités par Diels-Kranz, lesquels n'ont pas cru utile de faire place à trois autres documents que citait P. Natorp dans son édition des fragments moraux (voir n. 2, p. 80). Orion est un lexicographe du Ve siècle ; Eustathe, évêque de Thessalonique au XIIe siècle, est un savant commentateur d'Homère ; Jean Tzetzès est un érudit du XIIe siècle

1. *Etymol. Orionis*, p. 153, 5 (D.K., B 2) : Τριτογένεια ἡ Ἀθηνᾶ κατὰ Δημόκριτον φρόνησις νομίζεται. Γίνεται δὲ ἐκ τοῦ φρονεῖν τρία ταῦτα · βουλεύεσθαι καλῶς, λέγειν ἀναμαρτήτως, πράττειν ἃ δεῖ.
Athéna Tritogeneia selon Démocrite est reconnue comme étant la prudence. C'est que du bon exercice de la pensée naissent ces trois choses : bien délibérer, dire correctement, faire ce qu'il faut.

2. *Scolies genevoises à l'Iliade*, I, v. 111 Nicole (D.K., B 2) : Δημόκριτος δὲ ἐτυμολογῶν τὸ ὄνομά (*sc.* Τριτογένεια) φησιν, ὅτι ἀπὸ φρονήσεως τρία ταῦτα συμβαίνει · τὸ εὖ λογίζεσθαι, τὸ εὖ λέγειν, τὸ πράττειν ἃ δεῖ.
Donnant l'étymologie du mot *Tritogeneia*, Démocrite déclare que de la prudence surviennent ensemble ces trois choses : le fait de bien raisonner, de bien dire et de faire ce qu'il faut.

3. EUSTATHE, *In Il.*, VIII, 39, 696 Stallbaum (P. Natorp, p. 3, n. 4) : Τριτογένεια δὲ ἀλληγορικῶς ἡ φρόνησις ἐπεὶ κατὰ Δημόκριτον τρία γίνεται ταῦτα ἐξ αὐτῆς, τὸ εὖ λογίζεσθαι, τὸ λέγειν καλῶς, τὸ νοηθέν, τὸ ὀρθῶς πράττειν αὐτό.
La prudence [est appelée] allégoriquement *Tritogeneia* parce que, selon Démocrite, ces trois choses naissent d'elle : le fait de bien raisonner, de bien dire ce qui a été pensé et de le réaliser avec rectitude.

4. *Schol. Venet. Lips. in Il.*, VIII, 39 (P. Natorp, p. 3, n. 4) : Δημόκριτος δὲ ἐτυμολογῶν τὸ ὄνομά φησιν ὅτι φρόνησίς ἐστιν ἀφ' ἧς συμβαίνει τρία ἀπογεννᾶσθαι ἀγαθά, εὖ λογίζεσθαι, λέγειν καλῶς, πράττειν ἃ δεῖ.
Donnant l'étymologie du mot *Tritogeneia*, Démocrite déclare que la prudence est ce dont provient la naissance de trois bonnes choses : bien raisonner, bien dire et faire ce qu'il faut.

5. TZETZÈS, *In Lycophr. Alex.*, v. 519 (P. Natorp, p. 3, n. 4) : ἢ ὅτι, κατὰ Δημόκριτον, τρία ταῦτα χαρίζεται, βουλεύειν καλῶς, κρίνειν ὀρθῶς, πράττειν δικαίως.
ou parce que, suivant Démocrite, ces trois bienfaits sont offerts : bien délibérer, juger avec rectitude et agir honnêtement.

Quelques remarques de portée philologique tout d'abord. Tzetzès (n° 5), qui cite sans doute de mémoire, produit un texte qui est sûrement inexact en ce qui concerne le deuxième bienfait : κρίνειν, « juger », est substitué erronément à λέγειν, attesté dans les quatre autres témoignages. L'homophonie qui caractérise chez lui la finale des trois adverbes est un excellent procédé mnémotechnique, mais le δικαίως, dont le sens peut

qui vécut à Constantinople et a commenté, entre autres, l'*Alexandra* de Lycophron. Il est difficile de dater les scolies.

convenir, n'en est pas moins suspect parce qu'il ne figure qu'ici. Les textes des deux scolies (n° 2 et 4), d'autre part, sont très proches, tant en ce qui concerne la proposition initiale que l'énoncé des trois bienfaits, où on ne note qu'une différence minime : εὖ ou καλῶς à propos de λέγειν. Il est probable que l'une soit une copie de l'autre.

Pour ce qui est des variations que présentent les quatre textes 1 à 4 lorsqu'ils évoquent les bienfaits, il serait vain, je pense, de se mettre en quête de la bonne leçon. Démocrite, en effet, a pu lui-même varier ce vocabulaire dans sa *Tritogeneia*, comme c'est le cas fréquemment dans ce qui reste des sentences. Au surplus, – constatation très importante, – tous les mots ou expressions que l'on rencontre ici se retrouvent, à peu de choses près, dans des fragments. Le verbe simple βουλεύεσθαι qu'Orion utilise pour parler de la délibération (βουλεύειν chez Tzetzès) n'est pas attesté, mais bien προβουλεύεσθαι, avec une même signification à laquelle s'ajoute une nuance d'antériorité[1] ; à défaut de εὖ λογίζεσθαι, qu'utilisent trois auteurs et qui évoque l'idée, convenant bien à la délibération, de réflexion en soi-même et de calcul raisonné, on découvre du moins l'adjectif substantivé dans le sens de « réfléchi, raisonnable » et le verbe διαλογίζεσθαι, dans le sens « avoir à l'esprit, penser quelque chose »[2]. L'expression formée d'un verbe accompagné de l'adverbe εὖ se rencontre plusieurs fois, notamment εὐλογέειν, – dans le sens « dire du bien, louer »[3], assez différent de celui qu'a ici εὖ λέγειν, – et aussi le participe-adjectif εὐφρονέων[4], une expression qui sied parfaitement pour signifier le fait d'être doté de *phronèsis*. On notera à ce propos que le verbe simple φρονεῖν peut être lui-même employé avec le sens de « bien penser ou être prudent »,

1. *B 66 : « Mieux vaut délibérer (προβουλεύεσθαι) avant d'agir que de réfléchir après coup (μετανοεῖν) ».

2. B 236 : « Lutter contre sa colère (θύμος) est chose difficile, mais c'est le propre d'un homme raisonnable (εὐλόγιστος) que d'être maître de soi (τὸ κρατεῖν) ». *B 112 : « C'est le propre d'un esprit divin (θείου νοῦ) que d'avoir toujours à l'esprit quelque chose de beau (τὸ ἀεί τι διαλογίζεσθαι) ». *Cf.* aussi ἀλογιστίη (B 289) : « C'est déraison que de ne pas consentir aux nécessités qui jalonnent la vie ».

3. *B 63 et 266 : « Applaudir (εὐλογεῖν) aux bonnes actions (κάλα ἔργματα), c'est bien (καλόν), mais le faire à propos de mauvaises, c'est le fait d'un homme trompeur et de mauvaise foi ».

4. *B 95 « Les honneurs ont un grand pouvoir chez les gens doués de prudence (οἱ εὐφρονέοντες) parce qu'ils ont conscience d'être honorés ». *Cf.* ὄρθα φρονέοντες (*B 58 et 291 b) : « Les espoirs que nourrissent ceux qui pensent droitement sont réalisables, ceux des insensés (ἀξύνετοι) sont impossibles ».

comme l'attestent l'emploi du mot par Orion et aussi le fragment B 183[1]. Restent les expressions ἃ δεῖ et ὀρθῶς πράττειν. Ni l'une ni l'autre ne sont attestées à la lettre dans les sentences conservées, mais le verbe πράττειν (de même que πρῆξις) est usité plusieurs fois, avec des qualifications morales au besoin (βέλτιον, φαυλότερον : B 191), tandis que la formule ἃ δεῖ n'est pas rare[2]; d'autre part, le participe substantivé ὀρθοπραγέων apparaît une fois[3]. Il sera fait droit plus loin aux deux petits ajouts significatifs d'Eustathe (τὸ νοηθέν et αὐτό).

En parlant de « pièce maîtresse » à propos de ces textes, je visais certes la conception élaborée de la *phronèsis* dont ils sont les témoins, et j'y viens. Mais il est un aspect formel qui mérite d'abord l'attention, parce qu'il est de nature à rendre plus crédible l'attribution de cet enseignement à Démocrite, c'est la nature triadique des faveurs dont cette vertu est censée gratifier la vie humaine. Bien que les éléments de la séquence « bien penser, bien dire, bien agir » ne soient pas absents des préoccupations des Grecs en matière d'éducation, on ne la retrouve, formulée de la sorte, dans aucun système moral de l'époque classique[4]. À ma connaissance, elle est absente notamment des *Éthiques* d'Aristote (mais n'en contredit sûrement pas la doctrine). Pour rendre compte de cette originalité de Démocrite, R. Bodéüs, s'appuyant sur des témoignages circonstanciés et très plausibles faisant état de contacts entre le philosophe d'Abdère et des sages perses, suggère la possibilité d'une influence iranienne et se réfère à plusieurs textes des *Gâthâs* qui exploitent la séquence « bonne pensée, bonne parole, bonne action ». L'hypothèse mérite assurément considération. Mais, indépendamment du contenu doctrinal, il me paraît que Démocrite a dû miser sur le symbolisme valorisant du chiffre trois. Nous disons encore *omne trinum perfectum*. Or, à l'époque de l'Abdéritain, nous avons connaissance de

1. « Il peut y avoir de l'intelligence (ξύνεσις) chez les jeunes gens et de la sottise (ἀξυνεσίη) chez les vieillards, car ce n'est pas le temps qui apprend à "bien penser" ou à "être prudent" (φρονεῖν), mais une éducation et un naturel convenables ».

2. *B 42 et B 290 b : « C'est faire preuve de grandeur que de songer à son devoir (φρονεῖν ἃ δεῖ) dans les malheurs ». *B 82 a : « Heureux qui possède à la fois du bien (οὐσία) et de l'intelligence (νοῦς) car il est capable d'user de ce bien en vue de ce qu'il faut (εἰς ἃ δεῖ) ».

3. B 181 : « Qui agit droitement (ὀρθοπραγέων), avec intelligence et en pleine connaissance (συνέσει τε καὶ ἐπιστήμῃ), acquiert les qualités de courage et de droiture dans le jugement (ἀνδρεῖος ἅμα εὐθύγνωμος γίνεται) ». *Cf.* ὀρθὰ φρονεῖν (n. 4, p. 88) et ὀρθοσύνη (B 40).

4. J'emprunte ces deux observations à un article dont il va être question : R. Bodéüs, « An Iranian profile of Democritus ? », *The Indo-european Studies*, 2 (1974), qui, relativement au système éducatif, renvoie à Xénophon, *Cynég.*, I, 18, où apparaissent formulées les trois exigences.

penseurs qui mettaient à profit ce symbolisme. Ion de Chios, poète et philosophe influencé par le pythagorisme, avait écrit un ouvrage intitulé Τριαγμός, « *Triade* », dans lequel il défendait l'idée que « toutes choses sont trois, ni plus ni moins que ces trois » et que « pour chaque être, l'excellence (ἀρετή) est une triade : intelligence (σύνεσις), pouvoir (κράτος) et fortune (τύχη) »[1]. Comme justification invoquée par ce penseur, Plutarque indique le fait que la fortune, bien qu'elle diffère grandement de la sagesse (σοφία), produit de très nombreux effets qui lui sont semblables[2]. Nous verrons que Démocrite ne partageait nullement cet avis, et il se pourrait fort bien que sa propre triade ait été une réplique à celle d'Ion, à moins que ce ne fût l'inverse. Plus proche de ses idées était sans nul doute cette autre spéculation, née aussi dans les milieux pythagoriciens[3] et selon laquelle on donnait le nom d'Athéna *Tritogeneia* au triangle équilatéral, figure parfaite s'il en est[4]. Il est donc assez vraisemblable que notre philosophe ait sacrifié à son tour au symbolisme du chiffre en sorte que, sous le patronage de la triade et de la déesse Athéna, sa *phronèsis* apparaisse consacrée dans sa qualité de reine, pour ainsi dire, des vertus proprement humaines.

Telle que la présentent, en effet, les témoignages qui viennent d'être passés en revue, la *phronèsis* est bien l'instance qui est appelée à ordonner toute la vie humaine, au double sens du mot ordonner, à savoir mettre en ordre, harmoniser, d'une part, orienter, commander, d'autre part. Nous ne trouvons pas, dans les fragments, l'équation explicite *phronèsis = aretè*, mais il n'est guère douteux que Démocrite l'ait tenue pour la plus haute des excellences humaines dans l'ordre pratique. Car c'est bien dans ce registre qu'elle opère. Elle préside à un processus qui trouve son origine dans le désir et la pensée de l'homme, et dont l'aboutissement réside dans les comportements qu'il adopte et dans toutes les actions qu'il accomplit. Et, pour orienter ses délibérations et ses décisions, le philosophe indique un horizon vers lequel elle doit tendre. C'est, pour chacun, un certain bien-être (εὐεστώ), une harmonie et une paix intérieure (ἁρμονία, συμμετρία, ἀθαμβία, ἀταραξία), qui s'accompagne d'une joie du cœur (εὐθυμία)[5],

1. 36 B 1 Diels-Kranz.

2. *Propos de table*, VIII, 1, 1, 717 b.

3. Avec lesquels l'Abdéritain a dû avoir quelque rapport, ainsi qu'en témoigne Diogène Laërce : 68 A 1, § 38 (témoignage de Thrasylle), § 40 et 46 (ouvrage d'éthique intitulé *Pythagore*).

4. Plutarque, *Moralia*, II, 381 e.

5. Pour ces différentes notions qui expriment le *telos* à poursuivre, voir les doxographies A 1, § 45, A 166 à 169 et, entre autres, les fragments B 3, 4, 174, 189, 191, 258, 286.

très différente d'une tranquillité passive, comme l'interprétait Plutarque[1]. Mais cette composante téléologique de l'éthique démocritéenne, dont il a déjà été rapidement question plus haut, nécessiterait à elle seule un long développement qui ne peut trouver place ici.

Le simple énoncé des trois bienfaits de *Tritogeneia* est, à lui seul, pourrait-on dire, une petite leçon d'anthropologie. Car on reconnaît dans la pensée raisonnante, dans le langage et dans l'action réfléchie les trois spécificités qui, par rapport à l'animal, sont le propre de l'homme. Encore faut-il bien comprendre que la prudence ne préside pas à ces différentes activités envisagées séparément. C'est dans la continuité et l'unité de cette séquence qu'elle est à l'œuvre. Elle embrasse (συνέχει), c'est-à-dire qu'elle « tient ensemble » ses différents éléments. Le témoignage interprétatif d'Eustathe est ici précieux : ce qu'il est question de bien dire, c'est ce qui a été au préalable bien pensé (τὸ νοηθέν), et c'est cela même (αὐτό) qui doit être accompli droitement. La première mission de la *phronèsis* consiste donc à bien délibérer, à tenir conseil en soi-même pour évaluer concrètement chaque situation, en fonction de ce qui apparaît comme impératif ou souhaitable, et tout d'abord possible[2]; le terme de cette première étape est le choix issu du raisonnement et qui doit être guidé par une intention droite. Le « bien dire » n'a pas grand chose à voir, en l'occurrence, avec l'art de bien parler, mais il s'agit de pouvoir énoncer clairement et fidèlement ce qui a été pensé et décidé, d'élucider pour soi-même et pour autrui les raisons que l'on a d'agir comme on en a convenu en son for intérieur, de faire voir ainsi que la décision n'est pas arbitraire, mais que son *logos* peut être donné, qu'elle est donc susceptible d'une justification. Quant au *prattein*, il lui faut être aussi en adéquation avec ce que la prudence a ratifié et qu'elle a été capable d'énoncer. La formule ἃ δεῖ donne bien une coloration proprement morale à tout le processus. Ce qui est à rechercher, en effet, n'est pas simplement un agir efficace, et encore moins une réussite (un εὖ

1. Voir *supra*, p. 78, note 2.

2. L'idée d'impératif est exprimé notamment par les expressions ἃ δεῖ (*cf.* n. 2, p. 89) et τὰ χρὴ ἐόντα, que le fragment B 256 assimile à l'idée de justice, et aussi par le mot τὸ δέον (*B 41 et 190 b, B 181). Le souhaitable fait l'objet d'un discernement rationnel : les espoirs des insensés, est-il dit, sont déraisonnables (ἄλογοι B 292) et impossibles (ἀδύνατοι), tandis que sont réalisables les espoirs de ceux qui pensent droitement (οἱ ὀρθὰ φρονέοντες : *B 58 et 291 b, Stobée). Il faut appliquer son esprit (γνώμη) aux choses qui sont possibles (τὰ δύνατα : B 191), ne pas choisir (αἱρεῖσθαι) des actions qui outrepassent nos capacités (δύναμις) et notre nature (φύσις : B 3 a). Choisir, c'est précisément l'acte qui clôt la délibération opérée par la φρόνησις.

πράττειν) obtenue à n'importe quel prix, mais un agir soumis à l'impératif de ce qui est bien. Référence est faite ici à une norme, à une rectitude (ὀρθῶς). La *phronèsis* est bien davantage que la *mètis*, que l'habileté rusée.

Une vie régie par la prudence est donc une vie où règne la cohérence entre ce qui est pensé et ce qui est dit, entre ce qui est dit et ce qui est fait, l'action étant d'ailleurs la fin du processus, au double sens de terme final et de but poursuivi. Nombreux sont les fragments qui illustrent, le plus souvent sous la forme de dénonciations, l'indispensable harmonie qui doit unifier les différentes instances et les moments de cette séquence triadique, sous l'égide de la *phronèsis*. L'importance de l'action y est particulièrement soulignée, et on peut parler en ce sens d'une morale « pratique », centrée sur l'action. La parole, en effet, est dite n'être que l'ombre de l'œuvre accomplie[1]. « Ce sont les œuvres et les actes de vertu, et non pas les discours, qu'il faut rechercher avec zèle »[2]. « Un noble discours n'efface pas une action mauvaise, pas plus qu'une bonne action n'est souillée par une parole médisante »[3]. Or nombreux sont ceux qui, tout en commettant les pires infamies, s'exercent aux discours les plus vertueux[4]. Il en est aussi qui, en parole, font tout et, en réalité, ne font rien ; ce sont des fourbes, qui ne sont bons qu'en apparence[5]. Le fourbe, c'est aussi celui qui est capable de louanger les mauvaises actions[6]. La parole peut donc être l'instrument du paraître et de la tromperie, comme elle peut être aussi, chez ceux qui, à force de discourir, deviennent incapables d'écouter, la manifestation d'une volonté de puissance excessive (πλεονεξία)[7]. On doit dès lors savoir se garder des discours querelleurs et qui embobinent[8]. Il y a tout lieu de penser que ces propos visaient plus particulièrement certains Sophistes (*cf.* B 150 a).

1. B 145 : Λόγος γὰρ ἔργου σκίη.
2. *B 55 et B 176 c : Ἔργα καὶ πρήξιας ἀρετῆς, οὐ λόγους, ζῆλουν χρειών.
3. B 177 : Οὔτε λόγος ἐσθλὸς φαύλην πρῆξιν ἀμαυρίσκει οὔτε πρῆξις ἀγαθὴ λόγου βλασφημίῃ λυμαίνεται.
4. *B 53 a et B 176 b : Πολλοὶ δρῶντες τὰ αἴσχιστα λόγους ἀρίστους ἀσκέουσιν.
5. *B 82 : Κίβδηλοι καὶ ἀγαθοφανέες οἱ λόγῳ μὲν ἅπαντα, ἔργῳ δὲ οὐδὲν ἔρδοντες.
6. *B 63 et B 226 b : Εὐλογέειν ἐπὶ καλοῖς ἔργμασι καλόν · τὸ γάρ ἐπὶ φλαύροισι κιβδήλου καὶ ἀπατεῶνος ἔργον.
7. *B 86 et B 244 : Πλεονεξίη τὸ πάντα λέγειν, μῆδεν δὲ ἐθέλειν ἀκούειν.
8. B 150 a (Plutarque) : ἐριδαντέων δε καὶ ἱμαντελικτέων λόγους ἀφετέον. *Cf.* aussi 150 b.

La parole doit donc s'accorder aussi avec la pensée, l'important n'étant pas de dire beaucoup, mais d'être véridique[1]. Pareillement, l'action, pour être jugée bonne, a besoin d'être rapportée à l'acte intérieur du sujet : elle doit être volontaire et procéder d'une intention droite. Être vertueux ne signifie pas seulement s'abstenir de l'injustice, mais ne pas même la vouloir[2]. L'homme digne de confiance et son contraire ne se reconnaissent pas seulement aux actions qu'ils accomplissent, mais aussi à ce qu'ils veulent (βούλεσθαι)[3]. Est réputé bienfaiteur non pas celui qui attend la réciproque, mais celui qui a choisi délibérément (προῃρημένος) de bien faire[4]. Fait ici une intéressante percée la notion de προαίρεσις, de choix raisonné qui clôt la délibération.

On voit comment Démocrite a fait de la *phronèsis*, désormais laïcisée, le pilier de l'humain et la principale artisane de la vie morale.

ASPECTS PARTICULIERS DE LA *PHRONÈSIS* DÉMOCRITÉENNE

Le rôle central que l'Abdéritain assigne à cette notion dans son éthique suscite une série de questions auxquelles on souhaiterait pouvoir répondre en interrogeant d'autres fragments. Fait-il place, à côté de la *phronèsis*, excellence cognitive dans le domaine pratique, à d'autres « vertus intellectuelles », pour parler comme Aristote ? Dans sa conception de l'agir humain, il accorde beaucoup d'attention aux facteurs psychologiques, désir, plaisir, émotion, passion. Quel rôle ces instances non rationnelles jouent-elles dans la vie morale et comment envisage-t-il leur relation avec la prudence ? Comment conçoit-il les rapports entre cette dernière vertu et les autres vertus morales dont il lui arrive de faire mention ? À ces questions théoriques, auxquelles on pourrait en ajouter bien d'autres, les sentences conservées n'apportent pas de réponse directe et circonstanciée, leur but n'étant pas d'ailleurs d'instruire en théorisant, mais de faire réfléchir, de conseiller, de persuader. Il est certes possible de glaner çà et là des indices et des éléments de réponse, mais pareille opération nécessiterait de passer en

1. *B 44 et B 225 (Stobée, sentence presque identique) : Ἀληθόμυθον χρὴ εἶναι, οὐ πολύλογον.

2. *B 62 : Ἀγαθὸν οὐ τὸ μὴ ἀδικεῖν, ἀλλὰ τὸ μηδὲ ἐθέλειν. À l'inverse doit être considéré comme haïssable non celui qui commet une injustice, mais celui qui le fait volontairement (βουλόμενος : *B 89).

3. *B 68 : Δόκιμος ἀνὴρ καὶ ἀδόκιμος οὐκ ἐξ ὧν πράττει μόνον, ἀλλὰ καὶ ἐξ ὧν βούλεται.

4. *B 96 : Χαριστικὸς οὐχ ὁ βλεπῶν πρὸς τὴν ἀμοιβήν, ἀλλ ΄ὁ εὖ δρᾶν προῃρημένος.

revue de très nombreux fragments, quitte à les juxtaposer. Elle ferait ainsi courir le risque d'extrapolations un peu trop faciles. J'ai donc choisi une démarche moins ambitieuse et plus sûre qui consiste à sélectionner les fragments où la notion de prudence est présente avec quelque évidence et à les regrouper autour de thématiques dont la portée est beaucoup plus restreinte. Il faut préciser à ce propos que le vocabulaire démocritéen relatif aux facultés et aux activités intellectuelles est particulièrement riche et varié[1]. Le petit nombre d'occurrences des mots concernés fait qu'il est souvent difficile d'en préciser le sens et de les distinguer. Il est manifeste d'ailleurs, ainsi qu'on a déjà pu l'observer, qu'ils sont parfois interchangeables dans certains contextes. Cette situation autorise à étendre la sélection à des fragments où d'autres mots apparaissent en lieu et place de *phronèsis* ou bien évoquent des qualités annexes. C'est ce que j'ai tenté de faire, non sans m'entourer de quelque … prudence.

Phronèsis *versus* tuchè. *Prudence, perspicacité et circonspection*

Dès la seconde moitié du Vᵉ siècle, on assiste en Grèce à une importante valorisation de l'idée de fortune, phénomène qui, comme on sait, ne fera que s'amplifier durant la période hellénistique. Nous avons vu qu'Ion de Chios faisait de la *tuchè* une des trois composantes de l'excellence humaine, aux côtés de la *sunesis* et du *kratos*. Tant s'en faut pourtant que cette fortune soit une idée claire et distincte, ballottée qu'elle peut être entre la notion de destin et celle de fortune capricieuse ou encore de chance. C'est sans doute une des raisons pour lesquelles la *tuchè* se voit de plus en plus, à

1. Voici, regroupés par racines, un relevé, qui ne se veut pas exhaustif, de ce vocabulaire :

– Φρήν, Φρονέω, σωφρονέω, φρόνησις, ἀφροσύνη, πολυφροσύνη, ὁμοφροσύνη, φροντίς, εὐφρονέω, φρόνιμος (*Cf.* B 160, texte de Porphyre).

– Γιγνώσκω, διαγιγνώσκω, ξυγγίγνωσκεσθαι, γνωρίζω, γνώμη, ἀγνωμοσύνη, διάγνωσις, εὐγνώμων, εὐθύγνωμος.

– Δαήμων.

– Διδάσκω, διδαχή, διδάσκαλος.

– Εἰδέναι, ξυνείδεσις.

– Ἐπίσταμαι, ἐπιστήμη.

– Λέγω, διαλογίζεται, λόγος, λογισμός, ἀλογιστίη, ἄλογος, εὐλόγιστος.

– Μανθάνω, μάθησις, ἀμαθίη, πολυμαθίη, ἀμαθής, πολυμαθής.

– Νοέω, ἀγνοέω, νουθετέω, μετανοέω, νοῦς, ἀνοίη, διανοίη, εὐνοίη, ὁμονοίη, πολυνοίη, νόημα, ἀνοήμων, ἀνόητος, ὁμόνοος

– Ξύνεσις, ἀξυνεσίη, ξύνετος, ἀξύνετος, εὐξύνετος.

– Ὀξυδερκίη.

– Σοφίη, σοφός.

l'époque, appréhendée comme une puissance divine personnifiée, à qui on commence à rendre un culte et dont la statue décore certains édifices[1]. On comprend aisément pourquoi l'éthique de Démocrite ne pouvait que résister à pareille croyance ou conception. C'est que le bonheur dont il rêve pour l'homme est un bonheur intériorisé et éminemment personnel (εὐθυμίη), dont la conquête, à ses yeux, dépend essentiellement de la volonté éclairée de chacun. Et puisque la *phronèsis* est l'instance rectrice dont l'homme dispose pour mener sa vie vers ce bon port, elle est, très logiquement, instituée par le philosophe dans un rôle de challenger victorieux de la *tuchè*. Dans une sentence qui se limite à la considération des richesses, Démocrite use de ce beau jeu de mots qui rabat la fortune : le chanceux (εὐτυχής), c'est celui dont le cœur sait se réjouir (εὐθυμεόμενος) des biens modérés qu'il possède, le malchanceux (δυστυχής), c'est celui qui en possède beaucoup mais n'en a pas moins le cœur triste (δυσθυμεόμενος)[2].

Témoigne explicitement d'une même préoccupation un fragment particulièrement suggestif qu'a conservé non seulement le florilège de Stobée, mais aussi un écrit de Denys d'Alexandrie, cité par Eusèbe de Césarée. L'évêque égyptien observe tout d'abord que c'est par cette sentence que débutait une série de « conseils, principes de conduite » (ὑποθῆκαι)[3], nouvel indice de l'importance que Démocrite accordait à la notion de prudence. Il ne cite textuellement que la première phrase de ce fragment, repris en entier par l'anthologiste :

> Ἄνθρωποι τύχης εἴδωλον ἐπλάσαντο προαίρεσιν ἰδίης ἀβουλίης[4]. Βαιὰ γὰρ φρόνησει τύχη μάχεται, τὰ δὲ πλεῖστα ἐν βίῳ εὐξύνετος ὀξυδερκείη κατιθύνει.

1. Sur la personnification et la divinisation de la Τύχη à l'époque classique, voir É. des Places, *La religion grecque*, Paris, Picard, 1969, p. 110-113, et sur le développement de son culte dans la suite : M. P. Nilsson, *Geschichte der Griechischen Religion*, II, München, Beck, 1961, p. 200-213.

2. B 286 a. *Cf.* B 231 : l'εὐγνώμων, l'homme sensé, celui qui juge bien, ne s'attriste pas de ce qu'il n'a pas, mais se réjouit de ce qu'il possède.

3. Il n'est pas précisé qu'il s'agit d'un titre. Cet intitulé ne figurait pas en tout cas dans le catalogue de Thrasylle. Témoigne du sérieux avec lequel ce dernier avait accompli sa tâche cette remarque qu'il fait au terme de son inventaire. Les autres titres qu'on attribue à Démocrite sont, dit-il, soit des extraits de ses œuvres, soit des écrits qu'on s'accorde à attribuer à d'autres auteurs (A 33, § 49). À moins que cette remarque ne soit un commentaire de Diogène Läerce.

4. Au lieu de ce mot, le texte de Denys porte ἀνοίης ; la suite de la citation diffère aussi de celle de Stobée par l'emploi du mot γνώμη à la place de φρόνησις ; mais, dans le commentaire qui suit immédiatement, c'est φρόνησις qui apparaît : « on dit [ce n'est plus Démocrite qui

> Les hommes ont façonné une image de la fortune pour servir d'excuse à leur manque de volonté. Car il est rare que la fortune s'oppose à la prudence; la plupart des choses de la vie, une intelligence perspicace les dirige droitement (B 119).

L'idée est claire, joliment exprimée et assortie d'un jugement sévère : c'est à cause de leur volonté paresseuse que les hommes ont créé cette pure fiction qu'est la fortune. L'expérience montre pourtant que la prudence est capable de diriger efficacement la vie vers le but qu'on s'est donné. Le réalisme amène Démocrite à concéder que tel est du moins le cas le plus fréquent; il ne veut pas gommer le fait que certains événements fortuits peuvent parfois entraver la voie qu'on s'est tracée. Mais qu'à tout le moins les hommes cessent de tout faire dépendre dans leur vie de cette puissance illusoire qu'ils ont forgée de toutes pièces. Le contexte ne permet pas d'affirmer que c'est clairement la *tuchè* divinisée qui est ici visée. Il faut signaler cependant que le même Denys, dans un passage qui précède de peu celui auquel il vient d'être fait allusion[1], affirme que Démocrite refusait l'idée selon laquelle la fortune gouverne la vie des hommes et accusait ceux qui lui rendent un culte d'être dépourvus de jugement (ἀγνώμων). Que le philosophe ait porté pareille accusation n'aurait rien d'invraisemblable, non qu'il ait été à proprement parler un athée[2], mais parce que l'accusation pourrait être, elle aussi, inspirée par sa préoccupation de rendre les hommes

parle, mais ceux qui professent une conviction qu'il combat] que la fortune est la pire ennemie de la prudence et qu'elle la domine [...]; ils ne célèbrent pas la raison comme étant fortunée (εὐτυχής), mais la fortune comme étant très raisonnable (ἐμφρονέστατος). Ce témoignage et celui auquel se réfère la note suivante donnent à penser qu'il y eut sur le sujet une véritable polémique entre le philosophe et des adversaires non identifiés. Notons encore que le flottement de vocabulaire signalé entre ἀνοίη et ἀβουλίη, d'une part, et entre γνώμη et φρόνησις, ne semble pas gêner les Anciens; il est présent déjà chez Démocrite, ainsi qu'on va le voir.

1. Ce passage est cité par Diels sous le B 118, à la suite d'un autre fragment qui n'a rien à voir avec celui-ci, si ce n'est qu'on y rencontre aussi la notion de volonté (βούλεσθαι). L'évêque Denys dénonce une contradiction dans la pensée du philosophe d'Abdère : ce dernier refuse l'idée que la fortune gouverne la vie des hommes, mais il fait d'elle « la maîtresse et la reine des choses divines, en affirmant que tout arrive selon son gré ». Le problème n'est pas imaginaire et a été relevé bien avant Denys, mais le propos est ici polémique et forcé : il n'est pas vraisemblable que Démocrite ait parlé de la τύχη comme d'une « reine des choses divines ».

2. J'ai esquissé la théologie de Démocrite dans une précédente étude : « L'expression du sacré dans la religion grecque », dans J. Ries (éd.), *L'expression du sacré dans les grandes religions*, III, Louvain-la-Neuve, Centre d'histoire des religions, 1986. Pour un examen plus approfondi : D. MacGibbon, « The Religious Thought of Democritus », *Hermes*, 93 (1965).

plus responsables de leur destinée. Ainsi leur reproche-t-il ailleurs de demander aux dieux la santé dans leurs prières alors qu'ils ont en eux-mêmes le pouvoir (δύναμις) de se la procurer et qu'ils font tout le contraire, par manque de maîtrise (ἀκρασίη) : ils trahissent leur santé en cédant aux passions (ἐπιθυμίαι : B 234). C'est qu'il leur manque, pourrait-on commenter, la lucidité d'une prudence capable de discerner et de prescrire le comportement empreint de tempérance qui s'impose[1].

Mais revenons au fragment. Deux faits de langue méritent encore d'être relevés pour les éclaircissements qu'ils apportent au sujet de la notion de prudence, le premier de façon indirecte, le second de façon très obvie. J'ai traduit le terme ἀβουλίη par « manque de volonté », là où P.-M. Morel traduit par « imprudence » et J.-P. Dumont par « manque de sagacité ». Ces deux dernières traductions peuvent surprendre quand on pense au verbe βούλομαι et au substantif βουλή qui expriment l'un et l'autre, par priorité, l'idée de vouloir. Le dictionnaire Bailly cependant n'abonde pas dans ce dernier sens et donne comme unique signification à ἀβουλία « irréflexion, imprudence ». On se souviendra aussi que Denys avait interprété le mot de la même manière puisqu'il lui substituait le mot ἀνοίη. Mais il se pourrait bien que les deux traductions soient l'une et l'autre recevables, le Liddell-Scott donnant d'ailleurs les deux significations suivantes, attestées chez des auteurs différents de l'époque classique : *ill-advisedness, thoughtlessness* et *irresolution, indecision* (ce dernier sens est retenu pour notre sentence). À vrai dire, le texte du fragment suggère bien un recouvrement des deux notions. L'absence de volonté dont font preuve les partisans de la *tuchè* pourrait être comblée si une plus grande lucidité leur faisait prendre conscience de leur propre *dunamis*; d'un autre côté, si la *phronèsis* est capable de faire pièce à la fortune et de conduire la vie humaine sans détours (κατιθύνειν), c'est assurément qu'elle a barre sur le vouloir, pour ne pas dire qu'elle l'englobe. Le fait est, bien connu, que les Grecs ont toujours eu quelque difficulté à concevoir la volonté en son autonomie. Retenons à tout le moins que la prudence démocritéenne est une disposition non seulement à bien penser et à délibérer, mais à décider et à entraîner le comportement ainsi que l'action appropriés.

1. *Cf.* B 210 où apparaît l'opposition fortune-tempérance : « La fortune (τύχη) apporte une table somptueuse, la tempérance (σωφροσύνη) une table qui se suffit à elle-même (αὐταρκής). Être tempérant contribue donc à l'autarcie du sage, ce qui est une manière de faire dépendre le bonheur de soi-même autant que possible. Aussi le σώφρων sait-il supporter dignement la pauvreté (πενία : B 291).

Significative est aussi l'adjonction de la notion d'ὀξυδερχείη, qui signifie un regard pointu, pénétrant, et de l'adjectif εὐξύνετος, qui la renforce par l'idée d'aisance, de rapidité, ou qui précise simplement que le regard en question doit s'entendre métaphoriquement d'une bonne (εὐ-) intelligence (σύνεσις). Il n'est pas douteux que soit ainsi désignée une composante, ou une vertu annexe, de la *phronèsis*. Pour conduire « droitement » la vie, – soit l'inverse des « coups » imprévisibles par lesquels la fortune se manifeste, – la prudence a besoin d'une perspicacité éprouvée et constante. Démocrite expliquera encore, dans un fragment (B 197) où *sophiè* est substitué à *phronèsis*, que si les insensés (ἀνοήμονες) rythment leur vie au gré des faveurs qu'accorde la fortune (τὰ τῆς τύχης κέρδεα), les hommes qui en ont l'expérience (δαήμονες) leur préfèrent celles de la sagesse.

Miser sur la fortune, c'est une manière de se situer face à l'avenir, mais un avenir qui demeure toujours incertain, car si la fortune peut être généreuse, elle est aussi inconstante (B 176). L'homme prudent regarde pareillement l'avenir, mais il sait, lui, dans quelle direction il veut aller, il est capable de prévoir, de peser les éventualités, de discerner ce qui est possible[1] et d'entretenir dès lors des espoirs qui se réalisent, à la différence de ceux que nourrissent les insensés[2]. Pour ce qui est de l'immédiat, il sait faire preuve de vigilance et de circonspection (B 193) :

> Φρονήσιος ἔργον μέλλουσαν ἀδικίην φυλάξαθαι, ἀναλγησίης δὲ γενομένην μὴ ἀμύνασθαι
> C'est une œuvre de prudence que de prévenir une injustice, mais c'est faire preuve d'insensibilité que de ne pas se défendre contre une injustice présente.

On peut inférer de cette sentence que la *phronèsis* n'est pas qu'intelligence pure, mais qu'elle a partie liée avec l'affectivité : l'homme prudent n'est pas un insensible, mais il sait s'indigner contre l'injustice. L'aptitude à se prémunir du mal et à savoir prévenir, par des choix judicieux (αἱρέομαι), des situations à haut risque, – comme le fait d'arriver, grâce à une heureuse fortune, au faîte de la renommée, – se nomme φυλακή (B 3 a). C'est aussi une des facettes de la *phronèsis*, que plusieurs fragments illustrent en montrant, souvent par antithèse, combien ceux qui en sont

1. Savoir appliquer son esprit à ce qui est possible (ἐπὶ τοῖς δυνατοῖς … ἔχειν τὴν γνώμην) est une condition du bonheur (B 191).

2. *B 58 et 291b (*cf.* la note 4, p. 88) : ὀρθὰ φρονέοντες par opposition aux ἀξύνετοι qui rêvent d'espoirs impossibles.

privés pâtissent de l'aveuglement de leur esprit et de leur imprudence (νοῦ τυφλότης καὶ ἀγνωμοσύνη) : ils vont eux-mêmes au-devant du mal[1].

Un champ d'application multiple. Discernement du juste milieu. Prudence et droiture

Voici un fragment particulièrement concis, mais qui est riche pour nous de trois enseignements (*B 40) :

> Οὔτε σώμασι οὔτε χρήμασιν εὐδαιμονοῦσιν, ἀλλ᾽ ὀρθοσύνῃ καὶ πολυφροσύνῃ
> Ce n'est pas par les biens corporels ni par les richesses que les hommes sont heureux, mais par leur droiture et par une prudence multiforme.

Cette sentence confirme tout d'abord, si besoin en était, que la prudence est ordonnée à la recherche du bonheur, désigné ici par son vocabulaire le plus traditionnel, qui est présent aussi dans d'autres fragments, mais auquel Démocrite substitue plus souvent la notion d'*euthumia* afin de se démarquer précisément des conceptions populaires. Il n'est guère douteux que le mot πολυφροσύνη évoque bien ici la *phronèsis*, cette excellence intellectuelle « qui embrasse tout l'humain ». Si elle peut être qualifiée de « multiple », c'est en référence à la pluralité de ses facettes (perspicacité, circonspection, aptitude à prévoir), de ses actes (délibérer, choisir, prescrire), des instances qu'elle est appelée à maîtriser (la pensée, la parole, l'action) et en considération aussi des situations diverses que connaît chaque être humain et auxquelles il lui faut prêter attention. Le jugement prudentiel ne dérive pas d'une science au plein sens du terme, mais s'adapte à la multiplicité des circonstances particulières et est aussi fonction, comme on l'a déjà vu, de la complexion de chacun, de sa propre nature (B 3a, B 191). Comme dit justement L. Couloubaritsis, « ce n'est pas le savoir qui prime dans le domaine de l'action, mais la réflexion, la multiple pensée »[2]. La prudence doit être capable notamment de discerner (διάγνωσις) le moment opportun

1. B 175; *cf.* *B 67 : l'homme prudent (σώφρων; le mot a bien ce sens ici, et non celui de tempérant) n'est pas un naïf (εὐήθης) car il ne fait confiance qu'à ceux qui le méritent. *Cf.* aussi *B 87 (παραφυλάττειν), *B 93 (προσκέπτεσθαι), *B 91 (εὐλαβής), B 173 (maintenir les bonnes choses dans la voie adéquate afin que des maux n'en sortent pas, avoir la volonté (βούλεσθαι) et la force (ἀλκή) de repousser le mal), B 172 : connaître (ἐπίστασθαι) les risques et trouver les parades à ce qui pourrait se transformer en mal (les eaux profondes sont bien utiles, mais présentent le risque de la noyade ; d'où l'invention et l'apprentissage de la nage).

2. L. Couloubaritsis, « Pensée et action chez Démocrite », dans *Proceedings of the Ist International Congress on Democritus, op. cit.*, p. 335.

(καιρός) de l'action; c'est là le propre de l'homme de bien (ἀγαθός: B 229), précise Démocrite.

Ce n'est pas dire que la prudence soit dépourvue de points de repère, de principes permettant de guider le choix. Il en est un qui, pour notre moraliste, est un leitmotiv et un maître-mot, c'est celui d'équilibre et de juste mesure entre excès et défaut. C'est selon ce critère qu'il convient de réguler les désirs, les passions, les plaisirs, les actions, car la vie tout entière a besoin d'un équilibre harmonieux (B 191). Concernent ce thème, traditionnel dans la pensée morale des Grecs, une bonne dizaine d'autres fragments[1].

Dans la sentence *B 40, la notion d'ὀρθοσύνη, de « droiture », précède celle de πολυφροσύνη. On peut penser à la rectitude du jugement. Mais, au-delà de l'intelligence pratique, le mot vise aussi, très certainement, les instances du désir, de la volonté, du caractère. Sans une rectitude de celles-ci, la *phronèsis* ne serait jamais qu'une habileté calculatrice. Or nous savons déjà qu'elle est bien davantage. Elle implique le sens du devoir, une volonté orientée vers ce qui est moralement bon, le τὸ καλόν, qui, à l'instar du vrai, mais à la différence de ce qui est agréable, est le même pour tous les hommes (*B 69). Pareille volonté implique non seulement qu'on combatte l'injustice qui menace (B 193) et qu'on empêche les méchants de nuire en profitant du moment favorable (*B 87), mais qu'on procède en soi-même, le cas échéant, à un travail d'assainissement des passions déréglées, des désirs violents qui rendent l'âme aveugle pour tout le reste (*B 72). Celle-ci a besoin d'être purifiée des maux qu'elle recèle (B 149), d'être guérie de ses passions par la sagesse (σοφίη), laquelle est l'analogue de la médecine corporelle (B 31). Un caractère discipliné assure une vie bien accordée (*B 61 et B 244 d). On le voit, telle que Démocrite la conçoit, la vertu de prudence apparaît donc étroitement solidaire de ce qu'Aristote appellera la vertu éthique, et qu'il prendra soin pour sa part de définir soigneusement.

Acquisition et ruine de la prudence

Dès lors qu'il visait, dans ses écrits moraux, un but éducatif, la question de savoir comment on devient prudent avait dû retenir l'attention particulière de notre philosophe. On trouve de fait plusieurs traces de cette préoccupation dans les fragments conservés. L'un d'eux, auquel il a déjà

1. B 3, *B 70, *B 71, *B 73, *B 87, *B 102, B 143, B 169, B 229, B 233, B 235, B 84-286. J'ai quelque peu développé ce thème de la juste mesure chez Démocrite dans mon article de 1996 (*cf.* n. 1, p. 76 *in fine*), p. 45-47.

été fait référence[1], affirme que l'apprentissage du bien penser (φρονεῖν, œuvre de la *phronèsis*) n'est pas une question d'âge, mais bien d'éducation et de naturel convenables (ὡραίη τροφὴ καὶ φύσις) : l'intelligence (ξύνεσις) peut être le fait de jeunes gens et la sottise (ἀξυνεσίη) de vieillards. Conscient de l'importance décisive que revêt l'éducation dans la vie humaine, Démocrite avait consacré à ce thème plusieurs sentences originales qui mériteraient qu'on s'y attarde[2]. À défaut, l'occasion va nous être donnée d'observer que l'éducation n'était pas conçue par notre philosophe comme une forme de dressage, mais bien plutôt comme une exhortation à l'excellence et à un comportement assumé de plein gré.

Dans un autre fragment, également transmis par Stobée (B 242), Démocrite se demande, en toute généralité, d'où provient la qualité d'homme de bien, d'homme vertueux (ἀγαθὸς γίγνεσθαι). La réponse donnée est sommaire, mais nuancée : pour une majorité d'hommes, ce n'est pas par nature (ἀπὸ φύσιος), mais par la pratique (ἐξ ἀσκήσιος) qu'on devient homme de bien. Il faut comprendre que si quelques-uns, de naissance, bénéficient de dispositions de caractère telles qu'une conduite vertueuse se développe chez eux avec aisance, le plus souvent cet objectif ne peut être atteint que moyennant de constants efforts, lesquels peuvent ressembler à un combat courageux[3]. « Lutter contre son θυμός (sa colère ou, plus généralement, son cœur, considéré comme le siège des sentiments et des passions), c'est chose difficile ; le maîtriser (τὸ κρατεῖν) est le propre d'un homme raisonnable (εὐλόγιστος) » (B 236). Le mot « ascèse » évoque spontanément pour nous l'idée de privation, d'austérité, voire de mortification. Il est vrai que Démocrite prônait une vie frugale[4], mais il n'en faisait pas un impératif pour tous, et l'idée de plaisir tenait d'ailleurs une place très importante dans sa morale. Le mot grec ἄσκησις signifie le fait d'assouplir le corps ou l'âme par la pratique, la répétition des exercices, l'entraînement. Le philosophe avait en ce sens développé toute une pédagogie de l'effort (πόνος), avec cette remarque encourageante que l'effort continu s'allège du fait de l'habitude (συνηθείη)[5].

1. B 183 (cf. *supra*, p. 89 et n. 1).

2. Par exemple, les fragments B 33.

3. B 214 : « Est courageux non seulement qui triomphe de ses ennemis, mais qui triomphe aussi des plaisirs ».

4. Comme le montre, par exemple, cette belle sentence imagée : « Vivre à l'étranger apprend à se suffire à soi-même (αὐτάρκεια), car une galette de blé et un lit d'herbe sont les plus doux remèdes à la faim et à la fatigue » (B 246).

5. B 241. Sur l'importance du πόνος, voir aussi B 240 et 243.

Mais en disant que l'homme raisonnable (εὐλόγιστος, c'est-à-dire prudent : on se souvient que c'est la *phronèsis* qui préside au εὖ λογίζεσθαι) est capable de maîtriser ses passions, on ne répond pas encore à la question de savoir comment on devient prudent. Serait-ce par l'enseignement, par le développement des connaissances, par la science ? Démocrite mettait plutôt en garde contre cette idée : « Avoir beaucoup d'intelligence (πολυνοίη), et non beaucoup de connaissances (πολυμαθίη), voilà à quoi il faut s'exercer (ἀσκεῖν : *B 65) », car on peut être savant (πολυμαθής) sans avoir l'intelligence (νοῦς : *B 64). Il ajoutait même que nombreux sont ceux qui vivent conformément au *logos*, la raison, sans avoir à ce sujet reçu un enseignement (μανθάνειν : *B 53). La *phronèsis* ne dispose pas d'un modèle abstrait et tout fait qu'elle tiendrait d'une science et qu'elle n'aurait qu'à appliquer. Reste donc qu'elle s'acquiert par la répétition des actes vertueux. C'est bien ce que fait comprendre un fragment remarquable dans lequel le philosophe explique tout d'abord que mieux vaut une pédagogie fondée sur la persuasion de la parole que sur la contrainte, car, poursuit-il, à la différence de celui que seule la loi détourne de l'injustice, celui que la persuasion amène à accomplir son devoir ne fera sans doute rien de répréhensible, ni en cachette ni ouvertement. Il conclut (B 181) :

> Διόπερ συνέσει τε καὶ ἐπιστήμῃ ὀρθοπραγέων τις ἀνδρεῖος ἅμα εὐθύγνωμος γίγνεται.
>
> Aussi bien, qui agit droitement, avec intelligence et en pleine connaissance, devient courageux en même temps qu'il acquiert un jugement droit.

Ἐπιστήμη, je pense, ne désigne pas ici la science, mais une parfaite « connaissance de cause », c'est-à-dire de la nature de l'action à accomplir et des circonstances qui l'entourent, tandis que σύνεσις désignerait plutôt l'intelligence dans sa capacité à bien juger. Les deux qualités relèvent de la prudence. On ne s'étonnera pas de la référence un peu abrupte à la notion de courage après ce qui a été dit de son application à la lutte contre les passions. Le fait d'agir droitement fortifie cette ardeur à vaincre dans le combat moral. Mais on notera surtout l'idée d'une simultanéité de cette acquisition avec celle d'un jugement rectiligne, sans lenteur et sans détours (εὐθυγνώμος), dont est capable désormais l'intelligence. C'est donc par la répétition des bonnes actions que la prudence s'affine et devient une disposition permanente. À l'inverse, le comportement fautif finit par aveugler l'intelligence et transforme le courage en arrogance :

> Οἱ κακοὶ ἰόντες ἐς τὰς τιμὰς ὁκόσῳ ἂν μᾶλλον ἀνάξιοι ἐόντες ἴωσι, τοσούτῳ μᾶλλον ἀνακηδέες γίγνονται καὶ ἀφροσύνης καὶ θράσεος πίμπλανται
>
> Plus les gens vicieux parviennent aux honneurs sans en être dignes, plus ils deviennent négligents et s'emplissent d'imprudence et d'arrogance.

L'exemple retenu est circonstancié, mais il semble qu'on puisse en généraliser la leçon. L'habitude d'une mauvaise conduite ruine la faculté de bien juger; en l'occurrence, il remplace le courage par une indécente insolence.

C'est donc à force de bien agir que l'on devient prudent et de mal agir que l'on compromet cette disposition. Mais la réciproque est également vraie. L'éclairage et la fermeté de la prudence conditionnent l'acte bon. On butte donc sur un cercle : pas de vertu morale sans prudence, mais pas de prudence non plus pour qui ne s'est pas exercé à agir droitement. C'est de ce cercle qu'Aristote, avec beaucoup de finesse, s'attachera à rendre compte dans l'*Éthique à Nicomaque*.

CONCLUSION
ORIGINALITÉ DE LA CONCEPTION DÉMOCRITÉENNE DE LA *PHRONÈSIS*

L'étude des témoignages anciens relatifs à cette notion et des fragments qui la mettent en œuvre montre la place importante que tenait la *phronèsis* dans la réflexion morale du philosophe d'Abdère. Les aristotélisants y auront reconnu plusieurs traits qui annoncent les *Éthiques* d'Aristote et mériteraient sans doute une comparaison approfondie. À en juger d'après les débris qui nous restent, il ne semble pas cependant que l'on puisse déjà parler d'une véritable théorie, car ce n'est pas une analyse abstraite et circonstanciée de cette notion que Démocrite, selon toute apparence, livrait dans ses écrits moraux, et particulièrement dans sa *Tritogeneia*; la prudence y était plutôt évoquée, par un vocabulaire varié, dans des sentences destinées à persuader et à édifier un public large. Ce qu'il en dit témoigne néanmoins qu'il avait longuement réfléchi à cette vertu, qu'il en avait une conception globale et cohérente, et qu'il lui assignait aussi un rôle central dans la vie morale ; cette valorisation était une façon d'introduire en celle-ci plus de rationalité, une rationalité *sui generis* qui convient à l'homme en situation d'agir.

Présenter Démocrite comme l'« inventeur » de cette *phronèsis* ne signifie pas évidemment qu'il n'ait rien puisé dans la tradition. Mais, par rapport à celle-ci, il a contribué de façon décisive à la laïciser et à la moraliser, la soumettant à une première élaboration conceptuelle qu'on peut qualifier de préphilosophique. Que nous sachions, il fut l'un des premiers philosophes à s'y être essayé. Et la manière dont il l'a fait confère à sa réflexion éthique une originalité manifeste par rapport aux penseurs de son temps qu'intéressait aussi une philosophie de l'action.

L'esquisse d'une double comparaison faite à partir de sa conception triadique d'un « bien délibérer », d'un « bien dire » et d'un « agir comme il faut » que la *phronèsis* est dite engendrer pourrait servir d'amorce à une démonstration. Par rapport aux Sophistes qui misent tout sur la maîtrise de la parole, sur un « bien dire » entendu au sens d'une parole efficacement persuasive, Démocrite défend une position, plus traditionnelle sans doute et à coup sûr plus équilibrée, qui lui permet de garantir, sous l'autorité d'une prudence morale, le bon usage du dire, mais aussi, conjointement, du penser et de l'agir. On se souvient de son ardeur combative à dénoncer les possibles distorsions entre la parole et la pensée, d'une part, entre la parole et l'action, d'autre part. Avec Socrate, il partage certainement la préoccupation d'assurer le bon usage de toute maîtrise, de toute *technè*, mais il refuse son intellectualisme moral qui assimile la vertu à une science, fût-elle pratique, – nul ne commet le mal de son plein gré ; est juste qui connaît la justice, – et qui tend ainsi à réduire le problème moral à un problème de connaissance. L'Abdéritain aurait fait sienne la critique qu'Aristote adressera au maître de Platon : toutes les vertus ne sont pas des *phronèseis*. On ajoutera que la *phronèsis* paraît, chez Démocrite, davantage affranchie de références religieuses qu'elle ne l'est chez Socrate. Quant au fondateur de l'Académie, sa distance avec Démocrite se creusera davantage encore dans la mesure où il tend à confondre sagesse pratique et sagesse théorique dans une véritable science dont l'objet ultime, le Bien, est une réalité transcendante.

Resterait à voir comment le philosophe atomiste a conçu pour sa part les rapports entre cette *phronèsis* qu'il avait valorisée en tant que moraliste et la science à laquelle il s'était adonné en tant que physicien. Mais c'est là une autre et délicate question, pierre d'achoppement pour les exégètes et tendon d'Achille, peut-être, pour le penseur génial qu'il fut.

André MOTTE

CHAPITRE III

LA *PHRONÈSIS* DANS LA PHILOSOPHIE D'ANTISTHÈNE

I

Le lien entre moralité et savoir, d'où tire son origine le concept socratique de *paideia*, est au centre de la problématique débattue dans les dialogues platoniciens de jeunesse[1]. À une époque plus ancienne, probablement antérieure au moment où furent rédigés les premiers dialogues de Platon, le même lien paraît constitutif de la réflexion d'Antisthène, chez qui il détermine l'élaboration d'une théorie de la *paideia* au sein de laquelle joue un rôle central la notion de *phronèsis*. Fondée sur la fonction du *logos* comme instrument d'appréhension, de réalisation et de transmission du vrai, cette théorie implique une interprétation du *dialegesthai* socratique plus positive que la version aporétique des dialogues platoniciens de jeunesse. De cette interprétation découle la possibilité d'instaurer le savoir et d'établir le *sophos* comme sa mesure et son garant[2].

1. *Cf.* J. Stenzel, *Platon der Erzieher*, Leipzig, Felix Meiner Verlag, 1928; P. Friedländer, *Platon. Eidos, Paideia und Dialog*, Berlin-Leipzig, W. de Gruyter, 1928; E.A. Havelock, *The Greek concept of justice. From its shadow in Homer to its substance in Plato*, Cambridge (Mass.)-London, Harvard University Press, 1978; T.H. Irwin, *Plato's ethics*, New York-Oxford, Oxford University Press, 1995; C.H. Kahn, *Plato and the Socratic dialogues*, Cambridge, Cambridge University Press, 1996; J. Annas, *Platonic ethics, old and new*, Ithaca-London, Cornell University Press, 1999.

2. Pour une reconstruction des structures portantes de la pensée d'Antisthène, je me permets de renvoyer de façon préliminaire à A. Brancacci, "*Oikeios logos*". *La filosofia del*

La reconstruction de cette problématique nous replonge dans le climat polémique du débat autour de l'éducation de la jeunesse et du rôle de la rhétorique et de la philosophie dans la vie politique au début du IVe siècle[1]. Du point de vue historique, elle a le mérite de nous rappeler qu'à ce débat participèrent des philosophes en plus grand nombre que ceux dont on fait mention habituellement dans les ouvrages généraux sur ce sujet : outre certains Sophistes, il s'agit essentiellement d'Antisthène, d'Isocrate et de Platon. C'est d'ailleurs un fait, conforté par bon nombre de témoignages, que, immédiatement après la mort de Socrate, c'est Antisthène qui fut considéré, par ses admirateurs aussi bien que par ses détracteurs, comme la figure la plus représentative du cercle socratique[2]. Contrairement à Platon, qui se rend à Mégare en 399, en compagnie d'autres amis du maître commun, chez le socratique Euclide[3] ; contrairement à Aristippe, qui après la mort de Socrate ne réside pas à Athènes, mais voyage sans arrêt, élisant domicile à Corinthe, Mégare, Égine, Scillonte, en Asie mineure, en plus bien sûr de Syracuse[4] ; Antisthène, seul parmi les Socratiques, demeura à Athènes et y ouvrit une école. Et ce n'est certainement pas un hasard si, seul de tous les Socratiques, il écrivit des ouvrages polémiques dirigés aussi bien contre les Sophistes que contre Isocrate et contre Platon[5].

De la part d'Isocrate, précisément, Antisthène fut l'objet de critiques nombreuses et répétées. Le fait que les attaques d'Isocrate soient non seulement exposées dans l'exorde de ses œuvres, mais aussi dans la première partie de celles-ci, et qu'elles précèdent donc invariablement les attaques adressées à Platon et aux Éristiques, démontre qu'Antisthène était à cette époque considéré par ses contemporains comme le Socratique par

linguaggio di Antistene, Napoli, Bibliopolis, 1990, trad. fr. *Antisthène. Le discours propre*, Paris, Vrin, 2005.

1. *Cf.* H. Gomperz, *Sophistik und Rhetorik*, Leipzig, Teubner, 1912 ; M. Pavan, *Il momento del classico nella Grecità politica*, Roma, Centro editoriale internazionale, 1972.

2. *Cf.* C. Eucken, *Isocrates. Seine Position in der Auseinandersetzung mit den zeitgenössischen Philosophen*, Berlin-New York, De Gruyter, 1983, p. 26.

3. *Cf.* Diogène Laërce, III 6.

4. *Cf.* G. Giannantoni, *Socratis et Socraticorum reliquiae*, Napoli, Bibliopolis, 1990, vol. IV, p. 139 (désormais abregé : SSR), qui énumère les sources anciennes relatives à ces déplacements.

5. Le livre Περὶ τῶν σοφιστῶν φυσιογνωμονικός était dirigé contre les Sophistes ; il nous en reste un seul fragment (= SSR v A 62). Le Σάθων était dirigé contre Platon. Sur la polémique antiplatonicienne d'Antisthène, *cf.* A. Brancacci, « Antisthène et la tradition antiplatonicienne au IVe siècle », dans M. Dixsaut (éd.), *Contre Platon*, t. I : *Le platonisme dévoilé*, Paris, Vrin, 1993.

excellence. La plus ancienne de ces critiques est contenue dans l'exorde du *Contre les Sophistes*, où le rhéteur adopte une attitude fort polémique à l'égard d'un ouvrage d'Antisthène dont il permet de reconstruire quelques énoncés. Le pamphlet date de 391-390, il est donc contemporain de la première période de l'activité littéraire d'Antisthène[1]: il constituait le manifeste des idées d'Isocrate, qui le publia, après avoir abandonné l'activité de logographe, au lendemain de l'ouverture de sa propre école à Athènes, dans le dessein d'attirer sur lui l'attention du public et de jeter le discrédit sur l'école qu'avaient déjà ouverte ses adversaires. La présence du terme *epaggelma*, qui est un terme technique dans la culture sophistique pour indiquer le programme qui caractérise l'enseignement d'un individu ou d'un groupe[2], et qui est utilisé pour désigner le plan d'enseignement d'Antisthène, porte à croire, étant donné aussi la précision des références, qu'Isocrate a eu à l'esprit, dans l'exorde de son libelle, la *Vérité* (*Alètheia*) d'Antisthène. C'est à cet ouvrage, en effet, que semble faire allusion le rhéteur dès le début de son pamphlet, quand il stigmatise la « recherche de la vérité » poursuivie par son concurrent, et quand, sur un ton ironique, il revient à plusieurs reprises sur la même notion[3]. Et puisque la *Vérité* était l'un des plus importants dialogues socratiques d'Antisthène, il convient à plus forte raison de prendre cet écrit comme point de départ de notre analyse.

Malgré le ton purement énonciatif des références d'Isocrate, ou plutôt, justement grâce à ce ton, le thème général de l'*epaggelma* d'Antisthène est facile à reconstituer: l'exorde de l'écrit d'Isocrate se révèle bel et bien construit tout entier sur une critique de la notion antisthénienne de science (*epistèmè*) et de la distinction entre opinion (*doxa*) et vérité (*alètheia*) qui devait en préciser la signification. Dans l'écrit d'Antisthène, une telle distinction devait être opérante tant sur le plan logico-dialectique, dans la mesure où elle était liée aux discussions et à la recherche des contradictions dans les discours, que sur le plan éthique, où elle conduisait à l'identi-

1. Pour une tentative de distinguer chronologiquement les principales périodes de l'activité littéraire d'Antisthène, *cf.* A. Brancacci, *Antisthène. Le discours propre*, *op. cit.*, p. 34-39.

2. Voir par exemple Platon, *Protag.* 319 a; *Euthyd.* 274 a; Xénophon, *Mémorables* I 2, 7; Aristote, *Éthique à Nicomaque* H 9, 1180 b 35.

3. *Cf.* Isocrate, *Contre les Sophistes* 1 (= SSR v A 170): οἳ προσποιοῦνται μὲν τὴν ἀλήθειαν ζητεῖν, εὐθὺς δ'ἐν ἀρχῇ τῶν ἐπαγγελμάτων ψευδῆ λέγειν ἐπιχειροῦσιν. Dans ce passage se trouve entre autres une allusion ironique, sarcastique même, contre la thèse bien connue d'Antisthène qu'il est impossible de dire le faux : *cf.* Aristot. *Met.* Δ 29. 1024 b 26-34 (= SSR v A 152).

fication de la vérité avec la science des choses à faire (*ta prakteon estin*) : une telle science était ensuite identifiée avec la vertu, elle-même considérée comme la condition du bonheur (*eudaimonia*). À la lumière de la double signification de la notion de science, s'éclairent les deux autres thèmes principaux divulgués dans l'*epaggelma* adverse, contre lequel s'insurge le rhéteur : d'une part le motif de la recherche de la vérité (*alètheian zètein*), auquel est liée la prétention de prévoir l'avenir (*ta mellonta progignôskein*), qu'il faut comprendre comme une référence au rôle anticipateur de l'*epistèmè* en ce qui concerne le domaine des « choses à faire » ; d'autre part le concept établissant que la vertu peut être enseignée, d'où découle la promesse de « rendre immortels » ceux qui auront reçu cet enseignement, conforme à l'expression qu'Antisthène emploie aussi ailleurs pour désigner les hommes qui se trouvent dans une condition morale sans défaut. De là procède le réquisitoire final d'Isocrate, dirigé contre ceux qui, bien qu'ils se vantent de posséder la science (*epistèmè*), ne sont en réalité capables de rien dire ni de rien conseiller de ce qui est nécessaire dans le moment présent, alors que ceux qui s'appuient sur l'opinion apparaissent davantage en accord avec eux-mêmes, et réussissent mieux que ceux qui aspirent au savoir et à la vérité : incapables de favoriser le succès de leurs élèves, ces derniers ne mériteraient pas que leur enseignement soit qualifié de souci de l'âme (*epimeleia tès psuchès*)[1].

Confirmé, dans tous ses énoncés, par de nombreux fragments conservés d'Antisthène, le témoignage d'Isocrate mérite d'être confronté au *Protreptique* d'Antisthène, dialogue socratique célèbre dans l'Antiquité, dont de larges extraits nous ont été conservés par Dion Chrysostome. Bien que différents dans leur ton, les deux documents se confirment et s'éclairent réciproquement quant à leur contenu ; surtout, ils permettent de préciser la signification et la visée des concepts antisthéniens de science (*epistèmè*) et d'ignorance (*amathia*). On peut laisser de côté, pour le moment, l'examen de la longue allocution de Socrate rapportée par Dion dans la partie initiale de son écrit, où le thème moral sert de point de départ à une sévère critique de l'éducation traditionnelle et de l'éducation sophistique auxquelles sont habitués les Athéniens. On note cependant, si prépondérante qu'apparaisse, dans ce contexte, la *pars destruens* du discours de Socrate, qu'ici aussi, le thème en apparaît lié à une énonciation du principe de la compétence, qui, exprimé chez Isocrate par le concept établissant que la vertu peut être enseignée, et par le motif du « prévoir l'avenir », est confirmé, dans les

1. *Cf.* Isocrate, *Contre les Sophistes* 1-8 (= SSR v A 170).

paroles de Socrate, par le thème parallèle et contraire, à savoir ignorer (*agnoein*) ce qui entre dans le domaine des « choses à faire », et par la longue section relative à l'importance de l'apprentissage (*manthanein*) en vue de l'action correcte. De manière analogue, le motif de la « recherche de la vérité », central dans l'exposé d'Isocrate, apparaît à la fois repris et précisé dans les paroles de Socrate, par celui de la recherche par l'homme de la manière de devenir *kalos kai agathos* : et justement, cette recherche est identifiée pour finir avec le *philosophein*. Sur cette ligne, le concept de science, ayant pour objet le domaine des « choses à faire », concept qu'on relève à plusieurs reprises dans le texte d'Isocrate, correspond parfaitement à l'exaltation de la connaissance de « ce qu'il faut savoir pour devenir un homme d'une vertu accomplie » (*ha estin eidota kalon kai agathon andra einai*) qui est présente dans l'extrait du *Protreptique*. Dans cette optique, toujours dans le discours de Socrate, l'homme inculte (*apaideutos*) n'est pas celui qui ignore les contenus de l'instruction traditionnelle, mais celui qui ignore quels sont ses devoirs moraux (*medèn epistamenon on chrè*)[1]. Resurgit ainsi dans toute son importance cette opposition entre *doxa* et *epistèmè* que déjà Isocrate avait censurée dans son écrit : et de même que le rhéteur ironisait ouvertement sur la concorde (*homonoia*) et sur la justice (*dikaiosunè*) promises à ses disciples par Antisthène, de même le contenu du vivre avec rectitude (*orthôs zèn*) est rapporté, dans le texte transmis par Dion, à la capacité de « vivre la vie publique de façon conforme à la loi et à la justice, et dans un esprit de concorde »[2].

On peut s'arrêter ici, et, sur la base de la confrontation de l'extrait de la *Vérité* et de l'extrait du *Protreptique*, tenir au moins un point pour établi. La « recherche de la vérité » poursuivie par le Socrate d'Antisthène s'identifiait avec le *philosophein* lui-même et ne faisait qu'un avec la notion d'*epistèmè* ; celle-ci, quelle que fût son contenu théorique, se réduisait finalement à un objectif éthique, étant donné que sa possession aurait garanti la formation de l'homme vertueux ; en ce sens, la notion d'*epistèmè* constituait la condition de cette fondation rationnelle du *logos* et de la *paideia* à laquelle de nombreux fragments font explicitement référence.

1. *Cf.* Dion Chrysostome, *orat.* XIII, 14-28 (= SSR v A 208).

2. *Cf.* Dion Chrysostome, *orat.* XIII, 19 (= SSR v A 208) : καὶ νομίμως καὶ δικαίως μεθ'ὁμονοίας πολιτεύεσθαι.

II

Le *logos* auquel Antisthène s'intéressait n'était pas le *logos* formaliste, tout puissant, séducteur de Gorgias[1]; ce n'était pas non plus le *logos* épidictique ou délibératif célébré comme instrument d'éducation et de civilisation par Isocrate[2] : c'était un *logos* capable de découvrir des structures rationnelles là où le langage commun ne dépasse pas le niveau de l'équivoque ou de l'impropre, et qui en ce sens se conforme à la règle de l'*oikeion*, comprise, en partant des études sémantiques pour s'élever peu à peu jusqu'à la logique, comme assignation d'une signification univoque et déterminée aux noms; comme définition visant à identifier la qualité propre de l'objet proposé; comme détermination rigoureuse et restrictive des concepts moraux, à l'exclusion de tous les traits qui contredisent la cohérence logique de la notion considérée. Cette position doctrinaire, selon laquelle la dialectique et la logique fondent et garantissent l'éthique, exclut radicalement la possibilité d'une théorie de la *paideia* qui ne se situerait pas au niveau de l'*epistèmè* et qui ne s'identifierait pas elle-même avec le *philosophein*. Cette indication, qui devait être exposée et justifiée dans le traité *Sur l'éducation ou sur les noms* (Περὶ παιδείας ἢ περὶ ὀνομάτων) en cinq livres, est exprimée de façon claire et presque sous forme de programme par le fragment bien connu que nous devons à Épictète : « L'étude des noms est le fondement de l'instruction philosophique »[3].

J'ai montré ailleurs que la doctrine de l'*episkepsis tôn onomatôn* ne fut rien d'autre que l'interprétation proposée par Antisthène de l'*exetazein* socratique, assimilé à un examen des termes visant à déterminer la signification de chacun d'eux et à en fournir, au terme du processus dialectique, une définition. Ceci s'accorde avec les informations fournies par la doxographie, qui mentionne Antisthène comme le premier philosophe à avoir avancé une définition du *logos*, et avec la théorie de l'*oikeios logos*, telle que j'ai pu la reconstruire à partir des témoignages d'Isocrate, d'Aristote et d'Alexandre d'Aphrodise[4]. Il est important de souligner que la conception antisthénienne de la méthode dialectique se sépare de celle que Platon attribuera à Socrate sur deux points fondamentaux. On sait que la réponse à

1. *Cf.* Ch. P. Segal, « Gorgias and the psychology of the logos », *Harvard Studies in Classical Philology*, LXVI, 1962 ; B. Cassin, *L'effet sophistique*, Paris, Gallimard, 1995.

2. *Cf.* M. Dixsaut, « Isocrate contre des Sophistes sans sophistique », dans B. Cassin (éd.), *Le Plaisir de parler*, Paris, Minuit, 1986.

3. Épictète, *diss.* I 17, 12 (= SSR v A 160) : ἀρχὴ παιδεύσεως ἡ τῶν ὀνομάτων ἐπίσκεψις.

4. *Cf.* A. Brancacci, *Antisthène. Le discours propre*, *op. cit.*, p. 105-127 et 195-223.

la demande de définition (*ti esti*) constituera, pour le Socrate de Platon, le point de départ de l'*exetazein*, considéré comme la situation dialogique réelle dans laquelle se réalise le principe éthique fondamental – à savoir, l'identification du *dialegesthai* avec le bien suprême (*megiston agathon*)[1] – et qui, pour cette raison, se renouvelle indéfiniment. Pour le Socrate d'Antisthène, au contraire, la détermination logique de l'objet proposé (*erotethen*), c'est-à-dire l'*oikeios logos*, la définition, constitue le point d'arrivée de l'*episkepsis tôn onomatôn*, et en ce sens y met un terme définitif. Par là, l'*exetazein*, qui pour le Socrate de Platon s'identifiera avec le *dialegesthai* lui-même, apparaît à Antisthène une véritable méthode, et n'est plus confondu avec le bien suprême, mais est déterminé plutôt comme « fondement de l'instruction philosophique ». Parallèlement, on ne trouve pas chez Antisthène l'inséparable binôme *exetazein* = *dialegesthai*, qui sera propre au Socrate de Platon (chez qui les deux termes s'équivalent), et, à côté d'une théorie de la dialectique, en liaison avec celle-ci mais toujours distincte d'elle, le Socrate d'Antisthène élabore une théorie de la rhétorique.

Des textes que nous avons déjà examinés il ressort que l'action morale est celle qui se trouve en cohérence avec l'élément rationnel de l'homme, qui pour Antisthène est ce qui, seul, est *oikeion*. La formule de la fin d'Antisthène, transmise par la doxographie, et selon laquelle le *telos* c'est « vivre selon la vertu » (κατ'ἀρετὴν ζῆν)[2], doit donc se comprendre à la lumière de l'équation socratique vertu = science : elle explique aussi bien le principe selon lequel la vertu dépend de la *phronèsis* que le fait qu'il est par conséquent possible de l'enseigner, et, enfin, que le corollaire précisant qu'une fois acquise, elle ne peut plus être perdue. C'est là un principe qu'on peut définir comme subjectiviste, parce qu'il fait résider la condition de la vertu, et donc de l'action qui se veut morale, dans l'accord de l'homme avec lui-même. Ce qui explique la valeur accordée par Antisthène à l'*homonoia*, à la *phronèsis*, au thème de « l'usage correct » (ὀρθὴ χρῆσις) : du *logos*, des noms et des connaissances. Même si l'on ne doit pas oublier que ce subjectivisme n'est pas de type formaliste, qu'il n'est ni son propre fondateur, ni absolu. Le rapport étroit qu'Antisthène établit entre la dialectique, la logique et l'éthique nous rappelle que l'enquête rationnelle est vouée à

1. *Cf.* Platon, *Apol.* 38 a 2-6 : [...] μέγιστον ἀγαθὸν ὄν ἀνθρώπῳ τοῦτο, ἑκάστης ἡμέρας περὶ ἀρετῆς τοὺς λόγους ποιεῖσθαι καὶ τῶν ἄλλων περὶ ὧν ὑμεῖς ἐμοῦ ἀκούετε διαλεγομένου καὶ ἐμαυτὸν καὶ ἄλλους ἐξετάζοντος, ὁ δὲ ἀνεξέταστος βίος οὐ βιωτὸς ἀνθρώπῳ.

2. *Cf.* Diogène Laërce, VI 104 (= SSR v A 98).

déterminer les concepts moraux, au moyen de l'*episkepsis tôn onomatôn*, et à acquérir, sur chaque réalité, les *oikeioi logoi* correspondants, qui représentent dans un contexte éthique ces « raisonnements inébranlables » (*analotoi logismoi*) garantissant la solidité parfaite des convictions morales et la compréhension correcte des choses.

Rappelons la *diairesis* éthique fondamentale d'Antisthène[1]. La tradition antique nous en a offert différentes formulations, qui toutes reposent sur une division rigoureusement binaire. Les principes éthiques sont au nombre de deux, le bien et le mal, et entre eux – à la différence du stoïcisme qui admet la classe des choses *adiaphora* (laquelle ne compromet pas non plus le caractère radical de l'opposition binaire, mais la tempère seulement) – *tertium non datur*. La *diairesis* est énoncée tantôt dans l'opposition pure entre *oikeion* et *allotrion*, entre ce qui est « propre » et ce qui est « étranger » à l'homme, tantôt dans la formulation plus précise et plus récapitulative : « le bien est beau ; le mal est abject : considère comme étranges toutes les choses mauvaises »[2]. Il existe un fragment transmis par Thémistius, et tiré très probablement de l'*Archélaos*, qui permet de préciser encore mieux cette conception. Ici, le Socrate d'Antisthène affirme que pour l'homme le bonheur réside dans la science, dans l'intelligence correcte, et dans la vérité ; dans la connaissance de ce qui est et de ce qui n'est pas en son pouvoir ; dans la connaissance, en outre, de ce en quoi il doit s'engager, afin que les choses qui sont en son pouvoir se réalisent comme elles doivent se réaliser[3]. Pour Antisthène les choses sont *allotria* par rapport à ce qui, seul, est propre à l'homme : la *phronèsis* et, en général, la valeur du *logos*, qui permet d'agir de manière convenable sur la réalité externe, laquelle, en soi, est « étrangère ».

On peut rappeler à ce propos le fr. II A 30 Giannantoni d'Euclide le Socratique rapporté par Diogène Laërce :

1. Sur ceci, *cf.* A. Brancacci, « I *koinêi areskonta* dei Cinici e la *koinonia* tra cinismo e stoicismo nel libro VI (103-105) delle *Vite* di Diogene Laerzio », *Aufstieg und Niedergang der römischen Welt*, II, 36. 6, 1992.

2. Dioclès *ap.* Diogène Laërce, VI 12 (= SSR v A 134) : τἀγαθὰ καλά, τὰ κακὰ αἰσχρά : τὰ πονηρὰ νομίζε πάντα ξενικά. *Cf.* aussi Épictète, *diss.* III 24, 67 (= SSR v B 22).

3. *Cf.* Thémistius, Περὶ ἀρετῆς p. 34,10-35,9 Mach : « [...] in scientia et in prudentia recta et in veritate ; in eo, ut homo sciat, quid sit, quid non sit in sua potestate ; cui rei, ut ita sit, studendum, cui rei, ne sit, sibi operam dandam ». Le discours de Thémistius nous est parvenu dans une traduction syriaque que l'éditeur le plus récent a transposée en latin. Sur ce fragment, *cf.* A. Brancacci, « Struttura compositiva e fonti della terza orazione *Sulla regalità* di Dione Crisostomo : Dione e l'*Archelao* di Antistene », *Aufstieg und Niedergang der römischen Welt*, II, 36. 5, 1992.

> Euclide démontrait que le bien est un, bien qu'il soit appelé par des noms multiples : tantôt *phronèsis*, tantôt dieu, quelquefois intelligence, et d'autres encore[1].

Nous avons ici une répétition de la thèse socratique de l'unité de la vertu et de son objet, le bien, une thèse qu'Euclide énonce sous la forme de la réduction des noms multiples qu'on donne au bien à l'unité absolue du bien lui-même. Platon aussi reprendra dans le *Protagoras* la discussion sur le problème de l'unité ou de la multiplicité de la vertu, en soutenant que les différentes vertus particulières, telles que δικαιοσύνη καὶ σωφροσύνη καὶ ὁσιότης ne sont que les noms d'une même réalité unique (πάντα ὀνόματα τοῦ αὐτοῦ ἑνὸς ὄντος)[2], qui est science des biens et des maux en général : d'où il déduit le principe selon lequel le bien est attirant et a la capacité de s'imposer comme objet de volition de la part de l'homme. Antisthène semble ici plus proche de Platon, et est en même temps l'ancêtre de la thèse zénonienne définissant en termes de *phronèsis* toutes les vertus[3]. Euclide, par contre, semble s'en tenir à un rationalisme pur, qui devait insister sur le caractère abstrait, formel, universel du concept de bien.

La série *scientia/prudentia/veritas*, en grec *epistèmè/phronèsis/alètheia*, qui caractérise le texte transmis par Thémistius, trouve une correspondance précise dans la série *phronèsis/alètheia/psuchè* que le Socrate de Platon pose dans un passage important de l'*Apologie* où ces termes désignent les valeurs que les hommes du commun négligent et dont il faudrait en revanche surtout se soucier[4]. Le parallélisme entre ces deux textes pourrait s'expliquer comme reprise, de la part de Platon, d'une déclaration propre au Socrate d'Antisthène, ou bien renvoyer à une source commune, peut-être une déclaration célèbre du Socrate historique : on remarquera en tout cas surtout la présence de *psuchè* au lieu du terme *epistèmè*, qui est caractéristique d'Antisthène et manifeste sa volonté de fonder rationnellement la science morale. L'intellectualisme qui est à la base de ses positions est bien exprimé par quelques affirmations paradigmatiques, que nous a conservées la tradition doxographique : « la *phronèsis* est la plus solide des fortifications : elle ne peut être abattue ni

1. Diogène Laërce, II 106 (= SSR II A 30) : οὗτος ἓν τὸ ἀγαθὸν ἀπεφαίνετο πολλοῖς ὀνόμασιν καλούμενον. ὁτὲ μὲν γὰρ φρόνησιν, ὁτὲ δὲ θεόν, καὶ ἄλλοτε νοῦν καὶ τὰ λοιπά.

2. *Cf.* Platon, *Protag*. 329 c-d.

3. *Cf.* Plutarque, *de virt. mor*. 2, p. 441 a (= fr. 255 SVF III). *Cf.* aussi *de Stoic. rep.* 7. Pour la définition stoïcienne de la *phronèsis cf.* Diogène Laërce, VII 92.

4. *Cf.* Platon, *Apol*. 29 e 1-2.

être prise par trahison »[1] ; le savoir qui en dérive est « bien fiché dans l'âme, de manière à ne pas vaciller, lesté d'un poids qui ne peut être ébranlé »[2]; qui le possède saura « construire des murs avec ses raisonnements inexpugnables »[3].

La prédilection pour les images militaires et guerrières est au service d'une idée bien précise : d'une part, c'est le bien-fondé des jugements, lié au rôle des études logico-dialectiques, qui rend inébranlables les convictions morales et la droite compréhension des choses ; d'autre part, une telle compréhension est liée à l'exercice de la *phronèsis*, qui manque à l'insensé, et dont dépend, comme dans une bataille (μάχη)[4], le salut de l'âme. Dans un registre différent, qui n'exclut pas, cependant, convergences et consonances partielles, le Socrate de Platon recourra lui aussi à la terminologie et à la métaphore militaires, et aussi, comme Antisthène, à un modèle mythico-littéraire – l'Achille d'Homère – pour poser les antithèses éthiques fondamentales (juste et injuste, bien et mal, beau et laid) et pour désigner la fonction du philosophe, dont le devoir est de vivre en philosophant, en examinant lui-même et les autres[5]. Les oppositions éthiques établies par Antisthène, οἰκεῖον et ἀλλότριον, τἀγαθά et τὰ κακά, τὰ ἐμά et τὰ οὐκ ἐμά, se révèlent fonction à leur tour du grand thème, lui aussi dérivé de Socrate, de l'ὀρθὴ χρῆσις des jugements, dont le pouvoir est défini ἀκώλυτον et ἀναναγκαστον, un pouvoir que nul ne peut soustraire et auquel nul ne peut faire violence[6]. D'où l'importance prise par le thème de l'ὁμόνοια ἑαυτῷ, et en général l'accent mis sur la valeur de la cohérence et de l'harmonie de l'âme avec elle-même, ainsi que sur le concept d'ἑαυτῷ ὁμιλεῖν, considéré comme le plus grand bien que puisse procurer à l'homme la pratique de la philosophie[7]. Il n'est pas difficile d'apercevoir

1. Dioclès *ap.* Diogène Laërce, VI 13 (= SSR v A 134) : τεῖχος ἀσφαλέστατον φρόνησιν μήτε γὰρ καταρρεῖν μήτε προδίδοσθαι.

2. Epiphan. *adv. haeres.* III 2, 9 (III 26) (= DG 591, 35-38 = SSR v A 107) : [...] ἀσάλευτα δὲ τὰ τῆς ψυχῆς τείχη καὶ ἀρραγῆ.

3. Dioclès *ap.* Diogène Laërce, VI 11 (= SSR v A 134) : τείχη κατασκευαστέον ἐν τοῖς αὑτῶν ἀναλώτοις λογισμοῖς.

4. Pour l'importance de ce thème, *cf.* Dioclès *ap.* Diogène Laërce, VI 12 : κρεῖττόν ἐστι μετ'ὀλίγων ἀγαθῶν πρὸς ἅπαντας τοὺς κακοὺς ἢ μετὰ πολλῶν κακῶν πρὸς ὀλίγους ἀγαθοὺς μάχεσθαι et, *ibid.* : συμμάχους ποιεῖσθαι τοὺς ευψύχους ἅμα καὶ δικαίους. (= SSR v A 134).

5. *Cf.* Platon, *Apol.* 28 b-29 e.

6. *Cf.* Épictète, *diss.* III 24, 67-68 (= SSR v B 22).

7. *Cf.* Diogène Laërce, VI 6 (= SSR v A 100) : ἐρωτηθεὶς τί αὐτῷ περιγέγονεν ἐκ φιλοσοφίας, ἔφη 'τὸ δύνασθαι ἑαυτῷ ὁμιλεῖν'. Ce principe est illustré dans le long discours d'Antisthène chez Xénophon, *Banquet* 4, 34-44 (= SSR v A 82).

dans ce concept la présence du même motif sous-jacent au thème du *beltistos logos* (et, en perspective, au thème du dialogue silencieux de l'âme avec elle-même), dont le Socrate de Platon fait lui aussi, dans un passage célèbre du *Criton*, le principe suprême de son philosopher[1]. De là également le rôle du *logos* comme instrument d'unification et de maîtrise du réel : rôle qui d'une part rend possible l'acquisition de la *paideia* et de la vertu (*aretè*), et explique d'autre part, dans un développement parfaitement cohérent du principe socratique selon lequel celui qui connaît le bien ne peut pas ne pas s'y conformer, la définition de la vertu elle-même comme « une arme dont on ne peut être dépouillé » (ἀναφαίρετον ὅπλον ἡ ἀρετή)[2], comme quelque chose qu'on ne peut plus perdre une fois qu'on l'a acquise (ἀναπόβλητον ὑπάρχει)[3].

Le rôle fondamental de la *phronèsis* dans le cadre de l'éthique antisthénienne est souligné, enfin, dans un fragment dépendant de l'*Héraclès*, qui mérite une citation complète :

> Si vraiment tu veux apprendre que la sagesse est quelque chose de sublime, je ne prendrai pas à témoin Platon ni Aristote, mais le sage Antisthène, qui indiqua cette voie.

Au terme *prudentia* de la traduction latine correspondait évidemment en grec le terme *phronèsis*: d'où l'importance de la déclaration de Thémistius, qui souligne le rôle éminent de la *phronèsis* dans la philosophie d'Antisthène et arrive à considérer le Socratique comme plus représentatif que Platon ou Aristote quant à l'importance accordée à cette notion. La suite du témoignage nous apporte d'autres précisions à cet égard :

> Il dit en effet que Prométhée parla ainsi à Héraclès : « Ton effort est dénué de toute valeur, parce que tu te soucies de choses humaines, mais que tu as négligé de te soucier de ce qui a une plus grande importance. En réalité, tu ne seras pas un homme parfaitement vertueux avant d'avoir appris ce qui se situe plus haut que les hommes. Si tu apprends de telles choses, tu connaîtras aussi les choses humaines ; si en revanche tu n'apprends que les choses humaines, tu erreras comme une bête brute ». En effet, celui qui s'occupe des choses humaines et assujettit la sagesse et la perspicacité de

1. *Cf.* Platon, *Criton* 46 b 4-6.

2. Dioclès *ap.* Diogène Laërce, VI 12 (= SSR v A 134).

3. *Cf.* Diogène Laërce, VI 105 (= SSR v A 99), où il est dit que la vertu ἀναπόβλητον ὑπάρχει. Sur ces textes, et sur la conception antisthénienne de la vertu, voir A. Brancacci, « I *koinêi areskonta* dei Cinici e la *koinonia* tra cinismo e stoicismo nel libro VI (103-105) delle *Vite* di Diogene Laerzio », art. cit., p. 4072-4075.

son propre esprit à des œuvres aussi mesquines et viles, celui-là, dit Antisthène, n'est pas sage, mais ressemble à un animal qui se complaît dans le fumier. Sublimes sont en revanche toutes les choses célestes et il faut qu'à leur sujet nous ayons un jugement divin [1].

Le sous-titre de l'oeuvre d'Antisthène d'où est vraisemblablement tiré ce fragment, Ἡρακλῆς ἤ περὶ φρονήσεως καὶ ἰσχύος nous avertit que le Socratique devait y affronter non seulement le problème de l'instance rationnelle mais aussi le problème corrélatif du rôle de l'inclination, et en général de l'instance non rationnelle, dans le processus d'acquisition de la vertu et de formation de l'homme *kalos kai agathos*. C'est ce qui émerge avec une clarté particulière de la partie centrale du fragment, qu'il est bon de relire attentivement, et dans laquelle, comme le précise Thémistius, Prométhée s'adressait à Héraclès en ces termes : « Ton effort (*labor* = πόνος) est privé de toute valeur, parce que tu te soucies de choses humaines (*res humanae* = τἀνθρώπινα), mais que tu as négligé de te soucier de ce qui a une plus grande importance. En réalité, tu ne seras pas un homme parfaitement vertueux avant d'avoir appris ce qui se situe plus haut que les hommes ». Weber a supposé, voilà de nombreuses années, que dans la version syriaque de l'œuvre de Thémistius s'était produite une inversion du sujet, et que dans le texte original d'Antisthène c'était Héraclès qui admonestait Prométhée [2]. Weber prouvait par là ne pas avoir compris que dans ce fragment Héraclès était pris dans la phase initiale de sa *planè*, et que les enseignements qu'il recevait de Prométhée étaient en réalité ceux au moyen desquels Antisthène entendait changer radicalement la signification traditionnelle des fatigues (πόνοι) qu'une ancienne tradition attribuait au fils d'Alcmène et de Zeus. Il s'agissait, en substance, de sublimer le

1. Thémistius, Περὶ ἀρετή, p. 43 Mach (= SSR v A 96) : *sin autem uere cognoscere uultis prudentiam aliquid sublime esse, nec Platonem neque Aristotelem testes inuoco, sed Antisthenem sapientem, qui hanc uiam docuit. Ait enim Promethea Herculi ita locutum esse : « uilissimus est labor tuus, quod res humanae tibi sunt curae, sed tamen curam eius, quod iis maioris momenti est, deseruisti. Perfectus enim uir non eris, priusquam ea, quae hominibus sublimiora sunt, didiceris. Si isa disces, tunc humana quoque disces; sin autem humana tantum didiceris, tu tamquam animal brutum errabis. » Qui enim rebus humanis studet et mentis suae prudentiam calliditatemque suam rebus tam uilibus et angustis includit, is, ut Antisthenes dixit, non sapiens est, sed animali similis, cui sterquilinium gratum est. Sublimes uero sunt omnes res coelestes et nos oportet sententiam de eis habere sublimem.* Sur Thémistius comme témoin et source du cynisme, *cf.* A. Brancacci, « Temistio e il cinismo », *Elenchos* XXI, 2000, p. 381-396.

2. *Cf.* E Weber, « De Dione Chrysostomo Cynicorum sectatore », *Leipziger Studien zur classischen Philologie*, X, 1887, p. 242.

ponos, en lui assignant des buts très précis d'ordre éthique : buts éthiques sans lesquels le *ponos* n'a rien à voir avec la Σωκρατικὴ ἰσχύς, célébrée par Antisthène dans un fragment fameux[1], et est même en soi *vilissimus* ; à tel point que celui qui ne dépasse pas ce stade et n'applique le *ponos* qu'aux *res humanae* est comparable à un *animal brutum*. En d'autres termes, Antisthène affrontait ici le thème de la conversion d'un état de conscience inférieur en un état de conscience supérieur, qui est aussi le grand thème de l'érotique philosophique, et qui en dernière analyse se rattache à la justification de l'équation *agathon* = *kalon*, qui, propre à Socrate, fut aussi explicitement assumée par Antisthène. Dans l'*Héraclès*, une fois identifiée dans l'*effort* (*ponos*) amorphe l'activité purement émotionnelle privée de guide et d'objectifs, qui est cependant toujours un moteur puissant de l'action humaine, Prométhée indique la voie qui conduit à la sublimation du *ponos* et en ce sens rend possible de détourner l'inclination de ses objectifs matériels, ou moralement neutres et insignifiants, et de lui garantir une portée et une visée éthiques, en la dirigeant vers le désir du beau et du bon. C'est là la signification de l'équation *ponos* = *agathon* que, sèchement et sans autre explication, la doxographie nous dit qu'Antisthène établit grâce au grand Héraclès et à Cyrus[2]. Une confirmation supplémentaire en est offerte par un bref mais important fragment, généralement négligé, dans lequel Antisthène affirme : « ceux qui entendent devenir vertueux doivent exercer (*askein*) leur corps à l'aide d'épreuves physiques, leur âme par le moyen des raisonnements »[3]. Où il faut relever que, conformément à la thèse posée dans le fragment transmis par Thémistius, à son niveau supérieur l'*askein* a pour objet l'âme elle-même – laquelle constitue, comme Antisthène le met au clair dans son long discours d'autoprésentation du *Banquet* de Xénophon[4], l'élément le plus précieux de l'homme – et s'identifie donc avec le *philosophein*.

1. *Cf.* Diogène Laërce, VI 11 (= SSR v A 134) : αὐτάρχη δὲ τὴν ἀρετὴν πρὸς εὐδαιμονίαν, μηδενὸς προσδεομένην ὅτι μὴ Σωκρατικῆς ἰσχύος. Pour la signification exacte de ce fragment, voir A. Brancacci, *Antisthène. Le discours propre*, *op. cit.*, p. 83 n. 19.

2. *Cf.* Diogène Laërce, VI 2 (= SSR v A 97) : καὶ ὅτι ὁ πόνος ἀγαθὸν συνέστησε διὰ τοῦ μεγάλου Ἡρακλέους καὶ τοῦ Κύρου, τὸ μὲν ἀπὸ τῶν Ἑλλήνων τὸ δὲ ἀπὸ τῶν βαρβάρων ἑλκύσας.

3. P. Köln 66 II 2 (« Corpus dei papiri filosofici greci e latini », I 1*), Firenze, 1989, p. 237 (Antisthenes 1 T) : δεῖ τοὺς μέλλοντας ἀγαθοὺς ἄνδρας γενήσεσθαι τὸ μὲν σῶμα γυμνασίοις ἀσκεῖν, τὴν δέ ψυχὴν λόγοι. *Cf.* Stob. II 31, 68 (= SSR v A 163).

4. *Cf.* Xénophon, *Banquet* 4, 34-44 (= SSR v A 82).

Ponos et *askèsis*, loin de revêtir un rôle fondamental, étaient donc subordonnés à la *phronèsis* et tiraient dès lors leur importance de la dignité de l'objet auquel ils étaient appliqués [1]. Le texte grec avait certainement, au lieu de *quod maioris momenti est*, ou de *ea quae hominibus sublimiora sunt*, des expressions telles que τὰ μέγιστα, τὰ κράτιστα, expressions qui, dans le lexique d'Antisthène, désignent la supériorité de ce qui par la suite sera appelé « éthique ». Qu'il s'agit d'un lexique de pure ascendance socratique, c'est ce que confirme, plus que le parallèle avec Xénophon, qui emploie des expressions semblables mais sous l'influence probable d'Antisthène lui-même, la comparaison avec un passage de l'*Apologie de Socrate*, où le terme τὰ μέγιστα apparaît pour désigner le domaine qui échappe aux compétences des bons artisans, et où il dénote plutôt celui du savoir plus élevé que recherche le Socrate de Platon. C'est à une opposition qui a une longue histoire dans la pensée présocratique, mais qui est attestée aussi pour Antisthène, Xénophon et Platon, que renvoie à son tour la distinction entre *res caelestes* et *res humanae*, qui traduira des expressions grecques telles que τὰ δαιμόνια, δαιμόνια πράγματα (ou τὰ θεῖα πράγματα) et τἀνθρώπινα. Ces termes renvoient à une théorie qui fut propre à Antisthène et vers laquelle il est temps maintenant de se tourner, pour clarifier les ultimes conséquences qu'entraîne dans sa pensée le nœud entre *phronèsis* et *paideia*.

Des fragments conservés il ressort une opposition significative. Il y a d'une part le complexe de disciplines qui constituent l'instruction traditionnelle, ou la « nouvelle éducation » sophistique, qui sont dépourvues de valeur éthique et d'un fondement rationnel suffisant, et pour cette raison sont incapables de guider l'homme vers la vertu, le bien et la connaissance. D'autre part il y a la *paideia* philosophique qu'Antisthène fonde sur l'examen des noms (ἐπίσκεψις τῶν ὀνομάτων) : en tant qu'elle est fonction de la science qui a pour objets ἅ δεῖ ποιεῖν et pour objectif de former l'homme καλὸς καὶ ἀγαθός, elle est dotée d'un réel contenu moral et elle est propre, pour ces raisons, à promouvoir et renforcer l'élément rationnel qui constitue pour l'homme le plus grand bien. Cette position théorique explique la violente polémique conduite par Antisthène avant tout contre l'éducation traditionnelle : une polémique attestée par l'exorde du *Protreptique* et par un texte doxographique dont la signification a été souvent mal

1. M.-O. Goulet-Cazé, *L'Ascèse cynique. Un commentaire de Diogène Laërce VI 70-71*, Paris, Vrin, 1986, p. 145-150, ne saisit pas ce point, et accentue par conséquent de façon arbitraire le rôle de l'élément ascétique dans la morale antisthénienne.

comprise, relatif à la dévaluation du γράμματα μανθάνειν (« apprendre à lire et à écrire »)[1] ; et en même temps contre l'encyclopédisme sophistique, avec pour conséquence la dépréciation des πλεῖστοι λόγοι et des μαθήματα, par opposition avec les ἀνάλωτοι λογισμοί qu'assure la dialectique et qui constituent la base du savoir moral. L'opposition étant à l'instruction traditionnelle et à la *paideia* sophistique, elle n'implique aucunement une attitude anti-intellectualiste, mais est motivée par des raisons philosophiques et par une énergique revendication des valeurs de compétence et de savoir qu'en bon Socratique Antisthène plaçait au centre de son enseignement. En outre, le passage déjà cité de l'*Héraclès* montre que la volonté d'Antisthène était d'offrir aux enseignements constitutifs de la *paideia* traditionnelle une base plus solide, en les intégrant à *quod iis maioris momenti est*. Explicite, à cet égard, est la déclaration de Prométhée à Héraclès : « *perfectus enim vir non eris, priusquam ea, quae hominibus sublimiora sunt, non didiceris : si ista disces, tunc humana quoque disces* ». L'apprentissage des *res humanae* (= τἀνθρώπινα), loin d'être exclu, se révèle subordonné à celui des *res caelestes* (= τὰ δαιμόνια πράγματα), prenant la forme d'une fonction de la philosophie : seul celui qui prête attention aux τὰ δαιμόνια πράγματα et est en mesure d'en avoir une connaissance adéquate pourra comprendre la signification et le rôle à attribuer à τἀνθρώπινα, lesquelles, indiquant le savoir propre aux hommes, par opposition à celui que possède le *sapiens* (= σοφός), désignent en dernière analyse les *mathèmata* de l'éducation traditionnelle, par opposition au domaine supérieur du *philosophein* et de la science morale.

De la distinction entre τἀνθρώπινα et τὰ δαιμόνια πράγματα procédait, avec une symétrie parfaite, celle entre deux formes différentes de *paideia* : l'une démonique (δαιμόνιος) ou divine (θεία), l'autre humaine (ἀνθρωπίνη) ; la première grande, forte, aisée à apprendre ; la seconde misérable, faible, décevante. L'excellence de la *paideia* démonique était précisée par deux données : d'un côté, tout savoir qui veut se réaliser de façon droite (ὀρθῶς), donc aussi la *paideia* humaine, présuppose la connaissance de ce qui est bien pour l'homme, et par conséquent la possession de la *paideia* démonique ; d'un autre côté, qui serait parvenu à acquérir un pareil savoir n'aurait aucune peine à participer aussi à celui qui lui est inférieur et subordonné : étant entré, en effet, en possession des enseigne-

1. *Cf.* Diogène Laërce, VI 103 (= SSR v A 161) ; pour bien comprendre le sens de ce passage, voir Dion Chrysostome, *orat.* XIII 17 (= SSR v A 208). Pour les πλεῖστοι λόγοι, les μαθήματα et les ἀνάλωτοι λογισμοί, *cf.* Diogène Laërce, VI 11 (= SSR v A 134).

ments qui constituent le plus grand bien pour l'homme et le rendent parfaitement éduqué, il serait capable d'apprendre n'importe quelle autre chose, protégé contre les embûches dissimulées dans la *paideia* humaine. La *paideia* démonique en venait ainsi à s'identifier avec une forme de savoir hiérarchiquement supérieur et premier qui, dans le registre de la transposition mythique, était attribué à des personnages tels que Chiron et Minos, ainsi que, au terme des admonestations que lui adresse Prométhée, à Héraclès : l'objet de ce savoir était τὰ μέγιστα καὶ κυριώτατα, son instrument la *phronèsis* et son but l'acquisition de ces δόγματα ἐν τῇ ψυχῇ qui constituent le principe d'orientation de l'action morale (ἃ δεῖ ποιεῖν), et s'opposent aux discours creux ainsi qu'aux sophismes de toutes sortes (ποικίλα σοφίσματα), de même que la science (ἐπιστήμη) s'oppose à la pure conjecture (εἰκάζειν) [1].

III

Dans la deuxième partie du livre VI de la *République*, en guise d'introduction, ou plutôt de préalable, à sa propre analyse de l'*idea* de Bien, Platon rapporte l'opinion de deux groupes de personnages, dans lesquels il faut se donner une peine infinie pour ne pas reconnaître, d'une part, Aristippe, et, d'autre part, Antisthène. Le texte dit très exactement ceci :

> — D'autre part, tu sais aussi que le vulgaire (οἱ πολλοί) fait consister le bien dans le plaisir, tandis que, pour des gens plus raffinés (οἱ κομψότεροι), il consiste dans l'intelligence.
> — Sans doute.
> — Tu sais aussi, cher ami, que ceux qui partagent ce sentiment ne peuvent expliquer ce que c'est que l'intelligence et qu'à la fin ils sont réduits à dire que c'est l'intelligence du bien.
> — Oui, dit-il, et cela est fort plaisant.
> — Et comment ne serait-ce pas plaisant de leur part de nous reprocher notre ignorance à l'égard du bien et de nous en parler ensuite comme si nous le connaissions ? Ils disent que c'est l'intelligence du bien, comme si nous comprenions ce qu'ils veulent dire, dès qu'ils prononcent le mot de bien.
> — Rien n'est plus vrai, dit-il [2].

1. *Cf.* Dion Chrysostome, *orat.* IV 31 ; 33 ; 40-41. Pour Héraclès, *cf.* aussi *Gnom. Vat.* 743 n° 11 (= SSR v A 95) ; pour Minos, *cf.* Dion Chrysostome, *orat.* IV 40.

2. Platon, *Républ.* 505 b6-c5 : Ἀλλὰ μὴν καὶ τόδε γε οἶσθα, ὅτι τοῖς μὲν πολλοῖς ἡδονὴ δοκεῖ εἶναι τὸ ἀγαθόν, τοῖς δὲ κομψοτέροις φρόνησις. Πῶς δ'οὔ; Καὶ ὅτι γε, ὦ φίλε, οἱ τοῦτο

Platon affronte ici, me semble-t-il, le groupe socratique, à l'intérieur duquel il distingue très rapidement deux positions opposées : la thèse d'Aristippe (οἱ πολλοί), qui identifie le plaisir et le bien, et la thèse d'Antisthène (οἱ κομψότεροι), selon laquelle c'est la *phronèsis* qui est le bien[1]. La nuance ironique, bien saisissable dans l'expression οἱ κομψότεροι, et dans tout le passage, s'adapte bien à la mention allusive d'Antisthène. Cette identification est rendue plus solide du fait que Platon ne peut pas se référer ici aux Mégariques, parce que la réduction de toutes les valeurs y compris la *phronèsis* au bien-un, que nous avons vue chez Euclide, enlève tout relief théorique, toute autonomie, à la *phronèsis*, et ne justifierait pas une référence à cet endroit à ces philosophes. S'il en est ainsi, la critique de Platon à Antisthène semblerait être la critique que toute son œuvre élève contre le socratisme comme philosophie, à savoir ne pas donner un contenu déterminé aux valeurs éthiques fondamentales, que pourtant il affirme[2] : un contenu déterminé que, pour Platon, seules les Formes garantissent[3]. Or il est évident que pour Platon cette critique a une valeur en soi[4]. Mais, à la lumière de l'enquête que nous avons menée jusqu'ici, il est possible de conclure autrement. Pour Antisthène le bien et le beau étaient les principes éthiques fondamentaux, qui délimitent et instituent le champ de la connaissance morale : en ce sens ils sont posés ; ils sont à la fois des valeurs et la source des toutes les valeurs ; ils définissent le

ἡγούμενοι οὐκ ἔχουσι δεῖξαι ἥτις φρόνησις, ἀλλ'ἀναγκάζονται τελευτῶντες τὴν τοῦ ἀγαθοῦ φάναι. Καὶ μάλα, ἔφη, γελοίως. Πῶς γὰρ οὐχί, ἦν δ'ἐγώ, εἰ ὀνειδίζοντές γε ὅτι οὐκ ἴσμεν τὸ ἀγαθόν λέγουσι πάλιν ὡς εἰδόσιν ; φρόνησιν γὰρ αὐτό φασιν εἶναι ἀγαθοῦ, ὡς αὖ συνιέντων ἡμῶν ὅτι λέγουσιν, ἐπειδὰν τὸ τοῦ ἀγαθοῦ φθέγξωνται ὄνομα.

1. La perspective de Platon sera différente dans le *Philèbe* (11 e-12 a), où il pose la distinction entre la vie selon le plaisir et la vie selon l'intelligence, et la supériorité de cette dernière.

2. À ce propos, remarquons cette expression du texte, où Platon dit que les κομψότεροι reprochent aux autres leur ignorance du bien, comme s'ils le connaissaient, alors qu'eux-mêmes sont incapables de lui donner un statut autonome, et, d'autre part, sont réduits à affirmer que la *phronèsis* est l'intelligence du bien.

3. Le terme φθέγξωνται utilisé par Platon suggère qu'à ses yeux la notion de bien telle que la définissent les κομψότεροι n'est qu'un mot vide, parce qu'elle n'a pas de contenu ontologique (comme l'a l'*idea* du Bien platonicienne). Mais pour Antisthène la subsistance positive de l'Idée platonicienne était exclue et c'était l'Idée qui, bien au contraire, n'était qu'un pur concept, dépourvu de toute réalité objective.

4. Comme, également, l'autre critique, selon laquelle dire que la *phronèsis* est intelligence du bien signifie ne pas la définir. Sur la notion de *phronèsis* chez Platon, *cf.* M. Dixsaut, « De quoi les philosophes sont-ils amoureux ? Sur la *phronèsis* dans les dialogues de Platon », in *Platon et la question de la pensée. Etudes platoniciennes I*, Paris, Vrin, 2000, et la contribution du même auteur, *infra*.

niveau de l'*oikeion*. En ce cadre, la *phronèsis* appartient aussi au domaine de la connaissance théorique, en tant qu'elle permet de connaître ce qui est bien et ce qui est mal, ce qui a valeur et ce qui n'en a pas, ce qui est « propre » et ce qui est « étranger », mais en même temps elle appartient aussi à celui de la connaissance pratique, en tant qu'elle est la fonction qui permet de savoir ce qu'il faut faire (ἃ δεῖ ποιεῖν) pour réaliser le bien dans l'action morale et être un homme parfaitement vertueux (καλὸς καὶ αγαθός). À ce niveau, la *phronèsis* est l'instrument qui ordonne, hiérarchise, permet de donner une valeur et d'établir une échelle de valeurs, parmi les choses externes, qui, elles, sont *allotria*, parce qu'elles n'appartiennent pas à l'homme et n'ont aucune valeur pour lui avant que l'usage de la raison n'intervienne pour les discriminer.

Aldo BRANCACCI

CHAPITRE IV

DES MULTIPLES SENS DE LA *PHRONÈSIS* DANS LES DIALOGUES DE PLATON

Lorsque, dans le *Philèbe,* Protarque demande à Socrate comment il faut parler des plaisirs, celui-ci répond : « Ce n'est pas nous, Protarque, qu'il faut interroger, c'est aux plaisirs eux-mêmes et aux pensées (φρονήσεις) qu'il faut demander de nous renseigner les uns sur les autres » (63a8-9). Plus haut (61d-e), la question était de savoir s'il convenait de mélanger n'importe quel plaisir à n'importe quelle *phronèsis*, et chacune de ces deux classes était jugée comporter des « fractions tout à fait véritables » (τἀληθέστατα τμήματα); il en existe donc qui ne le sont pas, ou le sont moins. La *phronèsis* a donc selon Platon une multiplicité de formes et, par conséquent, de sens. Sa complexité ne tient pas seulement au fait qu'elle comprend des espèces plus ou moins véritables mais à ce qu'elle figure dans des « constellations » sémantiques très différentes (ce qui m'avait, dans l'article que j'ai consacré à ce sujet [1], servi de fil directeur pour classer les significations) : le terme vient à plusieurs reprises compléter la série « mouvement, vie, âme, *phronèsis* »; mis en relation avec les différentes formes de pensée, il en est le genre et l'espèce la plus haute; il se trouve aussi régulièrement associé à l'excellence (ἀρετή) et aux vertus.

Entrant ainsi dans un jeu variable d'associations et d'identifications, la *phronèsis* semble n'avoir qu'un sens assez flou, comme en témoignent les

1. « De quoi les philosophes sont-ils amoureux ? Sur la *phronèsis* dans les Dialogues de Platon », dans *Platon et la question de la pensée*, *op. cit.*, p. 93-119.

multiples traductions qu'on est forcé d'en donner selon le contexte : pensée, sagesse, intelligence, réflexion, raison, bon sens, conscience[1]. C'est pourquoi, en m'appuyant sur les résultats de mon analyse précédente, je voudrais insister ici sur la question suivante : qu'est-ce qui constitue, pour Platon, l'*unité* d'une notion dont il ne cesse d'exploiter la plurivocité ?

La puissance de la *phronèsis*

À la différence de l'opinion vraie ou de l'intelligence (νοῦς), qui selon le *Philèbe* en sont des espèces, la *phronèsis* n'a pas d'objets spécifiques et semble pouvoir être présente dès qu'une certaine catégorie de réalités fait impression sur un vivant capable d'y réagir, ou dès qu'il doit répondre à certaines situations. Les formes varient donc en fonction des diverses sortes d'objets ou de circonstances et recouvrent une pluralité de réactions s'opposant à celles que la *phronèsis* ne guide manifestement pas. La *phronèsis* possède donc une puissance. Pourtant, elle n'est pas en elle-même une puissance (δύναμις), au sens où elle n'appartient pas au genre d'êtres distingué au livre V de la *République* (477c-d) : « Nous dirons que les puissances sont un genre déterminé d'êtres, par lesquelles nous en particulier pouvons ce que nous pouvons, et en général toute chose peut précisément ce qu'elle peut » (477c1-2). Vision, ouïe, opinion, connaissance ne sont ni des Formes intelligibles ni des réalités que leurs propriétés sensibles permettraient de caractériser; elles font partie d'un genre différent d'étants : ce sont des puissances, qu'il faut définir et différencier. Or une puissance ne se relie pas nécessairement à d'autres puissances et ne se divise pas forcément en puissances : la connaissance peut se diviser, mais non la vision ou l'ouïe. Une puissance ne se définit pas par division en ses espèces, elle se détermine par ce sur quoi elle porte – par l'espèce d'objets sur lesquels elle est capable d'exercer un certain type d'action ou de recevoir une certaine sorte d'affection[2] – et par ce qu'elle effectue (477d1 : ἐφ' ᾧ ἔστι καὶ ὃ ἀπεργάζεται). Mais la *phronèsis n'est pas* une puissance, elle ne relève pas de ce « genre d'êtres » (le *Phèdre*, 250d, la présente clairement comme une Forme), elle *a* une puissance.

1. C'est la raison pour laquelle j'éviterai dans ce qui suit de traduire un mot qui me semble aussi intraduisible que *logos*, par exemple. Si je n'ai pas mentionné la traduction par « prudence », c'est qu'elle ne me semble s'imposer pour aucun texte de Platon.

2. Voir par exemple *République* VI, 507c, 508e; *Phèdre*, 270d; *Théétète,* 156a *sq.*; *Parménide,* 150c-d; *Sophiste*, 247d, 248 c.

Platon dissipe ainsi, avant qu'elle ne soit dénoncée par Aristote[1], la confusion entre *phronèsis* et *aisthèsis*. La *phronèsis* est pour Homère et les Présocratiques la réceptivité d'un corrélat objectif, variant, comme toute perception, au gré des variations de ce qui l'affecte. Tout ce qui vient à nos sens mais aussi à notre esprit dépendrait donc d'une altération produite par un objet ou un événement; en ce cas, objecte Aristote, même ceux qui pensent de travers (παραφρονεῖν), pensent, et il est impossible de discerner le vrai du faux. Pour pouvoir, comme Démocrite (B 2 D.K.), affirmer que penser, ou réfléchir (φρονεῖν), permet de « bien délibérer, parler sans se tromper, agir comme il faut », il faut donc dissocier la *phronèsis* des capacités de percevoir[2]. Elle n'est pas une puissance réceptive : elle possède, sous toutes ses formes, une puissance normative assurant la rectitude de toutes les puissances d'agir et de pâtir. La neutralité de ces puissances, c'est-à-dire leur capacité de percevoir, penser et dire vrai ou faux, d'agir bien ou mal, est affirmée dès l'*Hippias Mineur* (365e *sq.*) mais, contrairement à ce que pense Hippias, cette indifférence n'est pas le propre de la *phronèsis* et du *phronimos*, c'est au contraire à eux qu'il appartient d'orienter vers ce qu'il faut. Quand de la *phronèsis* le guide, un homme pâtit de ce qui l'affecte et y réagit d'une façon qui n'est ni folle ni délirante, ni ignorante ni erronée, mais droite, sensée, sage, réfléchie ou intelligente. On peut donc prendre comme point de départ que c'est en cette puissance, quelle que soit la diversité de ses manifestations, que réside l'unité de la notion.

La phronèsis *est propre à l'âme seule*

À la fin du *Cratyle*, Socrate déclare que pour que l'image de Cratyle soit parfaitement identique à son modèle, il faudrait qu'un dieu y introduisît « le mouvement, l'âme et la *phronèsis* » (*Crat.*, 432c). La *phronèsis* avait précédemment (411d4-5) pour étymologie « intellection du déplacement et de l'écoulement » (φορᾶς γάρ ἐστι καὶ ῥοῦ νόησις), et aussi bénéfice (ὄνησις) retiré de ce mouvement. Le lien entre la *phronèsis* et le mouvement n'est pas seulement le fait d'une étymologie fantaisiste. Pour leur

1. Voir Aristote, *Mét.*, Γ 5, 1009b11 *sq.*, et *De an.*, III, 3.

2. Sur cette « passivité », voir B. Snell, *Die Entdeckung des Geistes*, 3e éd., Hamburg, Claassen, 1955, qui retrace le chemin allant du substantif, φρένες, au verbe φρονεῖν en passant par les adjectifs, puis au substantif nouvellement formé, φρόνησις : « mais celui-ci ne pouvait être dérivé des *phrenes*, qui avaient certes l'inconvénient de n'être que réceptifs, mais avaient le grand avantage d'être ouverts à toutes les impressions : perceptions sensorielles, émotions et même souvenirs » (p. 57, ma traduction).

part, les amis des Formes conçoivent le tout de ce qui est comme parfaitement immobile, et l'Étranger s'indigne :

> nous laisserons-nous aussi facilement persuader que mouvement, vie, âme et *phronèsis* ne sont pas authentiquement présents dans le tout achevé de ce qui est, que cela ne vit pas, ne fait pas non plus preuve de *phronèsis* (μηδὴ φρονεῖν), mais que au contraire, auguste et saint, dépourvu d'intelligence, cela reste en plan dans son immobilité ? (*Soph.*, 248e7-249a3)

Le *Timée* confirme cette liaison entre la vie, donc l'âme, et la *phronèsis* : si le Démiurge a attribué au corps du monde un mouvement circulaire, c'est que, des sept espèces de mouvements, celle-ci a le plus de rapport avec l'intelligence et la *phronèsis* (*Tim.*, 34a). Et si, selon le mythe du *Politique*, « cet univers, qui est le nôtre, recommence à tourner dans le sens opposé à son propre mouvement » (à tourner dans le sens opposé à celui qu'il adopte lorsqu'il est abandonné à lui-même), c'est « en tant qu'il est un vivant et que, dès le principe, il a reçu de celui qui l'a ordonné la *phronèsis* en partage »[1]. Quand le mouvement de l'univers recommence à être guidé par la *phronèsis*, « par une cause distincte de lui et qui est divine, il acquiert à nouveau le don de vivre et reçoit de son Démiurge une immortalité restaurée » (*Pol.*, 270a3-5). Pour le monde, être privé d'une impulsion et d'une orientation divines, c'est non seulement être privé de *phronèsis* mais être privé de vie et d'immortalité, donc d'âme. La *phronèsis* n'est présente à tout ce qui existe comme à l'univers lui-même qu'en tant que ce sont des vivants, doués de mouvement et d'âme, toutes choses qui manquent cruellement aux images – c'est pourquoi toute production d'images, toute mimétique en général, « relève de ce qui en nous est bien loin de la *phronèsis* » (*Rép.*, X, 603b).

Que faut-il entendre alors par *phronèsis* ? Y aurait-il de la *phronèsis* partout où existe cette espèce très particulière de mouvement qu'est la vie ? Et, par « vie », faut-il entendre celle que l'âme mène quand elle est unie à un corps et qui s'achève avec la mort, ou celle propre à l'âme seule ?

La question de savoir s'il faut ou non prêter une *phronèsis* aux âmes des morts est un lieu commun. Dans le *Plataïque*, 2, Isocrate reprend ce vieux *topos* : « à supposer que ceux de là-bas [les morts] aient quelque *phronèsis*... », mais dans l'*Éginétique*, 42, comme dans l'*Évagoras,* 2, 2, la formule devient « à supposer que les morts aient quelque *aisthèsis* »

1. Τὸ δὲ πάλιν αὐτόματον εἰς τἀναντία περιάγεται, ζῷον ὂν καὶ φρόνησιν εἰληχὸς ἐκ τοῦ συναρμόσαντος αὐτὸ κατ'ἀρχάς, *Pol.*, 269c7-d2.

(reprise de l'assimilation ancienne *phronèsis-aisthèsis*). À quoi font écho les deux questions posées dans le *Phédon* (70 b) par Cébès à Socrate : si l'âme existe une fois que l'homme est mort ou avant d'entrer dans une forme humaine, comment existe-t-elle ? Possède-t-elle quelque activité et quelque *phronèsis* ? Socrate répond qu'avant leur incarnation les âmes avaient une existence à part du corps et étaient douées de *phronèsis* (76c). C'est donc bien l'âme, en tant que telle, qui possède la *phronèsis* (79d), et cette affirmation du *Phédon* est confirmée par le mythe d'Er *(Rép.*, X, 621a7) : parce qu'elles ne sont pas guidées par la *phronèsis*, certaines âmes boivent une quantité excessive d'eau du fleuve Amélès et oublient tout (d'autres en ont donc fait preuve en en buvant modérément). La *phronèsis* est une activité propre à l'âme seule.

Cependant, dans une page du *Timée* (74e-75e), Platon semble non seulement associer la *phronèsis* à la sensibilité, mais les poser comme conditions réciproques l'une de l'autre. Le problème de la cause de l'insensibilité (ἀναισθησία) de certaines parties du corps qui, tout en étant affectées par des excitations extérieures ne les sentent pourtant pas, conduit à une analyse où l'on voit se multiplier les termes de la famille de *phronèsis*. Le dieu a recouvert d'une très mince couche de chair « tous ceux des os qui contenaient le plus d'âme (ἐμψυχότατα), mais ceux qui en étaient le plus dépourvus, de chairs très épaisses et très compactes ». Et ce, pour ne pas faire obstacle à la sensibilité, à la mémoire et à la *phronèsis*. Certains de nos os, en raison de la petite quantité d'âme qui est dans leur moelle, sont pratiquement vides de *phronèsis* (75a2-4). Enfin, une vie meilleure mais brève valant mieux qu'une vie plus longue et moins douloureuse mais abrutie, le dieu « a donné au corps de tout homme une tête dotée d'une sensibilité plus fine et dotée de plus de *phronèsis*, mais de beaucoup la partie la plus fragile ». Il y a un seuil : la *phronèsis* n'advient quc lorsque l'âme atteint une certaine concentration, c'est-à-dire quand elle arrive à animer, donc à rendre sensible, la masse de chair ou d'os à laquelle elle est liée. Le degré de *phronèsis* est corrélatif du degré d'acuité et de différenciation de la sensibilité.

Sans entrer dans le détail de la difficile question de savoir ce qu'il faut, dans le *Timée* (64b), entendre par ce siège de la *phronèsis* (φρόνιμον) que doivent atteindre toutes les sensations pour être senties, disons simplement qu'il est ce qui est requis pour que les sensations ne soient pas, dans l'âme, assises comme dans un cheval de bois[1]. Le corps sent de multiples façons, l'âme d'une seule, toujours la même. Le *phronimon* est ce terme unique vers lequel convergent toutes les sensations. Toute affection n'est pas sentie mais toute sensation est ressentie (c'est le seul trait commun que les sensations puissent avoir), ce qui veut dire qu'elle est sensation en plus d'être cette sensation de froid ou de blanc, etc. – bref, le *phronimon* fait qu'on ressent qu'on sent au lieu de simplement sentir ce que l'on sent. Dire que sa puissance ne peut se manifester que dans certaines conditions signifie que la *phronèsis* est entendue comme ce qui convertit une vie purement biologique en une vie psychique, et métamorphose une âme conçue comme simple principe d'animation en une âme capable de mouvements propres.

Dans cette page du *Timée*, tout est énoncé en termes de degrés, ce qui permet tous les passages et toutes les transitions. On peut ainsi passer d'un sens d'« âme » à un autre, et d'un sens de *phronèsis* à un autre. La *phronèsis* de l'âme qui est dans la moelle ou dans la langue n'est pas la même que celle qui est dans la tête, encore moins celle de l'âme qui parle. « Le flux de discours qui s'épanche au dehors [sort de la bouche] et qui se met au service de la *phronèsis* (καὶ ὑπηρετοῦν φρονήσει) est le plus beau et le meilleur de tous les flux » *(Tim.*, 75e3-5). Telle est la conclusion inattendue de cette partie d'un discours où Timée semblait nous présenter quelque chose comme une genèse de la *phronèsis* à partir de la vie et de la sensibilité. Car alors que la *phronèsis* était jusque-là commune à tous les vivants mortels (à condition qu'ils possèdent assez « d'âme » : le poumon marin du *Philèbe*, 21c, n'est qu'un appareil d'assimilation-évacuation proche de celui de la plante), l'irruption du *logos* montre qu'un second seuil est franchi.

1. Cf. *Théét.*, 185d. Voir L. Brisson, *Platon. Timée-Critias*, trad. inédite, introduction et notes, Paris, GF-Flammarion, 1992, n. 526 p. 263; « Perception sensible et raison dans le *Timée* », dans T. Calvo, L. Brisson (éd.), *Interpreting the Timaeus-Critias*, Proceedings of the IVth Symposium Platonicum, Sankt Augustin, Academia Verlag, 1997, et « Plato's Theory of Sense Peception in the *Timaeus*: How it Works and What it Means », dans J. J. Cleary, G. M. Gurtler (éd.), *Proceedings of the Boston Area Colloquium in Ancient Philosophy*, vol. XIII, 1997, Leiden-Boston-Köln, Brill, 1999. Selon lui, le *phronimon* serait la partie rationnelle de l'âme liée aux Formes intelligibles: l'interprétation a donc pour postulat une conception restrictive de la *phronèsis* comme *phronèsis* « pure »; pour D. O'Brien (« Perception et intelligence dans le *Timée* de Platon », dans *Interpreting the Timaeus-Critias, op. cit.*), la *phronèsis* serait simplement la conscience. J'ai risqué une étude détaillée de ce problème dans « Natura e ruolo dell'anima nella sensazione », dans G. Casertano (éd.), *Il* Teeteto *di Platone : struttura e problematiche*, Napoli, Loffredo, 2002.

Ce passage est celui qui accorde à la *phronèsis* son extension la plus grande, celle qui couvre la totalité de ses « fractions », de la moins à la plus véritable. Du point de vue de la causalité nécessaire qui est le point de vue de l'ensemble de cette partie de l'exposé, le degré de *phronèsis* est fonction du degré de sensibilité propre à chaque espèce de vivants. Du point de vue de la causalité intelligente, la rectitude – ou peut-être simplement la normalité – des informations transmises par les organes sensoriels dépend du degré de *phronèsis*. L'introduction d'une mesure dans le monde physique et la commensurabilité entre les corps extérieurs et nos organes sensoriels permet d'établir une connexion régulière, normale (ce qui laisse place à des anomalies) entre les causes physiques de la sensation et les qualités senties, mais encore faut-il que le fonctionnement des organes sensoriels soit réglé par la *phronèsis* qu'ils contiennent. Ce qui est vrai dans la perspective d'une genèse peut cependant se lire aussi comme un obscurcissement ou une chute de la *phronèsis*, depuis sa forme la plus haute jusqu'à ce point d'union maximale de l'âme avec son corps qu'est la sensation. Ces deux lectures sont également justifiées, la *phronèsis* est toujours propre à l'âme seule, mais elle apparaît tantôt comme ayant pour condition nécessaire le mouvement porteur de vie de l'âme, et tantôt comme capable de pénétrer ce qui lui est le plus étranger, de « persuader » toute forme de vie corporelle de se laisser guider par elle, ce qu'elle fait en en orientant correctement tous les mouvements et en en réglant toutes les fonctions. Cela vaut pour ce vivant parfait qu'est le monde comme pour tout corps, et même toute partie d'un corps à condition qu'elle soit animée, c'est-à-dire sensible. Du corps du monde, la *phronèsis* ne peut commander que la perfection du mouvement et la juste orientation de la révolution, mais de tous les autres vivants elle régit – doit régir – toutes les actions et toutes les affections. Tous les mouvements et flux du corps doivent se mettre « au service » de la *phronèsis*. C'est elle également qui met l'âme en garde contre le danger de s'oublier elle-même puisque, dans la sensation la plus élémentaire comme dans le plaisir le plus immédiat[1], de la *phronèsis* est présente : c'est sa présence en nous qui nous les rend présents, c'est-à-dire ressentis et éprouvés. Plus tard, on nommera cela conscience.

1. Voir *Philèbe*, 21b-c.

La phronèsis *comme genre et la* phronèsis *pure*

Puissance en l'âme, la *phronèsis* en pénètre toutes les facultés. Cet aspect est développé dans le *Philèbe*, qui combine deux perspectives : génétique, quand il s'agit de montrer l'émergence successive de facultés psychiques qui sont autant d'étapes de la conquête progressive d'une *phronèsis* pure, et hiérarchique, quand il s'agit de classer les connaissances, la hiérarchie trouvant évidemment son fondement dans la genèse. La *phronèsis* comprend la mémoire (μνήμη), conservation de la sensation – donc aussi la remémoration (ἀνάμνησις, 34b-c) et la représentation (φαντασία, 39b) –, l'opinion vraie, le raisonnement, la compétence technique, la compréhension (σύνεσις) et la connaissance intelligente (j'ai regroupé les termes figurant dans les différentes listes proposées[1]). La *phronèsis* est donc le genre de toutes les capacités d'une âme que ses activités contribuent chaque fois un peu plus à séparer de son corps. La genèse des facultés est le récit de cette émancipation progressive dont le premier moment est la mémoire et le dernier l'intelligence, et en ce sens elle est en elle-même hiérarchie. Chaque étape suppose les précédentes, qui sont ses conditions d'apparition, mais chacune possède sa structure propre. On peut remarquer cependant le silence fait sur le rapport entre intelligence et opinion droite, qu'on peut interpréter comme le signe d'une discontinuité : à aucun moment l'intelligence n'apparaît comme résultant des facultés qui la précèdent.

Ce que confirme la seconde perspective, épistémologique, qui classe les connaissances selon leur degré d'exactitude et de pureté (*Phil.*, 55d-59e). Elles ne sont pas également dignes de respect, si bien que c'est avec une certaine réticence que Socrate, « tel un portier pressé et bousculé par une foule », accepte de les déverser toutes dans ce mélange qu'est la vie bonne, car il faut bien, dit Protarque, retrouver le chemin pour rentrer chez soi (62a-d). La *phronèsis* paraît alors payer son extension de sa valeur : bonne, elle ne l'est plus que relativement puisque ses diverses formes ne sont pas toutes équivalentes, étant plus ou moins apparentées au Bien et à ses manifestations, Mesure, Beauté, Vérité[2]. Le but est néanmoins d'établir

1. Les listes varient : νοῦς, ἐπιστήμη, σύνεσις, τέχνη (19d4-5) ; τὸ φρονεῖν καὶ τὸ νοεῖν καὶ τὸ λογίζεσθαι τὰ δέοντα (21a14-b1) ; νοῦς, μνήμη, ἐπιστήμη, δόξα ἀληθής (21 b6-7) ; φρόνησις, νοῦς, ἐπιστήμη, μνήμη (21d9-10), φρόνησις, νοῦς, ἐπιστήμη (28a4) ; μνήμη καὶ φρόνησις καὶ ἐπιστήμη καὶ ἀληθὴς δόξα (60d4-5).

2. C'est ainsi, je crois, qu'il faut comprendre τὰ δέοντα en *Phil.*, 21a14-b1 (« penser, concevoir et calculer ce qu'il faut »). Τὸ δέον est une des espèces de la juste mesure dans le

que n'importe quelle sorte de *phronèsis* est préférable à n'importe quelle sorte de plaisir. C'est pourquoi, dans la distribution des prix finale (*Phil.*, 66b), la *phronèsis* se dédouble : associée à l'intelligence, elle vient au troisième rang, et ses produits – connaissances, arts et opinions droites, « toutes ces choses qui sont propres à l'âme elle-même », occupent le quatrième.

Quand elle est associée à l'intelligence et à l'être qui est vraiment, à l'intelligible, la *phronèsis* est alors la *phronèsis* pure, celle dont le *Phédon* nous dit qu'on ne la trouve que « là-bas » (68b) et que Socrate définit ainsi :

> et comme [l'âme] est apparentée à cette manière d'être [celle qui est pure et qui est toujours, qui est immortelle et toujours semblable à soi], elle est toujours en sa compagnie, chaque fois précisément que, se concentrant en elle-même, cela lui devient possible. C'en est fini alors de son errance : dans la proximité de ces êtres toujours mêmes elle se comporte toujours semblablement, puisqu'elle est à leur contact. Cet état (τὸ πάθημα) de l'âme, c'est bien ce qu'on appelle *phronèsis* ?[1] (*Phéd.*, 79d1-7)

Le *Philèbe* semble la caractériser de la même façon :

> Socr. — Donc intelligence et *phronèsis* seraient les noms que l'on devrait honorer au plus haut point ?
> Prot. — Oui.
> Socr. — Ce sont donc ceux-là qui sont les dénominations les plus exactes s'agissant des pensées (ἐννοίαις) portant sur ce qui est vraiment, quand ils sont droitement institués ?
> Prot. — Tout à fait[2]. (*Phil.*, 59d1-5)

Il faut pourtant noter la différence entre les deux textes : là où le *Phédon* ne mentionne que la *phronèsis*, le *Philèbe* l'associe au *noûs*. Dans le *Phédon*, la *phronèsis* est l'état d'une âme concentrée sur et en elle-même et apparentée aux êtres véritables. Dans le *Philèbe*, *phronèsis* et *noûs* sont les noms que méritent les pensées (ἔννοιαι) portant sur de tels êtres et l'âme n'est pas mentionnée. Dans le premier cas, la *phronèsis* découle d'un contact, l'âme pâtit du mode d'être – pur, éternel, immortel et toujours

Politique, 284e7 ; voir aussi le jeu de mots du *Phédon*, 99c5-6 : contrairement aux philosophes de la nature, il faut penser que τὸ ἀγαθὸν καὶ δέον συνδεῖν καὶ συνέχειν.

1. Καὶ ὡς συγγενὴς οὖσα αὐτοῦ ἀεὶ μετ'ἐκείνου τε γίγνεται, ὅτανπερ αὐτὴ κατ'αὑτὴν γένηται καὶ ἐξῇ αὐτῇ καὶ πέπαυταί τε τοῦ πλάνου καὶ περὶ ἐκεῖνα ἀεὶ κατὰ ταὐτὰ ὡσαύτως ἔχει, ἅτε τοιούτων ἐφαπτομένη : καὶ τοῦτο αὐτῆς τὸ πάθημα φρόνησις κέκλεται.

2. ΣΩ. – Οὐκοῦν νοῦς ἐστὶ καὶ φρόνησις ἅ γ'ἄν τις τιμήσειε μάλιστα ὀνόματα ; - ΠΡΩ. – Ναί. - ΣΩ. – Ταῦτ'ἄρα ἐν ταῖς περὶ τὸ ὂν ὄντως ἐννοίαις ἐστὶν ἀπηκριβωμένα ὀρθῶς κείμενα καλεῖσθαι. – ΠΡΩ. – Πάνυ μὲν οὖν.

même – auquel elle s'applique. Dans le second, elle produit des pensées vraies à leur propos, pensées qui sont parfois nommées φρονήσεις. Le pluriel cependant est rare et, sauf erreur de ma part, n'apparaît au sens de « pensées » qu'une fois dans le *Timée* (90b) et deux fois dans les *Lois* (dans le *Philèbe*, le pluriel désigne, on l'a vu, les différentes espèces de *phronèsis*, non les pensées qu'elle engendre). Dans les *Lois,* le pluriel figure d'abord dans une énumération, à nouveau hiérarchique, des activités de l'âme : le vin rend-il plus intenses les sensations, les souvenirs, les opinions et les pensées (I, 645e), puis dans l'affirmation que leur âge (donc leur expérience) et leurs pensées sages font des vieillards les plus persuasifs des citoyens (II, 665d).

L'occurrence du *Timée* (90b6-c4) est plus intéressante par les liaisons qu'elle opère : « pour celui qui s'est appliqué avec zèle à apprendre et aux pensées vraies (καὶ περὶ τὰς ἀληθεῖς φρονήσεις ἐσπουδακότι) et qui a cultivé par-dessus tout ces aspects de lui-même, il est absolument nécessaire, je pense, si précisément il atteint la vérité, qu'il ait des pensées immortelles et divines (φρονεῖν μὲν ἀθάνατα καὶ θεῖα), et que dans la mesure où, encore une fois, la nature humaine est capable d'avoir part à l'immortalité, il ne lui en échappe aucune parcelle »[1]. La pensée ne se nomme pas *phronèsis* quand elle articule les intelligibles, en saisit dialectiquement les différences et les ressemblances; il lui suffit alors de se nommer intelligence (νοῦς ou νόησις), comme c'est le cas dans la *République* lors du sectionnement de la Ligne[2]. *Phronèsis* pure et intelligence s'appliquent toutes deux aux mêmes êtres mais ne produisent pas tout à fait la même chose : l'intelligence produit des connaissances, donc des pensées vraies, la *phronèsis* des pensées qui, parce que vraies, sont

1. Trad. L. Brisson modifiée. Brisson suit Cornford et traduit καὶ ταῦτα μάλιστα τῶν αὑτοῦ γεγυμνασμένῳ par « celui qui a exercé surtout cette partie de lui-même », mais le pluriel (ταῦτα ... τῶν αὑτοῦ) ne renvoie qu'indirectement à la partie supérieure de l'âme et se réfère à ses deux aspects fondamentaux, aux deux effets que produit la présence de l'intelligence en l'âme : le désir d'apprendre (φιλομαθία), et l'effort pour penser des pensées vraies. À condition, chaque fois, qu'il atteigne la vérité (ἄνπερ ἀληθείας ἐφάπτηται : ἄνπερ suivi d'un subjonctif exprime l'éventuel et ne marque pas ici le futur, puisque l'apodose est au présent, mais la répétition dans le présent), un homme, autant qu'il est possible à sa nature, a part à l'immortalité. On pourrait penser que, n'y participant que par une partie de lui-même, il n'est que partiellement immortel, mais Timée précise qu'« il ne lui en échappe aucune parcelle » et qu'il est donc, quand il pense des pensées vraies, totalement immortel.

2. *Rép.*, VI, 509d-511e. La *phronèsis* n'apparaît que deux fois dans le livre VI, en 496a (voir note suivante) et 505b (les deux thèses sur le Bien); elle est totalement absente du livre VII.

« immortelles » et « divines » et confèrent à ces plantes célestes que nous sommes leur participation à l'immortalité, autant qu'il leur est possible (*Tim.*, 90b). La *phronèsis* pure est donc comme la face intérieure de l'intelligence, elle désigne son effet en l'âme. Si, dans le *Timée*, cela consiste à redresser en l'âme les circuits perturbés à la naissance grâce à la contemplation des révolutions célestes (90d), et si les hommes, qui n'ont pas accès au modèle intelligible, doivent se contenter de ce genre de philosophie (φιλοσοφίας γένος, 47b1) qu'est l'astronomie, la *phronèsis* restitue néanmoins à leur âme sa vie propre en tant qu'elle fait vivre éternellement la vérité de ses pensées.

C'est quand il est associé à l'intelligence que le beau nom de *phronèsis* reçoit son sens « le plus exact », celui qui dit ce qu'elle est vraiment, son essence. Mais la puissance régulatrice de la *phronèsis* se manifeste en de nombreux autres domaines. C'est parce qu'ils sont mêlés de *phronèsis* que nos organes peuvent interpréter correctement et régulièrement les excitations extérieures. De cela découle la rectitude de nos souvenirs, de nos représentations, de nos anticipations, bref de toutes les opinions portant sur le présent, le passé ou l'avenir et du langage qui les exprime. Nous devons cette rectitude à la *phronèsis* divine, qui a imposé au corps du monde et à notre corps le meilleur arrangement possible, car, s'il n'y avait pas *cosmos* mais chaos, la folie, l'ignorance et la déraison régneraient : « comment en effet, mes amis, la moindre espèce de *phronèsis* pourrait-elle advenir là où il n'y a pas d'harmonie ? » (ἄνευ συμφωνίας γένοιτ᾽ἂν φρονήσεως καὶ τὸ σμικρότατον εἶδος, *Lois*, III, 689d4-5). Le chaos est d'ailleurs l'état premier de tout vivant qui n'a pas encore acquis le lot de *phronèsis* convenant à sa nature : « il est complètement fou (πᾶν μαίνεται), pousse des cris désordonnés, et, dès qu'il peut se tenir debout c'est encore de façon désordonnée qu'il gambade » (*Lois*, II, 672c). L'Athénien poursuit : « rappelons-nous que nous avons dit que c'est là que résident les origines (ἀρχάς) de la musique et de la gymnastique ». La *phronèsis* en effet est civilisatrice, car c'est elle, dit Diotime dans le *Banquet* (209a), qui est la fécondité de l'âme, et ces hommes féconds selon l'âme sont les poètes, les praticiens des arts qui ont fait des découvertes, mais surtout les législateurs. Quant à l'intelligence dialectique, l'acquisition de la *phronèsis* la préserve d'un zèle excessif quant au choix des mots (*Pol.*, 261e), mais surtout des pauvres sophismes des usurpateurs qui se prétendent philosophes alors qu'ils ne profèrent « rien de noble ni qui détienne une *phronèsis* véritable », et de ceux des tard venus concernant l'un et le multiple[1].

Est donc douée de *phronèsis* l'âme que ni ses rêves – ceux qu'*eros* tyran lui inspire quand elle est privée de toute honte et toute *phronèsis* (*Rép.*, IX, 571c) – ni aucun délire humain ne rendent démente, et que n'égare pas un *logos* perverti. Quand elle possède la *phronèsis* à son plus haut degré, l'âme est immortelle : la vie à laquelle la *phronèsis* est le plus intimement liée n'est pas celle de l'âme en général, mais celle de l'âme pensante.

LA *PHRONÈSIS*, VALEUR ET SOURCE DE VALEUR

Cependant, depuis les Dialogues dits socratiques jusqu'aux *Lois*, la *phronèsis* ne semble pas, dans nombre de passages, jouir d'une telle extension donc d'un tel pouvoir : assimilée à une vertu particulière, elle vient, dans la *République* mais surtout dans les *Lois*, occuper parfois la place de la *sophia* sur la liste des quatre vertus cardinales[2]. On peut se demander alors comment identifier, ou même articuler, la *phronèsis* entendue comme pensée pure à cette vertu particulière qu'est la *sophia*, dont le livre IV de la *République* donne une définition si décevante et si vague, se limitant à affirmer que, politique, elle est de bon conseil (εὔβουλος) du fait d'une science qui porte sur la totalité de la cité et sur la manière dont celle-ci doit se comporter vis-à-vis d'elle-même et des autres, et que dans l'individu elle est la vertu de la partie raisonnable « capable de délibérer » (441a : βουλευτικός). Cette dimension raisonnable est évidente dans les adjectifs εὔφρων et φρόνιμος opposés à ἄφρων, ce qui est dans la droite ligne de l'héritage homérique et tragique des mots de la famille de φρήν[3]. L'expression qu'on rencontre dans les Dialogues, « avec le secours de la *phronèsis* » (μετὰ φρονήσεως)[4], reprend l'idée tragique du *phronein* comme source de salut : « être sage (τὸ φρονεῖν) est de beaucoup la

1. Pour la *phronèsis* opposée aux « sophismes » (σοφίσματα), cf. *Rép.*, VI, 496a7-9, *Soph.*, 251c.

2. Voir *Lois*, I, 630b1, 631c5-6, XII, 963c9, 964b6, 965d6. C'est le cas aussi en *Rép.*, IV, 433b8.

3. Voir B. Snell, *op. cit.*, « *aphrôn* désignait primitivement, en opposition avec *daiphrôn*, le combattant dépourvu d'aide » (p. 50), puis s'oppose à *euphroneôn* : « quand deux possibilités se présentent, quelqu'un se manifeste, qui est en possession de bons *phrenes*, donc est capable de donner de bons conseils » (p. 55).

4. Voir par exemple *Lachès*, 192c8, *Phéd.*, 69b3, *Rép.*, IX, 591b5, *Théét.*, 176b2, *Polit.*, 294a8, *Lois*, X, 906b1, etc.

première condition du bonheur » chante le Coryphée dans Antigone[1], et Socrate transpose dans le *Protagoras* (352c6-7) : « la *phronèsis* est pour l'homme l'assistance appropriée ».

Phronèsis *et vertu*

En quoi consiste cette assistance ? Quand elle s'applique non pas à des connaissances mais à des vertus, à quoi tient le pouvoir de la *phronèsis* ? Au fait qu'elle est une vertu, ou qu'elle est la vertu elle-même, étant responsable en quelque sorte de ce qu'il y a de vertueux en chaque vertu ? La question du *Ménon* (89a3-4) : « Disons-nous que la vertu est *phronèsis*, soit la *phronèsis* toute entière, soit une partie de celle-ci ? » (Φρόνησιν ἄρα φαμὲν ἀρετὴν εἶναι, ἤτοι σύμπασαν ἢ μέρος τι;) ne fait qu'accroître la difficulté. Entre la vertu et la *phronèsis*, y a-t-il identité ? La vertu n'est-elle qu'une partie de la *phronèsis*, ou la *phronèsis* qu'une partie de la vertu ? Comme elle figure en tête de la liste des quatre vertus cardinales de la *République*, on peut penser que, interchangeable avec la *sophia*, la *phronèsis* est une vertu partielle. Mais, dans les *Lois*, tempérance et justice sont présentées comme des mélanges : la première doit s'accompagner d'intelligence (μετὰ νοῦ) et la seconde est issue du mélange des trois premières avec le courage. Μετὰ νοῦ semble équivaloir à μετὰ φρονήσεως[2], d'autant que l'Athénien déclare que tous les biens divins – les quatre vertus – doivent regarder vers l'intellect qui sert de guide (*Lois*, I, 631d5 : εἰς τὸν ἡγεμόνα νοῦν), ce rôle hégémonique venant d'être confié à la *phronèsis*[3]. Pour faire bonne mesure, l'Athénien nous prescrit de ne pas nous étonner et nous laisser troubler par la pluralité des mots (ῥήματα) utilisés pour désigner les buts du législateur : comportement modéré (τὸ σωφρονεῖν), *phronèsis* et amitié (φιλία) sont un même but apparaissant sous différents aspects (*Lois*, II, 693b5-c5).

Pourtant, au livre IV (710a), l'Athénien distingue entre la modération populaire, innée et qui se traduit par des comportements extérieurs, et celle dont on parle avec vénération quand on affirme que le comportement modéré est nécessairement *phronèsis* (φρόνησιν προσαναγκάζων εἶναι τὸ

1. Sophocle, *Antigone*, v. 1346-7 ; voir P. Aubenque, *La Prudence chez Aristote, op. cit.* : « Si *phronèsis* y est encore assez rare, il est peu de verbes aussi usuels chez les tragiques que *phronein* » (p. 161) ; toute la troisième partie, « La source tragique », offre une étude précieuse de ces termes.

2. De même dans le *Ménon*, 88b7.

3. *Lois*, I, 631c : ὃ δὴ πρῶτον αὖ τῶν θείων ἡγεμονοῦν ἐστιν ἀγαθῶν, ἡ φρόνησις.

σωφρονεῖν). Chacune des vertus ne semble donc vénérable que lorsqu'elle coïncide avec la *phronèsis*. Lorsqu'il revient, à la fin des *Lois*, sur le problème de l'unité et de la multiplicité de la vertu, l'Athénien assigne aux gardiens une première tâche, celle dont Ménon s'était révélé incapable : découvrir « la vertu unique qui traverse toutes les vertus » (τὴν δὲ μίαν, ἣ διὰ πάντων τούτων ἐστίν, *Mén.*, 74a9) et qui, dans le *Sophiste*, n'est qu'un cas particulier de ce que doit en premier lieu savoir faire (δρᾶν) le dialecticien : « percevoir adéquatement un caractère essentiel unique complètement étendu à travers une multiplicité, dont chaque unité est posée comme séparée » (μίαν ἰδέαν διὰ πολλῶν, ἑνὸς ἑκάστου κειμένου χωρίς, πάντῃ διατεταμένην, *Soph.*, 253d8-9). Aux gardiens il est prescrit de « voir d'abord, à travers toutes les quatre [vertus], ce qui peut bien se trouver être un même trait, dont nous disons qu'il est un dans le courage, la tempérance, la justice et dans la *phronèsis* » (ἰδεῖν πρῶτον τί ποτε διὰ πάντων τῶν τεττάρων ταὐτὸν τυγχάνει, ὃ δή φαμεν ἔν τε ἀνδρείᾳ καὶ σωφροσύνῃ καὶ δικαιοσύνῃ καὶ ἐν φρόνησει ἓν ὄν, *Lois*, XII, 965c1-d3)[1]. C'est parce qu'elles comportent quelque chose de « même » que toutes les vertus méritent le nom de vertus, mais la vertu ne se rassemble véritablement que dans la *phronèsis*, qui est le fondement de l'unité de la vertu.

On pouvait supposer que la *phronèsis*, en tant qu'elle est identifiée à la *sophia* (à cette vertu particulière de la délibération réfléchie), se contente d'orienter les vertus, d'en guider l'usage. Si je n'ai pas sur-interprété la phrase des *Lois* que je viens de citer, celle-ci rejoint un texte célèbre du *Phédon* et autorise une autre interprétation :

> Mais, mon cher Simmias, il y a fort à craindre que ce ne soit pas, pour acquérir de la vertu, un mode correct d'échange que celui qui consiste à échanger des plaisirs contre des plaisirs, des peines contre des peines, de la peur contre de la peur – une plus grande quantité contre une plus petite, comme si c'étaient des pièces de monnaie; à craindre qu'il n'y ait au contraire qu'une seule monnaie qui vaille et en fonction de laquelle tout cela doive être échangé : la *phronèsis* ! et que si c'est à ce prix-là, et à l'aide de cela, qu'on les achète et qu'on les vend, toutes ces choses aient des

1. Le premier ἐν (ἔν τε ἀνδρείᾳ …) est un ajout figurant dans les mss. A³ et O³, correction vraisemblable car les trois datifs seraient assez bizarres s'ils n'étaient précédés de ἐν. Quoi qu'il en soit, la phrase semble singulariser la *phronèsis* soit en ajoutant soit en répétant la préposition.

> chances d'être, réellement, du courage, de la modération, de la justice, en un mot de la vertu vraie avec le secours de la *phronèsis* ! [1] (*Phéd.*, 69a6-b3).

On peut se demander pourquoi et comment la *phronèsis* permet d'acheter chacune des autres vertus. La réponse me semble apportée par ce texte décisif du *Ménon* :

> Si donc la vertu est une des choses qui sont en l'âme et si elle est nécessairement avantageuse, il lui faut être *phronèsis*, puisque précisément tout ce qui relève de l'âme ne peut en soi et par soi être ni avantageux ni nuisible, mais c'est selon que la *phronèsis* s'y ajoute, ou son contraire, que tout cela devient nuisible ou avantageux. Donc d'après ce raisonnement, puisque la vertu est avantageuse, elle ne peut être qu'une sorte de *phronèsis* (ὠφέλιμον γε οὖσαν φρόνησιν δεῖ τιν'εἶναι, *Mén.*, 88c4-d3).

Outre le fait qu'elle est une valeur, qu'elle « désigne une belle chose » [2], la *phronèsis* est donc source de valeur. Elle rend bon, utile et avantageux tout ce qu'elle accompagne. Ce raisonnement vaut pour tout ce qui relève de l'âme – pour toutes ses actions comme pour toutes ses passions – et aussi pour tous les biens corporels (santé, force, beauté, richesse). On peut donc conclure, comme le fait Socrate dans le *Ménon*, que « pour l'homme, tout dépend de l'âme », mais que « pour ce qui relève de l'âme elle-même, tout dépend de la *phronèsis*, sans laquelle tout cela ne saurait être bon » (88d-89e). De même, dans les *Lois* (I, 631b-d), la *phronèsis* est le premier des biens divins mais elle n'est pas un bien parmi d'autres qui seraient également divins : tous les biens, divins ou humains, en dépendent, et c'est à cette hiérarchie naturelle que doit se conformer le législateur (631d1). Telle est donc la puissance de la *phronèsis*, que chaque vertu ne fait que spécifier. La *phronèsis* « achète » du courage ou de la modération, c'est-à-dire s'échange selon les circonstances contre du courage ou de la modération. Quand le danger est là, la *phronèsis* qui est en l'âme achète du courage, mais si c'est le plaisir qui séduit, elle achète de la modération, et si c'est l'injustice qui guette, de la justice.

La vertu n'est donc pas un mot dont le seul contenu réel serait la diversité des vertus, pas plus que la science n'est ce mot que seul la diversité des savoirs viendrait remplir. Les différents noms des vertus renvoient à

1. J'ai donné une analyse plus précise de ce passage dans mon édition du *Phédon* (Paris, G.F.-Flammarion, 2ème éd. corr. 1991), p. 84-85 et n. 99-104, p. 334-337.

2. Voir *Cratyle*, 411a1-4 : la *phronèsis* fait partie de ces « beaux noms » de vertus comme « compréhension » et « justice » qui sont beaux parce qu'ils nomment de belles choses.

une puissance unique, qui est le fondement de l'unité de la vertu. La *phronèsis* n'est pas une vertu particulière, elle est le principe constitutif de toute vertu, et les vertus qu'elle purifie seraient, sans elle, soit de simples capacités naturelles, puissances égales du bon et du mauvais et indifférentes aux conséquences (semblables au « courage » des enfants et de certains animaux), soit de simples calculs de plaisirs et de peines résultant d'un mauvais échange. Quand on est vertueux, on l'est par *phronèsis*. Être vertueux par *phronèsis* signifie qu'une âme se comprend dans tout ce qu'elle dit et tout ce qu'elle fait, que dans ses paroles et ses actes, la vertu de l'intelligence se retrouve.

Dans l'*Éthique à Nicomaque* (VI, 13, 1144b 18-21), Aristote se réfère aux deux textes que je viens de citer. Selon lui, quand Socrate dit que toutes les vertus sont de la *phronèsis*, il se trompe, mais lorsqu'il dit qu'elles n'existent pas sans *phronèsis* (οὐκ ἄνευ φρονήσεως), il a raison. Le μετὰ φρονήσεως du *Phédon* est juste, le φρόνησίς τις du *Ménon* est faux. Pourtant, selon Platon, que toute vertu soit une espèce de *phronèsis* découle nécessairement du fait que « tout ce qui relève de l'âme ne peut en soi et par soi être ni avantageux ni nuisible ». Socrate donne à cet axiome une portée encore plus générale dans l'*Euthydème* : « tous ceux que nous appelons des biens ne possèdent en eux-mêmes aucune valeur, et sont en fait de plus grands maux que leurs contraires si on en use sans *phronèsis* » (*Euthyd.*, 281d). Tous ceux que nous appelons vertus ou biens n'en sont vraiment que si de la *phronèsis* les accompagne. Mais « accompagner » ne signifie pas « s'ajouter à » une vertu qui serait vertu sans cette adjonction, laquelle se réduirait à en guider l'exercice. Vertu et *phronèsis* sont pour Platon des termes si intérieurs l'un à l'autre que la *phronèsis* traverse toutes les vertus et pénètre chacune sans en être une partie ni occuper une place dans sa définition. Entre la vertu et la *phronèsis* il n'y a ni rapport de causalité, ni rapport d'antécédent à conséquent, ce ne sont pas des entités closes dont chacune pourrait être définie isolément. La preuve en est que les seules définitions possibles des vertus particulières sont d'opinion droite[1]. La vertu est insaisissable si on la cherche dans les vertus et dans les actes vertueux : on ne peut finalement la chercher qu'en elle-même, c'est-à-dire dans la *phronèsis*. En ce sens, la science est vertu, la vertu est science, si l'on veut bien ajouter que la science, selon un contresens si répandu qu'il en

1. C'est d'ailleurs seulement selon ces définitions d'opinion droite que la *phronèsis* s'identifie à la *sophia*, ce qui explique que cette identification ait lieu dans les *Lois* et dans le livre IV de la *République* qui, dans leur majeure partie, se situent à ce niveau.

est décourageant, n'est pas la condition de la vertu, mais qu'elle est la vertu. Mais la science n'est vertu que parce qu'elle est l'œuvre de l'intelligence, et l'intelligence comme vertu, c'est la *phronèsis*. Penser, penser vraiment, saisir dialectiquement chaque essence est une vertu en ce qu'il est impossible que la pensée intelligente ne modifie pas l'âme qui en est capable. Une justice ou un courage intelligents ne consistent pas dans la connaissance, encore moins dans la définition, de ces objets que seraient justice et courage considérés à part de l'intelligence. Quand la *phronèsis* accompagne une vertu, l'adjonction n'est pas externe, c'est une dimension intérieure, l'intelligence, qui fait toute la différence. La *phronèsis* est pour l'homme source de toute valeur parce qu'elle est source de la seule vraie différence, celle qui existe entre ce qui est pleinement intelligible et ce qui ne l'est qu'approximativement, ou pas du tout.

La *phronèsis* fait donc partie des choses qui sont bonnes en elles-mêmes et dans leurs conséquences, elle a avec le Bien une liaison nécessaire. Si nécessaire que Socrate est tenté de concevoir cette relation comme une identité. Sa rapide critique de la thèse dans la *République* commet l'erreur de faire de la *phronèsis* une faculté de connaître : la bonté de la *phronèsis* lui viendrait de ce qu'elle est la connaissance du Bien. Dans le *Philèbe*, la thèse est plus justement rejetée en raison de son insuffisance : la *phronèsis* ne suffit pas, elle ne peut constituer l'unique ingrédient d'une vie bonne. De plus, toute âme n'est pas capable d'en posséder la forme la plus haute ; elle pourra néanmoins acquérir la teinture indélébile d'opinion droite que peuvent donner une bonne éducation et de bonnes lois ; mais *paideia* et lois ne sont bonnes que si elles sont inspirées par la *phronèsis*.

Phronèsis *et action*

Peut-on dire alors qu'on agit par *phronèsis*, ou plutôt qu'on agit par la vertu de la *phronèsis* ? C'est précisément ce que Socrate affirme à un moment du livre IV de la *République*. Une seule puissance en l'âme, elle et nulle autre, permet à l'homme « de se commander à lui-même, de se discipliner et de devenir ami de lui-même ». Grâce à elle il s'harmonise, « devient un, de plusieurs qu'il était ». Dès lors, quoi qu'il fasse, – s'enrichir, se soigner, s'occuper de politique ou de ses affaires privées, – « il juge et nomme juste et belle l'action qui préserve et contribue à réaliser cette disposition (ἕξις), comme il juge et nomme sagesse (σοφία) la science (ἐπιστήμη) qui prescrit cette action ». C'est pourquoi le « rêve » d'une cité où chacun ne ferait que ce qu'il est naturellement fait pour faire n'est qu'une image (εἴδωλον) de la justice (*Rép.*, IV, 443c-e). Une bonne image mais seulement une image parce qu'elle ne concerne que les actions extérieures de l'homme. Est extérieure une action accomplie pour satisfaire les besoins des autres (ce qui est le cas du δημιουργός, « celui qui œuvre pour le peuple ») et non pour soi. Est intérieure une action qui dépend entièrement de la structure de l'âme et qui retentit sur elle : si l'âme est juste, les actions seront nécessairement justes, une âme juste ne peut pas agir injustement et ne peut pas prédiquer incorrectement. « Juste » est en effet un prédicat qu'il faut soi-même posséder pour l'attribuer, et ce prédicat ne s'applique droitement qu'aux actes que la *sophia* prescrit. Or, quelques pages plus haut dans ce livre IV (433b8), la *sophia* se nommait *phronèsis*. Ce n'est pas la justice en l'homme ou dans la cité qui prescrit les actes justes : c'est la science qui les prescrit, donc qui en est le principe – la science comme vertu, la *sophia*. Le simple fait d'accepter de nommer juste un acte sage contribue à produire de la justice, à en produire en soi et dans la cité, et du même coup à modifier les conditions de l'action : « faire (πράττειν) des choses justes produit (ἐμποιεῖ) la justice, et les injustes l'injustice » (*Rép.*, IV, 444c-d). La *sophia* prescrit des actions justes qui produisent à leur tour de la justice.

La science par sa vertu prescrit l'action, et l'action produit et maintient la disposition. La définition donnée de la *sophia* au livre IV est en fin de compte délibérément réductrice : contre l'extension illimitée que lui confèrent les Sophistes, Platon prend soin de délimiter sa puissance. La *sophia* est comme la face prescriptive du *noûs* en l'âme, et sa tâche consiste à bien délibérer. Elle n'est que l'espèce de *phronèsis* liée à la partie raisonnable de l'âme humaine, elle en est la vertu propre et c'est elle qui en assure l'harmonie intérieure en établissant une « amitié » entre toutes ses parties, comme elle assure que « les choses du dehors » aient de l'amitié pour « celles du dedans » (voir la prière au grand Pan sur laquelle s'achève le *Phèdre*, 279b9-c1). Alors que le *noûs* est une faculté de connaissance, *sophia* et *phronèsis* appartiennent à un registre normatif. Entre ces deux puissances « hégémoniques », la différence est une différence d'extension : le pouvoir de la *sophia* se limite à l'action humaine, elle n'a de portée qu'éthique et politique[1]. Lorsque la *sophia* gouverne en lui, ce qu'elle est naturellement faite pour faire, l'homme se gouverne lui-même. Car elle n'est pas un savoir étranger, elle est ce qui en l'homme est le plus lui-même, la figure d'homme qui est en l'âme et dont l'hydre et le lion tendent toujours

1. Je tente de répondre ici à la question pertinente que m'a posée J.-L. Labarrière.

à usurper le rôle [1]. Se gouverner soi-même, c'est faire prévaloir l'homme du dedans (ὁ ἐντὸς ἄνθρωπος).

Chez Platon aussi, donc, la *phronèsis* a affaire au particulier et au contingent. Toute une partie du *Politique* explique pourquoi, si le bon politique doit réclamer l'obéissance aux lois, il est lui-même au-dessus des lois qu'il modifie, instaure ou supprime quand besoin est. La diversité des hommes et des actions et l'instabilité des affaires humaines ne permettent pas à l'art, « à aucun art quel qu'il soit, de dégager aucun principe dont la simplicité vaille pour toute matière, sur tous les points sans exception, et pour toute la durée du temps ». Le meilleur, « ce n'est pas que la force appartienne aux lois, mais à l'homme qui, avec le concours de la *phronèsis*, est un homme royal ». Cet homme que secourt sa *phronèsis* et qu'elle rend capable de transgresser toute règle parce qu'elle est elle-même la règle lui permettant de s'adapter souplement à la contingence et à la particularité, c'est évidemment l'ancêtre du φρόνιμος aristotélicien.

La division des arts opérée dans le *Politique* entre arts critiques, prescriptifs et pratiques est le texte le plus clair sur la manière platonicienne de penser l'action : toute pratique, pour être bonne, doit être soumise à un savoir prescriptif. Le lien entre penser et agir, pour Platon, c'est prescrire. Toute action découle d'un savoir (réel ou illusoire) qui la prescrit et produit selon Platon nécessairement quelque chose. Socrate rejette en effet la distinction entre *praxis* et *poièsis* dans le *Charmide* (163b-d) comme étant une division mal faite : la coupure ne passe pas entre agir et produire mais entre faire et produire des choses bonnes et qui nous sont propres, et faire et produire des choses qui ne le sont pas. La seule distinction pertinente entre activités réside donc non pas dans les modes de ces activités mais dans leurs œuvres. Toute prescription a en effet pour but d'engendrer quelque chose : γενέσεώς τινος ἕνεκα (*Pol.*, 261b1). Ce qui inspire ses prescriptions au bon politique comme à l'homme sage, c'est la *phronèsis* pure ; la *phronèsis* prescriptive y prend sa source et elle trouve son aboutissement dans l'action : « c'est pour cela, dit Socrate dans l'*Hippias Majeur*, que nous prenons au sérieux (σπουδάζομεν) la *phronèsis* et toutes les autres belles choses, parce que leur œuvre et leur progéniture (τὸ ἔργον αὐτῶν καὶ τὸ ἔκγονον), à savoir ce qui est bon (τὸ ἀγαθόν), est digne de sérieux » (297b). L'action directement ou indirectement inspirée par la *phronèsis* produit un peu ou beaucoup d'intelligibilité selon ce que l'agent est capable d'apercevoir du modèle intelligible et répète ainsi à sa manière l'activité mythique

1. Voir *Rép.*, IX, 588c-589b.

du Démiurge. Produire le monde, ce n'est pas le fabriquer, c'est produire à son propos un discours qui l'ordonne à une intelligence et en démontre l'organisation intelligente afin qu'il devienne le plus possible intelligible.

L'emboîtement platonicien âme, cité, monde signifie que, dans les trois cas, il importe de résoudre un même problème : comment inscrire l'intelligence dans ce qui comporte par nécessité une part d'inintelligibilité ? Et comment non seulement l'y inscrire, mais lui reconnaître sa juste place, qui est de gouverner ? Produire, c'est toujours produire un ordre et un arrangement intelligents. Telle est pour Platon l'essence de la *technè*, de telle sorte que tout agir est technique en ce sens, mais tout autant naturel puisque la *phusis* est intelligence et *technè* [1]. Si l'action est une production de ce genre, et si elle n'agit que dans la mesure où elle pâtit d'un paradigme intelligible, l'agir juste peut devenir compatible avec le monde et la cité, car ce monde et cette cité, il les produit, ne serait-ce qu'en les pensant et en en parlant avec intelligence. L'action dont la parole est une espèce [2] doit engendrer un autre monde, une autre cité, d'autres hommes avec d'autres âmes, tels qu'ils n'excluent plus l'action sensée et juste. Toute action faite par *phronèsis* contribue à produire et perpétuer les conditions du bonheur et de la vertu, et à assurer en même temps les conditions de son propre exercice et de son propre accroissement. De plus, non seulement la *phronèsis* produit de la valeur, mais elle en est juge ; avec l'expérience et le *logos* elle est l'un des trois facteurs de l'acte de juger (κρίνεσθαι), mais l'expérience n'est un bon juge que si son acquisition s'est accompagnée de *phronèsis (Rép.*, IX, 582a-582d), comme le *logos* n'en est un que s'il procède d'elle. On peut supposer que la *phronèsis* apprécie toute action du point de vue de sa capacité à produire les conditions d'une plus grande présence de la *phronèsis*.

Celle-ci est donc l'instrument de la causalité intelligente, et quand elle agit, elle rend intelligible ce qu'elle gouverne en l'unifiant, l'ordonnant et l'harmonisant. Quand elle étend sa puissance à toutes les sortes de vie et de mouvement, la *phronèsis* désigne l'effet de la puissance causale de l'intelligence, du νοῦς βασιλεύς, « qui est pour nous le roi du ciel et de la terre [...]. Car ce n'est pas une puissance irrationnelle, procédant au hasard et comme cela se trouve, mais au contraire l'intelligence et une étonnante *phronèsis* qui l'ordonne [*sc.* ce qu'on appelle le tout] et le gouverne tout entier » (*Phil.*, 28c-d). La présence de la *phronèsis* est l'effet de la causalité

1. Voir *Lois*, X, 892 b.
2. *Rép.*, IV, 433e.

intelligente sur tout ce dont l'existence n'est pas purement intelligible, mais qui devient au moins partiellement intelligible du fait de l'omniprésence de son étonnante puissance. Pour agir, la *phronèsis* doit persuader la nécessité, s'insinuer, pénétrer, s'adapter, saisir l'occasion. L'inscription de l'intelligence dans ce qui en est privé comporte nécessairement des degrés, en fonction de la résistance rencontrée.

N'est-il pas alors nécessaire de distinguer, comme Aristote, entre une *phronèsis* aux prises avec la nécessité, le devenir, la contingence, et une *phronèsis* pure à laquelle il faudrait donner un autre nom (par exemple, *sophia*) ? Comment maintenir la continuité et l'unité du genre, alors qu'il semblerait plus juste d'établir une discontinuité et une distinction ? À quoi il faut répliquer que la *phronèsis* est précisément pour Platon l'instrument de la continuité : par elle, l'intelligence a le moyen d'affirmer sa présence dans ce qui lui est le plus hostile ou le plus indifférent, tout comme, grâce à elle, l'intelligence se retrouve dans ce qui lui est le plus familier. La puissance de la *phronèsis* fait que le monde est un *cosmos*, la cité véritablement une cité, l'âme véritablement une âme, au lieu d'être autant de théâtres de conflits et de chaos. Ni le monde bien ordonné, ni la cité juste, ni l'âme vertueuse ne sont cependant les causes de la pensée pure, ils n'en sont peut-être même pas les conditions nécessaires – en tout cas pas absolument nécessaires, puisque quelques exceptions, quelques philosophes, peuvent surgir quand certaines de ces conditions font défaut – mais ils en sont à coup sûr pour Platon les conséquences; les bonnes conséquences, celles que la pensée engendre quand elle ne se conçoit pas elle-même seulement comme une faculté de connaissance mais comme cette belle chose (belle en elle-même et par sa puissance de créer la valeur de toutes choses) dont on peut, comme le déclarent dans le *Phédon* les philosophes, être amoureux.

Si la *phronèsis* en était absente, la vie ne se sentirait pas vivre et ne jouirait pas de ce qu'elle sent (sans *phronèsis*, ni sensation ni plaisir), elle serait radicalement étrangère à la pensée, mais nos pulsions aussi lui seraient étrangères et l'amour pour la vérité ne serait qu'un mot vide; la genèse des facultés en l'âme et les différentes espèces de connaissances montrent que la *phronèsis* est immanente à toutes : la *phronèsis* rattrape la discontinuité introduite par le *noûs* en rappelant que, d'intelligence, il ne peut y en avoir que dans une âme, et qu'elle y produit des effets. L'intelligence ne pense pas seulement, elle règne, mais elle ne doit régner et ne mérite de régner que parce qu'elle pense. Or, si la *phronèsis* en était absente, le tout de ce qui existe, en plan dans son immobilité, ne serait ni connaissable ni connu, et les réalités immuables seraient à jamais séparées du mouvement de l'âme qui cherche à les comprendre : nous serions livrés à l'opinion et aux Sophistes. En apparentant le mouvement de l'âme à la nature des êtres vers lequel ce mouvement s'oriente, la *phronèsis* leur confère le seul mouvement dont ils soient capables : celui qui consiste à être connus, c'est-à-dire unifiés, divisés, articulés (*Soph.*, 248d-e). De même, si elles n'étaient pas accompagnées de *phronèsis*, les vertus ne seraient pas bonnes donc ne seraient pas vraiment des vertus, et tout ce que nous appelons des biens risquerait d'être source des plus grands maux.

On voit pourquoi Socrate pouvait assimiler la *phronèsis* au Bien : elle relaie la causalité du Bien, elle est ce qui relie des réalités qui sans elle seraient restées séparées, étrangères ou hostiles, elle se soucie [1] de produire des totalités bien constituées. Elle n'est cependant pas le principe de ces réalités, et c'est en ce sens qu'elle n'est pas le Bien. Mais quand la vie, la connaissance et la vertu sont pensées sous l'angle du Bien (ou, si on préfère, de la finalité), elles sont toujours accompagnées de *phronèsis*, dont l'action se mesure en tous les domaines à ce qui résulterait de son absence.

Monique DIXSAUT

1. *Phrontis*, la pensée attentive, réfléchie, qui se soucie de quelque chose ou de quelqu'un, est un doublet de *phronèsis* (φροντίς est le terme constamment employé par Aristophane dans les *Nuées* pour se moquer des spéculations « élevées » de Socrate).

CHAPITRE V

DU *PHRONIMOS* COMME CRITÈRE DE L'ACTION DROITE CHEZ ARISTOTE

Il est d'usage de faire remarquer que lorsque dans l'*Éthique à Nicomaque* (*EN*), VI, 5 (ou *Éthique à Eudème* [*EE*], V, 5)[1], Aristote aborde frontalement l'étude de la *phronèsis*, « prudence » ou « sagacité », voire « sagesse », selon les différentes traductions, il commence non par la définir « théoriquement », mais en appelle à « observer » ou « considérer », c'est-à-dire « regarder » (*theôrein*), les usages langagiers : « quelles sont les personnes que nous disons (*legomen*) *phronimoi* » (1140 a 24-25) ? Suit

1. J'aurais volontiers tendance à m'accorder avec les interprètes qui soutiennent que les livres communs aux deux *Éthiques* appartiennent plutôt à l'*EE* qu'à l'*EN*, voire à penser avec certains d'entre eux que l'*EE* est sans doute plus tardive que l'*EN*. Mais c'est une autre affaire, dans laquelle je n'entrerai pas ici ! Pour plus de commodité, j'userai de la numérotation des chapitres suivie par Tricot (qui reproduit celle de l'édition de Susemihl, son texte de base). Cette numérotation correspond à la numérotation arabe infrapaginale dans l'édition Bywater, édition dont les titres courants ne facilitent pas la tâche du lecteur francophone, principalement habitué à Tricot, puisque ces titres courants, en numérotation arabe, reproduisent en fait la numérotation romaine adoptée par Bywater et généralement suivie dans le monde anglophone. Enfin, sauf mention contraire, je citerai l'*EN* d'après la récente traduction de R. Bodéüs (Paris, G/F, 2004), lequel, à juste titre, puisqu'elles ne sont nullement de la main d'Aristote, mais de ses éditeurs récents, ne s'embarrasse pas des divisions des livres en chapitres. Jean Defradas avait déjà adopté cette stratégie dans sa traduction française de l'*EN* (Paris, Presses Pocket, 1992), mais sans se livrer à ce formidable travail effectué par Bodéüs et qui consiste, tout en restant fidèle à la pagination Bekker, à « recomposer » l'*EN* et à en dégager un « plan ».

alors un *dokei*, « il semble » [1], qui renvoie très certainement aux opinions les plus couramment admises et qui énonce :

> Il semble (*dokei*) alors que le propre d'un homme sagace (*phronimou*) soit la capacité de parfaitement délibérer (*kalôs bouleusasthai*) quand est en jeu ce qui est bon pour lui et utile (*agatha kai sumpheronta*), si l'enjeu n'est pas de trancher une question particulière – par exemple, quelles sortes de choses contribuent à la santé, ou à la vigueur – mais la question générale de savoir ce qui permet de vivre bien (*pros to eu zên holôs*). Un indice (*sèmeion*), au reste, c'est que nous parlons aussi des gens sagaces en un sens limité, lorsque, pour atteindre une fin excellente quelconque (*pros telos ti spoudaion*), ils ont fait le bon calcul (*eu logisôntai*) sans qu'existe pour cela de technique (*technè*). Par conséquent, d'une façon générale aussi, sera sagace l'individu qui sait délibérer [2].

Comme on le sait, la suite du chapitre invoquera les mânes de Périclès : s'il fut un *phronimos*, ce fut bien lui et tout le monde s'accorde sur cela (1140 b 8). Sauf Platon, qui, en bon « suppôt des laconisants », se gaussait volontiers des politiques athéniens (qu'on se souvienne du *Gorgias*, 515a-520c). Mais n'avivons pas la polémique ! Et bornons-nous à supposer qu'il y avait sans doute une bonne part de provocation de la part d'Aristote à évoquer ainsi Périclès devant un « public » qu'on peut supposer avoir été majoritairement formé – voire conquis – par l'Académie. En effet, en appeler ainsi à l'usage courant et reconnaître en Périclès l'archétype du *phronimos*, c'est dire que, de l'aveu de tous, le *phronimos* est en premier lieu un homme d'action, en l'occurrence un homme d'État réputé pour la « sagesse » de ses décisions et non un philosophe ou un homme de science, comme le montre bien la chute de Thalès (*EN*, VI, 7, 1141 b 2-8), que nul, pour cette raison même, ne considérerait comme un *phronimos*, même s'il est à ranger parmi les Sept Sages. On ne saurait mieux souligner que la *phronèsis* a affaire à l'action, donc à la délibération et à la prise de décisions dans le domaine des choses humaines. Bref, si « nous pensons (*oiometha*) que Périclès et ses semblables » (*EN*, VI, 5, 1140 b 8) forment l'archétype du *phronimos*, du « prudent » ou du « sagace », c'est bien parce que nous reconnaissons à de tels hommes la « capacité de voir » (*dunantai theôrein*,

1. Sur l'usage de *dokein*, « il semble » ou « il semble bien », et de *phainesthai*, « il paraît » ou « il apparaît », on se reportera dorénavant à la bonne mise au point de F. Ildefonse et J. Lallot dans leur traduction et commentaires des *Catégories*, Paris, Seuil, 2002, p. 225-229. Leurs remarques s'étendent aisément au delà de ce seul traité.

2. *EN*, VI, 5, 1140 a 25-31.

1140 b 9) les choses bonnes (*ta agatha*) pour eux-mêmes et pour les hommes en général, ce qui est le cas des bons maîtres de maison et des bons politiques, et que nous reconnaissons aussi volontiers que ce savoir guide leur « stratégie », d'où notre propension à nous en remettre à de tels hommes pour la conduite de ces choses-là (*EN*, VI, 7, 1141 a 26). C'est pourquoi, bien qu'aussi communément entendue comme la recherche avisée de son bien propre (*EN*, VI, 7, 1141 a 25-26), la prudence ou sagacité ne saurait se confondre avec une vertu « privée » (*EN*, VI, 8, 1141 b 29-30), mais doit bien au contraire se comprendre comme une vertu « publique » ou « politique »[1], ce qu'Aristote souligne encore en disant que « la politique et la sagacité sont le même état (*hexis*) » (*EN*, VI, 8, 1141 b 23-24). Une fois posé que la *phronèsis* est l'art de bien délibérer sur les moyens en vue de la fin, Aristote précisera qu'elle est surtout connaissance des choses singulières et par là plus proche de la sensation que de la science au sens strict. Voilà pourquoi, dit-il en substance, un jeune homme peut fort bien être excellent mathématicien – ce n'est jamais, après tout, que du « discours », des « abstractions » – mais il ne saurait être ni « sagace » ni philosophe, ou même physicien, car cela demande de l'expérience, donc du temps (*EN*, VI, 9, 1142 a 11-20).

Tout cela est bien connu et mériterait de plus amples développements, heureusement déjà donnés par d'autres, et fort bien, même s'il y a toujours lieu d'en discuter. Pour ma part, je voudrais ici attirer l'attention sur le sens de cet appel à ce que *nous disons* (*legomen*) ou *pensons* (*oiometha*) : ne reconnaît-on un *phronimos* qu'à ce que nous appelons tel ? Autrement dit, quels sont les critères définitionnels du *phronimos* ? Ne sont-ils que langagiers et sociaux ? Pour ce faire, et afin de mieux faire ressortir l'œuvre du *phronimos*, je présenterai mon argument en deux temps :

1) Analyse des quelques passages cruciaux où Aristote soutient que le *spoudaios* ou l'*agathos*, voire l'*epieikès*, autant de termes pour désigner le « vertueux », est « canon et mètre ». J'y développerai l'idée qu'Aristote joue avec l'*apparaître* au risque, pleinement assumé par lui, de l'*apparence*, d'où une sorte de redoublement du relativisme que les « déontomaniaques » lui reprochent parfois.

2) Puisque le *phronimos* est, par définition, le « bon délibérateur par excellence », sa délibération portant sur les moyens en vue de la fin,

1. Notons en passant que sans doute est-ce là ce qui implique que la *phronèsis* soit exigible des gouvernants, mais non nécessairement des simples citoyens, cf. *Politique*, III, 4, 1277 b 25-26. Je reviendrai *infra* sur la portée de ce passage.

comment garantir que ses fins soient bonnes et qu'il ne soit pas qu'un fieffé coquin, un *panourgos*? Soit le problème du pseudo-cercle entre « pas de *phronèsis* sans vertu du caractère (*èthikè aretè*) » et « pas de vertu du caractère sans *phronèsis* ».

Enfin, en guise de conclusion et autant afin de conforter mes propres hypothèses que les siennes, je rappellerai qu'en contexte aristotélicien la traduction de *phronèsis* par « sagacité », que s'efforce de promouvoir Bodéüs depuis de longues années, est parfaitement fondée et n'est, de plus, pas dénuée de titre de noblesse.

L'APPARAÎTRE AU RISQUE DE L'APPARENCE

Reprenant une formule, « l'apparaître au risque de l'apparence », que j'ai déjà sans doute trop employée, mais que je crois profondément juste pour décrire la théorie aristotélicienne de l'action, j'insisterai sur le fait que l'invocation initiale du *phronimos* (en lieu et place de ce que certains voudraient : une définition « théorique » de la *phronèsis*), afin de parvenir à décrire la *phronèsis* en *EN*, VI, 5, n'a pas de quoi surprendre puisqu'un tel type d'invocation est déjà intervenue précédemment dans un passage absolument crucial, soit là où Aristote nous livre sa célèbre définition de la « vertu du caractère » (*EN*, II, 6, 1106 b 36-1107 a 2), dont précisément le *phronimos*, pourtant non encore défini, fournit en quelque façon la « garantie ». Le même type d'argument se retrouve encore dans quatre passages non moins cruciaux, où il s'agit à chaque fois d'assurer que le « vertueux » est reconnu comme le « critère » de ce qu'il y a lieu de faire (*EN*, III, 6, 1113 a 32-33 ; VI, 13, 1144 a 34 ; IX, 4, 1166 a 12 ; X, 5, 1176 a 15-19).

Toutefois, avant d'analyser chacun de ces cinq passages plus en détail, il me faut encore préciser brièvement quelques points de vocabulaire[1]. Dans les pages qui suivent je tiendrai en effet pour synonymes ou quasi-synonymes les adjectifs *phronimos*, *spoudaios*, *agathos* et *epieikès*. Je sais bien, évidemment, que ces termes ne sont pas absolument synonymes en grec, ni même chez Aristote, mais je voudrais montrer que d'un point de vue strictement fonctionnel et en certains passages « canoniques » (là où il est question de mesure, mètre ou critère), on peut sans grand dommage tenir

1. Je remercie chaleureusement Annick Stevens, ma commentatrice lors de la présentation de ce papier à l'Université de Louvain, de m'avoir « contraint » à préciser ma pensée sur ce point et d'avoir attiré mon attention sur *Cat.*, 8, 10 b 5-10.

ces termes pour tels, ce sur quoi il faut précisément s'interroger. Qu'il me soit donc permis, pour commencer, de me faire procureur : ne savez-vous donc point qu'on peut bien être « vertueux » (*agathos* ou *spoudaios*) sans être pour autant « prudent » ou « sagace » (*phronimos*) ? Telle est la leçon de *Politique*, III, 4, où Aristote établit que la *phronèsis* ne saurait être exigée que des seuls gouvernants, lesquels doivent posséder la vertu parfaite ou achevée (*tèn teleian aretèn*, *Pol.*, III, 4, 1276 b 32), ce qui n'est nullement exigible des gouvernés : ceux-là peuvent fort bien être de bons citoyens (*spoudaioi politai*) sans être pour autant des hommes absolument bons (*spoudaioi andra*) dignes d'être gouvernants parce que de surcroît doués de *phronèsis*. Telle pourrait bien être encore la leçon des *Éthiques* puisqu'il y semble, du moins en un premier temps, qu'on pourrait fort bien être vertueux (*spoudaios* ou *agathos*), c'est-à-dire posséder la « vertu morale », « vertu du caractère » à vrai dire puisqu'il s'agit d'une *èthikè aretè*, sans pour autant encore posséder la *phronèsis*. Ce que viendrait d'ailleurs confirmer le fait que la vertu du caractère s'acquiert principalement par habitude et exercice (d'où le jeu de mots repris à Platon sur *ethos/èthos*), tandis que la *phronèsis*, « vertu intellectuelle » (*dianoètikè aretè*) s'acquiert par enseignement. Enfin, puisque l'équité (*epieikia*) est aussi définie comme une vertu particulière, celle consistant à corriger l'application mécanique de ce qui a été légalement défini comme juste (*EN*, V, 14), comment la confondre avec la vertu tout court et plus encore avec la prudence ou sagacité ?

Respondeo dicendum. Nous sommes dans le bien connu (donc méconnu…) et je m'en voudrais de rappeler ces quelques évidences, qui semblent parler contre moi, si ce n'était pour leur tordre le cou. Une observation méthodologique d'ordre général tout d'abord : autant le vocabulaire d'Aristote est souvent précis (surtout quand il s'efforce de définir ou redéfinir les termes), autant il n'est jamais rigide. Bref, le Stagirite ne s'interdit nullement de « parler comme tout le monde » quand le contexte est suffisamment clair et il serait malvenu de chercher à systématiquement retrouver la définition technique derrière chaque emploi de tel ou tel terme. Comme les passages (2), (3), (4) et (5) analysés ci-après le montreront, c'est particulièrement vrai des adjectifs *agathos*, *spoudaios* et *epieikès*, lesquels s'échangent aisément. Sans trop anticiper et sans plus en dire pour le moment, voyez en ce sens cet extrait :

> Chacun de ces traits [qui passent pour définir l'amitié] peut être attribué à l'honnête homme (*tôi epieikei*) dans son attitude envers lui-même – ainsi du reste qu'à tous les hommes en autant qu'ils supposent avoir cette qualité, mais selon toute apparence, comme on l'a dit, ce qui sert à mesurer

> (*metron...einai*) chacune de ces conduites, c'est la vertu (*aretè*) et le vertueux (*spoudaios*). [...] La caractéristique de l'homme bon est de toujours travailler au bien (*tou gar agathou tagathon diaponein*)[1].

C'est bien pourquoi, même en songeant à l'éventuelle synonymie fonctionnelle que j'entends faire ressortir entre *phronimos* et *spoudaios*, je ne crois pas que le passage suivant des *Catégories* puisse m'être objecté :

> Parfois encore, alors qu'existe un nom disponible [pour la qualité], on ne dérive pas de manière paronymique [le nom du] qualifié à partir de cette qualité ; par exemple, de l'excellence (*apo tès aretès*) [on ne dérive pas, de manière paronymique] le vertueux (*spoudaios*); en effet, si l'on dit (*legetai*) [de quelqu'un qu'il est] vertueux (*spoudaios*), c'est du fait qu'il possède l'excellence (*aretèn*), mais on ne le dit pas en dérivant [son nom] de manière paronymique à partir de l'excellence (*tès aretès*). Mais ceci ne vaut pas pour beaucoup de cas[2].

Laissons de côté la question technique des paronymes[3] et demandons-nous plutôt ce qu'Aristote veut dire ici. Le plus simple et le plus naturel me semble être de penser que le Philosophe se sert d'une « impasse » de la langue grecque pour exemplifier ce qu'il entend montrer au sujet des paronymes : alors qu'en règle générale le nom du qualifié est dérivé du nom de la qualité (blanc est dérivé de blancheur, grammairien est dérivé de grammaire, etc.), il arrive parfois qu'un nom existe pour le qualifié sans qu'il existe pour autant de nom pour la qualité ou qu'existe un nom pour la qualité, mais qu'on ne se serve pas de ce nom pour dériver celui du qualifié. Choses qui n'arrivent que rarement, ajoute Aristote. L'absence de dérivation paronymique à partir du mot-qualité *aretè* (« excellence » ou « vertu », selon les deux traductions les plus en usage) renvoie donc au second cas de figure : cherchez donc un adjectif qualificatif dérivé de *aretè* ! D'où cette observation d'Aristote : du fait qu'il n'existe pas de dérivation paronymique à partir du mot-qualité *aretè*, celui qui possède la « vertu » ou « excellence » (*aretè*) *est dit* (*legetai*) *spoudaios*, « vertueux » ou « excellent » selon la traduction adoptée. Observation qui, à mon sens, et du fait que de surcroît le couple *spoudè-spoudaios* est bel et bien établi, aurait peut-être été « plus parlante » encore si Aristote avait écrit *agathos* : si *aretè* ne connaît point de dérivé, *agathos* n'est non plus dérivé d'aucun nom et

1. *EN*, IX, 4, 1166 a 10-16.
2. *Cat.*, 8, 10 b 5-9 ; trad. F. Ildefonse et J. Lallot.
3. J'ai plaisir à renvoyer de nouveau sur ce point aux commentaires toujours avisés de F. Ildefonse et J. Lallot, *op. cit.*

Aristote ne se prive nullement d'employer ce terme pour désigner le « vertueux »[1]. Ne prétendant pas parler grec mieux qu'Aristote, je me bornerai donc à faire remarquer qu'en ce qui concerne mon propos, on ne peut « dériver » grand chose de ce passage et surtout pas que les termes *phronimos*, *spoudaios*, *agathos*, voire *epieikès* ne sauraient assumer la même fonction critériologique dès lors qu'on les prend en leur sens « absolu » (ou « simple »). Ce qu'il s'agit maintenant d'exemplifier en analysant les cinq passages susmentionnés et afin de montrer que l'objection consistant à soutenir qu'on peut être « vertueux » sans être « prudent » (ou « sagace ») n'en est point une puisqu'on ne saurait être prudent sans être vertueux pas plus que vertueux sans être prudent, et qu'il n'y a là aucun cercle.

1.

> La vertu (*aretè*) est un état décisionnel (*hexis proairetikè*) qui consiste en une moyenne (*en mesotèti*), fixée relativement à nous. C'est sa définition formelle (*hôrismenè logôi*) et c'est ainsi que la définirait l'homme sagace (*kai hôs an ho phronimos horiseien*)[2].

Cette définition est aussi célèbre que redoutable, ne serait-ce que parce que le texte des manuscrits (heureusement ici suivi par Bodéüs[3], bien seul sur ce point) ne s'accorde pas avec la tradition indirecte (*hôrismenèi logôi*), qui est plus généralement suivie et qui conduit à comprendre que le *phronimos* « déterminerait rationnellement » le milieu ou moyenne (*mesotès*) relatif à nous en quoi consisterait cet état décisionnel qu'est la vertu du caractère. Or, si l'on suit le texte des manuscrits, exercice qu'il faut s'efforcer de pratiquer le plus longtemps possible, ce n'est plus du tout la

1. Si l'usage consistant à « accoler » *aretè* et *spoudaios* est bien établi chez Aristote (voyez en ce sens le célébrissime passage sur la fonction ou œuvre propre de l'homme en *EN*, I, 6, 1098 a 7-17), il n'en reste pas moins qu'*agathos* peut tout aussi bien jouer ce rôle de « dérivé » (*EN*, I, 9, 1099 a 17 ; II, 2, 1103 b 27-28, 1104 b 33, 1105 a 12 ; 5, 1106 a 21-23…) et s'échange fort aisément aussi bien avec *spoudaios* qu'avec *epieikès* (*EN*, I, 13, 1102 b 3-11 ; II, 3, 1105 b 11-15…). Voir aussi *Rhét.*, II, 1, 1378 a 12 et 16.

2. *EN*, II, 6, 1106 b 36-1107 a 2.

3. La longue note de Bodéüs (*op. cit.*, p. 116-117) présente fort bien les choses et je suis son interprétation. On se reportera aussi au commentaire de Gauthier (*op. cit.*, II-1, pp.146-150), à vrai dire assez ampoulé puisque tout en suivant la tradition indirecte qui lit *hôrismenèi logôi*, il se refuse à traduire par « déterminé par la raison » ou « déterminé par un principe rationnel », expressions que l'on devrait bien entendu rapporter au milieu lui-même (*mesotès*), et préfère comprendre « non pas que le juste milieu est déterminé par un *logos*, mais qu'il est déterminé par rapport à un *logos*, qui est sa norme, *horos* ». Autrement dit, le *phronimos* donne la « règle » (*logos*).

mesotès, moyenne ou médiété relative à nous que viendrait déterminer « rationnellement » le *phronimos*, comme si cette intervention de la raison pouvait tempérer un apparent trop dangereux relativisme, mais c'est de la définition même de la vertu du caractère qu'il serait question, et telle qu'elle serait donnée par le *phronimos*. La fonction du *phronimos* n'en est alors que plus passionnante puisque ce qu'il vient garantir, ce n'est plus la détermination rationnelle du juste milieu, mais bien plutôt l'essence même de la vertu à travers sa « définition formelle » ou sa « formule » (*logos*). Ce que confirme, ligne 1107 b 6, le *dio kata tèn ousian kai ton logon* : « c'est pourquoi, essentiellement et si l'on s'en remet à la formule qui exprime ce en quoi elle consiste, la vertu est une moyenne »[1]. Le *phronimos* apparaît ainsi comme la garantie de ce qui vient d'être dit. Pourtant Aristote ne l'a toujours pas défini. Comment dès lors pouvoir s'en remettre à cette figure ? Tout simplement, je crois, parce qu'il est l'incarnation de la vertu même et que, pour cette raison, on peut en appeler à lui pour garantir ce qui vient d'être dit : lui, mieux que tout autre, sait « découvrir le milieu et le choisir » (1107 b 5-6). En cela, il est vertueux et montre que « dans l'ordre de la perfection et du bien, la vertu constitue une extrémité [ou : un sommet] » (1107 b 7-8). Bref, l'agir même du *phronimos* constitue la garantie à laquelle on peut se référer tant pour agir que pour donner une définition formelle de la vertu. Lui, et lui seul sans doute, précisément parce qu'il est vertueux, sait de quoi il parle et pourquoi il agit comme il agit. Allons plus loin : et si, d'aventure, il n'arrivait pas à « formuler » sa propre pratique, il n'en resterait pas moins pour nous un « critère » de l'action droite. C'est bien pourquoi, nous allons le voir immédiatement, nous pouvons nous référer ou en appeler à lui, c'est-à-dire à celui qui incarne suprêmement la vertu, qu'on l'appelle « vertueux » (*agathos*, *epieikès*, *spoudaios*) ou « sagace » (*phronimos*), pour définir et incarner la « mesure » de l'action droite.

2.

> C'est le vertueux (*spoudaios*) qui juge correctement de chaque sorte de chose (*hekasta krinei orthôs*), et en chacune la vérité lui apparaît (*talèthes autôi phainetai*), car en chacun de ses états particuliers correspondent, en propre, des objectifs qui sont beaux et agréables. En d'autres termes, ce qui distingue sans doute le plus le vertueux (*spoudaios*), c'est de voir la vérité

1. Ou, dans la traduction de Tricot : « C'est pourquoi dans l'ordre de la substance et de la définition exprimant la quiddité, la vertu est une moyenne ».

en toutes choses (*talèthes en hekastois horan*), comme s'il en était la règle et la mesure (*kanôn kai metron*)[1].

L'allusion à Protagoras est claire[2], mais encore faut-il en comprendre le sens et la pertinence. Rappelons donc qu'Aristote, afin de parvenir à démontrer qu'aussi bien le vice que la vertu dépendent de nous (puis à partir de là à examiner chacune des vertus particulières : courage, modération, justice…), achève son examen de l'acte libre, qui repose sur la fameuse triade *proairesis/bouleusis/boulèsis* (décision/délibération/souhait)[3], par celui de la *boulèsis*, soit par ce qui chronologiquement semble premier : le souhait. En effet, la *boulèsis* porte sur les fins et non sur les moyens permettant de les atteindre. De ce point de vue, le souhait vient bien en premier et, ce, d'autant plus qu'il relève plus de la partie désirante de l'âme que de sa partie rationnelle (même si, contrairement à l'appétit, *epithumia*, c'est un désir rationnel…), de laquelle relève la *bouleusis*, la délibération, qui porte sur les moyens d'atteindre les fins que l'on se propose. Dès lors, puisque nous recherchons tous le bien, une question se pose, qui semble avoir effectivement opposé Platon aux Sophistes, l'objet du souhait (*boulèton*), est-ce le bien (*agathon*), le bien « tout court » ou « absolument » (*aplôs*), ou est-ce le « bien apparent » (*phainomenon agathon*), ce qui paraît bon à chacun ? La question est redoutable pour deux raisons :

1) Chacune des deux branches de l'alternative aboutit à une impasse peu… « souhaitable » !

– Si l'on dit que l'objet du souhait est le bien, alors on ne parviendra pas à expliquer qu'on puisse choisir de faire le mal. En effet, l'individu qui fait un choix incorrect devrait être réputé ne pas avoir d'objet de souhait puisque ce qu'il souhaite, c'est un mal, et que le bien a été posé comme l'objet du souhait.

– Si l'on dit à l'inverse que l'objet du souhait, c'est le bien apparent, ce qui paraît bon, alors chacun ne souhaitera jamais que ce qui lui apparaît

1. *EN*, III, 6, 1113 a 29-33.

2. *Cf.* Platon, *Théétète*, 159 a.

3. J'use ici d'un raccourci commode – il est bien vrai que le souhait ou désir de quelque chose entraîne une délibération sur les moyens de l'obtenir, laquelle à son tour aboutit à la décision de faire ceci plutôt que cela –, mais il faut cependant se rendre attentif au fait que l'analyse du souhait, *boulèsis*, ici donnée par Aristote est par lui présentée comme faisant suite à l'examen dans ses grandes lignes de la *proairesis* et de la définition qui vient d'en être donnée (*EN*, III, 5, 1113 a 9-14). Il devrait donc en résulter que l'examen de la *boulèsis* ne fait pas à proprement parler partie de celui de la *proairesis*, lequel inclut bien celui de la *bouleusis*.

comme un bien et il n'y aura plus d'objet naturellement souhaitable (*phusei*, 1113 b 21), mais autant de biens que d'individus.

2) En admettant que l'objet du souhait soit le bien, « bien réel » ou « bien apparent » peu importe ici, cet objet peut-il être en totalité déterminé rationnellement, de façon *a priori* ? Comment garantir qu'une détermination rationnelle, intellectuelle, ne fonctionne pas à vide ou, pire, soit mise au service de mauvaises fins ?

De la première question, Aristote se dégagera en renvoyant dos-à-dos les dogmatistes, qui finissent par parler contre les faits, et les relativistes, qui finissent par ruiner toute norme ou critère de l'action droite. C'est ce que je vais analyser dans les lignes qui suivent.

À la seconde question, la réponse constante d'Aristote sera de dire qu'on ne peut oublier le désir et les individus eux-mêmes. D'où la nécessité de faire du vertueux, c'est-à-dire de celui qui maîtrise son désir, le critère de l'action droite. C'est l'objet même de cette étude.

Revenons maintenant à la façon dont Aristote entend échapper à cette insatisfaisante alternative. En un premier temps sa réponse pourra sembler toute normande :

> Ne faut-il pas alors soutenir ceci : dans l'absolu (*aplôs*) et en vérité (*kat'alètheian*) l'objet du souhait, c'est le bien (*agathon*), mais chaque particulier trouve souhaitable ce qui lui paraît bon (*phainomenon*)[1].

Mais cette réponse s'explique par la volonté de chercher à préserver le meilleur des deux positions rejetées, sans pour autant tomber dans les impasses de chacune. En d'autres termes, il faut pouvoir préserver un point d'appui stable, l'objet souhaitable, *phusei*, « naturellement » ou « par nature », selon la traduction qu'on adoptera, tout en reconnaissant que chacun ne souhaite jamais que ce qui lui apparaît comme un bien. On pourra de cette façon, et de cette façon seulement selon Aristote, expliquer qu'autant le bien que le mal puissent être souhaités : il suffit de s'en référer aux choix des vertueux et des vicieux :

> Ainsi donc, le vertueux (*spoudaios*) trouve souhaitable ce qui est véritablement (*to kat'alètheian*) bon, tandis que le vilain (*phaulos*) trouve souhaitable n'importe quoi (*to tuchon*)[2].

1. *EN*, III, 6, 1113 a 23-24.
2. *EN*, III, 6, 1113 a 25-26.

Voilà qui explique que, *in fine*, le *spoudaios* puisse être posé comme le « canon » et le « mètre » du souhaitable, c'est-à-dire, plus largement, de ce qu'il y a lieu de faire et de penser dans l'ordre de l'action.

Prêtons la plus grande attention à la teneur de cet argument par lequel le Philosophe va, tout en renvoyant manifestement à Protagoras plutôt qu'à Platon (ce qui n'est tout de même pas négligeable...), se dégager des extrémismes dogmatiste ou relativiste. Aristote doit donc maintenant justifier la solution qu'il vient d'avancer. Pour ce faire, il commence par rappeler une position de principe : « c'est le *spoudaios* qui juge correctement de chaque sorte de chose (*hekasta krinei orthôs*) » (1113 a 29-30). L'énoncé n'a pas de quoi surprendre dès qu'il s'agit des vertus : quelque chose de très similaire avait déjà été soutenu au sujet du caractère plaisant des vertus lorsque le Stagirite entendait établir que le vertueux prend plaisir à accomplir des actions vertueuses, rendant ainsi ces dernières non seulement plaisantes, mais encore bonnes et belles. Voyez :

> Et elles le sont davantage <bonnes et belles>, si le vertueux (*spoudaios*) juge bien de ces choses (*kalôs krinei peri autôn*). Or il juge <bien> (*krinei de*), comme nous l'avons dit[1].

Donc le *spoudaios* juge bien, que cela soit entendu et nous l'avons déjà assez dit[2]. Peu importe ici de savoir avec précision où cela a *déjà* été dit[3]. Il importe bien plutôt de remarquer que c'est là une constante chez Aristote, sur laquelle il n'hésite pas à faire fond quand il lui faut assurer que le *spoudaios* est *kanôn kai metron* de l'objet souhaitable, et plus largement de l'action droite[4]. Mais, quel est en *EN*, III, 6, 1113 a 29-33, cité au début de cette section, le propre du *spoudaios* et pourquoi peut-on en faire le critère

1. *EN*, I, 9, 1099 a 22-24 ; trad. J.-L. L.

2. Il est aussi amusant que singulier de constater qu'alors que Gauthier (*Comment. ad loc.*) conteste qu'Aristote renverrait ici à *EN*, I, 1, 1098 b 28 – 1095 a 2, au prétexte que ce passage « parle de l'homme cultivé et non du vertueux », ce qui est juste, mais discutable (j'y reviendrai), tant Tricot que Bodéüs y renvoient, mais chacun avec une malencontreuse erreur de numérotation dans leurs notes respectives de renvoi !

3. Ce serait donner beaucoup de crédit à l'état des manuscrits que de croire qu'un *déjà* doive *de facto* renvoyer à un énoncé se trouvant nécessairement *avant* celui auquel nous avons affaire présentement...

4. Il n'est pas interdit de remarquer au passage que lorsque Aristote, en *EN*, III, 6, 1113 a 29-31, fait fond sur le fait que le *spoudaios* « juge droit », il renvoie à la vérité des choses bonnes et agréables (*kala kai hèdea*) qui apparaissent comme telles au *spoudaios*. Bref, I, 9, 1099 a 22-24, n'est sans doute pas bien « loin », et, avec ce dernier passage, sans doute aussi I, 1, 1098 b 28 – 1095 a 2...

de l'action droite ? La réponse d'Aristote exaspérera les « déontomaniaques » : « en chaque chose, la vérité lui apparaît (*alèthes autôi phainetai*) » (1113 a 30); « en chacune, le *spoudaios* voit la vérité (*alèthes horan*) » (1113 a 32-33). Autrement dit, malgré le primat accordé à la vue dans le savoir grec, point ici de savoir « intellectuel » ou « rationnel » clairement affirmé, mais bien plutôt une connaissance s'apparentant à la sensation[1]. Pis, *phainetai* ne saurait renvoyer qu'à *phainomenon*, soit à ce qui « apparaît » et qui semblait caractériser la position des relativistes ou des méchants. D'où il résulte que si le *phronimos* est « règle et mesure », c'est parce c'est ce qui lui apparaît à lui comme un bien qui est un vrai bien. En d'autres termes, dans ce qui lui apparaît bon et souhaitable, il voit le vrai.

Qu'il s'agisse alors d'un « apparaître au risque de l'apparence », on peut en avoir confirmation en considérant ce qui distingue les nombreux « vauriens » (*phauloi*) du vertueux exemplaire :

> Le grand nombre (*en tois pollois*), en revanche, est en proie, semble-t-il, à l'illusion due au plaisir, car celui-ci n'est pas un bien mais paraît l'être (*ou gar ousa agathon phainetai*). La masse prend donc l'agrément pour le bien et fuit le chagrin comme le mal[2].

Comment donc ne pas comprendre que ce qui apparaît au vertueux comme un bien est un bien véritable, tandis que ce qui apparaît au méchant comme un bien n'est qu'un bien apparent du fait que ce dernier cède toujours aux sirènes du plaisir, lequel, pour ceux-là, a toutes les apparences du bien ? Comment aussi ne pas comprendre qu'il va bien là de ce qui apparaît, de la « représentation » (*phantasia*) ? Aristote le dit lui-même explicitement dans le chapitre suivant quand il entend montrer que le vicieux est tout autant responsable de ses vices que le vertueux de ses vertus. Le Stagirite formule en effet une objection qu'on pourrait lui adresser :

> Tout le monde vise à ce qu'il lui paraît bon (*pantes ephientai tou phainomenou agathou*) et l'on n'est pas maître de cette représentation (*phantasias ou kurioi*); au contraire, selon qu'il a tel trait distinctif, quel qu'il soit, chacun détermine comment la fin lui apparaît (*telos phainetai autôi*)[3].

1. Voir sur ce point, au sujet de la *phronèsis* d'ailleurs, *EN*, VI, 9, 1142 a 23-30.
2. *EN*, III, 6, 1113 a 33- b 2.
3. *EN*, III, 7, 1114 a 31 b 1 ; trad. Bodéüs modifiée.

La réponse à cette objection est fort claire et utilise de nouveau les termes *phantasia* et *phainetai* :

> Si chacun est personnellement responsable en un sens de son état, il sera également lui-même responsable en un sens de sa représentation (*phantasias estai pôs autos aitios*) [...] Pourquoi la vertu, plutôt que le vice, serait-elle une chose consentie ? Dans les deux cas en effet, aussi bien à l'homme bon qu'au mauvais (*tôi agathôi kai tôi kakôi*), la fin apparaît et est posée (*telos phainetai kai keitai*), par nature ou de la façon qu'on voudra[1].

N'entendant point ici entrer dans la teneur même de l'argument d'Aristote, je me bornerai donc à souligner qu'il est bien ici question de *phantasia*, soit de ce qui « apparaît ». Or nous avons bien affaire à la même structure : dans les deux cas, au vertueux comme au vicieux (et le lecteur aura remarqué que le vertueux est ici nommé *agathos*), la fin, c'est-à-dire le bien, « apparaît ». Il n'y a donc pas, d'un côté, celui de la masse des vilains, quelque chose qui apparaîtrait comme un bien et qui pour cette raison même, celle de l'apparaître, ne serait qu'apparence, tandis que de l'autre, celui des vertueux exemplaires, il y aurait un savoir intellectuel de ce qu'est véritablement le bien, mais, au contraire, une même structure à l'œuvre dans les deux cas : celle de l'*apparaître à* X (le vertueux) ou Y (le vicieux) *comme* ceci (quelque chose à faire) ou comme cela (quelque chose à ne pas faire), structure à double complément qui est celle-là même du *phainomenon*. Mais, surtout, structure qui explique que le vertueux lui-même soit le critère de l'action droite.

3.

> À l'individu corrompu pour cause de plaisir ou boisson, du coup (*euthus*), le principe n'apparaît pas (*ou phainetai archè*) et il ne voit pas qu'il faut que tel but et tel motif commandent tous ses choix et toutes ses actions, car le vice entraîne la corruption du principe[2].
>
> Quant à cet état [*hexis* = l'habileté, *deinotès*, stabilisée en cette bonne disposition durable qu'est la *phronèsis* ; cf. *infra*], il n'est pas donné à ce fameux « œil de l'âme » sans vertu (*ouk aneu aretès*), comme on l'a dit et comme on peut le voir. En effet les raisonnements qui aboutissent aux actes à exécuter sont des inférences qui ont pour point de départ la prémisse : « Puisque ce genre de chose-ci est la fin », c'est-à-dire ce qu'il y a de mieux

1. *EN*, III, 7, 1114 b 1-15 ; trad. Bodéüs modifiée.
2. *EN*, VI, 5, 1140 b 17-20 ; trad. Bodéüs modifiée.

> (quel que soit le genre de chose en question, car aux fins de l'argument, on peut prendre n'importe quoi); or ce qu'il y a de mieux n'apparaît (*ou phainetai*) qu'à l'homme bon (*tôi agathôi*), car la méchanceté pervertit et produit l'erreur concernant tout ce qui sert de point de départ à l'action. Par conséquent, l'on voit clairement l'impossibilité d'être sagace (*phronimon*) sans être bon (*agathon*)[1].

Ces deux extraits confirment amplement ce que nous avons vu jusqu'à présent. Trois brèves remarques donc :

1) On ne saurait tenir pour un trait stylistique dénué de signification le fait que le verbe *phainô*, « apparaître », soit systématiquement employé par Aristote dès lors qu'il s'agit de ce qui apparaît (*phainetai*) au vertueux et de ce qui n'apparaît pas (*ou phainetai*) au vicieux.

2) *Spoudaios* et *agathos* s'échangent aisément dès qu'il s'agit de désigner le vertueux. C'est sa position même de vertueux qui entraîne qu'il puisse être le critère de l'action droite car c'est ce qui lui apparaît comme un bien qui est un bien. On peut aussi dire la chose autrement : c'est à lui que le bien apparaît.

3) La vertu du vertueux garantit non seulement que c'est ce qui lui apparaît comme un bien qui est véritablement un bien, mais encore la *phronèsis* elle-même : on ne saurait être un *phronimos* sans être vertueux. Étant donné que cette question constituera l'objet de ma seconde partie, je n'en dit pas plus pour le moment et me borne à faire remarquer que cela implique que le *phronimos* garantissant la définition de la vertu donnée en *EN*, II, 6, 1106 b 36-1107 a 2 et analysée *supra* soit lui-même un vertueux. D'où cette accusation parfois adressée à Aristote de faire des raisonnements circulaires : outre qu'on ne saurait être prudent sans être vertueux, ni vertueux sans être prudent, c'est le vertueux qui définit la vertu et c'est lui l'ultime « canon et mètre » du bien véritable ou tout court, *aplôs*.

4.

> Mais chacun de ces traits [les cinq traits principaux qui peuvent définir ce qu'est un ami ; voir 1166 a 2-10] peut être attribué à l'honnête homme (*tôi epieikei*) dans son attitude envers lui-même – ainsi du reste qu'à tous les hommes en autant qu'ils supposent avoir cette qualité, mais selon toute apparence (*eoike de*), comme on l'a dit, ce qui sert à mesurer (*metron*)

1. *EN*, VI, 13, 1144 a 9-1144 b 1.

chacune de ces conduites, c'est la vertu et le vertueux (*hè aretè kai ho spoudaios*)[1].

Pourquoi ce nouvel extrait ? Bien entendu parce que, de nouveau, et Aristote le souligne lui-même, la vertu (*aretè*) et le « vertueux » (*spoudaios*) y sont encore une fois présentés comme « mètre » – on aimerait pouvoir écrire « maître ». Mais aussi parce que, comme faisant écho à *Cat.*, 8, 10 b 5-9, cité *supra*, le « vertueux » (*spoudaios*) doué de « vertu » (*aretè*) peut aussi bien être dit « honnête homme » (*epieikès*). Ce que vient d'ailleurs rappeler Aristote lorsqu'il conclut sa démonstration du fait que les cinq traits principaux prêtés à l'ami sont bien ceux que possède l'*epieikès*, « l'honnête homme ». Je passe ici l'examen de ces cinq points et de cette démonstration, qui n'apporterait pas grand chose à ce que je veux établir, tout comme je passe le *ou de phainetai ho phaulos*, « il n'apparaît pas que le vilain », de la ligne 1166 b 25 de ce même « chapitre », car il me faudrait alors entrer dans l'explication de la distinction entre le sens propre, auquel nous avons eu affaire jusqu'à présent, et le sens métaphorique, ici à l'œuvre, de *phainetai*, ce qui relève d'un autre travail[2].

5.

> Il semble (*dokei*) que dans toutes les situations de ce genre [celles dans lesquelles ceci apparaît agréable à X mais pas à Y], l'agréable (*hèdu*, sous-entendu) soit ce qui apparaît tel au vertueux (*to phainomenon tôi spoudaiôi*). Or, si l'on a raison, comme il semble, d'affirmer cela, si la mesure de chaque chose est la vertu (*estin hekastou metron hè aretè*), autrement dit l'homme bon en tant que tel (*kai agathos, hèi toioutos*), les vrais plaisirs seront aussi ceux qui lui paraissent (*phainomenai*) des plaisirs et des choses vraiment agréables celles qui font sa joie (*chairei*) à lui[3].

Pourquoi ce nouvel et dernier extrait à l'appui de ma démonstration ? Vous l'avez deviné et entendez le cornet : c'est la charge des tuniques bleues ! N'y lit-on pas, en effet, alors qu'il s'agit tout bonnement de décréter quand, comment, dans quelles circonstances et où « prendre son pied », qu'en ces matières, c'est ce qui apparaît (*phainomenon*) au vertueux (*spoudaios*) comme agréable qui est (véritablement) agréable ? N'y lit-on

1. *EN*, IX, 4, 1166 a 10-13.

2. Qu'il me soit permis de renvoyer sur ce point à mon « Nature et fonction de la *phantasia* chez Aristote », dans D. Lories et L. Rizzerio (éd.), *De la* phantasia *à l'imagination*, Louvain, Peeters, 2003.

3. *EN*, X, 5, 1176 a 15-19 ; trad. Bodéüs modifiée.

pas encore que nous sommes justifiés à affirmer cela parce que la vertu (*aretè*) est la mesure (*metron*) de chaque chose ? N'y lit-on pas enfin que c'est ce dont se réjouit l'homme bon (*agathos*) en tant que tel dont il faut se réjouir ? Vous en faut-il encore pour être convaincus ?

Mais on m'objectera peut-être qu'il s'agit ici de l'appréciation des plaisirs et que ce n'est pas la première fois que je passe allègrement sur ce point. Eh bien non ! Nous y sommes. Et la question du plaisir va me permettre de boucler la boucle de cette première partie et de passer à la seconde. Il est bien vrai, en effet, que cette question nous l'avons déjà rencontrée. Il l'est tout autant que j'en ai jusqu'à présent différé le traitement. Mais c'est que cette question est lancinante tout au long des *Éthiques* d'Aristote et explique qu'une apparence de bien (à savoir le plaisir immédiat) puisse paraître être un bien :

> Il y a trois choses, en effet, qui entrent en ligne de compte dans nos choix et trois aussi dans nos refus : le beau, l'utile et l'agréable (*kalou sumpherontos hèdeos*), dont les contraires sont le laid, le nuisible et le désagréable. En tout cela, l'homme bon (*agathos*) est du genre qui réussit à se comporter correctement (*katorthôtikos*), tandis que le vicieux (*kakos*) est du genre qui s'égare (*hamartètikos*). Mais c'est surtout le cas quand le plaisir est en question (*peri tèn hèdonèn*), car celui-ci, partagé par tous les animaux, accompagne tout ce qui peut faire l'objet d'un choix. Le beau et l'utile, en effet, ont une apparence agréable (*hèdu phainetai*)[1].

D'où, malgré une opposition foncière à Platon en matière de morale et de politique, ce coup de chapeau rendu à son vieux maître par Aristote, qui honore ainsi autant l'amitié que la vérité :

> Plaisirs et chagrins sont en effet en jeu lorsqu'il s'agit de la vertu morale (*èthikè aretè*), car c'est le plaisir qui nous fait commettre les mauvaises actions et c'est la peine qu'elles nous causent qui nous fait nous abstenir des belles. – Aussi doit-on avoir été guidé, d'une certaine façon, dès la prime jeunesse comme dit Platon, de manière à se réjouir et à se chagriner à bon escient. L'éducation correcte (*orthè paideia*), en effet, consiste en cela[2].

Bref, par delà l'évidente référence aux *Lois*, II, 653 a-c, la grande affaire est bien celle du commencement (*République*, II, 377 a-b), qui est celle de l'éducation. Or c'est à cette question qu'il faut venir si l'on veut briser les

1. *EN*, II, 2, 1104 b 30-1105 a 1.
2. *EN*, II, 2, 1104 b 9-13.

pseudo-cercles aristotéliciens. En effet, contrairement à ce que soutient Gauthier[1], il n'est pas dénué de sens de renvoyer le *hôs eipomen*, « comme on l'a dit », des lignes 1099 a 22-24 citées *supra*, où il est question du *spoudaios* comme bon juge, à 1094 b 23-1095 a 1, où il est effectivement question de l'homme cultivé (*pepaideumenos*) comme bon juge (*agathos kritès*). Certes, de manière assez semblable à *Parties des animaux*, I, 1, 639 a 1-8, Aristote en appelle alors à la culture de l'homme cultivé – « l'honnête homme », serait-on tenté de dire si l'expression n'était équivoque – pour juger de la pertinence d'un exposé et de ses arguments. De même, il se référera à la distinction entre l'homme cultivé et libre (rare) et le rustre (la masse des *phortikoi*) pour justifier qu'il puisse y avoir aussi des spectacles pour « ces gens-là », dont l'âme a été déviée de son état naturel faute d'éducation (*Pol*., VIII, 7, 1342 a 18-28). Et l'on distingue enfin l'homme cultivé, « urbain », du grossier paysan (*phortikos*, *agros*) à son art de manier les bons mots (*asteia*) et de ne pas se faire prendre aux pièges des discours destinés à la masse des incultes qui, de fait, sont juges en matière de décision politique[2]. Or qu'est donc le vertueux si ce n'est un homme cultivé et bien éduqué, un homme ayant appris à ne pas céder à l'attrait du plaisir immédiat ? Pour cette raison même et parce qu'il sait ce qu'il en est de devenir vertueux, c'est-à-dire, en un sens, conforme à sa propre nature tant il est vrai que l'inculture n'aboutit jamais qu'à pervertir ce qui aurait pu bien croître si cette capacité avait été bien guidée plutôt que laissée à elle-même, le vertueux est bien celui auquel on peut se référer en toute confiance. Sa vertu, surtout quand elle est portée à son point le plus extrême, comme dans le cas de Périclès, vient garantir que ses raisonnements pratiques sont toujours mis au service d'une bonne cause, même si celui-là n'est pas exempt d'erreurs et n'est nullement infaillible. Bien éduqué, et reconnu comme tel par tous ou par les plus avisés, on peut bien le reconnaître comme « canon et mètre » de l'action droite. Son exemplarité même montre qu'on ne saurait être « prudent » sans être « vertueux », ni « vertueux » sans être « prudent ».

1. Voir *supra*, p. 151, n. 2.
2. Cf. *Rhét*., I, 2, 1357 a 4 et 11-13 ; III, 1, 1403 b 36, 1404 a 27 ; 10-11.

LE CERCLE VERTUEUX

De ce qui précède, il pourrait ressortir, comme nous l'avons vu, qu'Aristote manie allègrement les raisonnements circulaires : c'est le vertueux qui définit la vertu et c'est lui l'ultime « canon et mètre » du bien « par nature », *phusei*, ou du bien véritable, tout court, *aplôs*. Et en appeler au *phronimos*, à quelqu'un donc qui possède cette vertu « intellectuelle », pour garantir la définition de la vertu « morale » ne change rien à l'affaire et risque même d'empirer la situation puisque Aristote soutient qu'on ne saurait être prudent sans être vertueux, ni vertueux sans être prudent :

> De ce qu'on vient de dire, il résulte donc clairement (*dèlon oun*) qu'on ne peut être bon (*agathos*), au sens fort (*kuriôs*), sans sagacité (*aneu phronèseôs*), ni non plus sagace (*phronimos*) sans la vertu morale (*aneu tès èthikès aretès*)[1].

Comment sortir de ces difficultés et « laver » Aristote de ces accusations, qui, si elles étaient fondées, remettraient effectivement en question les belles constructions de ses *Éthiques* ? Réponse : en prenant en considération les formations respectives de la vertu morale et de la prudence et en mesurant bien le rôle imparti à l'éducation dans la formation de la vertu du caractère. Repartons pour ce faire de la définition de la *phronèsis* afin de bien saisir ce point. On se souvient, en effet, que lorsqu'il en vient à devoir définir la *phronèsis* (*EN*, VI, 5, 1140 a 25-31), Aristote, trait ô combien caractéristique de sa méthode en ce domaine, en appelle tout d'abord à ceux que nous reconnaissons comme *phronimoi*. Or, dit-il, nous tenons pour tels ceux qui délibèrent correctement sur ce qui conduit à la vie heureuse en général, non seulement pour eux-mêmes, mais encore pour les autres. L'opinion, à laquelle on en appelle (voir aussi *EN*, VI, 8, 1141 b 2-8), semble donc d'emblée mise en porte-à-faux vis-à-vis d'elle-même puisque si elle fait volontiers de Périclès l'archétype du *phronimos*, elle n'en tient pas moins la *phronèsis* pour être avant tout la recherche avisée de son bien propre (*EN*, VI, 9), définition qu'Aristote trouve bien trop restrictive, mais dont il n'hésite pas à se servir pour montrer que le bien

1. *EN*, VI, 13, 1144 b 30-32. On aura bien entendu remarqué qu'il s'agit ici de l'*agathos* au sens fort (*kuriôs*). Je n'insiste pas davantage… Dans le même sens, *EN*, X, 8, 1178 a 16-19 : « Du reste, la sagacité elle aussi est en conjonction (*sunezeuktai*) avec la vertu du caractère (*tèi tou èthous aretèi*), comme celle-ci est en conjonction avec la sagacité, puisque aussi bien les principes (*archai*) de la sagacité traduisent les vertus morales, tandis que la rectitude (*orthon*) de celles-ci traduit la sagacité. »

dont s'occupe la *phronèsis* est variable et relatif, contrairement à l'objet de la *sophia* (*EN*, VI, 8). Pour que le *phronimos* puisse assumer sa fonction de critère de la *phronèsis*, il faut donc qu'il sache transférer ce qui vaut de la recherche de son bien propre à celui de l'homme en général, ce qui implique de ne pas céder au plaisir immédiat comme le ferait l'homme immodéré. Il faut donc savoir prévoir, anticiper, mais il faut aussi savoir résister aux tentations présentes en fonction de l'avenir. Dans un cas comme dans l'autre, cela demande d'une part d'avoir été sainement éduqué et, d'autre part, du temps et de l'expérience, ce qui explique une nouvelle fois que les jeunes gens ne soient pas les plus qualifiés en ces matières.

Grâce à un singulier jeu de mots (*hôs sôzousan tèn phronèsin*, *EN*, VI, 5, 1140 b 12)[1], Aristote fait ainsi de la *sôphrosunè*, de la modération, ce qui « préserve », ou « sauvegarde », la *phronèsis* : l'attrait du plaisir ou la crainte de la douleur pouvant, comme nous l'avons vu, pervertir les jugements relatifs à l'action, la modération en garantira donc la droiture. On observe de ce fait un important décalage entre les vertus intellectuelles : si la modération est nécessaire pour garantir la droiture des jugements pratiques, une telle garantie n'est nullement nécessaire pour assurer la droiture des jugements théoriques, mathématiques par exemple. On pourra donc fort bien être débauché et bon mathématicien, mais on ne saurait être débauché et *phronimos* du fait que la *phronèsis* ne s'installe que chez qui est bien éduqué, c'est-à-dire avant tout modéré. La grande affaire est donc bien celle du commencement, de l'éducation, et sur ce point Platon avait raison. Au point, me semble-t-il, qu'on pourrait ici détourner un mot de Rousseau dans son *Émile* au sujet de la *République* de Platon : plus qu'un traité de politique, Rousseau y voyait un merveilleux traité de l'éducation. Cela ne serait-il pas également vrai de l'*Éthique à Nicomaque* ? En effet, on ne sort du prétendu cercle qu'en prenant en considération l'aspect dynamique de l'éducation, d'où le rôle fondamental du nomothète (*EN*, X, 10), mais aussi celui du passage de la puissance à l'acte puisque si nous possédons potentiellement aussi bien la vertu morale que la *phronèsis*, ni l'une ni l'autre ne s'engendrent en nous par les seules bonnes grâces de la nature. On doit commencer par bien élever le corps et la partie désirante de l'enfant, ce qui est l'habituer à devenir modéré, afin qu'une fois la raison survenue, ces dispositions deviennent authentiquement des vertus, ce qui à son tour n'aura été rendu possible que parce que la puissance de mener des raisonnements pratiques aura été bien orientée par cette modération

1. *Cf.* Platon, *Cratyle*, 411e.

préalable. Aussi, bien qu'il ne puisse y avoir d'authentique vertu morale sans *phronèsis* (Socrate avait donc en un sens raison de penser qu'avec la *phronèsis* toutes les vertus étaient données, mais il avait tort de penser qu'elles n'en sont que des formes), ni de *phronèsis* sans vertu morale, c'est bien en dernier ressort la vertu morale, et donc l'éducation de la partie désirante qui est fondamentale, car la « raison pratique » ne servirait de rien si elle n'était préalablement bien orientée.

D'où l'extrême importance du développement sur l'habileté, *deinotès* (*EN*, VI, 13, 1144 a 22-b 1), auquel j'ai déjà fait allusion et sur lequel il convient d'insister pour clore ce point. Aristote vient donc de rappeler que « ce qui rend la décision (*proairesin*) correcte (*orthèn*), c'est la vertu (*aretè*) » (1144 a 20), puis il enchaîne en écrivant :

> Cependant, exécuter tout ce qui doit l'être en fonction de cette décision n'est pas à la portée de la vertu, mais d'une capacité différente (*all'heteras dunameôs*)[1].

Autrement dit, ce qui n'a pas de quoi nous surprendre, si la vertu garantit que les fins choisies soient bonnes, il ne relève pas d'elle de garantir la bonne exécution de l'action projetée, mais d'une « autre capacité ». À chacun son job, somme toute ! Cette capacité, c'est précisément la *deinotès*, qui peut se définir comme la capacité à bien mener les raisonnements qui conduisent à trouver les bons moyens pour parvenir aux fins que l'on se propose d'atteindre, d'où la traduction la plus courante de ce mot par « habileté ». De ce point de vue, cette capacité, en elle-même, est « moralement neutre » : on peut bien trouver de « bons » moyens de parvenir à de mauvaises fins et, malheureusement, il est aussi possible d'user de mauvais moyens pour parvenir à de justes fins. Voilà ce qui amène Aristote à marquer un temps d'arrêt et à s'expliquer clairement sur ce point (1144 a 22-23). Il lui faut montrer que cette disposition naturelle ou spontanée qu'est l'habileté doit elle-même être éduquée afin d'être bien canalisée, sinon, au lieu de devenir des *phronimoi*, les habiles (*deinous*) ne seront que de fieffés coquins, des « roués » (*panourgous*). La *phronèsis* ne s'identifie donc pas à cette capacité à l'état brut, mais elle ne saurait advenir sans elle, pourvu que cette dernière soit éclairée par la vertu. Si nous nous souvenons du passage de l'*EN*, VI, 13, 1144a9-1144b1[2], alors l'allusion à Platon est claire (*Rép.*, VII, 518c et 553 d), même si Aristote transforme la

1. *EN*, VI, 13, 1144 a 21-22.
2. Cité *supra*, p. 157-158.

portée des arguments platoniciens[1]. Toujours est-il qu'afin d'expliquer l'exécution de l'action (ce qui n'était pas d'emblée l'objet des développements platoniciens), laquelle ne relève donc pas de la vertu elle-même, Aristote mobilise une certaine faculté naturelle, la *deinotès*, qu'on peut assimiler à ce fameux « œil de l'âme », mais souligne fortement que sans vertu, cet œil ne verra rien de ce qu'il a à voir : le « mieux » ne lui apparaîtra pas. Comprenez : il n'engendrera que méchanceté du fait que c'est dès le départ que le principe aura été perverti. Voilà pourquoi c'est bien la vertu, donc l'éducation, qui constitue l'essentiel : elle seule peut garantir que le *phronimos* ne soit pas qu'un « roublard » (*panourgos*).

Mais alors, pourquoi affirmer aussi qu'il ne saurait y avoir de vertu morale sans *phronèsis* ? Parce que, une nouvelle fois, il s'agit ici de la vertu ou de la « bonté » *kuriôs*, « au sens fort, strict ». En effet, enchaîne Aristote (1144 b 1-14), de même qu'il y a lieu de distinguer entre l'habileté comme capacité naturelle et la *phronèsis* comme capacité devenue, consolidée, il faut distinguer entre la « vertu naturelle » (*phusikè aretè*) et la « vertu au sens fort », proprement dite. Or, de nouveau, le passage de l'une à l'autre est affaire d'éducation, mais en ce cas c'est aussi l'affaire de l'intelligence ou raison (*noûs*, 1144 b 12). Où nous voyons bien qu'il s'agit ici de quelque chose de dynamique : il faut commencer par le commencement, l'éducation du corps et du désir, qui est affaire d'entraînement afin que les dispositions naturelles soient consolidées en « habitudes », et ce, à son tour, afin que lorsque la raison surviendra, celle-ci soit bien canalisée et mise au service de bonnes fins. En retour, la « raison droite » achève le devenir de la vertu morale. Il n'y a donc nul cercle, mais un long processus qui demande exercice et enseignement.

EN GUISE DE CONCLUSION

Furetière, dans son *Dictionnaire universel* (1690) cite le *Trésor de la langue française tant ancienne que moderne* de Nicod (1606), d'après lequel « sage » proviendrait de *sagax*, « qui a l'odorat subtil (en parlant du chien) » et qui a donné notre « sagace » – étymologie plus que douteuse, mais non dénuée de sens, d'autant plus que, par « sage », il entend moins le

1. Les commentaires de Gauthier (*op. cit.*, t. II, 2, p. 549-553) sur l'ensemble de ce passage sont assez bien venus.

sophos au sens aristotélicien du terme que le *phronimos* en un sens ironiquement quasi stoïcien :

> SAGE. Philosophe qui par l'étude de la nature et des événements passés, a appris à se connaître, et à bien conduire ses actions. Plutarque a fait un beau Traité du Banquet des sept *Sages*. Le *Sage* a des passions et les modère. Les Stoïques voulant faire un *Sage*, n'en ont fait que la statuë.

Cicéron, qui use des termes *sapiens* et *sapientia* pour traduire *sophos* et *sophia*, n'hésite pas à faire remarquer, du fait que ce sont des dérivés de *sapio*, « avoir du goût », que pour un *sapiens* « la délicatesse de l'esprit n'a pas pour conséquence d'exclure la délicatesse du palais » (*nec enim sequitur, ut, cui cor sapiat, ei non sapiat palatus, Fin.*, II, 24), mais seulement d'en faire peu de cas, ce qui est une marque de sa *temperantia*. C'est bien pourquoi faire dériver sage de *sagax* et non de *sapidus* n'est pas dénué de sens : Cicéron nous le dit encore lorsque, dans ce même traité, il fait dériver la moralité non seulement de la raison que seul l'homme possède, mais encore de ce « flair » (*sagacem*, II, 45) qui lui permet de voir rapidement les causes et les conséquences de toute chose ainsi que « le besoin qu'il a de la société des autres hommes » (*ibid.*, on retrouve la même métaphore chez Sénèque, *Ep.* 95, 58).

Alors « sagace » pour *phronimos* et « sagacité » pour *phronèsis*, pourquoi pas ? C'est affaire de goût… Et l'on peut bien préférer le flair à la vue !

Jean-Louis LABARRIÈRE

CHAPITRE VI

LES ÉCLIPSES DE LA *PHRONÈSIS* DANS LE STOÏCISME DE CLÉANTHE À MARC AURÈLE[1]

à mon père

Il est bien connu que les Stoïciens établirent une liste canonique de quatre vertus « cardinales ». Cette liste est manifestement inspirée de listes de vertus déjà présentes chez Platon[2], mais les Stoïciens en furent les véritables promoteurs, fixant ainsi une partie de la tradition antique, médiévale et classique. Ces quatre vertus sont la prudence, la justice, la tempérance et le courage. Avec un remarquable sens de la classification et

1. Je remercie Danielle Lories, qui a été mon « répondant » à Namur, pour ses précieuses remarques sur la première version de ce texte. Lors de la journée d'études, l'exposé d'Alexandrine Schniewind a attiré mon attention sur l'importance de la prudence chez Épicure, ce qui a sensiblement modifié mon interprétation du fragment 556 de Cléanthe : qu'elle en soit également remerciée. Enfin, les difficultés de la position de Zénon m'ont été rendues sensibles par le travail effectué sur les fragments relatifs à la vertu par Michel Gourinat, dans le cadre du « projet Zénon » du Centre Léon Robin : qu'il trouve lui aussi ici l'expression de ma reconnaissance.

2. Plutarque, *Stoic. Repugn.*, 7, 1034 C (*SVF* I 200); id., *Virt. mor.*, 2, 441 A (*SVF* I 201). Dans le premier de ces deux passages, Plutarque reconnaît explicitement que Zénon avait emprunté la liste des quatre vertus cardinales à Platon, mais, en fait c'est seulement dans les *Lois*, XII, 964b que l'on peut trouver la liste platonicienne « traditionnelle » complète. La *République* de Platon est plus hésitante, puisque, quand la justice est incluse dans la liste (IV, 441c-442c), la sagesse (*sophia*) prend la place de la prudence (*phronèsis*).

de la subtilité, ils subordonnèrent à ces quatre vertus principales toute une série de vertus secondaires[1].

Cette liste canonique, généralement transmise dans la tradition comme la liste « des Stoïciens », fut pourtant sujette à toute une série de variations et d'altérations dans l'histoire du stoïcisme, qui apparaissent dès que l'on regarde non plus ce que la tradition attribue aux Stoïciens en général, mais ce que chaque Stoïcien semble avoir défendu chacun à son tour. Dans ces aléas de l'histoire des vertus stoïciennes, la prudence est certainement l'une des vertus qui connaît le plus d'écarts par rapport à la doctrine canonique. Tantôt, en effet, la *phronèsis* apparaît comme la vertu générique (Zénon) ou comme la seule et unique vertu (Apollophane), tantôt elle disparaît de la liste des vertus cardinales, pour faire place à la maîtrise de soi (Cléanthe) ou à la vérité (Marc Aurèle). Chez aucun Stoïcien toutefois la *phronèsis* ne disparaît complètement : même chez Cléanthe et Marc Aurèle, elle continue à apparaître. Malgré ces éclipses qui la font disparaître du ciel des vertus cardinales, la *phronèsis*, offusquée par une autre vertu, reste présente, même si elle est alors cachée dans l'ombre des vertus cardinales.

Pourquoi la *phronèsis* a-t-elle connu de tels aléas dans l'histoire du stoïcisme ? C'est ce que le présent chapitre voudrait essayer de déterminer.

LA *PHRONÈSIS* ET LES VERTUS CARDINALES

Diogène Laërce et Arius Didyme[2] s'entendent pour attribuer aux Stoïciens une doctrine des quatre vertus « cardinales » ou premières (πρώται). Mais l'un comme l'autre soulignent que cette doctrine « stoïcienne » n'était pas unanimement admise au sein de l'école. Comme c'est fréquemment le cas dans son exposé de la doctrine stoïcienne, le passage de Diogène Laërce consacré aux vertus fait précéder l'exposé de la doctrine « commune » de l'école de celui des variations historiques de cette

1. Diogène Laërce, VII, 92 (*SVF* III 265) n'en mentionne que 5, mais Stobée, *Eclog*., II, 7, p. 60, 15-62, 6 W. (*SVF* III 264) en mentionne 9.

2. L'attribution à Arius Didyme du long chapitre de Stobée consacré à l'éthique stoïcienne (II, 7), a été proposée par A. H. L. Heeren (éd.), *Ioannis Stobaei Eclogarum physicarum et ethicarum libri duo*, Göttingen, Vandenhoeck und Ruprecht, 1859, t. II, vol. 2., p. 191-192, suivi par A. Meineke, « Zu Stobaeus », *Sokrates : Zeitschrift für das Gymnasialwesen*, (1859) 13, et H. Diels, *Doxographi Graeci*, Berlin, Reimer, 1879, p. 69-88, sur la base de similarités avec la section suivante (sur l'éthique d'Aristote), dont un passage (II, 7, p. 129, 19-130, 12 W.) est présenté ensuite comme un extrait de l'*Epitome* d'Arius Didymus (*Eclogae*, IV, 39, p. 918, 15 H.). Je ne discuterai pas ici la question de cette attribution, et parlerai soit de la doxographie d'Arius, soit de Stobée-Arius.

doctrine. Le passage sur les définitions des vertus, corrompu, doit être complété à l'aide des textes parallèles d'Arius Didyme et du pseudo-Andronicos[1] :

> Panétius dit donc qu'il y a deux vertus, la théorique et la pratique ; d'autres qu'il y a la vertu logique, la vertu physique et la vertu éthique. Posidonius et ses adeptes disent qu'il y en a quatre et Cléanthe, Chrysippe, Antipater et leurs adeptes disent qu'il y en a plus encore. Quant à Apollophane, il dit qu'il n'y en a qu'une, la prudence.
>
> Parmi les vertus, certaines sont premières, d'autres leur sont subordonnées. Les premières sont les suivantes : la prudence, le courage, la justice, la tempérance. Dans leur espèce se trouvent la grandeur d'âme, la maîtrise de soi, l'endurance, la vivacité, le bon sens. La prudence est la science des biens, des maux, et de ce qui n'est ni l'un ni l'autre ; la justice est la science <qui consiste à donner à chacun ce qui est conforme à sa valeur, la tempérance est la science> concernant ce qu'il faut choisir et ce dont il faut se prémunir[2] et ce qui n'est ni l'un ni l'autre ; <le courage est la science concernant ce qui est redoutable et ce qui ne l'est pas, et ce qui n'est ni l'un ni l'autre>[3].

Étant donné la manière dont Diogène Laërce présente les choses, on peut avoir l'impression que c'est Posidonius qui est en fait le tenant de la doctrine « orthodoxe » des quatre vertus cardinales, tandis que Panétius est le tenant d'une doctrine des deux vertus, Apollophane, le tenant de l'existence d'une unique vertu, et Cléanthe, Chrysippe et d'autres les tenants d'un nombre encore plus grand de vertus. Mais les vertus supérieures à quatre, que Diogène leur attribue, ne sont-ce pas aussi bien ces vertus non intellectuelles que, selon Diogène Laërce et Arius Didyme, les Stoïciens reconnaissaient aussi[4], et dont Arius dit qu'elles n'étaient pas des sciences, mais seulement des « capacités produites par l'exercice »[5], comme la santé et la force du corps ? Diogène Laërce semble attribuer plutôt cette doctrine à Hécaton de Rhodes, dont il cite le traité *Sur les vertus*, mais rien n'exclut totalement qu'une telle doctrine ait été partagée aussi par Chrysippe.

1. Stobée, *Eclog.*, II, 7, p. 59, 4 *sq.* W. (*SVF* III 262) ; Ps.-Andronicos, *Pass.*, 2, 1, p. 239, 24-241, 20 Glibert-Thirry (*SVF* III 266).

2. Εὐλαβητέον. Selon le ps.-Andronicos, « ce qu'il ne faut pas choisir » (οὐχ αἱρετῶν), et selon Stobée-Arius, « ce qu'il faut fuir » (φευκτῶν). La version du texte lacunaire de D.L. provient probablement de la définition de la tempérance chez Xénophon, *Mem.*, III, 9, 4.

3. D.L., VII, 92 (je traduis le texte de l'édition Marcovich).

4. D.L., VII, 90-91.

5. Stobée, *Eclog.*, II, 7, p. 62 19-20 W. (*SVF* III 278).

Plus vraisemblablement encore, ces vertus en nombre supérieur à quatre, ne sont-ce pas, outre les quatre vertus cardinales, les vertus subordonnées aux vertus cardinales, ou les vertus non éthiques (logique[1] et physique[2]) ?

La plupart des vertus subordonnées peuvent en effet être attribuées à Chrysippe, par exemple la maîtrise de soi[3].

En ce qui concerne les deux vertus non éthiques, l'une au moins d'entre elles, la vertu dialectique, peut être attribuée à Chrysippe[4]. Or cette vertu se définit, comme trois des quatre vertus éthiques, par un triple objet : elle est science du vrai, du faux, et de ce qui n'est ni l'un ni l'autre. Cette définition est attribuée nominalement à Posidonius, ce qui montre bien cette fois que Posidonius reconnaît au moins une vertu de plus que les quatre vertus éthiques que semble lui attribuer ici Diogène Laërce. Quant à Panétius, si Diogène Laërce lui attribue seulement deux vertus, la vertu théorique et la vertu pratique, Cicéron, lorsqu'il expose une version de la doctrine stoïcienne qui reproduit également cette division en deux, précise qu'en réalité la vertu théorique est la prudence, et que la vertu pratique se décompose en trois : courage, justice, tempérance[5].

On voit donc que la dissension exposée par Diogène Laërce est beaucoup moins forte qu'il n'y paraît, puisque la plupart des Stoïciens semblent avoir reconnu à la fois les trois vertus principales et les quatre vertus éthiques, et que, quand Panétius n'en reconnaît que deux, en fait lui aussi admet les quatre vertus cardinales, même s'il ne les structure pas de la

1. D.L., VII, 46-48 (*SVF* II 130, *FDS* 87); Cic., *Fin.*, III, 72 (*SVF* III 281); *PHerc.* 1020 (*SVF* II 131, *FDS* 88). Le texte de Cicéron et celui de Diogène sont rapprochés dans le commentaire par Madvig du *De finibus*, p. 469. Le papyrus est très probablement un texte de Chrysippe, comme l'indique la présence dans ce papyrus (col. I) de la définition de la philosophie attribuée à Chrysippe (ἐπιτήδευσις λόγου ὀρθότητος) : *cf.* Isidore de Péluse, *Epist.*, V, 558 (*FDS* 2B). Une confirmation supplémentaire de l'origine chrysippéenne de la doctrine se trouve dans la mention de l'ἀπροπτωσία dans un fragment littéral du traité de Chrysippe *Sur Zeus* (Plut., *Stoic. Repugn.*, 13, 1038 F = *SVF* III 211). Sur la vertu dialectique, voir A. Long, « Dialectic and the Stoic sage », dans J.M. Rist (éd.), *The Stoics*, Berkeley, University of California Press, 1978, repris dans A. Long *Stoic Studies*, Cambridge, Cambridge University Press, 1996, et J.-B. Gourinat, *La dialectique des Stoïciens*, Paris, Vrin, 2000, p. 73-83.

2. Sur la vertu physique, voir la description de Cicéron, *Fin.*, III, 73 (*SVF* III 282) et le commentaire *ad loc.* de Madvig; *cf.* S. Menn, « Physics as a virtue », *Proceedings of the Boston Area Colloquium in Ancient Philosophy*, (1995) 11.

3. Voir par exemple le fragment littéral déjà cité du traité de Chrysippe *Sur Zeus* (Plut., *Stoic. Repugn.*, 13, 1039 A = *SVF* III 211).

4. Voir *supra*, note 1 sur cette page.

5. Cicéron, *Off.*, I, 15-17 (Panétius, test. 56 Alesse).

même manière. La dissension attribuée par Stobée-Arius à Cléanthe, et celle qui est attribuée à Apollophane paraissent donc être les seules à créer un véritable écart par rapport à l'orthodoxie. Ces quatre vertus cardinales se retrouvent dans le stoïcisme impérial (Sénèque, Musonius, Marc Aurèle), à l'exception notable d'Épictète, qui n'en reproduit jamais la liste[1].

En tout état de cause, pour la tradition stoïcienne, les quatre vertus cardinales sont des sciences, c'est-à-dire que la connaissance est nécessaire à la vertu. C'est en ce sens que les Stoïciens sont fondamentalement intellectualistes : la vertu est une « disposition stable de l'âme en accord avec elle-même (διάθεσις ὁμολογουμένη) »[2] et cette disposition stable consiste d'abord dans une « science » (ἐπιστήμη), c'est-à-dire qu'elle est d'abord une forme de « compréhension » inébranlable[3]. C'est évidemment ce qui explique que la logique et la physique puissent être des vertus. Mais le vertueux est à la fois « théorique » et « pratiquant des choses à faire (πρακτικὸν τῶν ποιητέων) »[4], et la vertu est à la fois théorique et pratique[5], de telle sorte que la science qu'est la vertu suppose également un exercice (ἄσκησις) et une pratique (πρᾶξις), et qu'elle se réalise dans des actions. La vertu stoïcienne n'est pas purement contemplative, et aucune vertu stoïcienne, même la vertu physique ou la vertu logique, n'est purement théorique ou contemplative[6]. La distinction, au sein du stoïcisme, ne se fait pas entre vertus pratiques et vertus théoriques, mais entre vertus théoriques et vertus « non théoriques », comme la santé, de telle sorte que les vertus éthiques sont des vertus théoriques, parce qu'elles nécessitent la connaissance de certains théorèmes[7]. Mais, inversement, les vertus éthiques ne sont pas les seules à ne pas être purement contemplatives : la vertu est une certaine disposition de l'âme, qui consiste en une science ou compréhension de certains objets, et qui nous permet d'accomplir certaines actions[8].

1. Voir *infra*, p. 192-193.

2. Stobée, *Eclog.*, II, 7, p. 59, 4 *sq.* (*SVF* III 262) ; *cf.* D.L., VII, 89 (*SVF* III 39).

3. Stobée, *Eclog.*, II, 7, p. 73, 19-21 W. (*SVF* III 112).

4. D.L., VII, 126 (*SVF* III 295).

5. Philon, *Leg. Alleg.*, I, 56 (*SVF* III 202) ; *cf.* Musonius Rufus, *Reliq.*, 22, 7-12 ; Sénèque, *Ep.*, 94, 45 ; 95, 10. Sur ce point, la position de Panétius telle qu'elle est décrite par D.L. et Cicéron introduit une véritable divergence par rapport à l'orthodoxie.

6. La vertu physique, parce qu'elle donne la connaissance théorique de la nature, est celle qui permet de « vivre en harmonie avec la nature », et de réaliser ainsi le *telos* de la vie humaine (*cf.* Cicéron, *Fin.*, III, 73 = *SVF* III 282).

7. D.L., VII, 90-91. Voir T. Bénatouïl, « Force, fermeté, froid : la dimension physique de la vertu stoïcienne », *Philosophie antique*, (2005) 5, spéc. p. 11-12.

8. *Cf.* A.M. Ioppolo, *Aristone di Chio e lo stoicismo antico*, Napoli, Bibliopolis, 1980, p. 212.

La vertu dialectique, par exemple, nous permet de dialoguer et de raisonner correctement. Les vertus se différencient entre elles par les objets dont elles ont la science, et par ce qu'elles permettent d'accomplir.

De quoi la prudence est-elle la science ?

Contrairement à Diogène Laërce, qui donne une définition simple pour la prudence (« la science des biens, des maux, et de ce qui n'est ni l'un ni l'autre »), Arius Didyme dans Stobée donne une définition double :

> Φρόνησιν δ' εἶναι ἐπιστήμην ὧν ποιητέον καὶ οὐ ποιητέον καὶ οὐδετέρων ἢ ἐπιστήμην ἀγαθῶν καὶ κακῶν καὶ οὐδετέρων φύσει πολιτικοῦ ζῴου[1].
>
> La prudence est la science des choses qu'il faut faire et qu'il ne faut pas faire et de celles qui ne sont ni l'un ni l'autre, ou la science des biens, des maux, et de ce qui n'est ni l'un ni l'autre pour un animal politique par nature.

Il est clair que la première définition semble reprendre les mêmes termes que ceux par lesquels Diogène Laërce décrit l'aspect pratique de la vertu : le vertueux est « pratiquant des choses à faire » et la prudence porte sur ces « choses à faire », mais aussi sur celles qui ne le sont pas, et sur celles qui ne sont ni l'une ni l'autre. La proximité des deux expressions tend à indiquer que la *phronèsis*, dans le premier sens, est très proche de la vertu elle-même, et qu'elle s'y identifie presque. Cette double définition explique que, dans nos sources, la prudence soit tantôt définie selon l'une de ces définitions, tantôt par l'autre. Stobée-Arius, Plutarque[2], Diogène Laërce, Sextus Empiricus[3], Ps.-Andronicos et Simplicius[4] donnent la définition de la *phronèsis* comme « science des biens, des maux, et de ce qui n'est ni l'un ni l'autre ». C'est encore le sens attesté par Épictète[5]. Stobée-Arius, Alexandre d'Aphrodise[6] et Ps.-Andronicos[7] donnent la définition comme « science des choses qu'il faut faire et qu'il ne faut pas faire », à quoi le seul Stobée-Arius ajoute « celles qui ne sont ni l'un ni l'autre ». Galien[8] et Plutarque[9] attribuent une définition très proche à Ariston. Il y a donc une

1. Stobée, *Eclog.*, II, 7, p. 59, 4-6 W. (*SVF* III 262).
2. Plutarque, *Not. Comm.*, 16, 1066 D (*SVF* II 1181).
3. S.E., *M.*, IX, 162 (*SVF* III 274) ; XI, 170 (*SVF* III 598),
4. Simplicius, *in Ar. Categ.*, p. 389, 19-20 Kalbfleisch (*SVF* II 174).
5. Épictète, *Entr.*, I, 20, 6.
6. Alex. Aphrod., *Fat.*, 37, Bruns p. 210, 18 = Thillet p. 73, 2-3 (*SVF* II 1005).
7. Ps.-Andronicos, *Pass.*, 2, 10, p. 259-261 Gl.-Th. (*SVF* III 268).
8. Galien, *Plac. Hip. Plat.*, VII, 2, p. 434, 31-436, 8 De Lacy (*SVF* I 374).
9. Plutarque, *Virt. mor.*, 2, 440 F (*SVF* I 375).

majorité de sources qui attribuent aux Stoïciens en général la définition de la *phronèsis* comme « science des biens, des maux, et de ce qui n'est ni l'un ni l'autre », un auteur (Stobée-Arius) qui leur attribue les deux formules[1], un seul auteur (Alexandre) qui ne leur attribue que la définition par « les choses qu'il faut faire et qu'il ne faut pas faire », et un auteur (Plutarque) qui attribue aux Stoïciens en général la première définition et au seul Ariston la seconde. Ceci semblerait indiquer en fait que la seconde définition n'est attribuable en tant que définition de la *phronèsis* qu'au seul Ariston, et qu'elle a été introduite dans la doctrine stoïcienne à cause de lui[2], mais, toutefois, Ps.-Andronicos l'attribue à Chrysippe[3]. En tout état de cause, il est particulièrement significatif que, quand la seconde définition est attribuée à Ariston, c'est dans un sens spécifique, et non pas dans un sens qui en ferait une *phronèsis* dans le sens le plus générique du terme, qui permettrait de l'identifier à la vertu en général :

> La vertu qui examine ce qu'il faut faire et ce qu'il ne faut pas faire est appelée prudence ; celle qui met de l'ordre dans le désir, et qui délimite la mesure et l'opportunité dans les plaisirs, tempérance ; celle qui s'occupe des affaires communes et des accords avec autrui, justice : de même que le couteau est une chose unique, mais coupe des choses différentes selon les circonstances, et de même que le feu agit sur des matières différentes, en se servant pour le faire d'une seule et même nature[4].

Le texte parallèle de Galien (outre qu'il définit aussi le courage, curieusement absent du texte de Plutarque) est d'autant plus intéressant qu'il définit la différence entre la tempérance et la prudence non pas par les objets concernés, mais par le type d'acte que nous effectuons par rapport à ces objets[5]. En effet, dans les deux cas, ce sont les biens et les maux qui sont

1. Le pseudo-Andronicos, quant à lui, rapporte ces définitions, mais sans les attribuer spécifiquement aux Stoïciens.

2. Il est de ce point de vue frappant que seule la définition de Stobée-Arius ajoute aux objets qu'il faut faire ou ne pas faire les indifférents, car seul cet ajout introduit une note discordante par rapport à la définition aristonienne : Ariston n'admettant pas de préférable parmi les indifférents (*cf.* Ioppolo, *Aristone di Chio, op. cit.*, p. 152-159), il semble assez conséquent que les indifférents n'aient pas à s'ajouter aux biens et aux maux dans *sa* définition de la prudence.

3. Ps.-Andronicos, *Pass.*, 2, 10, p. 259, 73 Gl.-Th. (*SVF* III 268).

4. Plutarque, *Virt. mor.*, 2, 440 F (*SVF* I 375). Voir le commentaire d'A. M. Ioppolo, *Aristone di Chio, op. cit.*, p. 215-222.

5. Voir Ioppolo, *Aristone di Chio, op. cit.*, p. 213, et D. Lories, *Le sens commun et le jugement du* phronimos : *Aristote et les Stoïciens, op. cit.*, p. 458-459 : « Galien s'exprime, à

concernés parce qu'ils sont l'objet de toute vertu, et la tempérance s'occupe de les choisir et de les fuir, tandis que la prudence s'occupe de les accomplir ou de ne pas les accomplir :

> Il ne posait qu'une seule vertu de l'âme, qui est une science des biens et des maux. Quand il faut choisir les biens et fuir les maux, il appelle cette science tempérance ; quand il faut accomplir (πράττειν) les biens, et ne pas accomplir les maux, il l'appelle prudence ; quand il faut avoir de l'assurance vis-à-vis de certaines choses, et en fuir d'autres, courage ; et quand il faut distribuer à chacun selon sa valeur, justice. En un mot, quand l'âme connaît indépendamment de l'accomplissement (πράττειν) du bien et du mal, c'est de la sagesse et de la science, mais quand elle en vient aux actions (τὰς πράξεις) de la vie, [la science] prend les noms plus nombreux qui viennent d'être mentionnés, et elle est appelée prudence, tempérance, justice et courage[1].

Tout n'est pas parfaitement clair dans le compte rendu de Galien[2], mais il apparaît clairement que, quand la *phronèsis* est définie par Ariston comme science de « ce qu'il faut faire et ne pas faire », ce n'est pas dans le sens générique de la vertu selon lequel tout vertueux est « pratiquant des choses à faire », mais dans un sens spécifique, qui distingue clairement la *phronèsis* des autres vertus. Il peut donc être assez douteux que la définition de la *phronèsis* comme « science des biens, des maux, et de ce qui n'est ni l'un ni l'autre » soit fondamentalement différente de la définition comme « science des choses qu'il faut faire et qu'il ne faut pas faire » : en tout cas, elle ne semble pas donner à la *phronèsis* le sens d'une vertu générique.

Les définitions techniques des vertus cardinales peuvent être complétées par une distinction rapportée par le seul Arius Didyme chez Stobée :

> Τὴν μὲν φρόνησιν περὶ τὰ καθήκοντα γίνεσθαι· τὴν δὲ σωφροσύνην περὶ τὰς ὁρμὰς τοῦ ἀνθρώπου· τὴν δὲ ἀνδρείαν περὶ τὰς ὑπομονάς· τὴν δὲ δικαιοσύνην περὶ τὰς ἀπονεμήσεις[3].

propos d'Ariston, de telle manière qu'il semble que c'est le passage à l'action lui-même qui fait que l'on parle d'une seule vertu ou science du sage ou de plusieurs ».

1. Galien, *Plac. Hip. Plat.*, VII, 2, p. 434, 30-436, 7 De Lacy (*SVF* I 374).

2. On ne voit pas bien si ce sont les mêmes biens et les mêmes maux que la tempérance choisit et fuit, et que la prudence accomplit et n'accomplit pas, ni si ce sont des biens et des maux que le courage supporte et fuit, et que la justice distribue. Ce devrait être le cas, si toutes les vertus sont des sciences des biens et des maux et s'il n'y a pas de préférables, mais ce n'est pas dit clairement.

3. Stobée, *Eclog.*, II, 7, p. 60, 13-15 W. (*SVF* III 264).

> La prudence concerne les devoirs; la tempérance concerne les impulsions de l'homme; le courage concerne ce qu'il faut supporter; et la justice concerne les distributions.

Selon cette distinction, la prudence se rapporte aux « devoirs » ou « convenables », les fameux *kathèkonta* du stoïcisme. La définition du devoir étant que c'est « l'action dont l'accomplissement (ὃ πραχθέν) possède une justification raisonnable (εὔλογον ἀπολογισμόν) »[1], cette définition concorde assez bien avec la définition selon laquelle la prudence est la « science des choses qu'il faut faire et qu'il ne faut pas faire », puisque les *kathèkonta* semblent assez bien correspondre à ce qu'il faut faire ou ne pas faire[2]. À première vue, on voit plus mal comment cette définition des objets auxquels se rapporte la *phronèsis* concorde avec celle selon laquelle il s'agit de la « science des biens, des maux, et de ce qui n'est ni l'un ni l'autre ». La division en biens, maux et indifférents ne se superpose pas nécessairement aux devoirs, qui sont des actions. Cicéron précise même que les devoirs ne sont ni des biens ni des maux, mais des indifférents:

> Le devoir fait partie de ce genre de chose qui n'est placée ni dans les biens ni dans leurs contraires[3].

En somme, il peut sembler que dire, comme le fait Stobée-Arius, que la prudence se rapporte aux devoirs, c'est en restreindre le sens par rapport à la définition qui en fait une science des biens, des maux et des indifférents, parce qu'on en fait ainsi une vertu qui se rapporte aux seuls indifférents.

Il est en un sens assez facile de résoudre (ou faut-il dire: de contourner?) la difficulté, dans la mesure où, quand Arius chez Stobée dit que la prudence *concerne* les devoirs, il ne dit pas que c'est une *science des* devoirs. On pourrait donc avoir une science des biens, des maux, et des indifférents qui porte uniquement sur une classe d'indifférents. Il faudrait en conclure que le champ d'extension théorique de la prudence en tant que science est plus grand que celui de son application pratique: la prudence serait une science des biens, des maux et des indifférents, qui régirait nos

1. D.L., VII, 107 (*SVF* I 230); *cf.* Cicéron, *Fin.*, III, 58 (*SVF* I 230; III 498).

2. Alexandre d'Aphrodise, pour sa part, commente cette définition en disant que les « choses à faire » de la définition sont les « devoirs parfaits » (*katorthômata*) et les « choses à ne pas faire » les fautes (*De fato*, 37, p. 210, 19-21 Bruns = p. 73, 4-5 Thillet = *SVF* II 1005). Il restreint ainsi le champ d'application de la prudence à un type particulier de devoir, celui du sage, qui est accompli *avec vertu*, et déplace ainsi quelque peu l'accent. *Cf.* D. Lories, *Le sens commun et le jugement du* phronimos, *op. cit.*, p. 457-463. On peut se demander toutefois si cette assertion d'Alexandre est vraiment fiable.

3. Cicéron, *Fin.*, III, 58 (*SVF* III 498).

pratiques du devoir. On pourrait songer, analogiquement, que la dialectique est une science du vrai, du faux, et de ce qui n'est ni l'un ni l'autre, mais que le dialecticien doit dire la vérité, et non le faux.

De façon générale, on peut admettre, me semble-t-il, que ce qu'il faut faire dépend de ce que sont les objets de nos actions : nos devoirs sont proportionnés au fait que les objets de nos actions sont des biens, ou des maux. En effet, Diogène Laërce donne pour exemples de devoir : « honorer ses parents, ses frères, sa patrie, assister ses amis » (VII, 108). De tels devoirs résultent sans doute de l'*oikeiôsis*. Mais ils résultent aussi du fait qu'« avoir une bonne patrie, un bon ami et leur prospérité » font partie des « biens extérieurs » (VII, 95). C'est donc en sachant que ce sont des biens (et donc grâce à la connaissance des biens, des maux et des indifférents) que je peux connaître aussi mes devoirs envers eux.

Ceci, notons-le, préserve tout à fait la spécificité de la prudence par rapport aux autres vertus, qui n'ont pas affaire *stricto sensu* au bien et au mal, ni au devoir, mais plutôt à des indifférents. Par exemple, si la tempérance est la science concernant ce qu'il faut choisir et ce qu'il ne faut pas choisir, et porte sur les impulsions, ou si la peur porte sur ce qui est redoutable et ce qui ne l'est pas, on peut certes considérer que cela suppose la connaissance des biens et des maux, car, entre le bien et le mal, il faut choisir le bien ; entre le préférable et le rejetable, il faut choisir le préférable, mais il ne faut pas choisir le préférable s'il doit en résulter un mal. Mais ce à quoi s'applique spécifiquement cette vertu est seulement indifférent. Il est préférable d'être en bonne santé plutôt que malade, vivant plutôt que mort, mais, il est parfois préférable d'accepter la maladie :

> Aussi longtemps que ce qui va venir m'est obscur, je m'attache toujours à ce qui est plus naturellement apte à me faire atteindre les choses conformes à la nature ; car Dieu lui-même m'a fait sélecteur de ces choses. Mais si je savais qu'une maladie était maintenant fixée pour moi par le destin, j'irais jusqu'à avoir une impulsion envers elle. Car le pied, lui aussi, s'il avait de l'intelligence, aurait une impulsion à se laisser couvrir de boue [1].

Il est clair que ce que Chrysippe dit ici s'applique à la tempérance : il se réfère à la fois à l'impulsion et au choix, qui sont l'objet de la tempérance et ce à quoi elle s'applique. Or il ne s'agit là que d'indifférents, de choses

1. Chrysippe cité par Épictète, *Entr.*, II, 6, 9 (*SVF* III 191). Sur ce texte, voir J. Brunschwig, « Sur deux notions de l'éthique stoïcienne : de la “réserve” au “renversement” », dans J.-B. Gourinat, G. Romeyer Dherbey (éd.), *Les Stoïciens*, Paris, Vrin, 2005, p. 361, à qui cette traduction est empruntée.

conformes à la nature ou contraires à la nature, et non pas du bien ou du mal[1]. Il y a donc sans doute une certaine primauté de la prudence par rapport aux autres vertus éthiques (raison pour laquelle elle est généralement en tête de la liste), parce qu'elle donne la connaissance la plus générale (celle du bien, du mal et des indifférents), mais cette primauté lui laisse cependant une spécificité forte par rapport aux autres vertus, car elle est la seule à s'appliquer au bien et au mal, et aux devoirs qui en résultent.

LA *PHRONÈSIS* OFFUSQUÉE CHEZ CLÉANTHE ET LE PROBLÈME DE L'UNITÉ DE LA VERTU ET DE LA VERTU-SOURCE DANS L'ANCIEN STOÏCISME

Chez Cléanthe, la prudence semble disparaître de la liste des vertus cardinales et se voit remplacée par la « continence » ou maîtrise de soi (*enkrateia*) :

> Ὁ δὲ Κλεάνθης ἐν ὑπομνήμασι φυσικοῖς εἰπὼν ὅτι πληγὴ πυρὸς ὁ τόνος ἐστί, κἂν ἱκανὸς ἐν τῇ ψυχῇ γένηται πρὸς τὸ ἐπιτελεῖν τὰ ἐπιβάλλοντα, ἰσχὺς καλεῖται καὶ κράτος, ἐπιφέρει κατὰ λέξιν, ἡ δ'ἰσχὺς αὕτη καὶ τὸ κράτος, ὅταν μὲν ἐν τοῖς φανεῖσιν ἐμμενετέοις ἐγγένηται, ἐγκράτειά ἐστιν· ὅταν δ'ἐν τοῖς ὑπομενετέοις, ἀνδρεία· περὶ τὰς ἀξίας δὲ δικαιοσύνη· περὶ τὰς αἱρέσεις καὶ ἐκκλίσεις σωφροσύνη[2].
> Cléanthe, dans des écrits de physique, lorsqu'il dit que la tension est un choc du feu, et que, si elle devient suffisante dans l'âme pour accomplir ce qui convient, elle est appelée force et puissance, s'exprime littéralement ainsi : « la force et la puissance, quand elles se produisent pour des choses auxquelles il faut manifestement résister, c'est la maîtrise de soi ; quand elles se produisent par rapport à des choses qu'il faut supporter, c'est le courage ; quand elles concernent la valeur, c'est la justice ; quand elles concernent les choix et les inclinations, c'est la tempérance.

Cela semble être un témoignage assez digne de confiance, puisque Plutarque dit qu'il rapporte « littéralement » les propos de Cléanthe[3].

1. Il est évident en revanche que cette distinction ne fonctionne plus dans la conception d'Ariston, qui fait des biens et des maux l'objet aussi de la tempérance.

2. Plutarque, *Stoic. Repugn.*, 7, 1034 D-E (*SVF* I 563) ; Long-Sedley 61 C. [A.A. Long, D.N. Sedley, *The Hellenistic Philosophers*, Cambridge, Cambridge University Press, 1987. (trad. J. Brunschwig, P. Pellegrin, *Les philosophes hellénistiques*, Paris, GF-Flammarion, 2001)].

3. On pourrait ajouter que Plutarque semble fournir le titre du traité dont la citation est extraite, un ouvrage intitulé *Mémoires de Physique*, comme on le suppose souvent dans les éditions et traductions de ce passage. Mais c'est assez peu probable, puisque le pluriel et l'absence d'article semblent plutôt impliquer une référence à « quelques traités de physique »

D'après cet extrait, la liste des quatre vertus cardinales comporte la maîtrise de soi, le courage, la justice et la tempérance. En outre, Cléanthe ne s'exprime pas en termes de vertu, ni de disposition de l'âme, encore moins de science (*epistèmè*). Maîtrise de soi, courage, justice et tempérance apparaissent comme quatre formes de la force et de la puissance de l'âme, qui est un *tonos* suffisant pour « accomplir ce qui convient ». Dans ces conditions, il est assez naturel que la prudence, vertu en principe plutôt intellectuelle, disparaisse de la liste : si la vertu n'est plus qu'une certaine tension physique de l'âme, il est naturel que la plus intellectuelle des vertus disparaisse. À vrai dire, on pourrait même se demander si on a affaire à des vertus, puisque la citation de Cléanthe n'utilise même pas le terme : le fait que Plutarque cite ce passage dans son traité *Sur la vertu morale* et ne fait pas la moindre allusion au fait que cette « force et puissance » puisse ne pas être une vertu, semble plutôt indiquer que c'en est une.

En tout état de cause, le fait que la vertu devienne une « force et une puissance » et que la prudence soit remplacée par la maîtrise de soi, cela peut apparaître comme extrêmement surprenant. Certes, ceci doit d'abord être replacé dans son contexte : l'extrait vient d'ouvrages de physique, non pas d'un ouvrage d'éthique. Ceci indique certainement que l'on a affaire à ce qu'on peut appeler une « dimension physique de la vertu »[1]. Mais il est précisément surprenant que Cléanthe ne fasse aucune allusion à la dimension cognitive de la vertu, et qu'il la décrive en termes purement physiques. Car, même si la tradition stoïcienne fait de l'âme un corps et si elle fait des propriétés et des mouvements de l'âme des propriétés et des mouvements corporels, la tradition stoïcienne insiste également, comme on l'a vu à l'instant, sur l'aspect cognitif ou épistémique de la vertu. Cet aspect semble curieusement absent de la description de Cléanthe. En outre, comme nous l'avons également vu, le stoïcisme classique, tel qu'il est présenté par Stobée-Arius, souligne une différence entre les vertus cardinales définies comme des sciences et d'autres vertus complémentaires, *qui ne sont pas* des sciences, mais seulement « des capacités produites par l'exercice ». C'est parmi ces vertus non cognitives que Stobée répertorie la « santé de l'âme » et la « force d'âme », précisément *ischus*[2]. Dans ce contexte, la

(ceci m'a été suggéré par Thomas Bénatouïl, suivant lui-même une suggestion de Marwan Rashed). Bien entendu, si Plutarque se référait à un traité précis, ce serait une garantie supplémentaire de la fiabilité de l'extrait. Faute de cette garantie, nous pouvons quand même nous contenter du fait que Plutarque dit que la citation est littérale.

1. J'emprunte cette expression à T. Bénatouïl, « Force, fermeté, froid », art. cit.

2. Stobée, *Eclog.*, II, 7, 5b4, p. 62, 19-20 W. (*SVF* III 278).

« force d'âme » est précisément définie comme « une tension suffisante de l'âme dans le fait d'agir et de juger et de ne pas le faire »[1], et elle est comparée à la force corporelle. Il est tout à fait possible que cette doctrine soit seulement la doctrine tardive d'Hécaton de Rhodes, mais Arnim a inclus ce passage comme le fr. 563 de Cléanthe. Dans la mesure où les deux textes (celui de Cléanthe cité par Plutarque et celui de Stobée) incluent l'expression « tension suffisante » (*hikanos tonos*), l'inclusion d'Arnim a quelque plausibilité. Accepter le passage de Stobée comme un texte qui a son origine chez Cléanthe a néanmoins quelques conséquences embarrassantes, étant donné que Stobée précisément oppose les vertus cardinales, définies dans le stoïcisme classique comme des connaissances, aux vertus non intellectuelles résultant de l'exercice que sont la santé et la force d'âme. Par conséquent, nous devrions accepter l'idée que les vertus éthiques selon Cléanthe n'ont aucun aspect théorique et aucun contenu cognitif et intellectuel. Or, c'est probablement une conséquence qu'il faut refuser, puisque Cléanthe reconnaît que la vertu s'enseigne[2]. S'il considère que la vertu s'enseigne, cela signifie précisément que la vertu n'est pas seulement une force physique[3].

Il est donc assez probable que le stoïcisme ultérieur a emprunté à Cléanthe la notion de tension et celle de « force d'âme » mais qu'il a réservé cette notion à d'autres vertus que les vertus éthiques cardinales, et qu'il a refusé d'en faire la base de celles-ci. C'est ce que nous trouvons dans l'exposé d'Arius : la « force d'âme » et la « santé de l'âme », qui s'acquièrent uniquement par l'exercice, sont opposées aux vertus éthiques, plus intellectualisées, en ceci qu'elles ont *aussi* un aspect théorique et une base cognitive. De ce point de vue, il est clair que Cléanthe, plus que n'importe quel autre Stoïcien, insiste sur la dimension physique de la vertu, une dimension qui a été vraisemblablement moins soulignée par Chrysippe et la tradition stoïcienne ultérieure. Tout le vocabulaire employé par Cléanthe dans le passage cité par Plutarque est strictement physique. On pourrait appeler sa description une description psychosomatique de la vertu, ou même une description physique d'une force psychique. Cela rappelle ce qu'Aristote dit de la possibilité d'une double description de la passion, en

1. *Ibid.*, p. 62, 25-63, 1 (*SVF* III 278).
2. D.L., VII, 91 (*SVF* I 567).
3. *Cf.* A. C. Pearson, *The Fragments of Zeno and Cleanthes*, London, C. J. Clay and Sons, 1891, p. 301.

termes physiques et dialectiques[1]; mais c'est une possibilité qu'Aristote n'applique jamais à la vertu, mais seulement à la passion. De ce point de vue, c'est l'originalité des Stoïciens et particulièrement de Cléanthe, d'étendre une telle possibilité à la vertu comme force psychique. Le remplacement de la prudence par la maîtrise de soi semble être un des aspects de l'insistance de Cléanthe sur la dimension physique de la vertu.

Une possibilité, mise en avant par Hirzel et Pearson[2], est que le remplacement de la prudence par la maîtrise de soi était la solution de Cléanthe à une incohérence dans la classification des vertus cardinales par Zénon. En effet, Zénon, comme l'écrit Pearson[3], « a soutenu, ou a paru soutenir que l'on trouve la *phronèsis* en deux sens, 1) comme le fondement essentiel de toute vertu, et 2) comme la première dans ses quatre divisions principales ». Cela signifie que Zénon aurait pris la prudence en deux sens, et que celle-ci aurait eu à la fois un sens générique et un sens spécifique. Par exemple, il définit la justice comme la « prudence dans les distributions »[4] (ce qui fait de la prudence une vertu générique, dont la justice est une espèce). En même temps, il semble avoir retenu la prudence comme une vertu spécifique, bien que, malheureusement, sa définition de la prudence en tant que vertu spécifique, s'il y en a jamais eu une, ait été perdue dans le texte de Plutarque tel qu'il est transmis dans la tradition manuscrite. Ainsi, la prudence semble avoir été à la fois le nom de la vertu générique (qui serait le genre ou la source des autres vertus), et le nom de l'une des vertus cardinales spécifiques. D'après Hirzel et Pearson, ce serait pour corriger cette contradiction de Zénon (signalée avec délectation par Plutarque), que Cléanthe aurait remplacé la prudence comme vertu spécifique par la maîtrise de soi[5].

En réalité, la thèse des deux sens de la vertu est loin d'être évidente, et n'est pas avancée clairement par Plutarque, dont le texte est manifestement corrompu. On lit dans la plupart des éditions des *Contradictions stoï-*

1. Aristote, *De an.*, I, 1, 403a29. Voir sur cette question l'article classique d'Aubenque (P. Aubenque, « Sur la définition aristotélicienne de la colère », *Revue philosophique*, (1957) 147).

2. R. Hirzel, *Untersuchungen zu Ciceros philosophischen Schriften*, 3 vols., Leipzig, 1877-1883, t. II, p. 97 *sq.*; A. C. Pearson, *The Fragments of Zeno, op. cit.*, p. 301-302.

3. A. C. Pearson, *The Fragments of Zeno, op. cit.*, p. 302.

4. Plutarque, *Stoic. Rep.*, 7, 1034 C (*SVF* I 200).

5. A. C. Pearson, *The Fragments of Zeno, op. cit.*, p. 302 : « Zeno's inconsistency is therefore removed by retaining φρόνησις in the wider, but substituting ἐγκράτεια in the narrower meaning ». Ceci implique que la prudence et la « force et puissance » de l'âme sont identiques.

ciennes de Plutarque (Pohlenz, Cherniss), un texte semblable au texte édité et traduit dans la récente édition des Belles Lettres, due à Michel Casevitz et Daniel Babut :

> Ἀρετὰς ὁ Ζήνων ἀπολείπει πλείονας κατὰ διαφοράς, ὥσπερ ὁ Πλάτων, οἷον φρόνησιν ἀνδρείαν σωφροσύνην δικαιοσύνην, ὡς ἀχωρίστους μὲν οὔσας, ἑτέρας δὲ καὶ διαφερούσας ἀλλήλων. Πάλιν δ' ὁριζόμενος αὐτῶν ἑκάστην, τὴν μὲν ἀνδρείαν φησὶ εἶναι φρόνησιν <ἐν ὑπομενετέοις· τὴν δὲ σωφροσύνην φρόνησιν ἐν αἱρετέοις· τὴν δ' ἰδίως λεγομένην φρόνησιν φρόνησιν> ἐν ἐνεργητέοις· τὴν δὲ δικαιοσύνην φρόνησιν ἐν ἀπονεμητέοις· ὡς μίαν οὖσαν ἀρετήν, ταῖς δὲ πρὸς τὰ πράγματα σχέσεσι κατὰ τὰς ἐνεργείας διαφέρειν δοκοῦσαν.
>
> Pour ce qui est des vertus, Zénon en admet une pluralité, qui sont spécifiquement distinctes, comme le fait Platon – ainsi la prudence, le courage, la tempérance, la justice – avec l'idée que si elles sont inséparables, elles sont cependant autres et différentes les unes des autres. En revanche, quand il définit chacune d'entre elles, il dit que le courage est la prudence <concernant les choses qu'il faut supporter, la tempérance, la prudence concernant les choses qu'il faut choisir, la prudence proprement dite la prudence> concernant les choses à accomplir, et la justice, la prudence concernant les choses qu'il faut répartir – avec l'idée que la vertu est une, mais qu'elle semble différente dans sa mise en œuvre selon ses relations avec ses objets[1].

Mais, dans ce texte le passage sur la définition de la prudence « proprement dite » (ἰδίως λεγομένην) ou « spécifique »[2] est une addition due à Pohlenz[3], et ne figure pas dans la tradition manuscrite, qui se lit ainsi :

> Ἀρετὰς ὁ Ζήνων ἀπολείπει πλείονας κατὰ διαφοράς, ὥσπερ ὁ Πλάτων, οἷον φρόνησιν ἀνδρείαν σωφροσύνην δικαιοσύνην, ὡς ἀχωρίστους μὲν οὔσας, ἑτέρας δὲ καὶ διαφερούσας ἀλλήλων. Πάλιν δε ὁριζόμενος αὐτῶν ἑκάστην, τὴν μὲν ἀνδρείαν φησὶ φρόνησιν εἶναι ἐν ἐνεργητέοις· τὴν δὲ δικαιοσύνην φρόνησιν ἐν ἀπονεμητέοις· ὡς μίαν οὖσαν ἀρετήν, ταῖς δὲ πρὸς τὰ πράγματα σχέσεσι κατὰ τὰς ἐνεργείας διαφέρειν δοκοῦσαν.
>
> Pour ce qui est des vertus, Zénon en admet une pluralité, qui sont spécifiquement distinctes, comme le fait Platon – ainsi la prudence, le

1. Plutarque, *Stoic. Rep.*, 7, 1034 C (texte de Casevitz et trad. D. Babut, dans Plutarque, *Œuvres morales*, XV, 1, texte établi par M. Casevitz, traduit et commenté par D. Babut, Paris, Les Belles Lettres, 2004).

2. Long-Sedley, 61 C (trad. fr.), d'après la même addition.

3. *Plutarchi Moralia*, VI, 2, recensuit et emendavit M. Pohlenz, Leipzig, Teubner, 1952.

> courage, la tempérance, la justice – avec l'idée que si elles sont inséparables, elles sont cependant autres et différentes les unes des autres. En revanche, quand il définit chacune d'entre elles, il dit que le courage est la prudence concernant les choses à accomplir, et la justice la prudence concernant les choses qu'il faut répartir – avec l'idée que la vertu est une, mais qu'elle semble différente dans sa mise en œuvre selon ses relations avec ses objets.

Il est évident que le texte transmis n'est pas correct, car la définition du courage comme « prudence concernant les choses à accomplir » (ἐν ἐνεργητέοις) n'est pas correcte, et parce qu'il manque au moins une définition de la tempérance, mais il n'en reste pas moins que le texte ne comporte pas de définition de la prudence dans un sens spécifique, et que le début du texte qui fait entrer la prudence parmi les vertus spécifiquement distinctes n'attribue pas franchement cette classification à Zénon, mais plutôt à Platon. Or le texte parallèle de la *Vertu morale* du même Plutarque ne prend la prudence que dans un sens générique, dont les espèces sont le courage, la tempérance et la justice :

> Zénon de Citium semble lui aussi entraîné dans cette direction, quand il définit la prudence dans ce qu'il faut répartir comme étant la justice, la prudence dans ce qu'il faut choisir comme la tempérance, et la prudence dans ce qu'il faut supporter, comme le courage ; et ceux qui prennent sa défense disent que, dans ces formulations, c'était la science (τὴν ἐπιστήμην) que Zénon nommait prudence [1].

Il semblerait donc qu'une hypothèse tout à fait plausible pourrait être que Zénon n'a pris la prudence que dans un sens générique, de sorte que les trois autres vertus ne seraient rien d'autre que la prudence, que des objets différents spécifieraient en justice, tempérance et courage : quand la prudence s'applique à la distribution, elle devient la justice, quand elle s'applique aux choix, elle devient la tempérance, et quand elle s'applique aux choses à supporter, elle devient le courage. Ainsi, Zénon pourrait très bien avoir considéré la prudence seulement comme la source des trois autres vertus, *sans* la considérer *en même temps* comme une vertu spécifique. Ainsi, la prudence et les autres vertus n'auraient pas été au même niveau chez Zénon, ce qui, en fait, accentuerait l'aspect intellectualiste de la philosophie de Zénon, car, au lieu d'opposer vertus pratiques et vertus

1. Plutarque, *Vertu morale*, 2, 441 A (*SVF* I 201).

théoriques (comme chez Aristote[1]), il aurait fait de la prudence, vertu intellectuelle chez Aristote[2], la source des autres vertus[3].

En un sens, faire de la prudence la source des autres vertus n'est sans doute pas sans rapport avec la conception aristotélicienne, puisque toute vertu se ramène chez Aristote à la « médiété » déterminée par le prudent[4], et que la vertu éthique ne se produit pas sans prudence[5]. Mais, d'un autre côté, faire de toute vertu une forme de prudence est ce qu'Aristote à la fois attribue à Socrate et ce en quoi il lui donne tort[6]. Autrement dit, faire de toutes les vertus éthiques des formes de la prudence apparaît de la part de Zénon comme un retour consciemment assumé à l'intellectualisme socratique, et, jusque dans la formulation, comme une réaction à l'encontre de la prudence aristotélicienne, tout en gardant précisément de l'aristotélisme l'importance du terme même de prudence.

Il faut ajouter ici que la substitution de la forme « scientifique » de la vertu chez Zénon et surtout chez Chrysippe à sa forme aristotélicienne s'accompagne d'un changement important qui rend caduc le rôle de la prudence aristotélicienne vis-à-vis des vertus éthiques[7]. Ce n'est pas tant le fait que la distinction entre la sagesse comme science des choses éternelles et la prudence comme connaissance des choses contingentes disparaît dans le stoïcisme[8] qui importe ici, car les Stoïciens maintiennent la distinction entre la connaissance de la nature et celle des affaires humaines. Ce qui importe, c'est que la vertu éthique aristotélicienne se définit comme

1. Aristote, *E.N.*, II, 1, 1103a14-18.

2. *Ibid.*, VI, 12-13.

3. Comprendre la prudence ici comme la source ou le genre des autres vertus est évidemment différent d'une doctrine qui supprimerait la pluralité des vertus et réduirait toutes les vertus à une seule, comme chez Apollophane ou Ariston; Zénon est bien crédité d'une *pluralité* de vertus, notamment par opposition à Ariston, chez qui les différentes vertus ne se distinguent qu'en tant que relatifs (D.L., VII, 161 = *SVF* I 200[2]; *cf.* Plutarque, *Stoic. Rep.*, 7, 1034 D).

4. Aristote, *op. cit.*, II, 6, 1106b36-11077a2.

5. *Ibid.*, VI, 13, 1144b16-17. Je remercie Danielle Lories d'avoir attiré mon attention sur ce point.

6. *Ibid.*, 1144b17-21 : « certains prétendent que les vertus sont des formes de prudence (πάσας τὰς ἀρετὰς φρονήσεις), et Socrate, dans sa méthode d'investigation, avait raison en un sens et tort en un autre : en pensant que toutes les vertus sont des formes de la prudence, il commettait une erreur, mais en disant qu'elles ne pouvaient exister sans la prudence (οὐκ ἄνευ φρονήσεως), il avait entièrement raison » (trad. Tricot).

7. Sur la prudence aristotélicienne, voir D. Lories, *Le sens commun et le jugement du* phronimos, *op. cit.*, et P. Aubenque, *La prudence chez Aristote*, *op. cit.*

8. Ce que remarque très justement P. Aubenque, *La prudence chez Aristote*, *op. cit.*, p. 184.

« milieu » entre l'excès et le défaut[1], tandis que la vertu stoïcienne, en tant que science, garde certes un triple objet (par exemple, le bien, le mal et l'indifférent), mais ne se définit pas comme un milieu entre deux vices contraires : chaque vertu n'a pour opposé qu'un seul vice. Il n'est donc plus nécessaire au prudent de déterminer le milieu entre l'excès et le défaut. Il lui devient nécessaire en revanche de fournir aux autres vertus éthiques la connaissance du bien, du mal et des indifférents, et de fournir la connaissance des devoirs à accomplir, une tâche dont le caractère relativement fluctuant[2] continue à maintenir une certaine parenté avec la prudence aristotélicienne[3].

Que l'interprétation zénonienne de la prudence ait été intellectualiste, ressort de l'interprétation qui en a été donnée dans la suite de l'histoire de l'école (par Chrysippe peut-être, assez familier de la « réinterprétation » forte de la littéralité zénonienne[4]) en terme de « science » (*epistèmè*), interprétation qui est précisément rappelée par Plutarque dans le premier des deux textes, et qui là encore rappelle l'interprétation aristotélicienne de l'intellectualisme socratique[5]. À l'évidence, cette interprétation souligne que la « prudence » zénonienne ne devait pas être prise dans un sens spécifique, et que le terme devait avoir un sens assez général, celui d'une science pratique. Et que l'interprétation zénonienne de la vertu ait également été intellectualiste, on le voit clairement par la définition qu'il donnait de la vertu, et qui est rappelée par Plutarque dans *La vertu morale* comme commune à la plupart des Stoïciens, comme « une certaine disposition et une faculté de la partie directrice de l'âme, engendrée sous l'influence de la raison »[6].

Or, de façon significative, une telle définition n'est pas attribuée à Cléanthe, qui semble exclu sur ce point d'un consensus partagé même par Ariston. Pearson a certainement raison de supposer que l'une des motivations de Cléanthe pour faire de la maîtrise de soi l'une des vertus cardinales est le statut ambigu de la prudence chez Zénon. Mais il a peut-être tort de supposer que c'est le fait que, chez Zénon, la prudence avait à la fois un sens spécifique et un sens générique qui l'a déterminé à remplacer la prudence spécifique par la maîtrise de soi. Car il n'est pas certain ni que Zénon ait

1. Aristote, *E. N.*, II, 5, *passim*, en particulier 1106b16-18.
2. En raison du rôle de l'*eulogon* dans la détermination du devoir.
3. *Cf.* D. Lories, *Le sens commun et le jugement du* phronimos, *op. cit.*, p. 507-511.
4. Voir *infra*, p. 187-188.
5. *Cf.* Aristote, *E. N.*, VI, 13, 1144b28-30.
6. Plutarque, *Virt. mor.*, 3, 441 C (*SVF* I 202 ; Long-Sedley, 61 B).

compris la prudence dans ces deux sens (l'existence de la prudence sous sa forme spécifique n'étant pas attestée de façon claire), ni que Cléanthe ait maintenu la prudence comme vertu-source sous la forme de la « force » et de la « puissance » du *tonos*, car rien n'indique explicitement que la prudence soit assimilée par lui à cette « force et puissance » et car la prudence *n'apparaît* tout simplement *pas* dans sa classification des vertus. L'hypothèse de Pearson est en effet que « la φρόνησις de Zénon est expliquée comme ἱκανὸς τόνος ψυχῆς, *i.e.* ἰσχὺς καὶ κράτος »[1], mais bien que ce soit certainement une hypothèse vraisemblable, ce n'est manifestement qu'une hypothèse. On pourrait tout aussi bien supposer que, en remplaçant la prudence par la « force et la puissance » de l'âme, Cléanthe lui fait jouer le rôle que joue la prudence comme vertu-source chez Zénon, mais sans qu'il ait en quelque manière conçu cette vertu-source ou générique comme la prudence. Autrement dit, il aurait *remplacé* la prudence comme vertu-source par la force d'âme comme vertu-source, au lieu d'*expliquer* la prudence *comme* force d'âme, comme le suggère Pearson. Car il n'existe qu'une seule occurrence du terme *phronèsis* dans un témoignage sur Cléanthe, et le texte en question ne témoigne pas indubitablement d'un usage à titre personnel par Cléanthe de la notion de *phronèsis*. Dans ce texte, Stobée dit que

> Cléanthe disait que, si la fin est le plaisir, la *phronèsis* a été donnée aux hommes du fait du mal[2].

Or la référence à la fin comme plaisir est manifestement une référence à la doctrine d'Épicure, qui ajoute que « toutes les autres vertus naissent de la prudence » et que celle-ci est « le principe et le plus grand bien » qui permet de mener une vie de plaisir sans tomber dans les excès des plaisirs dissolus[3]. L'argumentation de Cléanthe semble n'être rien d'autre qu'une réfutation de la thèse épicurienne : si la fin est le plaisir, la prudence n'est pas le plus grand bien, mais elle est due au mal qui peut résulter du plaisir. Il n'est donc pas possible d'en tirer la conclusion que Cléanthe soutenait pour son propre compte l'existence de la prudence. Cela n'infirme ni ne confirme l'hypothèse de Pearson selon qui elle aurait pu être la même chose que la « force et la puissance » de l'âme[4].

1. A. C. Pearson, *The Fragments of Zeno, op. cit.*, p. 302.
2. Stobée, *Eclog.*, III, 6, 66 p. 304, 1-2 H. (*SVF* I 556).
3. Épicure, *ad Menoec.*, 132.
4. Pearson lui-même (p. 311) utilise ce fragment en disant que « τὴν φρόνησιν furnishes a proof that Cleanthes upheld Zeno' s view of virtue as φρόνησις ».

En fait, pour donner quelque sens à l'hypothèse de Pearson, il faut supposer chez Cléanthe un héritage antisthénien, puisque Antisthène semble avoir étroitement lié prudence et force d'âme, notamment dans le titre de l'un de ses deux traités sur Héraclès, *Héraclès, ou sur la prudence ou*[1] *la force*[2]. Comme cela a été souligné, l'importance de l'*ischus* chez Antisthène et chez les Cyniques « introduit une brèche dans l'intellectualisme socratique », car elle signifie que « la vertu-connaissance ne suffit pas, il faut aussi la force propre au Socrate vivant et agissant pour que la vertu-connaissance se concrétise »[3]. Selon Diogène Laërce, en effet, « la vertu n'a besoin de rien d'autre que la force (*ischus*) d'un Socrate »[4]. Mais le titre de l'ouvrage d'Antisthène, qui montre le lien étroit entre la force et la prudence, et le témoignage de Thémistius sur l'importance de la prudence chez Antisthène en tant que connaissance de « ce qui dépasse l'homme »[5], ainsi que l'affirmation que la vertu « peut s'enseigner »[6] montrent, semble-t-il, qu'Antisthène ne renonce pas à tout intellectualisme mais le combine à une doctrine physique de la force d'âme et fait sans doute en grande partie *résulter* celle-ci de la connaissance et de l'effort ascétique qui se développe en complément de la connaissance[7]. Si le fait que Cléanthe substitue une force d'âme d'inspiration antisthénienne à la *phronèsis* zénonienne comme vertu-source a un écho antisthénien, il semble que cette substitution puisse signifier soit un relatif affaiblissement de l'intellectualisme au profit d'une

1. ἢ BP; καὶ Decleva, Marcovich.

2. D.L., VI, 18. Voir T. Bénatouïl, « Force, fermeté, froid », art. cit., p. 9-10. A. C. Pearson, *The Fragments of Zeno, op. cit.*, p. 302 suppose déjà un héritage antisthénien chez Cléanthe, mais il s'appuie sur la remarque de D.L., VI, 15 selon laquelle la maîtrise de soi de Cratès venait d'Antisthène, tandis que l'endurance de Zénon dérivait d'Antisthène.

3. M.-O. Goulet-Cazé, *Diogène Laërce*, *Vies et doctrines des philosophes illustres*, trad. fr. sous la direction de M.-O. Goulet-Cazé, Paris, Librairie Générale Française, « Le Livre de Poche », 1999, p. 688 n. 5; *cf.* M.-O. Goulet-Cazé, *L'ascèse cynique, op. cit.*, p. 146 : « savoir ne suffit donc plus ».

4. D.L., VI, 11 (trad. M.-O. Goulet-Cazé).

5. Thémistius, *De virt.*, p. 43 Mach (*S.S.R.* V A 96). Selon A Brancacci, *Antisthène. Le discours propre, op. cit.*, p. 86 n. 29, ce fragment doit dépendre de l'*Héraclès, ou sur la prudence ou la force*. *Cf.* D.L., VI, 12, et le commentaire de M.-O. Goulet-Cazé, *L'ascèse cynique, op. cit.*, p. 144.

6. D.L., VI, 10.

7. Sur ce point, voir A Brancacci, *Antisthène. Le discours propre, op. cit.*, p. 85-87, en particulier n. 30, qui conteste l'interprétation de M.-O. Goulet-Cazé, *L'ascèse cynique, op. cit.*, p. 145-150. Selon M.-O. Goulet-Cazé, il s'agirait plutôt d'une force acquise par des exercices corporels *parallèles* à la formation de l'âme. Selon A Brancacci, *Antisthène. Le discours propre, op. cit.*, p. 86, « effort (πόνος) et exercice (μελέτη), loin de jouer un rôle fondateur, tiraient donc leur importance de la dignité de l'objet auquel ils étaient appliqués ».

doctrine plus physique[1] soit une simple modification d'accent, si l'on admet que, chez Antisthène, la force d'âme résulte de la dimension cognitive de la vertu et que Cléanthe suit cette tendance[2]. Est en faveur d'une simple modification d'accent le fait que Cléanthe accepte l'idée que la vertu puisse s'enseigner, ce qui suppose une dimension cognitive de la vertu. Plaide pour une véritable transformation doctrinale le fait que le témoignage de Plutarque sur Cléanthe ne fasse aucune référence explicite à la *phronèsis* et que les définitions des vertus par Cléanthe qu'il nous transmet ne contiennent aucun élément cognitif ou intellectualiste. Il est possible que Zénon n'ait pas pris sur cette question une position nette[3], et que Cléanthe ait tiré la doctrine dans un sens physique[4], sans doute inspiré en partie de l'antisthénisme, et que Chrysippe ait réorienté l'interprétation de la vertu dans un sens intellectualiste[5]. À vrai dire, toutefois, il semble bien que Zénon ait fermement pris position en faveur de l'origine *exclusivement* rationnelle de la vertu (par opposition au rôle des mœurs ou à l'éducation[6]), et donc probablement, en faveur de son origine dans la connaissance. En tout cas, la remarque de Plutarque selon qui « ceux qui prennent la défense [de Zénon] disent que, dans ces formulations, c'était la science (*epistèmè*) que Zénon nommait prudence »[7] rappelle l'histoire similaire des interprétations de la définition zénonienne de la *phantasia* comme impression. Zénon avait défini la *phantasia* comme une impression dans l'âme, Cléanthe avait accentué les aspects naïvement matérialistes de cette définition en explicitant qu'il s'agissait d'une impression en creux et en plein, ce qui avait permis aux Académiciens de montrer les conséquences absurdes de cette définition. Chrysippe avait défendu la définition de Zénon en soulignant qu'il s'agissait d'une métaphore, et que l'impres-

1. É. Bréhier, *Chrysippe et l'ancien stoïcisme*, Paris, P.U.F., 1951², p. 237 interprète le « point de vue cynique » de Cléanthe par opposition au point de vue plus intellectualiste de Zénon comme une expulsion de la dimension épistémique de la vertu : « Le savoir est entièrement expulsé de la vertu ».

2. T. Bénatouïl, « Force, fermeté, froid », art. cit., p. 9-10 ; *cf.* D. Lories, *Le sens commun et le jugement du* phronimos : *Aristote et les Stoïciens, op. cit.*, p. 451 : « de Zénon parlant à ce propos de *phronèsis* et de Cléanthe s'exprimant en termes de *tonos*, il ne faut pas vouloir opposer les points de vue ».

3. C'est l'opinion de É. Bréhier, *Chrysippe*, *op.cit.*, p. 236.

4. C'est ce que semble assez bien indiquer le fait que cette doctrine était exposée dans des écrits de physique.

5. *Cf.* É. Bréhier, *Chrysippe, op. cit.*, p. 237.

6. Cicéron, *Ac. Post.*, I, 38 (*SVF* I 199) ; Plutarque, *Virt. mor.*, 3, 441 C (*SVF* I 202).

7. Plutarque, *Virt. mor.*, 2, 441 A (*SVF* I 201).

sion était en réalité une altération dans l'âme[1]. Les défenseurs de Zénon qui soulignent que la *phronèsis* doit être comprise comme une science, rappellent l'interprétation moins naïvement matérialiste de la *phantasia* par Chrysippe, tandis que l'interprétation fortement physique et matérialiste de la vertu par Cléanthe rappelle son interprétation de l'impression. Dans les deux cas aussi, on a l'impression que la définition de Zénon était suffisamment vague pour laisser place à deux interprétations relativement différentes, même si l'interprétation de Chrysippe paraît plus fidèle que celle de Cléanthe (ou du moins plus fidèle que les conséquences que les adversaires du stoïcisme pouvaient tirer de la position de Cléanthe).

Parallèlement, il semble que, en établissant la maîtrise de soi comme l'une des vertus cardinales, Cléanthe ait voulu réintroduire dans l'ensemble des vertus une vertu importante dans l'héritage socratique. Il se peut en effet qu'il ait suivi la tradition de Xénophon, comme le suggère Pearson[2]. En effet, d'après Xénophon, Socrate avait fait de la maîtrise de soi le fondement (κρηπίς) de la vertu[3]. Or la réintroduction de l'*enkrateia* dans les vertus, parce qu'elle suppose l'*akrasia*, introduit une brèche au sein de l'intellectualisme, car elle suppose que « le savoir n'est pas une condition suffisante pour être vertueux et qu'il faut, en plus du savoir, être en mesure de se contrôler soi-même »[4]. La relative minoration de la maîtrise de soi dans la tradition stoïcienne (elle n'est qu'une vertu mineure[5]) est sans doute le corollaire de l'intellectualisme stoïcien : à l'inverse, la réhabilitation de l'*enkrateia* au rang de vertu cardinale est probablement un corollaire de

1. S.E., *M.*, VII 228-231 (*FDS* 259). Sur les divergences d'interprétation de Zénon entre Cléanthe et Chrysippe, voir D. Sedley, « The School, from Zeno to Arius Didymus », dans B. Inwood (éd.), *The Cambridge Companion to the Stoics*, Cambridge, Cambridge University Press, 2003, p. 15-16.

2. A. C. Pearson, *The Fragments of Zeno, op.cit.*, p. 303.

3. Xénophon, *Mem.*, I, 5, 4. Voir L.-A. Dorion, *Xénophon, Mémorables*, tome I, texte établi par M. Bandini et traduit par L.-A. Dorion, Paris, Les Belles Lettres, 2000, p. 148-150 n. 278, et L.-A. Dorion, « *Akrasia* et *enkrateia* dans les *Mémorables* de Xénophon », *Dialogue*, 42 (2003). Pour une interprétation anti-intellectualiste de ce texte et du rôle de la maîtrise de soi chez Xénophon, voir aussi M.-O. Goulet-Cazé, *L'ascèse cynique, op. cit.*, p. 137-140. L'empreinte de Xénophon sur la tradition stoïcienne était forte : voir A. Long, « Socrates in hellenistic philosophy », *Classical Quarterly*, 38 (1988), repris dans A. Long *Stoic Studies*, *op. cit.*

4. L.-A. Dorion, « *Akrasia* et *enkrateia* », art. cit., p. 647.

5. Elle n'est pas la « source des passions », contrairement à ce que soutiennent R. Sorabji, *Emotion and Peace of Mind. From Stoic Agitation to Christian Temptation*, Oxford, Oxford University Press, 2000, et T. Tieleman, *Chrysippus on Affections*, Leiden-Boston, Brill, 2003. Voir J.-B. Gourinat, compte rendu de T. Tieleman, *Chrysippus, op. cit.*, *Philosophie antique*, 4 (2004), p. 208-214.

l'apparente tendance de Cléanthe à minimiser l'intellectualisme. En d'autres termes, l'introduction de la maîtrise de soi parmi les vertus cardinales chez Cléanthe semble un corollaire du remplacement de la prudence par la force d'âme (ou tout au moins de la réinterprétation de la prudence en termes de force d'âme).

Quoi qu'il en soit de cette double influence des cercles socratiques, il y a une différence nette entre la position de Cléanthe d'une part et celle de Xénophon et d'Antisthène d'autre part. Chez Xénophon, c'est la maîtrise de soi qui est le fondement de la vertu, tandis que chez Cléanthe, elle n'est qu'une vertu cardinale. Chez Antisthène, la prudence et la force semblent assimilées ou mises sur le même plan, tandis que chez Cléanthe, on a plutôt l'impression que l'une se substitue à l'autre. Il n'en reste pas moins qu'en faisant de la maîtrise de soi une vertu cardinale, Cléanthe a conduit à en transformer radicalement la nature : car, chez Xénophon, la maîtrise de soi est le *fondement* de la vertu, mais elle ne semble pas être elle-même une vertu[1]. En la plaçant non pas au fondement de la vertu, mais parmi les vertus (même largement désintellectualisées), Cléanthe ouvrait la porte à une conception de la maîtrise de soi qui (même si elle allait devenir chez Chrysippe une vertu subordonnée) allait se définir à contre-courant de la conception traditionnelle en étant définie en termes cognitifs.

En conclusion de l'examen mené jusqu'ici pour essayer de retracer l'histoire de la prudence et de la maîtrise de soi chez Zénon et Cléanthe et les anciens Stoïciens, on peut faire les quelques remarques suivantes.

Zénon a inauguré une conception rationaliste et intellectualiste de la vertu, qui fait de toute vertu une forme de connaissance ou de prudence, qui se différencie selon les objets auxquels elle s'applique. Il a distingué trois vertus spécifiques, qui sont différentes formes de la prudence, tempérance, justice et courage, et peut-être (mais rien n'est moins sûr) une forme spécifique de la prudence. Il n'y a aucun indice que la maîtrise de soi ait jamais eu une place chez lui parmi les vertus. Cléanthe, sans doute sans renier totalement l'intellectualisme zénonien ou du moins son rationalisme, déplaça l'accent de la vertu vers son aspect physique, soit qu'il ait substitué la « force d'âme » à la prudence, soit qu'il ait compris la prudence comme force d'âme, et pas seulement comme vertu intellectuelle. Parallèlement à cette substitution, il a fait de la maîtrise de soi une quatrième vertu cardinale. S'il y a eu une position ambiguë de la prudence dans la classification de Zénon, le même terme de « prudence » désignant à la fois la vertu

1. *Cf.* L.-A. Dorion, « *Akrasia* et *enkrateia* », art. cit., p. 653 et p. 667 n. 27.

morale générique et une vertu spécifique, le remplacement de la prudence au sens spécifique par la maîtrise de soi lui permettait du même coup de résoudre la difficulté qui résultait de cette ambiguïté de la prudence. Quoi qu'il en soit, Chrysippe, en restaurant la prudence à la place de la maîtrise de soi de Cléanthe, instaurait la doctrine stoïcienne sous sa forme canonique : à la prudence au sens générique se substituait la science, la vertu étant ainsi entièrement identifiée à la science (bien qu'elle suppose aussi une pratique des actions à accomplir) tandis que la prudence devenait seulement une des quatre vertus cardinales. Il y eut donc dans cette histoire une double éclipse de la prudence : la première était la disparition de la notion générique de la prudence instituée par Zénon, à laquelle se substituait d'abord la force (Cléanthe) puis la science (Chrysippe), la prudence n'étant maintenue comme seule et unique vertu que chez Apollophane ; la seconde était l'éclipse de la prudence comme vertu cardinale au profit de la maîtrise de soi chez Cléanthe. Si toutefois la prudence au sens spécifique n'a pas existé chez Zénon, ce n'est pas une éclipse qu'elle a subie chez Cléanthe, mais au contraire une étape de sa seule lente émergence comme vertu cardinale, une fois descendue de sa prééminence au titre de vertu-source. Dans ce cas, la seule véritable éclipse est la première, et la seconde n'est qu'une illusion d'optique créée par l'historiographie « récente » du stoïcisme, il y a un peu plus d'un siècle.

L'ÉCLIPSE DE LA PRUDENCE CHEZ MARC AURÈLE ET L'ÉTHIQUE PSYCHOLOGIQUE D'ÉPICTÈTE

Il restait à la prudence à subir une autre éclipse dans l'histoire du stoïcisme, celle qui allait l'affecter à son crépuscule, chez Épictète et Marc Aurèle.

Nous avons déjà vu que la *phronèsis* apparaît dans la doxographie attribuée à Arius Didyme, le plus traditionnel et scolaire des auteurs impériaux. Elle se retrouve, avec la liste canonique des quatre vertus cardinales, chez tous les auteurs stoïciens d'époque impériale, y compris Marc Aurèle, à l'exception notable d'Épictète, qui conserve néanmoins la définition traditionnelle de la prudence.

Les quatre vertus apparaissent à plusieurs reprises chez Sénèque[1], notamment dans les *Lettres à Lucilius*, 90, 46[1], et 120, 10 (où Sénèque dit

1. Pour la totalité des occurrences de *prudens* et *prudentia* chez Sénèque, voir L. Delatte, E. Évrard, S. Govaerts, J. Denooz, *Lucius Annaeus Seneca. Opera philosophica, index*

explicitement : « nous avons divisé celle-ci en quatre »), ainsi que dans le *De Beneficiis*, VI, 35, 1. Mais la liste est souvent incomplète et tend à se limiter à trois vertus, prudence, courage et justice, par exemple dans les *Lettres*, 95, 55, en 113, 1 (« la justice, le courage, la prudence et les autres vertus ») et 113, 24 (même énumération). On trouve parfois des variantes, par exemple courage, prudence et constance (*ibid.*, 67, 10), ou prudence, tempérance et constance (*ibid.*, 85, 2[2]). La constance, qui, dans le stoïcisme traditionnel, n'est pas une vertu mais (telle que la conçoit Sénèque) est plutôt le propre de la vertu, tend donc à s'ajouter à la liste et à se substituer à deux des vertus. On trouve une liste encore plus hétérodoxe dans la *Consolation à Helvia*, 9, 3 ou dans le *De Beneficiis*, IV, 8, 3. En fait, il semble que Sénèque, tout en maintenant le sens technique stoïcien traditionnel, qui fait de la prudence une des quatre vertus cardinales qui se rapporte à « ce qu'il faut faire »[3], combine ce sens avec l'étymologie latine du terme. *Prudens* en effet vient en latin de *providens* et désigne donc d'abord celui qui est prévoyant, c'est-à-dire qui prévoit et agit en connaissance de cause. Sénèque emploie manifestement le terme dans ce sens en disant que « la prudence prévoit »[4] ou qu'elle « prévoit ce qu'il y a à faire »[5]. Cette dernière formule apparaît dans un passage qui donne une brève définition de chacune des quatre vertus, et qui reflète bien les définitions traditionnelles :

> La vertu, on la divisa en quatre : il fallait réfréner les désirs, comprimer les frayeurs, prévoir les décisions à prendre, solder à chacun son dû : notre esprit conçut tout ensemble les notions de tempérance, de courage, de prudence, de justice ; et chaque vertu se voyait assigner son office[6].

verborum, Hildesheim, Olms, 1981, p. 585-586. Pour une présentation différenciée des principaux emplois, voir A. Borgo, *Lessico morale di Seneca*, Milano, Loffredo, 1998, p. 148-150.

1. La traduction française de la CUF, due à F. Préchac et H. Noblot, le cache en traduisant *fortitudo* par « force d'âme » au lieu de courage.

2. Ce dernier passage présente un argument classique stoïcien, puisque Sénèque précise que « certains péripatéticiens y ont répondu » (*ibid.*, 85, 3). Il a été retenu par Arnim comme le fr. *SVF* III 58, mais sans qu'il puisse en fournir de parallèle dans une autre source, qui permette d'en identifier la provenance. Toutefois, la conclusion de l'argument, selon laquelle la prudence suffit au bonheur, est attribuée à Chrysippe par Plutarque, *Stoic. Repugn.*, 26, 1046 D (*SVF* III 53).

3. Sénèque, *Ep.*, 120, 11 : *facienda*, qui traduit littéralement le grec ποιητέον.

4. *Ibid.*, 113, 19 : *prudentia... prospicit*. *Cf.* 98, 7.

5. *Ibid.*, 120, 11 : *facienda provideri*. En *Ep.*, 31, 6, Sénèque dit que le prudent « repousse ou choisit chaque chose selon les circonstances » (*repellet aut eligit*), ce qui semble plutôt rappeler la définition traditionnelle de la tempérance.

6. *Ibid.*, 120, 11 (trad. Préchac-Noblot).

Aussi la prudence préside-t-elle à toute décision[1], même quand elle ne peut pas prévoir l'avenir avec exactitude : elle prévoit dans ce cas d'agir en fonction de l'incertitude[2]. Mais, de ce fait, se targuent de la prudence ceux qui passent leur vie à « organiser leur vie », ce qui est la chose la plus stupide qui soit[3] : certes, ce n'est pas là la vraie prudence (c'est ce dont se targuent des personnes qui ne sont pas vraiment prudentes), mais on voit quand même clairement comment la prudence est, pour Sénèque, vraiment tournée du côté de la prévoyance du futur et d'une conduite précautionneuse que donne une connaissance plutôt empirique de la vie[4]. Or il est évident que le sens provident de la prudence, s'il n'est pas incompatible avec le sens stoïcien traditionnel de la prudence, qui nous indique ce qu'est le bien et le mal, et a rapport avec ce que nous devons faire (*kathèkon* ou *poièteon*, que l'on retrouve traduit par *facienda*), ne semble pas avoir été très présent dans le stoïcisme (même s'il peut probablement être rattaché à la notion d'*eulogon*, composante traditionnelle de la définition stoïcienne du *kathèkon*). Nous semblons être plus près d'une sagesse pratique empirique que de la sagesse stoïcienne, et d'une règle de conduite opportuniste que d'une règle de conduite morale au sens strict du terme, et il est significatif sans doute que Sénèque (sauf erreur de ma part) ne reproduise jamais la définition de la prudence comme « science des biens, des maux, et de ce qui n'est ni l'un ni l'autre ». Il faut toutefois préciser que cette orientation de la prudence vers une sagesse « pratique » sans référence au bien et au mal semble avoir été présente déjà dans le stoïcisme classique, si l'on se réfère aux définitions des vertus subordonnées à la prudence, qui semblent plutôt être des vertus liées à l'efficacité.

La liste traditionnelle apparaît chez Musonius Rufus[5], le maître d'Épictète, qui reprend aussi la définition traditionnelle de la prudence comme science des biens, des maux, et de ce qui n'est ni l'un ni l'autre[6]. Cette définition traditionnelle de la prudence comme « science des biens, des maux et de ce qui n'est ni l'un ni l'autre » réapparaît chez Épictète, qui la cite à deux reprises[7]. En revanche, Épictète ne donne jamais la liste com-

1. *Ibid.*, 67, 10.
2. *Ben.*, VI, 35, 1 : *dubia prudenter tractes*.
3. *Brev. vit.*, 9, 1.
4. *Cf.* A. Borgo, *Lessico*, *op. cit.*, p. 148.
5. Musonius Rufus, *Reliquiae*, IV, p. 14, 4-15, 19 Hense (trad. Festugière, p. 63-64).
6. *Ibid.*, VI, p. 23, 11-12 H.
7. Épictète, *Entr.*, I, 20, 6 ; II, 22, 3.

plète des quatre vertus cardinales[1]. Ceci tient peut-être à ce qu'Épictète semble parfois prendre *phronèsis* ou *phronimos* dans un sens non technique, celui d'une sagesse pratique ordinaire[2]. Mais il semble aussi que, quand il prend la *phronèsis* dans son sens de connaissance du bien et du mal, il comprenne que cette connaissance est le fondement de toute vertu, et non pas une vertu spécifique[3]. En I, 7, 25, le *phronimos* est même présenté comme celui qui « sait se servir d'un raisonnement, est redoutable dans les questions et les réponses, et, par Zeus, ne peut pas être trompé » : en fait, cette manière de décrire la capacité de dialecticien du prudent est celle que, traditionnellement, les Stoïciens associent au sage et décrivent comme sa vertu dialectique[4] : *phronimos*, ici, est manifestement pris dans le sens de *sophos*[5]. Du reste, à la fin du passage, Épictète substitue à *phronimos* le terme *spoudaios*. Il est donc clair qu'Épictète considère parfois *phronimos* comme un équivalent de *spoudaios* et comme un quasi équivalent de *sophos*, et qu'il tend à affaiblir la distinction entre *phronèsis* et *sophia*. Ce n'est pas une innovation puisqu'on retrouve la même quasi confusion dans le passage de Cicéron probablement inspiré de Panétius sur la distinction entre la vertu qui s'occupe de la vérité, et les trois vertus éthiques[6]. Selon ce texte en effet, c'est la « recherche et la découverte du vrai » qui est le « propre » de la prudence et de la sagesse (*sapientiam et prudentiam*), que ce passage semble bien considérer comme une seule et unique vertu, indistinction qui ne sera corrigée que bien plus loin, dans un passage explicitement critique à l'égard de Panétius, même si c'est sur un autre point :

1. Les occurrences de φρόνησις (2) et de φρόνιμος (7) sont répertoriées par H. Schenkl, ed., *Epicteti Dissertationes ab Arriano digestae*, Leipzig, Teubner, 1894 (ed. minores : 1898, 1916), p. 704-705. Une compilation des occurrences par le *TLG* confirme qu'il n'y en a pas d'autres que celles répertoriées par Schenkl.

2. Épictète, *Entr.*, I, 19, 17-22.

3. En I, 20, 6, la prudence comme étude du bien, du mal, et de ce qui n'est ni l'un ni l'autre est mise en parallèle avec la raison comme « système de représentations » (une définition également tirée de Chrysippe), de telle sorte que la prudence paraît simplement l'aspect éthique de la rationalité. En II, 21, 9, toutefois, elle est mise sur le même plan que la maîtrise de soi.

4. D.L., VII, 83 : « le sage (τὸν σοφόν) est toujours dialecticien ». Comparer : « Le sage paraîtra redoutable (δεινός) dans les raisonnements » (D.L., VII, 48) et, sans la dialectique, « il n'est pas possible d'interroger et de répondre méthodiquement (ὁδῷ ἐρωτᾶν καὶ ἀποκρίνεσθαι) » (VII, 47) avec Épictète, *Entr.*, I, 7, 26 : λόγῳ χρηστικὸς καὶ δεινὸς ἐρωτήσει καὶ ἀποκρίσει ; pour l'ἀνεξαπατησία comme vertu dialectique, voir *PHerc.* 1020, col. I.

5. *Cf.* H.W.F. Stellwag, *Epictetus. Het Eerste Boek der Diatriben*, Amsterdam, H.J. Paris, 1933, p. 156.

6. Cicéron, *Off.*, I, 15-16.

> La vertu suprême est la sagesse que l'on appelle en grec *sophia* (en effet par prudence, en grec *phronèsis*, nous entendons une vertu différente de la sagesse : la prudence est la science de ce qui est à vouloir et de ce qui est à éviter; la sagesse, qui est, je l'ai dit la vertu suprême, est la science des choses divines et humaines, ce qui comporte des liens de communauté entre les dieux et les hommes)[1].

La tendance à confondre prudence et sagesse, et à assigner aux deux vertus la connaissance du vrai, ne vient pas chez Cicéron d'un oubli du sens technique de la prudence chez les Stoïciens, puisque l'on voit bien qu'il est capable de le rappeler. Mais elle vient probablement d'une tendance (peut-être déjà présente chez Panétius) à diluer le sens spécifique de *phronèsis* et de *prudentia* dans un sens cognitif plus général, associé au terme dans la langue ordinaire. Or Épictète est en général assez réticent à l'égard du vocabulaire technique stoïcien, et en particulier à l'égard du vocabulaire de la vertu[2]. Le sens large dans lequel il prend la prudence tend alors à replacer la prudence à la source de toute vertu, d'une manière qui n'est pas si éloignée de la conception zénonienne, mais qui rompt avec la distinction, tant stoïcienne qu'aristotélicienne, entre *sophia* et *phronèsis*. Le sens technique de *phronèsis* est ainsi éclipsé au profit d'un sens à la fois plus vague et plus englobant.

Chez Marc Aurèle, les quatre vertus cardinales sont à nouveau présentes[3], mais elles n'apparaissent qu'une fois, et Pierre Hadot a remarqué que Marc Aurèle a tendance à substituer aux quatre vertus cardinales trois vertus qui correspondent aux trois disciplines selon lesquelles Épictète organise la philosophie : « il arrive plusieurs fois que l'empereur-philosophe résume les trois disciplines, de l'assentiment, du désir et de l'action, en leur faisant correspondre les noms de vertus. La discipline de l'assentiment prend alors le nom de vertu de "vérité", la discipline du désir, celui de la vertu de "tempérance", la discipline de l'action, celui de la vertu de "justice" »[4]. Certes, Marc Aurèle ne dit jamais de la vérité qu'elle est une vertu, mais il la met plusieurs fois sur le même plan que la tempérance et la

1. *Ibid.*, 153 (trad. Bréhier-Schuhl).

2. Épictète, *Entr.*, II, 9, 15. Voir A. Bonhöffer, *Die Ethik Epictets*, Stuttgart, F. Enke, 1894 (trad. angl. de W. O. Stephens, *The Ethics of the Stoic Epictetus*, New York, Peter Lang, 1996), p. 16-17.

3. Le terme *phronèsis* apparaît trois fois chez Marc Aurèle : V, 9, 5 ; 12, 2 ; 18, 3. Le terme *phronimos* apparaît une fois, en IV, 38. Les quatre vertus sont énumérées ensemble en V, 12, 2 et qualifiées de « biens véritables » (ἀληθῶς ἀγαθά).

4. P. Hadot, *La citadelle intérieure. Introduction aux* Pensées *de Marc Aurèle*, Paris, Fayard, 1992, p. 251.

justice[1], d'une manière qui rend nécessaire de tirer la conclusion qu'il la traite comme une vertu. Ceci, comme le fait remarquer Pierre Hadot, n'a en soi rien d'étonnant, puisque Platon, dans un passage de la *République* (VI, 487 a 5) fait de la vérité l'une des quatre vertus, à côté de la justice, du courage et de la tempérance. Nous avons également déjà noté la tendance (rapportée par Cicéron) de certains Stoïciens à ramener la prudence à une vertu qui a pour objet le vrai, et celle de Sénèque à réduire le nombre des vertus à trois. Mais la réduction des quatre vertus à trois chez Sénèque ne semble pas avoir eu de sens particulier, tandis que celle qu'opère Marc Aurèle a évidemment pour fonction de ramener les vertus au schéma ternaire, emprunté à Épictète, qui structure les *Écrits pour lui-même*[2]. Or, chez Épictète et Marc Aurèle, cette structure correspond aux trois principales facultés actives de l'âme : l'assentiment, l'impulsion et le désir sont les actes *prohairétiques*[3] qui « dépendent de nous »[4] par opposition aux facultés passives comme la sensation et la représentation, qui ne dépendent pas de nous, mais dont la *proairesis* précisément sait faire usage. Parallèlement, Épictète substitue au schéma traditionnel stoïcien selon lequel la vertu est le seul bien, le vice le seul mal, et tout le reste est indifférent[5], l'affirmation selon laquelle « *parmi les choses qui existent, il y en a qui* dépendent de nous, *et d'autres qui* ne dépendent pas de nous »[6] et que ce qui relève de la *proairesis* et dépend de moi constitue l'essence du bien et du mal[7]. Marc Aurèle, qui emploie plus qu'Épictète le vocabulaire de la vertu, et beaucoup moins volontiers que ce dernier le vocabulaire de la *proairesis*, très rare chez lui[8], maintient donc le schéma psychologique ternaire d'Épictète, mais en fait la base d'une tripartition des vertus, qu'il substitue

1. Marc Aurèle, IX, 1 ; XII, 15 ; voir aussi VIII, 32, 2. *Cf.* P. Hadot, *La citadelle intérieure, op. cit.*, p. 254.

2. Voir P. Hadot, « Une clé des *Pensées* de Marc Aurèle : les trois *topoi* philosophiques selon Épictète », *Les études philosophiques* (1978), repris dans *Exercices spirituels et philosophie antique*, Paris, Albin Michel, 2002, éd. revue et augmentée (1re éd., Paris, 1993), p. 165-192 et P. Hadot, *La citadelle intérieure, op. cit.*, chap. V.

3. Épictète, *Entr.*, I, 22, 10.

4. *Manuel d'Épictète*, 1, 1.

5. Diogène Laërce, VII, 101 : « *parmi les choses qui existent, il y en a qui* sont bonnes, *d'autres* qui sont mauvaises, *et d'autres qui* ne sont ni l'un ni l'autre ».

6. *Manuel*, 1, 1. Voir P. Hadot, *Arrien*, *Manuel d'Épictète*, introd., trad., notes par P. Hadot, Paris, Libraire Générale Française, « Le livre de poche », 2000, p. 39.

7. Épictète, *Entr.*, I, 8, 16 ; 29, 1.

8. Disons, à grands traits, que Marc Aurèle a réutilisé constamment le schéma psychologique ternaire d'Épictète et qu'il en a fait la base de sa philosophie, mais que, pour le reste, il est souvent plus fidèle au vocabulaire et aux concepts stoïciens traditionnels.

partiellement à la quadripartition traditionnelle[1]. En maintenant parfois les quatre vertus traditionnelles, et en leur substituant souvent trois vertus qui ne retiennent que deux des quatre vertus habituelles et remplacent la prudence par la vérité, Marc Aurèle adopte manifestement une solution de compromis entre le stoïcisme classique de Chrysippe et le stoïcisme transformé d'Épictète. Cette substitution de la vérité à la prudence est ambiguë. D'un côté, elle respecte la conception traditionnelle de la prudence comme connaissance morale et vertu éthique : Marc Aurèle refuse donc la banalisation de la prudence, comprise comme vertu théorique ayant pour objet le vrai, ce qui laisse à penser qu'il continue à adhérer à la conception de la prudence *stricto sensu* comme vertu éthique spécifique. D'un autre côté, comme il hisse deux des vertus cardinales, la tempérance et la justice, au rang de vertus premières, leur donnant un statut équivalent à la vertu physique et à la vertu éthique dans l'ancien stoïcisme, la prudence (en compagnie, il est vrai, du courage) perd un peu de l'importance que lui conservait Épictète, en faisant du *phronimos* un équivalent du *sophos*. Il s'agissait bien là d'une véritable éclipse de la prudence.

Conclusions
Les problèmes de la prudence et l'« intellectualisme » stoïcien

Les aléas de la place de la prudence dans l'histoire du stoïcisme sont donc probablement liés à une hésitation constante quant à son sens. La prudence a hésité entre une vertu générique et une vertu spécifique, entre le statut de vertu intellectuelle et celui de vertu éthique spécifique. Le sens très général que lui avait donné Zénon l'a marquée à jamais, au point que les successeurs de Zénon ont pu l'interpréter, en termes très généraux, comme l'équivalent de la « science ».

L'évolution de la notion de prudence au sein du stoïcisme semble témoigner de l'émergence progressive d'une notion typiquement stoïcienne de la prudence. La prudence stoïcienne se trouve dans la lignée d'un triple héritage : l'intellectualisme socratique, la doctrine platonicienne des quatre vertus morales, et l'importance de la prudence comme vertu intellectuelle, condition *sine qua non* des autres vertus dans l'aristotélisme. Dans cette lignée, les Stoïciens semblent avoir dégagé la prudence de son sens générique, comme connaissance du bien et du mal en général, et fon-

1. Rappelons que, selon Bonhöffer et P. Hadot, les trois *topoi* correspondent aux trois parties traditionnelles de la philosophie stoïcienne.

dement des autres vertus, vers un sens plus spécifique, en tant que vertu qui se rapporte aux devoirs. À l'évidence, ce sens spécifique ne pouvait être dégagé dans la tradition avant les Stoïciens, faute précisément d'une notion du *kathèkon*. La notion centrale de l'éthique aristotélicienne, celle d'une vertu morale comme médiété entre un excès et un défaut, nécessitait une norme de prudence pour la déterminer. Cette notion disparue du stoïcisme, où chaque vertu n'a qu'un vice contraire, la prudence perdait son sens aristotélicien, mais elle en retrouvait un autre, qui devait déterminer ce qu'il fallait faire en chaque circonstance.

Les problèmes qui sont au centre de la conception stoïcienne de la vertu morale, à savoir l'intellectualisme et la question de l'unité de la vertu, se reflètent primordialement dans le statut de la prudence, qui, parce qu'elle donne la connaissance morale la plus générale (celle du bien et du mal), est nécessairement la source des autres vertus. Tout le problème pour les Stoïciens était de savoir si cette source était la totalité de la vertu, qui se différenciait ensuite dans les autres, ou seulement la plus générale et première des vertus. L'intellectualisme stoïcien, qui avait pour sens de fonder l'éthique et la vertu dans la rationalité, avait un avers, qui était le fait que toute vertu était orientée vers la *praxis* (avait un aspect pratique), et un revers, qui était la difficulté à distinguer la prudence des autres vertus éthiques, et des vertus non éthiques. Dans cette affaire, beaucoup de Stoïciens ont trouvé une solution différente, qui a parfois eu pour conséquence l'éclipse de la prudence. Celle-ci est donc un bon symptôme des difficultés du système.

Jean-Baptiste GOURINAT

CHAPITRE VII

« LA *PHRONÈSIS* EST UNE SORTE D'*EPILOGISMOS*... » À PROPOS D'UN CONCEPT ÉPICURIEN CHEZ PLOTIN, *ENNÉADE* I 3, 6, 8-14

EXPOSITION

La *phronèsis*[1], chez Plotin, revêt plusieurs sens selon les contextes[2]. Et ce, du fait que Plotin se réfère (comme bien souvent pour des termes techniques[3]) aux différentes traditions du terme – platonicienne, aristotélicienne, stoïcienne, épicurienne –, les combinant parfois de manière insolite, afin de donner au terme la connotation qui lui semble la plus juste.

Dans ce qui suit, je discuterai d'un aspect de la *phronèsis* qui combine des traits aristotéliciens et épicuriens. Pour ce faire, je me limiterai à l'analyse d'un passage de l'*Ennéade* I 3 [20], 6, et au rôle que la *phronèsis* y tient par rapport aux autres vertus : un rôle à part, intermédiaire, son statut étant rattaché à un mode de raisonnement particulier, celui de l'*epilogismos*. Ce rapprochement est tout à fait insolite. Unique sous la plume de

1. Par souci de clarté, j'utiliserai principalement le terme grec, parfois traduit par « sagesse pratique » ou « prudence », sans m'attarder ici sur les différentes portées de ces traductions.

2. Sleeman-Pollet, *s.v. phronesis* : « understanding, thought, wisdom (the precise sort of thought depending on the context) ».

3. *Cf.*, à ce propos, A. Schniewind, « Begriffsrezeption im Neuplatonismus. Oder Wer ist der plotinische *spoudaios* ? », dans M. Baumbach (éd.), *Tradita et Inventa. Beiträge zur Rezeption der Antike*, Heidelberg, 2000.

Plotin, il mérite une attention d'autant plus particulière que, jusqu'à présent, il n'a jamais été examiné dans la littérature plotinienne. Le passage en question de l'*Ennéade* I 3 m'intéresse, tant par sa situation à la fin du traité, que par son contenu qui recèle des prises de position doctrinale inattendues.

LE CADRE GÉNÉRAL : LA DIVISION DE LA PHILOSOPHIE

À la fin de l'*Ennéade* I 3 [20], au chapitre 6, Plotin discute les parties de la philosophie : la dialectique, la physique et l'éthique[1].

Que vient faire cette division dans un traité apparemment consacré essentiellement à la dialectique au sens platonicien de science suprême des Formes ? En fait, Plotin traite aussi dans ce traité de l'aspect aristotélicien et surtout stoïcien de la dialectique[2]. À la fin de son exposé, il réintroduit une vue plus large et utilise la division de la philosophie pour montrer la place de la dialectique. Elle a la première place ; viennent ensuite la physique et l'éthique (alors que, sur le plan pédagogique, c'est avec l'éthique qu'il faut commencer pour parvenir, finalement, à la dialectique. Le début du traité suit cette démarche pédagogique[3]).

Plotin ne traite que très rapidement de la physique[4], alors qu'il s'attarde sur l'éthique[5]. Il donne une description détaillée de son objet d'enquête et de l'origine de ses principes. La dialectique n'est pas absente de l'éthique : elle y tient même le premier rang, à la même enseigne que la sagesse (*sophia*), les deux étant, à cet endroit, synonymes.

Cette division des parties de la philosophie est déjà bien établie à l'époque de Plotin. Ce sont les Stoïciens qui l'ont le plus explicitement introduite dans leur définition de la philosophie, et c'est par rapport à elle que, à leur suite, le cursus même de la philosophie s'est constitué[6]. La dialectique est d'ailleurs, pour Chrysippe, la science du jugement vrai et l'une des vertus du sage[7]. Il y a interpénétration réciproque des parties.

1. 6, 1-7.

2. *Cf.* chap. 4 et 5. Voir, pour les références précises, la notice de Bréhier (*Les Ennéades*, texte établi et trad. É. Bréhier, Paris, Belles Lettres, 1924-1938) au traité I 3, *Ennéades* I.

3. *Cf.* chap. 1-3.

4. 6, 2-4.

5. 6, 5-24.

6. *Cf.* l'article majeur de P. Hadot « Les divisions des parties de la philosophie dans l'Antiquité », *Museum Helveticum*, 36, 1979.

7. Cf. *SVF* II, 129.

L'unité des parties est dynamique, de sorte qu'en fin de compte il n'y a pas de différence de niveaux ontologiques : tout n'est qu'une seule et même raison. Le sage ne peut réaliser l'un des trois domaines séparément : toutes les parties s'impliquent mutuellement; elles ne se distinguent que par la prédominance d'un aspect. La rationalité implique la morale, et vice versa. Ce rapport mutuel fait écho à la doctrine de la « connexion des vertus ». En outre, les trois disciplines philosophiques sont définies comme des vertus [1] : c'est leur implication réciproque qui constitue la sagesse [2]. C'est particulièrement clair chez le doxographe Aétius [3] :

> Les Stoïciens disaient que la sagesse (σοφίαν) est la connaissance scientifique des choses divines et humaines, et que la philosophie est la pratique de l'art de l'utile (ἄσκησιν ἐπιτηδείου τέχνης). La vertu prise dans son unité (μίαν) et à son degré le plus élevé (ἀνωτάτω) est utilité (ἐπιτήδειον), et les vertus, à leur niveau le plus générique (γενικωτάτας), sont trois – vertu physique, vertu éthique, vertu logique. C'est pourquoi la philosophie, elle aussi, a trois parties – la physique, l'éthique et la logique [4].

Ce qu'Aétius nous rapporte ici de la théorie stoïcienne semble bien coïncider avec la thèse que Plotin avance à la fin de l'*Ennéade* I 3 [20], à cela près qu'Aétius attribue à l'ensemble de la philosophie une visée d'exercice (*askèsis*), alors que Plotin limite cette distinction à l'éthique :

> lorsqu'elle conduit l'investigation sur les mœurs, la philosophie le fait en partant de lui [l'Intellect], mais y ajoute les dispositions (*hexeis*) ainsi que les exercices (*askèseis*) (d'où surgissent les dispositions) (*Enn.* I 3, 6, 5-7) [5].

Arrêtons-nous sur cette définition : l'éthique a pour objets des exercices (*askèseis*) d'où surgissent les dispositions (*hexeis*). La ressemblance avec

1. *Cf.* Cicéron, *De finibus bonorum et malorum*, 3, 21, 72 : « ...ad easque virtutes, de quibus disputatum est, dialecticam etiam adiungunt et physicam, easque ambas virtutum nomine appellant [...] ». La dialectique est une vertu parce qu'elle est une méthode qui permet de distinguer le vrai du faux et de nous éviter ainsi de nous précipiter dans de faux jugements ; la physique, quant à elle, donne une vision de l'ensemble du monde et de la façon dont il est administré. Vivre en accord avec la nature, c'est connaître les règles qui la régissent.

2. *Cf.* Philon, *De ebrietate*, 90-92.

3. *Cf.* art. « Aétios », dans R. Goulet (éd.), *Dictionnaire des philosophes antiques*, t. I, Paris, CNRS, 1989.

4. *SVF* II, 35, la traduction est extraite de Long-Sedley, *Les Philosophes hellénistiques*, *op. cit.*, texte 26 A, p. 7.

5. Je cite selon l'*editio minor* des *Ennéades*, Henry-Schwyzer, *Plotini Opera*, Oxford, Clarendon, 1964. Sauf indication contraire, les traductions françaises de Plotin sont les miennes.

les propos d'Aétius saute aux yeux. En définissant l'éthique à travers les exercices, Plotin donne d'emblée à entendre l'importance d'une pratique des vertus. C'est en effet l'exercice (des vertus) qui instaure (puisqu'elles « surgissent » προίασιν) et développe les dispositions. Que sont ces dispositions (*hexeis*) ? Le passage précédent (ce passage) ne le dit pas. Mais la phrase suivante, où Plotin parle de « dispositions rationnelles » (αἱ λογικαὶ ἕξεις), permet de se demander ce que l'une et l'autre désignent et en quoi consiste leur différence :

> Du reste, les dispositions rationnelles possèdent <les principes> qui leur viennent de lui [de l'Intellect], désormais comme les leurs – le fait est que <les dispositions rationnelles>, le plus souvent, sont accompagnées de matière (*ibid.*, 6, 7-8)[1].

Il semble que les « dispositions rationnelles » désignent ici les vertus en général, tant éthiques que dianoétiques. Mais que désignent alors les « dispositions » *tout court* ? Les « dispositions » correspondent à un état ou à une condition permanente[2] (et peuvent être bien plus encore que les vertus), alors que les dispositions rationnelles désignent plus spécifiquement un état d'exercice, une faculté[3] qui semble pouvoir être limitée aux vertus. Retenons que, d'emblée, le lien entre vertus et raison est ainsi posé et affirmé.

Le principe qui domine l'ensemble de l'établissement des parties de la philosophie est l'Intellect (νοῦς). C'est du moins ainsi qu'il convient, à mon sens, de comprendre les deux occurrences de l'adverbe de lieu ἐκεῖθεν (l. 6 et 8), alors que les traducteurs le réfèrent en général à la dialectique[4]. Or, d'un point de vue doctrinal, il serait bien plus adéquat de rapporter ἐκεῖθεν au νοῦς, comme c'est généralement le cas chez Plotin[5]. Comme souvent, il faut remonter très loin dans le texte (ici, jusqu'au chapitre 5, 1-

1. Ἴσχουσι δὲ αἱ λογικαὶ ἕξεις καὶ ὡς ἴδια ἤδη τὰ ἐκεῖθεν· καὶ γὰρ μετὰ τῆς ὕλης τὰ πλεῖστα.

2. Sleeman-Pollet, *Lexicon Plotinianum*, Leiden, Brill, 1980, *s.v.* ἕξις « state, permanent condition, state of possessing ».

3. *Ibid.*, *s.v.* ἕξις : « trained habit, faculty, skill, study ».

4. Ainsi, par exemple, Armstrong : « The intellectual virtues have principles *from dialectic* » ; Bréhier : « Les habitudes rationnelles tirent leur caractère propre *de cette origine dialectique* » (c'est moi qui souligne).

5. Sleeman-Pollet, *s.v.* ἐκεῖθεν, réfèrent, eux aussi, cet adverbe à la dialectique, à cet endroit, alors que, par ailleurs, ils soulignent que le plus souvent cet adverbe doit être compris comme référant à ἐκ τοῦ νοητοῦ.

5[1]) pour trouver à quoi se réfère cet adverbe. De fait, tout notre passage est mis sous l'égide de l'Intellect : c'est de lui que la philosophie dans son entier tire tous ses principes.

LA DIVISION DES VERTUS

> Les autres vertus développent des *raisonnements* qui portent sur des affections et des actions spécifiques, tandis que la sagesse pratique (*phronèsis*) est une sorte d'*évaluation comparative* (*epilogismos*) qui a surtout à voir avec l'universel : elle s'interroge aussi bien sur les implications mutuelles que sur la question de savoir s'il faut s'abstenir maintenant ou plus tard, ou s'il est mieux de faire toute autre chose. Et la dialectique et la sagesse, sous un mode encore <plus> général et immatériel, apportent à la sagesse pratique toutes choses pour son usage (*ibid.*, 6, 8-14)[2].

Plotin distingue trois types de vertus : a) les « autres » vertus ; b) la *phronèsis* ; et c) la sagesse (*sophia*). Leur distinction coïncide avec différents types de raisonnements, de sorte que l'on doit se demander à qui des deux revient la priorité (question de la consécution existentielle).

(a) Les « autres vertus » portent sur des affections et des actions spécifiques, et sont de ce fait « accompagnées » de matière (ὕλη). Il faut s'arrêter sur cette référence à la matière que Plotin n'élucide guère ici[3] : les dispositions rationnelles sont *le plus souvent* accompagnées de matière ; il semble donc possible qu'elles ne le soient pas. Les vertus, en tant qu'elles ont à faire avec les affections et les émotions, sont accompagnées de matière. Quant à la sagesse, nous apprenons plus bas que, pour sa part, elle opère sur un mode immatériel (ἀύλως).

On trouve dans le traité *Sur la vertu éthique* de Plutarque, une évocation similaire de la matière. Chez lui, ce qui distingue la vertu éthique de la vertu

1. « D'où la dialectique tire-t-elle ses principes ? C'est l'intelligence (*noûs*) qui donne des principes évidents, à condition que l'âme puisse les recevoir ; de là, la série des opérations ; elle compose, combine et divise, jusqu'à ce qu'elle arrive à l'intelligence complète. La dialectique, dit Platon, est le plus pur de l'intelligence et de la prudence *(phronèsis)* » (trad. Bréhier).

2. Καὶ αἱ μὲν ἄλλαι ἀρεταὶ τοὺς λογισμοὺς ἐν τοῖς πάθεσι τοῖς ἰδίοις καὶ ταῖς πράξεσιν, ἡ δὲ φρόνησις ἐπιλογισμός τις καὶ τὸ καθόλου μᾶλλον καὶ εἰ ἀντακολουθοῦσι καὶ εἰ δεῖ νῦν ἐπισχεῖν ἢ εἰσαῦθις ἢ ὅλως ἄλλο βέλτιον : ἡ δὲ διαλεκτικὴ καὶ ἡ σοφία ἔτι <μᾶλλον> καθόλου καὶ ἀύλως πάντα εἰς χρῆσιν προφέρει τῇ φρονήσει.

3. Sleeman-Pollet, *s.v.* ὕλη d) indique que, dans notre passage, il s'agit d'un sens analogique.

théorétique, c'est le fait que la vertu éthique a la passion *pour matière* et la raison pour forme (τῷ τὸ μὲν πάθος ὕλην ἔχειν, τὸν δὲ λόγον εἶδος, 440 D, 1-3). Plutarque, autant que Plotin, a certainement en vue la théorie stoïcienne de la matière. Pour reprendre les propos plotiniens : les émotions et passions sont rattachées au monde sensible, matériel, alors que la sagesse théorétique, la *sophia*, n'a pour objet que des objets immatériels. Les corps sensibles sont forcément rattachés à la matière, et, de ce fait, les affections et émotions le sont aussi[1]. Les vertus portent sur les affections, en ce qu'elles cherchent comment contenir et diriger les émotions et comment conduire une action à terme.

(b) La *phronèsis* s'interroge sur les actions, se demande s'il convient de les faire ou non. Contrairement aux autres vertus, la *phronèsis* n'est pas en plein dans l'action; elle a d'abord un rôle réflexif, un rôle de pondération : c'est à elle qu'incombe de peser et de déterminer ce qu'il est juste de faire. La *phronèsis* plotinienne rappelle ici la sagesse pratique d'Aristote, dans la mesure où c'est à elle qu'échoit la fonction d'arbitre en matière d'actions morales. Cependant, nous le verrons, cette sagesse pratique n'est pas purement aristotélicienne.

(c) La *sophia*, quant à elle, donne à la *phronèsis* ce dont elle a besoin. Elle est *immatérielle* et *générale*, ce qui signifie qu'elle est déjà purement intelligible et qu'elle n'est par conséquent pas concernée par les actions et encore moins par les passions, toutes deux rattachées à la matière qui délimite le domaine du sensible et le domaine intelligible. En introduisant une distinction à l'intérieur des vertus à partir du critère matériel, Plotin souligne qu'une vertu peut exister et se maintenir comme quelque chose de complètement immatériel et sans mélange[2].

La *phronèsis* reçoit des principes immatériels et participe, à ce titre, à l'intelligible, mais elle applique son activité au domaine sensible, et est de ce fait impliquée dans la matière[3]. Dans cette tripartition, la *phronèsis* a un rôle intermédiaire entre les autres vertus (l'expression « autres vertus » souligne le fait que c'est la *phronèsis* qui est déterminante, qu'elles sont

1. La conception plotinienne de la matière s'oppose à celle des Stoïciens, qui lui accordent une place prééminente.

2. Plutarque soutient le même fait, *Sur la vertu éthique*, 440 D-E : ὅτι μὲν γὰρ δύναται καὶ ἀρετὴ γεγονέναι καὶ μένειν παντάπασιν ἀύλος καὶ ἄκρατος, οἶμαι δῆλον εἶναι.

3. Plutarque, pour sa part, attribue également à la *phronèsis* le rôle d'amener la passion irrationnelle à une disposition permanente. L'action et les passions définissent le statut rationnel de la *phronèsis* (*cf.* 443 C-F).

autres par rapport à elle[1]) et la sagesse – le critère premier étant la présence ou l'absence de la matière[2].

La distinction principale se fait cependant sur des critères cognitifs. Elle est liée aux différents types de raisonnements qui déterminent chaque sorte de vertu :

(a) les vertus dites « autres » *développent* un raisonnement discursif, le *logismos*.

(b) La *phronèsis*, elle, est *une sorte* d'*epilogismos* (ἐπιλογισμός τις) et se rattache, de ce fait, à l'universel.

(c) En ce qui concerne la sagesse, Plotin n'indique pas son mode de raisonnement, mais l'assimile à la dialectique, ce qui pourrait être compris comme une forme d'attribution du raisonnement le plus élevé. Si l'on suit la leçon suggérée par Vitringa[3], Plotin dit en effet que la *sophia* opère sur un mode *encore plus* (ἔτι μᾶλλον) général, universel et immatériel : elle n'est donc plus liée aux affects et émotions.

En attribuant un mode différent de raisonnement à ces trois types de vertus, Plotin souligne l'importance centrale des processus mentaux dans la pratique vertueuse. La vertu (et par là l'éthique) n'est pas qu'un agir. Elle est avant tout accompagnée par et rattachée à des modes de raisonnement; ce sont peut-être même eux qui guident et déterminent les actions[4].

Revenons maintenant à la sagesse pratique et à l'*epilogismos*, son mode de raisonnement, pour tenter de voir comment le statut particulier de la vertu est lié à la portée particulière du terme.

LE RÔLE DE L'*EPILOGISMOS* PAR RAPPORT À LA *PHRONÈSIS*

La formulation plotinienne est étonnante : « la *phronèsis* est une sorte d'*epilogismos* » (6,10). La *phronèsis* est ainsi *identifiée* à un mode de raisonnement, alors qu'il semblerait plus justifié de lui *attribuer* un type de raisonnement. Or la *phronèsis* elle-même devient ce mode de raisonnement

1. Sur l'usage plotinien du mot *allos*, notamment dans le contexte éthique, *cf.* A. Schniewind, *L'Éthique du sage chez Plotin. Le paradigme du spoudaios*, Paris, Vrin, 2003, p. 87-98.

2. Cf. *Enn.* I 8 [51], 5,30-34, où Plotin souligne le fait que certains hommes sont capables de maîtriser la matière présente en eux, par ce qui en eux n'est pas dans la matière. C'est, à mon sens, précisément le rôle qui revient à la *phronèsis*.

3. *Cf.* apparat critique de l'*editio minor* des *Ennéades*.

4. Ce n'est pas sans rappeler fortement la conception stoïcienne de la philosophie et la place primordiale qui revient à la rationalité.

et intervient en tant que telle. Cette assimilation est pour le moins curieuse, surtout si l'on considère le choix du terme utilisé : *epilogismos* est en effet un hapax dans les *Ennéades*.

Avant de pouvoir estimer le sens de cette attribution directe d'une fonction de raisonnement à la sagesse pratique, attardons-nous sur le mot *epilogismos*, qui est un terme principalement épicurien[1]. Sa signification précise, chez Épicure, a fait l'objet d'un long débat[2]. Selon la majorité des interprètes, *epilogismos* désigne un raisonnement appliqué avec attention *sur* les phénomènes. L'importance accordée au préfixe *epi-* varie selon les interprètes et détermine ainsi fortement la compréhension du terme et sa traduction. Ainsi, (a) ceux qui prennent en compte le préfixe penchent pour « raisonnement appliqué[3] »; alors que (b) Schofield[4] traduit par « évaluation comparative » (*appraisal*), en n'accordant manifestement pas d'importance au préfixe[5].

1. Qui sera repris ensuite par les empiristes tels que Galien (*cf.* M. Frede, *Galen : Three Treatises on the Nature of Science*, Indianapolis, Hackett, 1985), ainsi que par des Platoniciens comme Plutarque.

2. L'objet du débat porte notamment sur le type de raisonnement qu'est l'*epilogismos* : G. Arrighetti (« Sul valor di ἐπιλογίζομαι, ἐπιλογισμός, ἐπιλόγισις nel sistema epicureo », *La Parola del Passato,* 7, 1952) limite le sens d'*epilogismos* à une saisie immédiate, spontanée qui ne contient pas de part logique particulière. Le préfixe *epi-* souligne la spontanéité du mouvement de la *dianoia* et limite l'*epilogismos* à un processus de pensée intuitif, non raisonné, et signifie ainsi « saisir directement quelque chose »; Ph. De Lacy (« Epicurean ἐπιλογισμός », *American Journal of Philology*, 79, 1958) pense au contraire qu'*epilogismos* est rattaché à une dimension rationnelle et correspond à un processus inductif qui se fonde sur des données empiriques; D. Sedley (« Epicurus, *On Nature* XXVIII », *Cronache Ercolanesi*, 3, 1973), suit dans les grandes lignes l'avis de De Lacy et dit que ce mot signifie « a process of reasoning based on practical experience – but not necessarily involving analogy or induction ». L'*epilogismos* est le principal responsable du savoir de ce qu'est le *summum bonum*. C'est lui qui permet une évaluation de la situation, à partir de l'expérience empirique. C'est l'*epilogismos* qui permet d'évaluer le plaisir et la douleur, et de parvenir ainsi au plaisir le plus continu. J.-F. Balaudé, *Épicure, Lettres, Maximes, Sentences*, Paris, Poches, 1994, présente l'*epilogismos* de manière très similaire à D. Sedley. Le plus récent article sur ce mot est celui de M. Schofield, « Epilogismos : An Appraisal », dans M. Frede, G. Striker (éd.), *Rationality in Greek Thought*, Oxford, Clarendon Press, 1996, qui propose une nouvelle et insolite interprétation du mot. Nous y reviendrons dans la suite de notre exposé.

3. Cela ressort particulièrement clairement de l'analyse de D. Sedley, « Epicurus », art. cit., qui reste à mon sens la plus lumineuse.

4. M. Schofield, « Epilogismos », art. cit.

5. La seule allusion qu'il fasse au préfixe se trouve en note, dans sa conclusion. Il s'interroge : « did the prefix *epi-* appeal to him, too ? » (p. 235) et évoque le fait qu'il y a, certes, chez Épicure « a clear awareness of the potentialities of prepositional prefixes. Conceivably, also, Epicurus liked the associated idea that the fundamental form of reasoning is one directed towards experience, not away from it. This speculation would of course restore a broadly

La compréhension précise du mot étant fondamentale pour notre propos, il convient d'examiner attentivement les deux acceptions :

(a) *epilogismos* comme *raisonnement appliqué* : le caractère immédiat de la saisie par *epilogismos* est souligné, le préfixe *epi-* jouant un rôle central, dans la mesure où il comporte une connotation d'empirisme et d'objectivité proche de celle que l'on rencontre dans ἐπιβάλλειν[1]. C'est un raisonnement qui se fait à même les sens, transformant les données sensibles (perceptions et émotions) en une connaissance rationnelle qui permet de comprendre les données sensibles. Bien que ce raisonnement s'applique au visible, en le scrutant et l'analysant, il vise à faire apparaître sa structure invisible. Selon cette interprétation, l'*epilogismos* n'est qu'une spécification du raisonnement général[2] – *logismos* – auquel s'associe le *dialogismos*, qui connote la continuité, le développement du raisonnement à plusieurs[3]. Le *logismos* est spécifié par trois termes : l'*epilogismos*, l'*analogismos* et enfin le *sullogismos*[4]. Ces considérations concernent le domaine gnoséologique du Canon épicurien qui porte sur les instruments du savoir de « ce qui apparaît » et de ce qui est « inévident » (il faut encore distinguer entre ce qui est en attente et ce qui est proprement inévident), les réalités inévidentes devant être rendues manifestes à partir de ce qui apparaît[5]. Le raisonnement est en lien étroit avec la distinction de ces deux types d'objets. L'*epilogismos* joue un rôle central dans ce processus. Selon Épicure, ce n'est pas uniquement la sensation immédiate qui détermine la fin pour l'homme, c'est aussi le raisonnement, dont notamment l'*epilogismos* ; c'est ce qu'il désigne par ἐπιλογισμὸς τοῦ τέλους[6]. L'*epilogismos* a donc bien aussi une portée éthique. Le rôle de l'*epilogismos*, dans l'éthique épicurienne, est de permettre de discerner les plaisirs bons ou mauvais et d'estimer ce qu'il est bon de faire ou de ne pas faire. Or cette faculté n'est pas utilisée par tous les hommes[7] ; elle est concernée par la

empiricist tinge to Epicurus' use of epilog- vocabulary. But only broadly; and only rather conjecturally » (*ibid.*).

1. *Cf.* D. Sedley, « Epicurus », art. cit., p. 27.

2. Notamment dans la *Lettre à Hérodote*, § 38-40.

3. *Ibid.*, § 68.

4. *Cf.* J. Barnes « Epicurean Signs », *Oxford Studies in Ancient Philosophy*, sup. vol., 1988.

5. *Cf.* Diogène Laërce, *Vies des philosophes*, X, 32.

6. *Maximes capitales,* XXII : « Il faut *s'appliquer à raisonner* sur la fin qui est donnée là, et sur toute l'évidence à laquelle nous ramenons les opinions; sinon, tout sera plein d'indistinction et de trouble » (trad. Balaudé).

7. *Cf.* Épicure, fr. 68 Usener.

découverte des limites[1], et c'est l'une des activités qui caractérise un bon Épicurien[2]. Pour la plupart des hommes, l'usage de l'*epilogismos* est difficile[3] – les animaux, quant à eux, ne sauraient s'en servir.

(b) *Epilogismos* comme *évaluation comparative* : Schofield, dans un article consacré uniquement à *epilogismos*[4], soutient que ce mot signifie *appraisal* (évaluation, appréciation). Il s'agirait, selon lui, d'un raisonnement qui *prend en considération* et *apprécie* la valeur ou la teneur d'une chose. Il s'agirait essentiellement d'une forme d'appréciation ou évaluation *comparative* (*comparative form of appraisal*) qui s'applique autant au domaine éthique qu'au domaine gnoséologique. Schofield souligne qu'Épicure se sert d'un mot d'usage courant, non connoté philosophiquement (Platon et Aristote ne l'utilisent pas) et qu'il indique par là que le raisonnement principal qui est requis en philosophie est une activité accessible à tous et non réservée à un groupe de spécialistes[5]. Schofield souligne que l'usage épicurien du terme a ouvert la voie à son exploitation à des fins empiristes, notamment chez Galien[6].

Tout en penchant plutôt pour la compréhension (a) du terme chez Épicure, je tendrais, en revanche, à penser que Plotin l'utilise précisément dans la version (b). Nous y reviendrons.

Nous pouvons à présent tenter un rapprochement avec le traitement épicurien de la *phronèsis*. Dans la *Lettre à Ménécée*, § 132, Épicure évoque directement le rôle de la *phronèsis* et son lien avec le raisonnement, avec cette particularité qu'il présente la philosophie elle-même *comme phronèsis*. La philosophie est un exercice appliqué et non pas un idéal contemplatif[7].

> De tout cela le principe et le plus grand bien est la prudence. C'est pourquoi la philosophie est, en un sens plus précieux, prudence (*phronèsis*), de

1. *Maximes capitales*, XX ; *Sentences vaticanes*, 63.
2. *Lettre à Ménécée,* § 133.
3. *Cf.* Diogène d'Oneanda fr. 38, col. I, 8-9.
4. M. Schofield, « Epilogismos », art. cit.
5. *Cf.* Schofield, *ibid.*, p. 235.
6. *Cf.* à ce propos, M. Frede, *Galen : Three Treatises on the Nature of Science*, trad. R. Walzer et M. Frede, introd. M. Frede, *op. cit.* Selon nous, l'interprétation du terme proposée par Schofield repose essentiellement sur une lecture des textes épicuriens à travers une lecture des textes empiristes. Schofield serait ainsi, malgré lui, influencé par des philosophes postérieurs à Épicure.
7. *Cf.* J.-F. Balaudé, Introduction à Diogène Laërce, X, p. 1223 *sq.*, dans Diogène Laërce, *Vies et doctrines des philosophes illustres*, trad. fr. sous la direction de M.-O. Goulet-Cazé, *op. cit.*, et Épicure, *Lettres, Maximes, Sentences*, *op. cit.*

> laquelle toutes les autres vertus sont issues : elles nous enseignent qu'il n'est pas possible de vivre avec plaisir sans vivre avec prudence, et qu'il n'est pas possible de vivre de façon bonne et juste, sans vivre avec plaisir, car toutes les vertus sont naturellement associées au fait de vivre avec plaisir, et vivre avec plaisir est inséparable de ces vertus [1].

La *phronèsis* est le principe (ἀρχή), la condition du plaisir ; et le plaisir, la condition des vertus, de sorte que la vie vertueuse se confond avec la véritable vie de plaisir (toutefois le plaisir n'est pas identique à la vertu, dans la mesure où celle-ci est réservée à l'homme, alors que les animaux sont aussi capables de plaisir). La *phronèsis* pèse les avantages et les désavantages des plaisirs. Son rôle est donc de choisir les plaisirs et les douleurs acceptables, au nom du plaisir. Elle permet le discernement correct du bon et du mauvais, de ce qui, dans la pratique, est à choisir et de ce qui est à éviter et à fuir. Ainsi, la *phronèsis* fournit les moyens de la moralité permettant le plaisir le plus continu. Dans le passage cité, trois caractéristiques issues de la vertu sont énumérées : il n'est pas possible de vivre avec plaisir (ἡδέως), sans vivre φρονίμως καὶ καλῶς καὶ δικαίως. Or ce qui prévaut ici, c'est la *phronèsis*, d'où proviennent ces trois attributs. C'est d'ailleurs ce que souligne Cicéron : « Et ce n'est pas assez de juger de ce qu'on doit faire ou ne pas faire : il faut de plus savoir se tenir à ce qu'on a jugé » (*De finibus*, I, 14, 47)[2].

La vie véritablement heureuse – le plaisir véritable – ne vient pas de la jouissance, mais de ce que le corps ne souffre pas et que l'âme n'est pas troublée. Le raisonnement sobre (νήφων λογισμός) procure un tel plaisir, dans la mesure où il cherche les causes des choix et des refus, et chasse les opinions qui troublent l'âme.

Nous sommes à présent en mesure d'évaluer l'apport épicurien dans le passage plotinien que nous examinons. Tout d'abord, il est fort probable qu'il s'agisse d'une allusion *directe* à la terminologie épicurienne[3]. En isolant la *phronèsis* et en en faisant un mode de raisonnement *epilogismos*,

1. *Lettre à Ménécée*, § 132, trad. Balaudé (c'est moi qui souligne). À partir de considérations philologiques, Balaudé argumente que ce passage ne veut pas dire qu'Épicure se prononcerait en faveur de la prudence contre la philosophie (elle serait « plus précieuse même que la philosophie »), ce que suggèrent la plupart des traductions.

2. *Cf.* aussi *ibid.*, I, 18, 57.

3. Il faut toutefois souligner que l'usage de ce mot était répandu dans les milieux platoniciens. Plutarque, par exemple, en fait usage. Il se peut donc que Plotin s'en serve par ce biais-là, sans penser directement à la terminologie épicurienne. Mais cela me semble peu probable.

Plotin développe un aspect implicite de la pensée épicurienne, le lien entre le rôle de la sagesse pratique et l'*epilogismos,* en leur accordant un statut indépendant des autres vertus et du raisonnement général qu'est le *logismos*. Les vertus générales et le *logismos* deviennent l'objet sur lequel porte la *phronèsis* en tant que raisonnement.

Mais qu'est-ce que voit la *phronèsis-epilogismos*? Et que fait-elle? Révèle-t-elle, comme chez Épicure, la structure invisible des phénomènes visibles? Ne serait-ce pas plutôt qu'elle voit la structure générale des vertus (qui ne la reconnaissent pas elles-mêmes), grâce au fait qu'elle tire ses principes (immatériels) d'ailleurs, en les recevant de la *sophia*? Dans ce sens, l'*epilogismos* est bien un raisonnement comparatif qui évalue et mesure la portée des données sensibles (actions et émotions). L'opération de raisonnement de l'*epilogismos* est peut-être bien la même que chez Épicure (surtout si on la comprend dans le sens de pensée comparative), mais les principes sont radicalement autres : ce ne sont pas les phénomènes sensibles qui livrent à la *phronèsis* de quoi l'éclairer. Les principes dont elle se sert – et qui lui donnent sa supériorité cognitive sur les autres vertus –, sont immatériels et proviennent de la *sophia*, qui à son tour les tire directement de l'Intellect.

Tout en reprenant le sens du terme donné par Schofield à *epilogismos*, je soutiens, contrairement à lui, qu'il faut accorder au préfixe *epi-* toute son importance et que cela n'altère pas le sens du mot. Le premier sens d'*epi*, littéralement : ce qui porte véritablement sur la surface d'une chose, avec un contact direct (contrairement à ce qui est ὑπέρ et qui ne touche pas la surface directement), est en effet très présent chez Plotin. L'*epilogismos* porte directement sur les choses, est donc en contact avec elles, sans être pour autant envahi par elles : c'est donc un raisonnement qui touche aux choses, tout en restant *sur* elles, demeurant [1] sur elles et non *en* elles. Ce type de raisonnement se porte sur les objets de l'éthique, y demeure et peut ensuite rendre un jugement sur ce qu'il est juste de faire ou de ne pas faire. Par ailleurs, *epi* indique aussi, ajouté à un verbe, le fait de reconnaître quelque chose dans un objet, de le juger, d'y dévoiler quelque chose [2]. Tous ces aspects vont comme un gant à la *phronèsis*, qui a précisément comme fonction alléguée de fournir la vue d'ensemble en matière éthique. En lui attribuant si clairement l'*epilogismos* comme mode de raisonnement,

1. *Cf.* Kühner-Gerth, *Ausführliche Grammatik der griechischen Sprache*, II 1, Hannover, 1898, p. 495.

2. *Ibid.*, p. 497.

Plotin ne fait que renforcer et spécifier sa place et son rôle particulier : elle est ce qu'elle est parce qu'elle opère et est tout entière une pensée qui compare les données intelligibles et sensibles. Elle joue le rôle d'intermédiaire entre un domaine principalement régi par la matière sensible, et un autre, purement immatériel. Se nourrissant de principes intelligibles, elle est capable de diriger les actions éthiques, de sorte que ces dernières sont rattachées au principe général qu'est l'Intellect.

Arrivés à ce point, il faut nous demander quel est le lien précis entre la *phronèsis* et l'*epilogismos*. Lequel des deux détermine l'autre ? Le raisonnement fait-il de la *phronèsis* une vertu à part ou est-ce, à l'inverse, la *phronèsis* qui, à partir de sa place distincte, exige et emploie un mode de raisonnement différent des autres vertus ? Il y a certainement un lien à établir avec le principe général, l'Intellect. En effet, le *logismos* et l'*epilogismos* ne sont qu'une forme amoindrie, parce que discursive, du νοῦς. Le domaine éthique étant concerné, le mode de raisonnement doit être discursif, mais le principe est néanmoins l'Intellect et est transmis par la *sophia*, qui fournit à la *phronèsis* ce dont elle a besoin.

L'ÉVALUATION COMPARATIVE DE LA *PHRONÈSIS*

La suite (et fin) du chapitre 6 du traité I 3 (l. 14-24) traite du rapport entre la *sophia* et les vertus dites « inférieures », apparemment sans poursuivre la distinction entre la *phronèsis* et les autres vertus. Pourquoi ? Comment comprendre cela ? La *phronèsis* est-elle subitement incluse dans les vertus inférieures, ayant elle aussi un mode de raisonnement discursif, par opposition à la *sophia*, qui opère par la dialectique ? Cela paraît bien improbable, vu que la distinction entre la *phronèsis* et les autres vertus vient d'être établie et soulignée.

Comment expliquer alors l'absence de référence à la *phronèsis* dans les dix lignes qui forment la fin non seulement du chapitre, mais aussi du traité lui-même ? J'aimerais émettre une hypothèse, fondée sur l'analyse du type de discours utilisé dans les dernières lignes :

> « Mais est-il possible que les <vertus> inférieures existent sans dialectique et sans sagesse ? » Ne faudrait-il pas dire : sur un mode imparfait et défectueux.
>
> « Mais est-il possible d'être un sage et un dialecticien, simplement, sans celles-ci ? » Ne faudrait-il pas dire que cela ne pourrait se produire. Plutôt, elles précèdent <la sagesse et la dialectique> ou bien augmentent ensemble en même temps.

> Et (1) quelqu'un pourrait peut-être posséder les vertus naturelles, à partir desquelles les vertus parfaites <se développent> par le devenir de la sagesse. La sagesse <vient> donc après les <vertus> naturelles, et ensuite elle perfectionne les <dispositions> morales.
> Ou bien (2), si l'on a les vertus naturelles, les deux [dispositions morales et sagesse] augmentent dès lors en même temps et arrivent à leur perfection ensemble.
> Ou alors (3), en prenant les devants, l'une perfectionne l'autre <et inversement>. Car, d'une manière générale, la vertu naturelle est imparfaite pour ce qui est de la vision et du caractère moral. Et les principes desquels nous tirons leur possession sont ce qui est le plus important pour tous deux [dispositions morales et sagesse] [1].

L'ensemble du passage est régi par une question, posée d'entrée, qui porte sur le fait de savoir quel est le rapport mutuel entre les vertus. Cette question présuppose la distinction entre les vertus inférieures et supérieures (telle qu'elle se trouve mentionnée dans l'*Ennéade* I 2 [19]) : peut-on posséder les vertus inférieures sans la sagesse ou, inversement, la sagesse sans les vertus inférieures [2] ? La réponse est claire : il faut les deux, si on veut les posséder de manière complète et parfaite.

Cette réponse n'est visiblement pas suffisante. Il faut préciser l'ordre d'acquisition de ces deux types de vertus : les vertus inférieures précèdent-elles chronologiquement la sagesse ou les deux augmentent-elles ensemble ? La question, qui fait allusion au débat stoïcien sur l'implication mutuelle des vertus, est délicate, car elle fait intervenir l'ensemble de la conception de la hiérarchie des vertus, de même que la question de la dépendance des unes par rapport aux autres et enfin aussi la question de la temporalité dans l'exercice et l'acquisition des vertus. Trois possibilités sont considérées :

Première option (1) : on peut posséder les vertus naturelles à partir desquelles les vertus parfaites se développent à travers la sagesse. Dans ce

1. I 3, 6, 14-24 : Πότερα δὲ ἔστι τὰ κάτω εἶναι ἄνευ διαλεκτικῆς καὶ σοφίας; Ἢ ἀτελῶς καὶ ἐλλειπόντως. Ἔστι δὲ σοφὸν εἶναι καὶ διαλεκτικὸν οὕτως ἄνευ τούτων; Ἢ οὐδ᾽ ἂν γένοιτο, ἀλλὰ ἢ πρότερον ἢ ἅμα συναύξεται. Καὶ τάχα ἂν φυσικάς τις ἀρετὰς ἔχοι, ἐξ ὧν αἱ τέλειαι σοφίας γενομένης. Μετὰ τὰς φυσικὰς οὖν ἡ σοφία : εἶτα τελειοῖ τὰ ἤθη. Ἢ τῶν φυσικῶν οὐσῶν συναύξεται ἤδη ἄμφω καὶ συντελειοῦται; Ἢ προλαβοῦσα ἡ ἑτέρα τὴν ἑτέραν ἐτελείωσεν : ὅλως γὰρ ἡ φυσικὴ ἀρετὴ καὶ ὄμμα ἀτελὲς καὶ ἦθος ἔχει, καὶ αἱ ἀρχαὶ τὸ πλεῖστον ἀφοτέραις ἀφ᾽ ὧν ἔχομεν.

2. Cf. *Enn.* I 2 [19], 7.

cas, le point de départ, ce sont les vertus naturelles, la sagesse ne vient qu'après.

Deuxième option (2) : les vertus naturelles étant données, les dispositions morales (*i.e.* les vertus générales) et la sagesse (la vertu suprême) augmentent ensemble ; elles deviennent parfaites, chacune à son niveau, de manière synchrone. Cela présuppose que les deux sont au préalable imparfaites.

Et enfin, troisième et dernière option (3) : prenant les devants, l'une perfectionne l'autre. Or c'est exactement la réponse recherchée. L'expression grecque ἡ ἑτέρα τὴν ἑτέραν est remarquable : « l'une perfectionne l'autre *et inversement* ». Il n'y a aucune prérogative de l'une par rapport à l'autre, mais une interdépendance.

Le modèle de l'implication mutuelle est donc véritablement poussé à son point d'articulation ultime. Les vertus inférieures et supérieures – à savoir celles qui s'occupent des actions et des émotions, et la sagesse, ne sont ni synchronisées ni hiérarchisées. Il y a alternance entre les deux : tantôt la *praxis* prend le pas sur le savoir théorique qui porte sur elle, tantôt ce sont les considérations théoriques qui le font en guidant les actions pratiques.

Je peux maintenant avancer mon hypothèse : c'est la *phronèsis* en personne qui opère cette suite de distinctions ! Les questions posées et les différentes options considérées correspondent à la tâche principale de la sagesse pratique, dont il est dit, qu'elle « *s'interroge aussi bien sur les implications mutuelles que sur la question de savoir s'il faut s'abstenir maintenant ou plus tard, ou s'il est mieux de faire toute autre chose* » (l. 11-12). C'est elle qui pose les questions, qui procède à une évaluation comparative des différentes options concernant le rapport entre les vertus et qui opte, finalement, pour l'interdépendance entre les vertus. La connexion pour laquelle elle opte est d'ailleurs essentiellement régie par elle : c'est elle qui permet les transpositions réciproques entre les autres vertus et la *sophia*. C'est elle qui se nourrit constamment des deux : elle reçoit de la *sophia* « toutes choses pour son usage » (l. 13-14), *i.e.* des principes théoriques, mais applique sa réflexion sur des questions d'ordre pratique. Pour la *phronèsis*, figure phare de l'éthique, il ne peut y avoir de prévalence des uns sur les autres. Elle les considère toutes deux, théorie et pratique, comme tout aussi essentielles et indispensables au perfectionnement, qui est, finalement, le but de toute éthique bien menée.

L'ensemble de ce passage met donc à l'œuvre la *phronèsis* en tant qu'*epilogismos* et nous montre directement comment ce mode de raisonnement fonctionne et surtout quel est son rôle central pour une articulation harmonieuse entre *praxis* et *theôria*.

Pour conclure, soulignons que le passage analysé met en avant la terminologie riche en allusions multiples utilisée par Plotin. Le jeu croisé entre *phronèsis* et *epilogismos* déplace subtilement la conception classique, aristotélicienne, de la sagesse pratique, tout en corrigeant la signification du terme épicurien. La terminologie épicurienne permet à Plotin de mettre en avant la fonction cognitive hors pair de la *phronèsis*. Par ailleurs, Plotin peut introduire une correction fondamentale à la teneur du terme épicurien en montrant que les principes qui guident cette pensée proviennent, évidemment, de l'Intellect et sont donc, d'emblée et prioritairement, immatériels et intelligibles. Tout cela montre à quel point l'épicurisme est présent chez Plotin, ce que l'on n'a pas suffisamment souligné jusqu'à présent[1]. Ces quelques remarques ne sont qu'une modeste contribution dans un vaste champ encore inexploré[2].

Alexandrine SCHNIEWIND

1. Mis à part quelques exceptions, dont notamment M. Tortorelli Ghidini, « L'ambigua presenza di Epicuro in Plotino », dans G. Giannantoni, M. Gigante (éd.), *Epicureismo Greco et Romano*. Atti del Congresso Internazionale Napoli, 19-26 Maggio 1993, Napoli, Bibliopolis, vol. II.

2. Ma reconnaissance va à Dominique de Libera pour sa relecture et correction de mon article. Je remercie également Alain de Libera d'avoir patiemment relu et discuté mon texte. Je remercie Curzio Chiesa pour ses indications bibliographiques très utiles. Michael Frede a discuté avec moi une toute première version de ce texte, présentée à Oslo en mai 2004. Je tiens à lui rendre hommage par cette contribution, en la dédiant à sa mémoire.

CHAPITRE VIII

SAINT AUGUSTIN ET LA *PHRONÈSIS*

La question de la *phronèsis* chez saint Augustin pose d'emblée le problème récurrent de la traduction du terme grec. Le simple fait que nous employions le mot sous sa forme grecque, renonçant à trouver un équivalent français montre que cette question de la traduction n'est toujours pas réglée. Prudence, sagesse, sagesse pratique, sagacité, aucune traduction en effet ne s'impose réellement. Aucun terme français n'a de champ sémantique qui recouvre le terme grec. Comment le problème se pose-t-il avec le latin ?

Phronèsis a une traduction latine incontestée : *prudentia*, due à Cicéron. La *phronèsis* serait-elle donc la prudence ? Dans le *de officiis*, Cicéron présente ainsi sa traduction :

> La première de toutes les vertus est cette *sapientia*, qu'ils appellent *sophia*. Par *prudentia*, en effet, nous en comprenons une autre, que les Grecs appellent *phronèsis*, qui est la science de ce qu'il faut rechercher et de ce qu'il faut fuir. La *sapientia*, que j'ai dite être la première, est la science des réalités divines et humaines, celle qui comprend ce qu'il y a de commun entre les dieux et les hommes, et leur relation. Si celle-ci est très importante, comme cela est certainement, il est nécessaire que le devoir qui découle de cette communauté soit très important. Et en effet la connaissance et l'observation de la nature sont en quelque sorte incomplètes et restées à leurs débuts, si elles n'ont aucun effet sur notre manière d'agir ;

> et cette manière d'agir se remarque essentiellement dans l'observance de ce qui est approprié aux hommes [1].

La *phronèsis* est donc présentée par opposition à la *sophia*, qui pose d'ailleurs autant de problèmes de traduction, puisqu'il est évident qu'il ne s'agit pas de la sagesse, au sens que nous donnons à ce terme. Les mots ont une histoire, au cours de laquelle il leur arrive parfois de se lester de sens nouveaux, de valeurs et de connotations qui les éloignent de leur champ sémantique originel sans que nous en soyons conscients.

En tout cas, Cicéron articule très clairement *phronèsis* et *sophia* : la *phronèsis* est la science de ce qu'il faut viser et fuir, ou, pour le dire autrement, ce qu'il faut faire et ne pas faire, définition reprise du Portique [2], qui précisait aussi qu'elle est science des biens et des maux [3], ce qui est la même chose ; les Stoïciens ajoutaient simplement les neutres, que ni Cicéron ni les Pères ne reprendront parce qu'ils renvoient de façon précise à la tripartition qui est propre à un stoïcisme qu'ils ne revendiquent évidemment pas. Si la *phronèsis* est la science de l'action, la *sophia* n'est pas pour autant une science pure isolée de l'action, elle est « la première des vertus ». « Science des choses divines et humaines », elle nous fait connaître la relation de l'homme au divin (*deorum et hominum communitas et societas inter ipsos*), et si elle s'arrête là, elle est inachevée puisqu'elle doit fonder l'action humaine.

La *phronèsis* est donc distincte de la *sophia* tout en y étant rattachée, elle est ce à quoi conduit la *sophia* dans le domaine de l'action, qui en est une extension nécessaire. Il n'y a pas de *phronèsis* sans *sophia* parce que l'action se fonde sur la connaissance. C'est la conception stoïcienne de la connaissance qui articule une double continuité. D'abord continuité de la perception sensorielle à la métaphysique : ce que nous voyons du monde nous permet de construire une connaissance qui va jusqu'à la métaphysique. Ensuite cette connaissance nous permet de déduire la manière

1. Cicéron, *de off.* I, XLIII, 153 : Princepsque omnium uirtutum est illa sapientia, quam σοφία uocant : prudentiam enim, quam Graeci φρόνησις, aliam quamdam intelligimus, quae est rerum expetendarum fugiendarumque scientia. Illa autem sapientia, quam principem dixi rerum est diuinarum atque humanarum scientia; in qua continetur deorum et hominum communitas et societas inter ipsos. Ea si maxima est, ut est certe ; necesse est, quod a communitate ducatur officium, id esse maximum. Etenim cognitio contemplatioque naturae manca quodam modo atque inchoata sit, si nulla actio rerum consequatur : ea autem actio in hominum commodis tuendis maxime cernitur.

2. *Cf.* notamment *SVF*, t. 3 p. 63, l. 23-24 ; p. 65, l. 42.

3. *Cf.* notamment *SVF*, t. 3 p. 65, l. 22 ; p. 63, l. 24 ; t. 2, p. 50, l. 17.

dont nous devons vivre et agir. À l'ascension qui va de l'expérience sensorielle aux réalités les plus élevées de la métaphysique, succède la descente vers l'action pratique. Continuité qui contraste avec la coupure aristotélicienne entre le monde divin, de la régularité absolue, et le monde sublunaire, mais aussi avec le platonisme, pour lequel notre connaissance du divin ne peut être que brève et partielle. On sait que le *de officiis* serait inspiré d'un modèle stoïcien, dû probablement à Panétius.

Si on s'en tient à la définition cicéronienne (science de ce qu'il faut faire et ne pas faire), la *phronèsis/prudentia* serait tout simplement la morale, ou, si on préfère, l'éthique, en tant que *connaissance* de la morale. De toute façon, ce ne saurait être la *prudence*, qui, purement pragmatique, désigne l'attention qu'on porte aux moyens par lesquels nous essayons de réaliser nos objectifs et surtout d'éviter les risques. La *phronèsis* est-elle donc l'éthique ? On ne saurait contester que c'est ce qui correspond le mieux à la définition cicéronienne puisque l'éthique est effectivement la connaissance des règles de la morale, c'est-à-dire de ce qu'il faut faire et ne pas faire. Pourtant, malgré cette évidence, nul n'a retenu cette traduction. C'est que l'éthique, contrairement à la *phronèsis*, n'est pas une vertu mais une pure connaissance abstraite, qui n'entraîne pas l'action, alors que la *phronèsis* est la disposition de celui qui agit bien parce qu'il sait ce qu'il a à faire et à ne pas faire. C'est une connaissance qui se réalise dans l'action. Il faut bien constater que nous n'avons rien qui puisse désigner une telle disposition.

Comment interpréter la traduction de *phronèsis* par *prudentia* ? Nous apporte-t-elle un éclairage sur le sens du terme ? Non, ce qui est pertinent est l'opposition *sapientia – prudentia*, connaissance théorique – connaissance dans l'action. Pour tout ce vocabulaire philosophique, le latin n'a évidemment pas d'équivalent et les choix de traduction ont quelque chose d'arbitraire. *Prudentia* pouvait faire l'affaire puisque le terme désigne une certaine sagesse pratique. En outre il présente une sorte d'assonance avec *phronèsis*, totalement fortuite d'ailleurs puisque *phronèsis* se relie à *phrèn* et *phronein*, alors que *prudentia* est une forme concentrée de *prouidentia*, le fait de considérer les choses à l'avance.

À son tour, le *de officiis* de Cicéron a servi de modèle à un autre *de officiis*, le *de officiis ministrorum*, de saint Ambroise, le maître de saint Augustin :

> Au premier rang de celles-ci (*sc*. les vertus cardinales), on a établi la *prudentia*, qui réside dans la recherche du vrai, et répand le désir d'une science plus pleine ; au deuxième, la justice, qui attribue à chacun son dû, ne revendique pas ce qui est à autrui, néglige son propre intérêt pour

> conserver l'équité générale ; au troisième, le courage, qui brille à la fois sur les champs de bataille, par la noblesse de la grandeur d'âme, et à la maison, et l'emporte sur la force physique ; et au quatrième, la tempérance, qui garde la mesure et l'ordre de tout ce que nous pensons avoir soit à faire soit à dire[1].

La différence de perspective est évidente, la *sapientia* n'apparaît pas dans cette liste des quatre vertus cardinales, mais son rôle semble être assumé par une *prudentia* qu'il ne semble guère raisonnable de traduire par *prudence*, terme qui ne correspond manifestement ni à « la recherche du vrai » ni au « désir d'une science plus pleine ». Il serait sans doute excessif d'interpréter ce glissement comme une autre lecture de la *phronèsis*. La raison en est d'abord que saint Ambroise reprend la liste classique de quatre vertus cardinales, qu'on doit au Portique, et qui commence par la *phronèsis* et omet la *sophia*. En outre, dans la perspective qui est la sienne, beaucoup plus pratique que philosophique – il s'agit des devoirs des clercs – Ambroise n'a pas besoin de distinguer deux facultés que les Stoïciens placent dans une totale continuité. Plus profondément, la logique d'Ambroise excluait même la *sophia*, au sens philosophique du terme. En effet, si celle-ci est le principe de la *phronèsis*, c'est en tant que science des réalités premières. Cicéron, à la suite du Portique, fonde ainsi la *phronèsis*, et la morale, sur la relation de l'homme au divin. Or cette relation de l'homme au divin et cette connaissance des réalités divines, sont, pour Ambroise, à chercher non dans la philosophie, mais dans l'Écriture : la théologie est une herméneutique et non plus une métaphysique. Son *de officiis ministrorum* le montre d'ailleurs avec éloquence : les références à la Bible y sont omniprésentes ; le cadre n'est ni ne se veut philosophique, quelle que soit l'importance de l'influence cicéronienne. La *sophia*, connaissance philosophique du divin, laisse la place à la Révélation, qui, elle, est une connaissance du divin à travers un texte sacré, qui passe par la médiation de l'herméneutique. C'est ainsi que, pour Ambroise, il y a bien une *sophia*, mais c'est la science de Dieu que nous trouvons dans la Bible, et elle fonde évidemment la *prudentia*, à tel point que celle-ci peut

1. *Quarum* (*sc.* uirtutum principalium) primo loco constituerunt prudentiam, quae in ueri inuestigatione uersatur, et scientiae plenioris infundit cupiditatem : secundo iustitiam, quae suum cuique tribuit, alienum non uindicat, utilitatem propriam negligit, ut communem aequitatem custodiat : tertio fortitudinem, quae et in rebus bellicis excelsi animi magnitudine, et domi eminet, corporisque praestat uiribus : quarto temperantiam, quae modum, ordinemque seruat omnium, quae uel agenda uel dicenda arbitramur. Saint Ambroise de Milan, *de officiis ministrorum*, I, XXIV, 115, P.L. t. 16, p. 57.

être située dans « la recherche du vrai », qui, du point de vue philosophique, relèverait plutôt de la *sophia*. Les explications qu'Ambroise donne un peu plus loin confirment cette continuité qui finit par inclure la *sophia* dans la *phronèsis* : la *prudentia* fut en premier lieu chez Abraham (*Fuit igitur in sancto Abraham primo loco prudentia*[1]), puisqu'il crut en Dieu (*Credidit Abraham Deo*, *Gen*, XV, 6). « Personne en effet n'est *prudens*, s'il ignore Dieu » (*Nemo enim prudens, qui Deum nescit*). Et Ambroise en conclut au paragraphe suivant : « Les nôtres sont les premiers à avoir défini la *prudentia* comme la connaissance du vrai » (*Primi igitur nostri definierunt prudentiam in ueri consistere cognitione*, §118), ce qui s'appuie évidemment sur l'antériorité d'Abraham. Et au paragraphe suivant (119), qui reprend tout ce qui précède, le fait de croire en Dieu est présenté comme relevant de la *sapientia,* qui se confond donc avec la *prudentia*.

Si cela ne nous avance guère en ce qui concerne le sens et la traduction du terme *phronèsis*, nous pouvons au moins en conclure, de façon négative, que traduire *phronèsis* par *prudence* est une approximation qui en néglige l'aspect intellectuel, pourtant capital. Comme celle de Cicéron, mais à un degré supérieur puisqu'elle enveloppe ce qui reste de la *sophia*, la *phronèsis* ambrosienne est une connaissance.

Quant aux quatre vertus cardinales, elles apparaissent notamment dans un texte de Stobée, retenu dans les *SVF*[2] en raison de son contexte manifestement stoïcien, comme vertus premières : *phronèsis*, *sôphrosunè*, courage et justice. L'ordre est différent, puisque la justice et la tempérance (qui traduit *sôphrosunè*) sont interverties, mais ce sont bien les mêmes qualités. Diogène Laërce confirme la nature stoïcienne de ces vertus premières, en en redonnant la même liste, dans un autre ordre, mais toujours avec la même en tête : *phronèsis*, courage, justice, *sôphrosunè*[3].

Nous avons donc deux logiques différentes. D'une part, depuis Platon, la *phronèsis* apparaît dans deux couples conceptuels, *phronèsis – sôphrosunè*, et *phronèsis – sophia*. Et d'autre part, elle est en tête des quatre vertus premières stoïciennes, qui deviendront les quatre vertus cardinales des Pères. Il est évidemment exclu d'imputer la seule seconde présentation de la *phronèsis* au Portique, puisque, comme nous l'avons vu, l'articulation cicéronienne de la *sophia* et de la *phronèsis* est imputable au stoïcisme.

1. *Ibid.*, I, XXV, 117.
2. *SVF*, t. 3, 264.
3. D.L., VII, 92 ; *SVF*, t. 3, 265.

En fait, l'impossibilité de traduire certains termes comme *sophia* ou *phronèsis* ne tient pas simplement à ce que nous n'avons pas de terme dont le champ sémantique recouvre, ne serait-ce qu'approximativement, celui des termes grecs, mais surtout à ce que les sens se distribuent en fonction d'oppositions qui s'articulent elles-mêmes sur des conceptions philosophiques précises, qui ne sont plus les nôtres. Dès lors, se demander si la *phronèsis* est la prudence, la sagesse pratique ou la sagacité nous semble assez vain ; plutôt que de rechercher un équivalent, il faut essayer de dégager les nœuds conceptuels dans lesquels elle fonctionne. N'oublions pas qu'un concept philosophique n'a pas vraiment de sens en soi, séparé de la pensée qui le fait naître et qu'il nourrit.

Saint Augustin hérite naturellement ces deux logiques de la *phronèsis*, d'une part celle des quatre vertus premières du stoïcisme, devenues cardinales, et d'autre part celle de l'opposition binaire de la *phronèsis* à la *sophia*.

Le *de libero arbitrio* présente les quatre vertus cardinales. La *prudentia* est *appetendarum et uitandarum scientia*, « la science de ce qu'il faut désirer et éviter »[1]. C'est ce que disait Cicéron dans des termes à peine différents.

La *prudentia* est suivie du courage, « disposition de l'âme par laquelle nous méprisons tous les préjudices et dommages concernant ce qui n'est pas en notre pouvoir »[2]. Tenir pour rien ce qui ne dépend pas de nous est – faut-il le rappeler ? – une attitude spécifiquement stoïcienne, notamment par l'intervention du critère de ce qui dépend ou non de nous.

Après le courage viennent la tempérance et la justice.

Le premier livre du *de libero arbitrio*, dont est extrait cet exposé des vertus cardinales, a été écrit en 388, Augustin, dont la conversion date de 386, n'a pas encore été ordonné. Sa pensée théologique n'est pas encore définitive, notamment sur la question de la Grâce, et il donne l'impression dans ce texte qu'il ne dépend que de l'homme de faire le choix du bien ou du mal, d'où viennent le bonheur ou le malheur. La volonté bonne est l'élément déterminant, en quoi on est assez proche du stoïcisme et de la *proairesis*. À cette date, la crise pélagienne n'a pas encore éclaté, elle n'éclatera que plus de trente ans plus tard, en 409-410.

1. *De libero arbitrio*, I, XIII, 27.

2. *Ibid.* : animae affectio, qua omnia incommoda et damna rerum non in nostra potestate contemnimus.

Le *de Trinitate*, publié en 419, articule les quatre vertus cardinales sur la distinction entre science et *sapientia*, ce qui, en quelque sorte, renoue avec la présentation que donnait le *de officiis*.

> C'est pourquoi ce que nous faisons avec *prudentia*, courage, tempérance et justice relève de cette science ou discipline par laquelle notre action se trouve éviter les maux et désirer les biens, et nous rassemblons par la connaissance historique la documentation nécessaire, à titre d'exemples proposés à notre méfiance ou à notre imitation, et en raison de celles de toutes ces choses qui correspondent à nos usages [1].

La science est donc une connaissance humaine, et la *prudentia/ phronèsis* est une science. Il est tout à fait remarquable que se trouvent sur le même plan la morale et la connaissance historique, même si celle-ci est présentée comme source d'exemples repoussants ou édifiants. D'autre part, les quatre vertus cardinales correspondent globalement à la définition de la *prudentia*, qui était celle de la *phronèsis* stoïcienne, à savoir viser le bien et fuir le mal. La chose est d'ailleurs tout à fait logique, puisque cette *phronèsis*, comme on l'a vu plus haut, est une éthique qui porterait en elle-même la puissance de se réaliser dans l'action. Cette mise en œuvre de l'éthique passe évidemment par le courage, la tempérance et la justice. La *prudentia* englobe ainsi les autres vertus, unité que saint Ambroise soulignait déjà. Les quatre vertus cardinales ne sont donc pas toutes sur le même plan, puisque celle qui est toujours la première, alors que l'ordre des autres est variable, même si, dans le cas de saint Augustin, les deux textes que nous avons cités, qui sont distants de plusieurs décennies, conservent le même ordre, contient les trois autres, dont elle constitue en quelque sorte le versant théorique, mais relevant d'une forme de théorique qui mène nécessairement à la pratique. Pour dire les choses autrement, il est évident que la morale contient le courage, la tempérance et la justice.

La problématisation augustinienne de ce passage du *de Trinitate* s'articule sur un autre élément : le temps, ce qui explique l'irruption de l'histoire au milieu des vertus. Nul ne doutera que l'histoire ait des vertus, mais la trouver ainsi de plain-pied avec la *phronèsis* est non seulement étonnant, mais surtout dévalorisant, au sens propre, pour la *phronèsis*. En

1. *De Trinitate*, XII, 22, Corpus Christianorum L, Tournai, Brepols, 1958 : Quamobrem quidquid prudenter, fortiter, temperanter et iuste agimus ad eam pertinet scientiam siue disciplinam qua in euitandis malis bonisque appetendis actio nostra uersatur, et quidquid propter exempla uel cauenda uel imitanda et propter quarumque rerum quae nostris adcommodata sunt usibus necessaria documenta historica cognitione colligimus.

tout cas la *phronèsis* est humaine, elle ne s'articule plus sur la *sophia*, connaissance du divin, elle en est coupée ontologiquement parce qu'elle appartient à un autre ordre.

Nous avons donc deux oppositions qui se superposent : science – *sophia/sapientia*, et temps – éternité. Et la *phronèsis/prudentia* relève évidemment de la science. Cette coupure change de contexte philosophique. Nous étions partis, chez Cicéron, avec la continuité stoïcienne entre *sophia* et *phronèsis*, qui articulait sans rupture la morale sur la métaphysique, et nous nous retrouvons maintenant dans l'opposition socratico-platonicienne entre la *sophia*, savoir absolu, propre au divin – seul Dieu est *sophos* – que l'homme ne peut approcher que par instants et par bribes, et la connaissance humaine, qui procède par raisonnement, et non plus par intuition.

La connaissance noétique, intuitive, propre au divin, est immédiate, alors que la connaissance dianoétique a besoin d'enchaîner les arguments et de construire progressivement ses démonstrations. Dieu, lui, sait tout tout de suite. Le primat platonicien de la vision tient sans doute à ce modèle. Cette distinction est capitale chez Augustin. Dieu a la connaissance globale immédiate, alors que l'homme doit suivre une progression chronologique. Le temps est une dimension dégradée de la réalité. Le temporel est la limite dans laquelle se déroulent notre vie et notre pensée. Il correspond au dianoétique platonicien, dans l'ordre de la connaissance. La dimension divine n'est pas une éternité qui serait une temporalité infinie, mais une non-temporalité, un πάντα ὁμοῦ, *tota simul*, qui est la condition même du divin. L'opposition augustinienne entre temps et éternité ne relève pas de l'eschatologie religieuse, mais de la philosophie, ou, si on préfère, de la métaphysique (néo)platonicienne. Le lieu platonicien de la réalité véritable est au-delà du temps, tout comme l'intellection intuitive est globale et instantanée, alors que le raisonnement s'inscrit dans le temps. La connaissance humaine est temporelle, sauf quand l'homme s'élève, à de rares instants, à l'intellection noétique, envol de l'âme, sortie de la caverne, époptie, pour reprendre les métaphores platoniciennes. Et c'est évidemment dans ces aperçus, tout fragmentaires qu'ils sont, que l'homme atteint quelque chose d'un savoir divin, de la *sophia* véritable, dont il lui est impossible de parler parce qu'il est indicible. Indicibilité qu'implique d'ailleurs nécessairement l'irréductible décalage ontologique entre les deux types de compréhension : l'intelligibilité globale immédiate ne peut se traduire dans la linéarité temporelle, sous peine de perdre justement sa spécificité.

On peut penser que c'est dans des expériences de ce type que s'enracine le platonisme augustinien. Les confidences des *Confessions* laissent supposer qu'Augustin a connu ces intuitions noétiques auprès desquelles la connaissance humaine apparaît si limitée.

D'où l'opposition entre science (*scientia/epistèmè*) et *sapientia/sophia*, dans laquelle s'inscrit tout ce passage du *de Trinitate*, qui continue ainsi :

> Le discours qui porte sur ces questions, je pense que c'est un discours de science, qu'il faut distinguer du discours de *sapientia*, qui concerne les choses qui ne seront pas ni n'ont été, mais sont, et qui, à cause de cette éternité dans laquelle elles sont, sont dites avoir été, être et devoir être, sans aucun changement temporel. En effet, elles n'ont pas été de telle manière qu'elles cessassent d'être, ou bien, ne seront pas comme si elles n'étaient pas maintenant, mais elles ont toujours eu cet être lui-même, et elles l'auront toujours. Elles demeurent non pas comme si elles étaient placées dans des espaces, ainsi que des corps, mais, dans une nature incorporelle, elles sont intelligibles aux regards de l'intellect (*mentis = noûs*) de même que celles qui sont dans un lieu sont visibles et tangibles pour les sens physiques. Non seulement les raisons intelligibles et incorporelles des choses sensibles situées dans un lieu demeurent sans localisation spatiale, mais aussi les raison intelligibles, et non sensibles, elles-mêmes, des mouvements temporels, se tiennent même partout sans mouvement temporel. Parvenir jusqu'à elles par le regard de l'intellect est donné à peu de gens, et, quand il y parvient autant qu'il est possible, celui qui y parvient n'y reste pas, mais ce regard lui-même est renvoyé, comme réverbéré, et il se produit une pensée transitoire d'une réalité non transitoire [1].

L'éternité est donc l'ordre de l'intelligible, qu'on ferait d'ailleurs mieux d'appeler intellectif, de ce que le *noûs* saisit de façon partielle et fugitive. Cette *acies mentis*, époptie platonicienne, qui renvoie aux

1. De his ergo sermo cum fit, eum scientiae sermonem puto discernendum a sermone sapientiae ad quam pertinent ea quae nec fuerunt nec futura sunt sed sunt, et propter eam aeternitatem in qua sunt et fuisse et esse et futura esse dicuntur sine ulla mutabilitate temporum. Non enim sic fuerunt ut esse desinerent aut sic futura sunt quasi nunc non sint, sed idipsum esse semper habuerunt, semper habitura sunt. Manent autem non tamquam in spatiis locorum fixa ueluti corpora, sed in natura incorporali sic intellegibilia praesto sunt mentis aspectibus sicut ista in locis uisibilia uel contrectabilia corporis sensibus. Non autem solum rerum sensibilium in locis positarum sine spatiis localibus manent intellegibiles incorporalesque rationes, uerum etiam motionum in temporibus transeuntium sine temporali transitu stant etiam ipsae utique intellegibiles, non sensibiles. Ad quas mentis acie peruenire paucorum est, et cum peruenitur quantum fieri potest, non in eis manet ipse peruentor, sed ueluti acies ipsa reuerberata repellitur et fit rei non transitoriae transitoria cogitatio.

expériences personnelles d'Augustin, comme le montre la dernière phrase qui ne peut s'expliquer qu'ainsi, fonde la conception de l'éternité et de l'intellection divine sur le vécu augustinien, sur cette expérience fragmentaire mais décisive qui lui a fait saisir, dans cette révélation noétique, qu'il existait un autre ordre de réalité et de savoir qui transcendait radicalement le cadre spatio-temporel de notre existence. La réverbération finale est ce qui reste aux rares privilégiés qui ont pu vivre cette sortie de la caverne, un reflet de ce savoir absolu et immédiat, qui doit, s'ils veulent s'en servir pour construire un savoir humain, adopter la dimension temporelle, qui l'altère irrémédiablement.

Ce texte de la maturité renvoie donc à une expérience (qui a probablement eu lieu plus de trente ans plus tôt, en 386) théorisée sur un mode platonicien, qui s'articule sur l'opposition de la *sophia*, savoir absolu, auquel de rares privilégiés accèdent parfois brièvement, savoir hors du temps, de l'ordre des Idées, selon la conception platonicienne, que reprend Augustin, et des vertus, dont la *prudentia*, qui ne s'inscrivent que dans le temps.

D'abord la rupture avec le modèle stoïcien de continuité entre métaphysique et morale, est absolue. Ensuite, et pour cette raison, la *prudentia* se trouve dévalorisée. Loin d'être absolue, elle est relative au temps.

Qu'en est-il de la vertu de *prudentia*, qu'Augustin ne peut évidemment pas critiquer ? En tant qu'elle est ce qui nous fait tendre vers le bien et fuir le mal, selon ses diverses définitions, elle ne peut qu'être assumée par Augustin, mais avec quel statut ?

La rupture avec le modèle stoïcien s'articule en fait à deux niveaux. D'abord, nous l'avons vu, la *prudentia* ne découle pas de la connaissance véritable, ou *sophia/sapientia*. Ensuite, et peut-être surtout, il n'y a pas de continuité de la connaissance à l'action. Certes, la *prudentia* est une connaissance, même si elle ne l'est que dans l'ordre inférieur de la *scientia*, ce qui est d'ailleurs irréfutable puisqu'il ne saurait y avoir, par définition au moins étymologique, de *prudentia* hors du temps, et que, de toute façon, la *prudentia* concerne l'action, qui ne peut être que temporelle. Cependant, Augustin va évidemment plus loin, et c'est la grande rupture avec la pensée grecque. Il ne suffit pas de savoir ce qu'il faut faire pour le faire, et ce qu'il ne faut pas faire pour ne pas le faire. La morale intellectualiste grecque, depuis Socrate, part du principe que si nous faisons le mal, c'est parce que nous ne savons pas où est le bien. Qui choisirait de faire le mal alors qu'il peut faire le bien ? C'est une évidence anthropologique pour Socrate et en tout cas Platon. Quant aux Stoïciens, ils considèrent qu'il faut s'exercer en s'imprégnant de la connaissance et en en ayant constamment à l'esprit les valeurs véritables, qu'enseigne la philosophie, pour avancer dans la pratique de la vertu.

À cet optimisme grec, Augustin oppose l'expérience chrétienne de la chute. À la suite de saint Paul, il se rend compte qu'il ne suffit pas de savoir où est le bien pour le faire. Or le propre de la *phronèsis*, qui la rend intraduisible, est, on l'a vu, qu'elle est une morale efficiente, une connaissance qui nous conduit à faire le bien et à nous détourner du mal. C'est ce lien de la connaissance à l'action, que brise l'optique chrétienne d'Augustin. L'expérience du péché et de la Grâce lui montre qu'il ne peut y avoir de *phronèsis* au sens propre, de savoir moral qui nous mène au bien. Que reste-t-il alors de la *prudentia* ?

On peut poser la question autrement : qu'est-ce qui fonde la vertu ? Augustin peut répondre, comme les Grecs, que c'est la tension vers le bien, ce qui est tautologique, si on reprend la définition de la *phronèsis*, mais le souverain bien, c'est Dieu. Et comment tendre vers Dieu, sinon en l'aimant :

> Qu'y aura-t-il d'autre, en effet, qui soit le meilleur pour l'homme, que d'adhérer à ce à quoi il est le plus heureux d'adhérer ? Et ce ne peut être que Dieu, à qui nous ne pouvons en tout cas adhérer que par la dilection, l'amour et la charité [1].

Si donc la vertu est la tension vers le bien suprême, cette tension ne peut être que l'amour de Dieu, comme l'explique la suite de ce texte :

> Si la vertu nous conduit à la vie bienheureuse, j'affirmerais que la vertu n'est absolument rien d'autre que l'amour suprême de Dieu. En effet, quand on parle du caractère quadruple de la vertu, cela vient, pour autant que je le comprenne, de la différence dans la manière dont nous sommes affectés par cet amour même. C'est pourquoi, s'agissant de ces quatre vertus – si seulement leur force était dans les âmes comme leur nom est dans toutes les bouches ! – je n'hésiterais pas à donner les définitions suivantes : la tempérance est l'amour s'offrant tout entier à ce qu'il aime ; le courage est l'amour qui supporte tout avec facilité à cause de son objet ; la justice est l'amour qui est au service exclusif de ce qui est aimé, et qui, pour cette raison, domine de façon droite ; et la *prudentia* est l'amour qui sait avec sagacité choisir les choses qui l'aident en les distinguant de celles qui lui font obstacle. Mais cet amour, nous l'avons dit, n'est pas celui de

1. *De moribus ecclesiae catholicae*, I, XXIV : Nam quid erit aliud optimum hominis, nisi cui inhaerere est beatissimum ? Id autem est solus Deus, cui haerere certe non ualemus, nisi dilectione, amore, charitate.

> n'importe qui, mais celui de Dieu, c'est-à-dire du bien suprême, de la sagesse suprême et de l'harmonie suprême. C'est pourquoi on peut donner les définitions suivantes: la tempérance est l'amour de Dieu qui se conserve intact et pur; le courage, l'amour qui tolère tout avec facilité à cause de Dieu; la justice, l'amour au service exclusif de Dieu, qui, pour cette raison, donne les bonnes directives pour les autres choses qui sont soumises à l'homme; et la *prudentia*, l'amour qui sait bien faire la différence entre ce qui l'aide à aller vers Dieu et ce par quoi il peut en être empêché[1].

La vertu en général, et la *prudentia* en particulier, sont-elles sauvées? Oui, puisqu'elles sont des modalités de l'amour de Dieu, mais par là même, que sont-elles auprès de cet amour? Des manières de le décliner ou simplement de le dire. La vertu se dissout dans l'amour, dont elle n'est que l'effet. Et cet amour lui-même n'est possible que dans la Grâce, puisque c'est Dieu qui nous donne de L'aimer. La *prudentia*, qui n'est plus véritablement la *phronèsis*, comme on vient de le voir, rétrograde d'ailleurs au quatrième rang, tout en restant la connaissance des choses qui sont bonnes et mauvaises.

Tout cela s'inscrit évidemment dans la logique paulinienne de la charité, sans laquelle aucun acte vertueux n'a de valeur, mais aussi dans le dépassement, paulinien lui aussi, de la Loi par l'amour. Les vertus, dont la *prudentia*, cessent donc d'être importantes en elles-mêmes, et Augustin, dans la *Cité de Dieu*, rappelle qu'elles ont été définies *par les Grecs*.

> Ils ont vu qu'il fallait diviser la vertu en quatre espèces, la *prudentia*, la justice, le courage et la tempérance[2].

1. *De moribus ecclesiae catholicae*, I, XXV : Quod si uirtus ad beatam uitam nos ducit, nihil omnino esse uirtutem affirmauerim, nisi summum amorem Dei. Namque illud quod quadripartita dicitur uirtus, ex ipsius amoris uario quodam affectu, quantum intelligo, dicitur. Itaque illas quatuor uirtutes, quarum utinam ita sic in mentibus uis, ut nomina in ore sunt omnium, sic etiam definire non dubitem, ut temperantia sit amor integrum se praebens ei quod amatur; fortitudo, amor facile tolerans omnia propter quod amatur; iustitia, amor soli amato seruiens, et propterea recte dominans; prudentia, amor ea quibus adiuuatur ab eis quibus impeditur, sagaciter seligens. Sed hunc amorem non cuiuslibet, sed Dei esse diximus, id est, summi boni, summae sapientiae summaeque concordiae. Quare definire etiam sic licet, ut temperantiam dicamus esse, amorem Deo sese integrum incorruptumque seruantem; fortitudinem, amorem omnia propter Deum facile perferentem; iustitiam, amorem Deo tantum seruientem, et ob hoc bene imperantem ceteris quae homini subiecta sunt; prudentiam, amorem bene discernentem ea quibus adiuuetur in Deum, ab iis quibus impediri potest.

2. *Cité de Dieu*, IV, 20: uirtutem in quattuor species distribuendam esse uiderunt, prudentiam, iustitiam, fortitudinem, temperantiam.

Cette même *Cité de Dieu* affirme l'insuffisance de la *prudentia* :

> Eh quoi ! Cette vertu qu'on appelle *prudentia*, elle distingue - n'est-ce pas ? – de toute sa vigilance, les biens des maux, de façon qu'aucune erreur ne nous surprenne dans notre désir de ceux-là et notre volonté d'éviter ceux-ci, et, par cela, elle atteste elle-même que nous sommes dans les maux, ou plutôt que les maux sont en nous. C'est elle en effet qui nous apprend que le mal consiste à consentir au plaisir qui nous conduit au péché, et le bien, à ne pas y consentir. Cependant, ce mal, auquel la *prudentia* nous *apprend* à ne pas consentir, et la tempérance nous *fait* ne pas consentir, ni la *prudentia* ni la tempérance ne l'ôtent de cette vie [1].

La vertu seule ne sert à rien. La *phronèsis* a effectivement éclaté, elle n'existe plus puisque c'était une connaissance morale *efficace*. La vertu augustinienne n'est plus qu'un nom qu'on peut mettre sur des comportements vécus dans la Grâce. La *prudentia* devient alors une connaissance morale : elle nous enseigne à ne pas consentir au mal, mais cet enseignement est dépourvu d'efficace, et c'est la tempérance, la *sôphrosunè*, qui possède cette efficace, non par elle-même toutefois, comme nous l'avons vu, mais en tant que forme de l'amour de Dieu.

Qu'en est-il alors de la *phronèsis* païenne ? Une *phronèsis* sans la Grâce s'inscrit dans l'opposition du temporel et du spirituel, du corps et de la Grâce. S'il y a donc une *phronèsis* chrétienne, amour de Dieu qui nous fait tendre vers le bien et rejeter le mal, il y a aussi une *phronèsis* de l'ordre du corps, qui vise par conséquent les biens du corps et en rejette les maux. Augustin évoque les maux temporels, que la *prudentia* charnelle nous conseille de fuir, en disant que celle-ci ayant été détruite et supprimée par le Christ (*Hac autem prudentia in homine dominico destructa et ablata*), on accomplit la justice de la Loi en marchant non pas selon la chair, mais selon l'esprit (*iustitia Legis impletur, cum secundum carnem non ambulatur, sed secundum spiritum*)[2]. La Loi s'accomplit en effet selon l'amour, en l'occurrence la charité, ce qui signifie que si ce qui nous pousse à nous y conformer est la peur (qui joue ainsi le rôle de la *phronèsis/prudentia*), elle

1. *Ibid.*, XIX, IV, 4 : Quid illa uirtus quae prudentia dicitur, nonne tota uigilantia sua bona discernit a malis, ut in illis appetendis istisque uitandis nullus error obrepat, ac per hoc et ipsa nos in malis uel mala in nobis esse testatur ? Ipsa enim docet malum esse ad peccandum consentire bonumque esse ad peccandum non consentire libidini. Illud tamen malum, cui nos non consentire docet prudentia, facit temperantia, nec prudentia nec temperantia tollit huic uitae.

2. *Explication de quelques propositions de* l'Épître aux Romains, XLVIII.

n'est pas accomplie (*Quando enim non erat caritas iustitiae, sed timor, Lex non implebatur*)[1].

Augustin commente ensuite[2] le verset de l'Épître aux Romains[3], « Puisque la *prudentia*[4] charnelle est ennemie de Dieu, elle n'est pas soumise à la Loi, car elle ne le peut pas »[5]. L'hostilité de la *prudentia* charnelle à l'égard de Dieu appelle le développement suivant :

> Est dit ennemi de Dieu celui qui ne se conforme pas à la Loi elle-même, et cela au nom de la *prudentia* charnelle, c'est-à-dire lorsqu'il vise des biens temporels et redoute les maux temporels. On a en effet l'habitude de préciser ce qu'est la *prudentia* en disant qu'elle consiste à chercher à atteindre les biens et à éviter les maux. C'est pourquoi l'Apôtre appelle à juste titre *prudentia* charnelle celle par laquelle sont visées comme de grands biens ces choses qui ne durent pas aussi longtemps que l'homme, et par laquelle on craint de perdre celles qu'on doit perdre un jour. Or une telle *prudentia* ne peut pas se conformer à la Loi de Dieu. Au contraire, on se conforme à la Loi au moment où cette *prudentia*-ci est éteinte pour que lui succède la *prudentia* de l'esprit, par laquelle ce n'est pas dans le temporel que résident notre espoir des biens et notre crainte des maux. Le fait est que c'est cette même disposition psychologique[6] qui se retrouve dans la *prudentia* charnelle quand elle poursuit les réalités inférieures, et la *prudentia* spirituelle quand elle choisit les réalités supérieures. De la même manière que la même eau, par sa disposition naturelle, gèle sous l'effet du froid et s'évapore sous celui de la chaleur. Ainsi s'exprime donc l'Écriture : « La *prudentia* charnelle n'est pas soumise à la Loi de Dieu, car elle ne le peut pas », comme on dirait à juste titre : « La neige ne peut pas se réchauffer, car elle ne le peut pas » : quand elle fond parce qu'on l'a chauffée, et qu'elle s'échauffe en devenant de l'eau, personne ne peut plus dire que c'est de la neige[7].

1. *Ibid.*
2. *Ibid.*, XLIX.
3. *Épître aux Romains*, VIII, 7.
4. Le texte original de Paul dit ici φρόνημα.
5. Quia prudentia carnis inimica in Deum, Legi enim non est subiecta, non enim potest.
6. À savoir, évidemment, rechercher les biens et fuir les maux.
7. *Ibid.* : Inimicus ergo Dei dicitur, qui Legi ipsius non obtemperat, et hoc per carnis prudentiam, id est, cum appetit temporalia bona, et timet temporalia mala. Definitio enim prudentiae in appetendis bonis et uitandis malis explicari solet. Quapropter recte appellat Apostolus carnis prudentiam, qua haec appetuntur pro magnis bonis, quae non perseuerant cum homine; et ne haec amittantur timetur, quae quandoque amittenda sunt. Non potest autem talis prudentia Legi Dei obtemperare. Sed tunc obtemperatur Legi, cum haec prudentia extincta fuerit, ut ei succedat prudentia spiritus, qua nec in temporalibus bonis spes nostra est,

Il y a donc une *phronèsis* véritable, qui n'en est plus une puisqu'elle n'est qu'une forme de l'amour de Dieu, et la *prudentia* charnelle, qui est tout simplement la prudence, dont il est facile de comprendre qu'elle n'est pas une vertu chrétienne. Jésus a, d'ailleurs, été très imprudent, ce qui l'a conduit à la croix, et une religion qui vénère ses martyrs n'est pas une religion de la prudence.

En tout cas, à travers la distinction augustinienne entre ces deux *prudentiae*, nous assistons à la naissance de la prudence au sens moderne, calcul des moyens en fonction des fins, qui, en l'occurrence, sont des fins charnelles, qui ne sont pas nécessairement mauvaises en elles-mêmes, mais qui ne sauraient constituer des biens véritables.

Ce passage de la *phronèsis* à la prudence s'effectue donc à travers une rupture radicale dans les conceptions de l'homme. Au modèle grec, optimiste, qui suppose que l'homme ne peut que souhaiter le bien, se substitue le modèle chrétien, qui rompt avec cette conception qu'on a souvent qualifiée d'intellectualiste. À la suite de saint Paul, Augustin, à travers l'expérience du péché et de la Grâce, constate que l'homme est divisé, qu'il y a en lui beaucoup de choses qui lui échappent, que sa volonté elle-même lui échappe. Ce qui s'oppose diamétralement à la *proairesis* stoïcienne, dans laquelle réside la personne même. L'homme d'Épictète est sa faculté de choisir, lieu ultime du sujet, et pour Augustin, l'homme est déchiré, la chair désire la chair, mais l'homme est aussi, et d'abord, beaucoup plus que la chair, seulement cet ordre de l'esprit ne peut lui être ouvert que par la Grâce.

Nous ne pouvons donc pas traduire *phronèsis* parce que nous ne sommes plus grecs, parce que nous ne pouvons plus adhérer à cet optimisme qui ne saurait voir dans le mal que le résultat d'une erreur d'appréciation, d'une mauvaise information, optimisme qui constitue le cadre nécessaire pour penser que tout homme veut naturellement le bien et qu'il faut donc lui dire où se trouve ce bien, ce qui constitue la tâche de la philosophie[1]. La *phronèsis*, avec l'efficacité qu'en implique le concept, suppose

neque in malis timor. Eadem namque animae natura et prudentiam carnis habet, cum inferiora sectatur; et prudentiam spiritus, cum superiora eligit. Quemadmodum eadem aquae natura et frigore congelascit, et calore resoluitur. Sic ergo dictum est : « Legi Dei non est subiecta prudentia carnis, nec enim potest » quomodo recte diceretur, niuem non posse calefieri, neque enim potest; sed cum adhibito calore soluitur, et calescit aqua, iam nemo potest eam niuem dicere.

1. Si important qu'il soit sur le plan théorique, puisque nous sommes devant un changement fondamental de paradigme, cet optimisme ne doit cependant pas être interprété

que nous faisons le bien si nous le connaissons. Augustin, en ce sens, est le premier théoricien de l'éclatement du sujet, et sa conception du péché, qu'on lui a d'ailleurs beaucoup reprochée, est en fait la première théorisation d'une vision du sujet qui est encore la nôtre, et qui l'est même encore plus après Nietzsche et Freud : l'idée que le sujet ne se possède pas lui-même, qu'il ne s'explique pas par le bien ou par la raison.

C'est pourtant, paradoxalement, la distinction platonicienne des deux ordres de réalité qui articule philosophiquement la distinction entre la chair, qui relève du temporel, et l'esprit, distinction paulinienne dont Augustin opère la théorisation philosophique à travers un platonisme qui lui a permis de penser son expérience spirituelle. Il serait donc un peu naïf de voir chez Augustin la simple opposition entre hellénisme et christianisme, chacun véhiculant son modèle anthropologique, parce que le modèle augustinien, si radicalement différent qu'il soit, se nourrit aussi de philosophie grecque. S'il y a incontestablement changement de paradigme, il ne faut pas oublier que le nouveau paradigme réarticule des éléments importants de celui auquel il se substitue, sans lequel il n'aurait donc pas pu se constituer.

Il reste que la *phronèsis* peut ainsi être considérée comme un marqueur de ce changement de paradigme, et qu'Augustin est sans doute celui qui en a été le principal artisan, en quoi nous sommes toujours augustiniens.

Le traducteur, lui, est, si cela est possible, encore plus perplexe qu'avant. Nous ne pouvons traduire ni *phronèsis*[1] ni *prudentia*, mais c'est avec la dissolution augustinienne de la *prudentia* qu'apparaît la prudence moderne, à travers cette conception très péjorative d'un calcul intéressé des moyens par rapport aux fins, calcul qui ne peut avoir lieu que dans l'ordre charnel, parce que dans l'ordre spirituel, on ne saurait compter, rechercher

naïvement. Les Anciens savaient bien qu'on ne fait pas toujours le bien qu'on voudrait et qu'on peut faire sciemment le mal. De la *Médée* d'Euripide au fameux *uideo meliora proboque...* d'Ovide, il est évident qu'on a toujours su qu'il ne suffit pas d'apprendre à quelqu'un ce qui est bien pour qu'il le fasse, et ce qui est mal pour qu'il ne le fasse pas. L'optimisme socratique tient à ce qu'il y a des niveaux de connaissance : tout le monde sait que le crime est un mal, et pourtant il y a toujours des criminels. Toute la question réside dans la modalité de cette connaissance. Le criminel grec considère sans doute que les interdits moraux – en tout cas ceux qu'il transgresse – ne valent pas pour lui. On lui a appris la morale, comme à tout le monde, mais il ne la *connaît* pas, parce qu'en profondeur, il n'a pas accès à ce qui la fonde. Il ne *sait* pas vraiment qu'il faut agir moralement.

1. Peut-être l'expression *discernement moral* serait-elle ce qui s'approche le plus d'une *phronèsis* qui ne saurait être la *prudence*.

un avantage ou éviter un inconvénient, puisqu'on est dans le domaine de l'amour.

Reste que cet éclatement augustinien du sujet, qui conduit la *prudentia* à se dégrader en *prudence*, est paradoxal. Augustin n'est-il pas une étape essentielle dans l'histoire de la notion de sujet, qui prend chez lui une importance qu'elle n'avait jamais eue dans la pensée antique? Pour la première fois, avec les *Confessions*, apparaît un sujet réel, engagé dans une histoire personnelle. Le sujet grec est un peu abstrait; d'ailleurs il n'est pas conceptualisé en tant que tel. Le terme de sujet, *subiectum*, transpose *hupokeimenon,* dont on sait qu'il ne désigne pas le sujet en tant que subjectivité. Le sujet stoïcien n'est, en dernière instance, qu'une *proairesis*, faculté de choisir qui n'est autre que le sujet moral. Le sujet néoplatonicien, à la recherche de l'union à l'Un, vise sa propre dissolution dans l'Un, et son existence est absolument inessentielle et ne vaut que dans sa relation à l'Un. Le sujet augustinien est une subjectivité engagée dans une histoire. Le christianisme introduit l'histoire linéaire menant à une finalité : d'Abraham à Jésus, il trace une histoire du Salut. Augustin découvre, lui, l'histoire de son âme comme une aventure de la Grâce, une succession de rencontres et de messages fixés par Dieu, appels et signes qui sont autant de marques de son amour. Cette histoire de l'âme devient ainsi manifestation de l'amour de Dieu, ce qui en fait une histoire sacrée par ce qu'elle révèle de la sollicitude divine, mais aussi une histoire accablante, puisque l'âme répond si mal à l'appel divin. L'âme se découvre donc une histoire à la fois sublime et lamentable, lieu du combat de la Grâce contre le péché, dans lequel l'homme est si ingrat face à l'amour divin.

La découverte augustinienne du sujet comme subjectivité est donc paradoxale: le sujet apparaît dans son écrasement même. Il n'est par conséquent pas étonnant que saint Augustin casse le sujet alors même qu'il en est le véritable découvreur. Le sujet augustinien se découvre lui-même en prenant conscience qu'il ne s'appartient pas, que sa volonté même lui échappe, alors que l'enjeu devient dramatique : le salut ou l'enfer. Et cette découverte douloureuse de la dépossession de soi dans l'expérience de la conscience du péché est le lieu même de l'émergence du sujet moderne.

Jean-Joël DUHOT

CHAPITRE IX

INCONTINENCE ET PROGRÈS MORAL CHEZ THOMAS D'AQUIN[1]

> [S]ermones enim morales universales sunt minus utiles, eo quod actiones in particularibus sunt.
> *Summa theologiae* II-II, prol.

La vertu s'acquiert-elle par l'enseignement, la pratique ou la nature ?[2] Il n'y a pas de réponse triviale à cette ancienne question. La connaissance morale suffirait pour pratiquer le bien si, comme le supposait Socrate, la vertu pouvait être obtenue par l'enseignement. Cette hypothèse est toutefois nettement contredite par le phénomène de l'incontinence. L'acquisition d'un habitus ne semble pas non plus expliquer que l'on parvienne à la vertu, puisqu'elle présuppose un agir en accord avec la droite raison dont l'incontinent n'est pas capable. Les faits de base de la vie

1. La version anglaise, intitulée « Aquinas on the Moral Progress of the Weak Willed » a paru dans T. Hoffmann, J. Müller, et M. Perkams (éd.), *Das Problem der Willensschwäche in der mittelalterlichen Philosophie / The Problem of Weakness of Will in Medieval Philosophy*, Louvain-Paris-Dudley (Mass.), Peeters, 2006. Je tiens à remercier les membres de l'Institut Érasme à l'Université de Notre-Dame en 2004-2005 pour leurs remarques utiles. J'ai une dette particulière à l'égard de John Connolly, Jennifer Herdt et Alasdair MacIntyre pour leurs commentaires et à l'égard de Stéphane Mercier pour son excellente traduction.

2. Platon, *Ménon* 70a ; Aristote, *EE* I 1, 1214a 14-25 ; *EN* X 9, 1179b 20-21 ; *Pol.* VII 13, 1332a 39-b 11 ; cf. *EN* I 9, 1099b 9-11.

contredisent davantage encore le fait que le plein développement de la vertu soit un acquis de la nature.

Dans cet article, nous nous proposons d'étudier la contribution de saint Thomas d'Aquin au problème du progrès moral, en nous servant par contraste de l'enseignement d'Aristote comme d'un repoussoir. Ce faisant, nous centrerons notre propos non sur ceux chez qui il faut encore susciter le désir de progresser, mais plutôt sur les personnes s'efforçant d'être vertueuses en dépit des difficultés. Aussi le point de départ du progrès moral qui nous occupe ici est-il l'incontinence et non le vice. Les difficultés inhérentes au progrès moral de l'incontinent sont *sui generis* : l'incontinent n'a pas besoin d'être convaincu de ce en quoi consiste la nature de son bien ; il sait où se trouve celui-ci mais se révèle incapable d'agir en conséquence. Si la connaissance ne constitue pas un remède, comment rendre compte de la possibilité intrinsèque de l'avancement des incontinents vers la vertu ? Vers quoi peuvent-ils se tourner pour surmonter leur faiblesse ?[1]

Dans ce qui suit, nous mettrons en exergue trois points essentiels. 1) Nous verrons d'abord comment la psychologie morale de Thomas d'Aquin, parce qu'elle voit dans la volonté une puissance distincte de la raison, est plus à même que celle du Stagirite d'expliquer comment il est en principe possible de surmonter l'incontinence. 2) La disposition de la volonté n'est pas seulement soutenue par l'acquisition graduelle d'un habitus qui commande l'appétit sensible, mais également par une intériorisation progressive de la conscience morale. La simple connaissance ne suffit pas au progrès moral, à moins de se muer en connaissance pratique, prudentielle. Sur ce point Thomas s'accorde fondamentalement avec Aristote, mais il propose néanmoins une explication plus détaillée de la manière dont la tempérance et la prudence s'influencent mutuellement. 3) À cause de l'enseignement de Paul et d'Augustin, Thomas est moins optimiste qu'Aristote en ce qui concerne la possibilité de triompher complètement de l'incontinence. Sur le plan de l'existence concrète, personne n'est capable de remporter la victoire sur toutes les actions incontinentes, et l'idéal de tempérance d'Aristote n'est pas possible en cette vie. Thomas propose une explication réaliste de la façon dont, par des efforts personnels

1. La littérature relative aux explications d'Aristote et de Thomas d'Aquin sur l'éducation morale se centre généralement sur le problème qui consiste à amener les personnes à abandonner les vices par quelque contrainte extérieure. Les difficultés intrinsèques au progrès moral de ceux qui sont déjà déterminés à s'acheminer vers la perfection mais ont à faire face à leur propre faiblesse sont habituellement négligées.

et moyennant une assistance extérieure, il est néanmoins possible de venir à bout de l'incontinence.

Les contextes dans lesquels Thomas discute le progrès moral est avant tout celui des problèmes théologiques de la conversion et de la pénitence[1]. En général, sa pensée morale se concentre principalement sur la réalisation de la fin surnaturelle; les vertus théologiques et les vertus morales infuses sont ainsi plus cruciales que les vertus acquises pour la doctrine morale de Thomas. Cependant, il ne congédie pas pour autant les vertus acquises et admet la possibilité de leur réalisation sans le secours de la grâce[2]. C'est pourquoi il aborde à plusieurs reprises le progrès qui conduit à la vertu acquise, mais la plupart du temps sans s'exprimer explicitement en termes de victoire sur l'incontinence.

Au moins dans la mesure où Thomas estime qu'il est possible de triompher de l'incontinence sans l'assistance de la grâce, ses considérations sont pertinentes tant pour le philosophe que pour le théologien. On doit cependant avoir à l'esprit que, pour Thomas, la discussion des capacités naturelles de l'homme se fonde sur une prémisse théologique: la nature humaine, dans ses conditions présentes, est une nature déchue; et ce qu'elle est en mesure d'accomplir dans cet état est différent de ce dont elle était capable avant la chute[3]. Mais pour autant qu'un philosophe moral juge que la nature humaine, telle qu'elle est décrite dans la structure théologique de Thomas, rencontre le jugement que l'on peut porter sur elle en dehors de la révélation, il pourra tirer profit de l'exposé thomasien.

1. Pour une étude diachronique de l'enseignement de Thomas sur la conversion, voir H. Bouillard, *Conversion et grâce chez saint Thomas d'Aquin*, Paris, Aubier, 1944. Voir également J. P. Wawrykow, *God's Grace and Human Action: "Merit" in the Theology of Thomas Aquinas*, Notre Dame, University of Notre Dame Press, 1995. Wawrykow ne se centre pas sur le progrès moral, mais ce thème est implicite dans son exposé sur le mérite.

2. Concernant la possibilité de la vertu morale acquise sans le secours de la grâce, *cf.* B. Kent, « Moral Provincialism », *Religious Studies* 30 (1994); B. Shanley, « Aquinas on Pagan Virtue », *The Thomist* 63 (1999). Leur perspective est contestée par T. M. Osborne Jr., « The Augustinianism of Thomas Aquinas's Moral Theory », *The Thomist* 67 (2003). Tous les interprètes de Thomas s'accordent à dire que la vertu morale acquise présuppose la prudence. Pour Osborne, c'est la prudence infuse et non la prudence acquise qui rend possible la vertu morale acquise. Il interprète *Somme de théologie* (*STh*) I-II, q. 65, a. 2 en ce sens. Il semble toutefois que, dans ce texte, Thomas traite de la prudence acquise et non pas infuse, *cf.* A. McKay, « Prudence and Acquired Moral Virtue », *The Thomist* 69 (2005).

3. *STh* I-II, q. 109, a. 2. *Cf.* T.M. Osborne, « The Augustinianism », art. cit., p. 285-289; J.-P. Torrell, « Nature et grâce chez Thomas d'Aquin », *Revue Thomiste* 101 (2001), en particulier p. 192-197.

Une fois que nous aurons exposé la situation en décrivant le dilemme du progrès moral tel qu'il se présente chez Aristote, nous montrerons comment la prudence et la tempérance constituent la ligne d'arrivée dans le progrès moral des incontinents. Les difficultés inhérentes aux efforts qu'ils doivent fournir apparaissent dans la discussion relative à la manière dont ces personnes peuvent parvenir à la continence, qui est le premier pas sur le chemin menant à la tempérance et à la prudence. Enfin, nous examinerons les ressources intérieures et extérieures permettant de réaliser ces deux vertus.

LA PROBLÉMATIQUE DE L'*AKRATÈS* D'ARISTOTE

Les intempérants laissent les émotions guider leur vie, prenant pour principe moral que les plaisirs de la nourriture, de la boisson et du sexe devraient être recherchés sans frein[1]. Ils sont vicieux, mais ne s'en rendent pas compte[2]. Un argument rationnel n'est sûrement pas de nature à les convaincre, car ils ne veulent rien entendre et ne comprendraient de toute façon pas[3]. Aristote pense donc qu'une personne peut atteindre un tel état de corruption morale qu'elle devient incurable[4].

À la différence des intempérants, les incontinents ont des principes moraux corrects, mais ils ne sont pas suffisamment forts pour agir en accord avec eux. À l'heure de la tentation et à cause de la passion, la croyance selon laquelle les plaisirs nuisibles sont à éviter n'infléchit pas leur action[5]. Mais lorsque la passion s'en est allée, ils regrettent leur acte. Aristote soutient que les incontinents ont de meilleures chances d'éviter le mal que les intempérants, parce qu'ils ont les bonnes convictions morales[6].

Cependant, Aristote ne dit pas clairement la manière dont les incontinents peuvent effectivement réaliser un progrès moral. Leur connaissance pratique n'est pas efficace, puisqu'ils n'agissent pas

1. *EN* III 11, 1118b 21-1119a 5 ; VII 7, 1150a 16-21.

2. *EN* VII 8, 1050b 36, *cf.* II 8, 1108b 19-26.

3. *EN* X 9, 1079b 26-28. Dans ce passage, Aristote ne parle pas explicitement des intempérants mais de la « masse » (οἱ πολλοί). La description que propose Aristote de la « masse » dans ce texte et ailleurs suggère néanmoins que ce groupe inclut aussi, entre autres, les intempérants. *Cf.* J. E. Garrett, « The Moral Status of the Many », *Journal of the History of Philosophy* 31 (1993).

4. *EN* III 5, 1114a 12-21 ; VII 8, 1150b 32.

5. *EN* VII 3, 1147a 14-18, 31-35, b 9-12 ; cf. *EN* VII 8, 1151a 20-26.

6. *EN* VII 8, 1150b 30-32. Cf. *infra*, note 2, p. 237.

conformément à leur meilleur jugement. Aussi Aristote pense-t-il que les incontinents ne tirent pas profit d'un enseignement moral[1] : proposer aux incontinents des réflexions morales reviendrait à offrir à une personne en train de s'étouffer avec un liquide une boisson pour faire passer, comme le dit Aristote en énonçant un problème qu'il laisse sans solution[2]. Sur ce point, Aristote a plutôt le mérite d'avoir mis au jour une énigme importante, et non d'avoir proposé une théorie bien achevée capable de résoudre toutes les difficultés.

Une difficulté supplémentaire dans l'exposé d'Aristote, c'est qu'il n'explique pas le fait que les incontinents disposent d'autres possibilités d'action au moment précis où de fortes passions affectent leur raisonnement pratique. Quoique leurs passions ne l'emportent pas directement sur la raison, elles l'empêchent de prendre en compte l'opposition qui existe entre l'action incontinente et le meilleur jugement. Mais quand les passions empêchent la raison de fonctionner correctement, comment la raison peut-elle prendre le contrôle des passions ? Les actes des incontinents paraissent intérieurement déterminés[3] et ne peuvent être regardés comme évitables que dans la mesure où les personnes qui les posent sont responsables d'être qui elles sont[4].

Quelles alternatives reste-t-il si l'incontinence ne peut être surmontée par la connaissance, la réflexion rationnelle et l'enseignement ? Aristote insiste en général sur la nécessité d'acquérir progressivement des habitus bons (*EN* II 1). Pour lui, cette acquisition n'est pas un substitut destiné à pallier une connaissance pratique inefficace, mais c'est plutôt un moyen

1. *EN* I 3, 1095a 2-9.

2. *EN* VII 2, 1146a 31-b 2. En VII 8, 1150b 29-36, Aristote soutient que les incontinents peuvent être guéris parce qu'ils sont disposés à regretter leurs actes. Il ne nous dit rien, cependant, concernant la cause de leur changement.

3. Puisque le déterminisme interne n'implique pas une force externe ou l'ignorance (complète), il est compatible avec l'action volontaire telle que la décrit Aristote en *EN* III 1. D'après le Stagirite en effet, l'action incontinente est volontaire, *EN* VII 10, 1152a 15-17.

4. Cf. *EE* II 8, 1224b 3-11. Selon Irwin, l'exposé aristotélicien peut admettre l'hypothèse selon laquelle les incontinents ont le contrôle de leurs actes en choisissant consciemment de suivre l'impulsion de leurs passions, *cf.* son article « Will, Responsibility, and Ignorance : Aristotelian Accounts of Incontinence », dans *Das Problem der Willensschwäche*, *op. cit.*, en particulier p. 47. Chappel au contraire soutient qu'au moins certaines des explications données par Aristote à propos de l'incontinence en *EN* VII 3 impliquent un déterminisme interne, *cf.* T. D. J. Chappell, *Aristotle and Augustine on Freedom : Two Theories of Freedom, Voluntary Action and Akrasia*, London-New York, St Martin Press, 1995, en particulier p. 107-109.

pour intérioriser la connaissance[1]. Avant que les habitus moraux ne soient assez solidement enracinés dans la personne pour que la pratique du bien soit en elle-même attrayante, la crainte de la punition et un certain sens de la honte peuvent conduire quelqu'un à faire ce qui est bien[2]. Aussi ceux que ne persuadent pas les arguments peuvent-ils être amenés à changer par la coercition et le recours à la force. La loi et la punition ont donc pour fonction de faire en sorte que ceux pour qui l'argumentation et l'attrait du bien ne sont pas efficaces abandonnent leur vice[3]. L'efficacité de la peur et de la honte est incertaine dans le cas des incontinents puisque la notion d'incontinence implique qu'une personne agisse à l'encontre de son meilleur jugement, que celui-ci se rapporte à des conséquences indésirables ou qu'il exprime une conviction morale.

Bien qu'Aristote ne parvienne pas à donner une explication complète de la manière dont l'incontinent peut réaliser un progrès moral, il pense qu'un tel progrès est possible. Au début de leur progression, les incontinents deviennent continents, agissant en accord avec la droite raison et malgré des désirs mauvais[4]. Ils peuvent ultimement atteindre à la vertu de tempérance et remporter ainsi une victoire complète sur l'incontinence : non seulement les tempérants ne se laissent plus entraîner à commettre de

1. Aristote dit qu'une personne doit devenir une seule nature avec les termes du discours éthique dont elle se sert : « Δεῖ γὰρ συμφυῆναι, τοῦτο δὲ χρόνου δεῖται ». Pour rendre cette idée, les auteurs scolastiques utilisent le mot *connaturalitas*. – Concernant la nécessité d'intérioriser la connaissance pratique, *cf.* M.F. Burnyeat, « Aristotle on Learning to be Good », dans A. Oksenberg Rorty (éd.), *Essays on Aristotle's Ethics*, Berkeley-Los Angeles-London, University of California Press, 1980.

2. Les interprètes accentuent différemment la cause du progrès moral. M. F. Burnyeat et N. Sherman soutiennent que l'éducation morale consiste à introduire les apprenants au plaisir que procure l'agir vertueux, *cf.* Burnyeat, « Aristotle on Learning to be Good » ; N. Sherman, « The Habituation of Character », dans N. Sherman (éd.), *Aristotle's Ethics : Critical Essays*, Lanham (Md.), Rowman & Littlefield, 1999. H. J. Curzer, au contraire, estime que l'instrument principal de l'éducation morale consiste en punitions extérieures pour les commençants, et dans la punition intérieure que constitue la honte pour les apprenants plus avancés, *cf.* son article « Aristotle's Painful Path to Virtue », *Journal of the History of Philosophy* 40 (2002).

3. *EN* X 9, 1179b 4-1180a 24. La menace de la punition, qui conduit les gens à agir en conformité avec la vertu, paraît insuffisante lorsqu'il s'agit de donner naissance à la vertu authentique. L'acquisition d'habitus vertueux n'exige pas la répétition purement automatique de certains actes, et surtout pas pour des motifs inadéquats, mais plutôt que l'on agisse pour de bonnes raisons et en fonction de la situation particulière dans laquelle on se trouve, *cf.* N. Sherman, « The Habituation of Character » ; R. Sorabji, « Aristotle on the Role of Intellect in Virtue », dans *Essays on Aristotle's Ethics*, aux p. 214-218 ; R. Hursthouse, « Moral Habituation », *Oxford Studies in Ancient Philosophy* 6 (1988).

4. *EN* VII 2, 1146a 12-16.

mauvaises actions, mais il n'éprouvent même plus de conflit intérieur[1]. La prudence est alors atteinte en même temps que la tempérance et d'autres vertus morales qui se présupposent mutuellement. La prudence permet de comprendre la meilleure manière d'accomplir des actions vertueuses[2].

THOMAS D'AQUIN SUR LA TEMPÉRANCE ET LA PRUDENCE COMME OBJECTIF À ATTEINDRE

L'explication avancée par saint Thomas pour rendre compte de l'agir des incontinents se fonde sur l'exposé d'Aristote. Les personnes incontinentes ont une connaissance générale correcte de ce qu'il y a de mieux à faire et désirent par conséquent agir en conséquence; mais sous l'influence de passions désordonnées – c'est-à-dire un désir ou la colère –, leur raison conclut à tort que telle action particulière mauvaise doit être posée ici et maintenant. Ces personnes agissent alors contrairement à leurs croyances morales générales[3]. Donc quelqu'un peut être convaincu de façon générale qu'il est nuisible de trop manger, que l'abus d'alcool est mauvais pour la santé et parfois dangereux, ou que l'adultère est une chose honteuse. Un tel individu est convaincu que se permettre des actes de cette sorte n'est pas rationnellement désirable. Cependant, lorsqu'il est fortement affecté par un désir dans une occasion concrète, il cesse de tenir toutes ces convictions « dans son cœur » (« *in corde suo* », *De malo*, q. 3, a. 9, ad 8), et ses actions contredisent ses convictions générales.

1. *EN* VII 2, 1146a 9-12; VII 9, 1152a 1-2; I 13, 1102b 28. *Cf.* H. J. Curzer, « Aristotle's Account of the Virtue of Temperance in *Nicomachean Ethics* III. 10-11 », *Journal of the History of Philosophy* 35 (1997). *Cf.* également *infra*, note 2, p. 251.

2. *EN* VI 12-13. Pour une discussion de l'exigence mutuelle de la prudence et des vertus morales ainsi que des difficultés soulevées par cette question, *cf.* E. Halper, « The Unity of Virtues in Aristotle », *Oxford Studies in Ancient Philosophy* 17 (1999).

3. *STh* I-II, q. 77, a. 2; *De malo* q. 3, a. 9. Thomas décrit le syllogisme pratique des incontinents dans le *De malo* q. 3, a. 9, ad 7. Sauf mention contraire, toutes les références à Thomas d'Aquin renvoient à l'édition Léonine, Rome, 1882 et suiv. – La littérature relative à l'explication donnée par Thomas à la question de l'incontinence est vaste. Mentionnons seulement les études de B. Kent, « Transitory Vice : Thomas Aquinas on Incontinence », *Journal of the History of Philosophy* 27 (1989), et T. Irwin, « Will, Responsibility, and Ignorance : Aristotelician Accounts of Incontinence » ; D. J. M. Bradley, « Thomas Aquinas on Weakness of the Will », dans T. Hoffmann (éd.), *Weakness of Will from Plato to the Present*, Washington, D. C., CUA Press, 2008. – Bien que Thomas admette avec Aristote que l'action incontinente peut être causée par la colère et non pas seulement par les passions du concupiscible, le cas de la colère joue un rôle moins important dans l'exposé qu'il consacre à l'incontinence. Cet article se concentre sur l'incontinence due aux passions du concupiscible.

Thomas s'accorde avec Aristote pour dire que ce n'est pas assez de devenir continent afin de triompher complètement de la conduite incontinente. Les continents agissent en accord avec la droite raison, mais ils n'y parviennent qu'au terme d'un combat contre les passions désordonnées dont, à l'instar des incontinents, il font eux aussi l'expérience[1]. La perfection morale exige néanmoins que les désirs des sens s'alignent sur la droite raison[2]. Aussi pour triompher de l'incontinence est-il nécessaire de devenir vertueux, de manière non seulement à agir en accord avec la droite raison, mais également à poser des actes de cette espèce avec de bonnes dispositions au niveau des désirs sensibles. Il ne s'agira donc pas seulement de bien agir, mais de le faire « sans délai ni hésitation, avec plaisir et sans difficulté », et « infailliblement dans la plupart des cas »[3]. La vertu morale n'élimine pas les passions, mais plutôt elle les ordonne pour les accorder à la droite raison[4].

La vertu qui fortifie contre la conduite incontinente est la tempérance, qui commande les désirs à l'égard de la nourriture, de la boisson et du sexe[5]. Les tempérants n'agissent pas seulement selon la prescription de la droite raison, mais ils sont également soutenus (plutôt que gênés) par leurs passions, puisque les désirs de leurs sens sont disposés en conformité avec la droite raison[6].

1. *STh* I-II, q. 58, a. 3, ad 2; II-II, q. 155, a. 1 et a. 3.

2. *STh* I-II, q. 57, a. 4-5; q. 58, a. 3, ad 2.

3. *De virtutibus in communi* q. un., a. 9, ad 13, éd. P. A. Odetto, Roma – Torino, Marietti, 1950, 732b : « (…) ante habitum virtutis acquisitam non agit homo opera virtutis eo modo quo virtuosus agit, scilicet prompte absque dubitatione et delectabiliter absque difficultate ». *Ibid.* a. 8, ad 6, éd. Odetto, 728b : « Requiritur autem ad bonam operationem, quae est effectus virtutis, quod homo prompte et infallibiliter ut in pluribus bonum attingat ». – À l'instar d'Aristote, Thomas estime que le plaisir est une condition nécessaire de la vertu, parce que celle-ci exige que l'agir vertueux soit joyeux, *Sententia libri Ethicorum* (= *SLE*) I, lect. 13 [158], Léon. 47/1, 47a, l. 87-90. Les nombres entre crochets renvoient à l'édition Marietti de la *SLE*, éd. R. Spiazzi, Torino, 1964.

4. *STh* I-II, q. 59, a. 2 et 5; q. 56, a. 4, ad 2; *SLE* II, lect. 3 [271], Léon. 47/1, 85a, l. 120-128.

5. *STh* II-II, q. 141, a. 3 à 5.

6. *STh* I-II, q. 56, a. 4; II-II, q. 141, a. 7, ad 1; q. 155, a. 4; cf. *STh* I-II, q. 24, a. 3. Sur le soutien de l'action vertueuse par les passions, voir *SLE* II, lect. 3 [277], Léon. 47/1, 85a, l. 179-181 : « (…) quia si gaudet de bonis, bene operabitur, si autem de malis, male ». Pour une discussion détaillée du rôle joué par la tempérance dans l'ordonnancement des passions du concupiscible, avec une insistance particulière sur la notion de passions vertueuses, *cf.* G. Butera, *Thomas Aquinas on Reason's Control of the Passions in the Virtue of Temperance*, thèse de doctorat, The Catholic University of America, 2001. Pour une première approche de l'enseignement de Thomas sur la tempérance, *cf.* S. Floyd, « Aquinas on Tempe-

Pour guérir complètement de l'incontinence, il est nécessaire d'adjoindre la prudence à la tempérance. La prudence permet à une personne de faire précisément ce que ne réussit pas à faire l'incontinent, à savoir appliquer effectivement les principes universels de la connaissance pratique au cas concret auquel est confronté l'individu[1]. L'acte principal de la prudence consiste à prescrire une action (*praecipere*), c'est-à-dire à appliquer le résultat d'une délibération à une action concrète[2]. Ne parvenant pas à agir en accord avec leur propre jugement, les incontinents manquent de prudence, comme l'avait déjà noté Aristote (*EN* VII 10, 1152a 6-9) : soit ils ne délibèrent pas du tout (impétuosité, *praevolatio*), soit ils délibèrent sans passer à l'acte (faiblesse, *debilitas*)[3].

Bien que les continents mettent effectivement en pratique le jugement de la droite raison, ils manquent également de prudence, et ont de la même manière besoin de prudence pour entrer en possession de la vertu morale. Les délibérations pratiques des continents et des prudents reposent sur des fondements différents. Pour les prudents, le discernement de la finalité de l'action, sur lequel ils basent leurs délibérations pratiques, est suggéré par les inclinations des vertus morales (c'est-à-dire les inclinations à l'égard d'actions justes, courageuses, tempérantes, etc.). Inversement, les continents fondent leurs délibérations uniquement sur l'inclination la plus générale de la volonté (c'est-à-dire l'inclination au bien, et pour cette raison à la vie, à la vérité, etc., cf. *STh* I-II, q. 94, a. 2)[4]. Aussi les prudents ont-ils un avantage sur les continents : la perception de la fin fondée sur les vertus morales n'est pas seulement plus déterminée que l'inclination naturelle au bien, elle bénéficie également d'un soutien au niveau des affections. C'est pourquoi il est plus aisé pour les prudents que pour les continents de

rance », *The Modern Schoolman* 77 (1999) ; D. F. Cates, « The Virtue of Temperance (IIa IIae, qq. 141-170) », dans S. Pope (éd.), *The Ethics of Aquinas*, Washington D. C., Georgetown University Press, 2002.

1. *Cf.*, par exemple, *STh* II-II, q. 49, a. 5, ad 2.

2. *STh* II-II, q. 47, a. 8.

3. À propos de *praevolatio*, cf. *STh* II-II, q. 156, a. 1 ; *SLE* VII, lect. 7 [1419-1420], Léon. 47/2, 412a-b, l. 208-222 ; pour *debilitas*, cf. *STh* II-II, q. 156, a. 1 ; *SLE* VII, lect. 7 [1419], Léon. 47/2, 412a, l. 204-208. Cf. *EN* VII 7, 1150b 19-25.

4. *In III Sent.*, d. 33, q. 2, a. 4, ql. 4, sol., éd. Moos, 1067 : « In hoc igitur differt prudens a continente ; quia continens habet perfectam rationem de his quae sunt ad finem, praesupposita tamen naturali inclinatione voluntatis ad finem ; prudens autem praesupposita inclinatione quae est ex virtute acquisita vel infusa in potentiis inferioribus. Et ideo prudentia, ut dicit Philosophus, VI Eth. habet sua principia in aliis virtutibus moralibus ».

parvenir promptement et fermement à évaluer correctement ce qu'une situation déterminée exige d'exécuter.

La prudence est capitale pour la réussite du progrès moral car sans elle on ne peut obtenir ni la tempérance ni aucune autre vertu morale. Les vertus morales et la prudence sont interdépendantes. Sans la raison pour guide, l'inclination naturelle de la vertu à l'égard du bien serait aveugle et par là dangereuse[1], par exemple si le désir d'être tempérant conduisait une personne à ne pas manger autant que l'exige la santé. L'acte de prudence est « mélangé » (*immixtus*, *In III Sent*. d. 33, q. 2, a. 3) à celui des vertus morales, parce que c'est par la prudence qu'une personne peut déterminer la médiété de la vertu. En outre, la prudence permet à une personne de délibérer correctement sur le meilleur moyen d'accomplir un acte de vertu. Cette saisie du moyen approprié présuppose une juste appréhension du but de l'action, qui à son tour présuppose les vertus morales. Pour des motifs que nous examinerons dans la dernière partie de cet article, Thomas suppose avec Aristote que la personne vertueuse seule a une compréhension impartiale du bien :

> Une personne possède une juste estimation de la fin par l'habitus de la vertu morale parce que, comme le dit le Philosophe au troisième livre de l'*Éthique* [1114a 32-b 1], telle est la personne, telle aussi la manière dont le but lui apparaît. Ainsi, pour l'homme vertueux, ce qui est désirable à titre de fin, c'est le bien qui est selon la vertu ; et pour l'homme vicieux, c'est ce qui appartient à ce vice[2].

En résumé, trois conditions sont requises pour triompher complètement de l'incontinence et toutes sont obtenues par le moyen de la tempérance et

1. *STh* I-II, q. 58, a. 4, ad 3.

2. *De virtutibus cardinalibus* q. un., a. 2, éd. P. A. Odetto, Roma – Torino, Marietti, 1950, 819a. Pour d'autres textes dans lesquels Thomas discute la nécessité des vertus morales en vue de parvenir à la prudence, *cf.* par exemple *STh* I-II, q. 57, a. 4 ; q. 58, a. 5 ; q. 65, a. 1 ; *STh* II-II, q. 51, a. 1, ad 3. Concernant le rôle de la prudence pour évaluer le moyen de la vertu, cf. *III Sent.* d. 33, q. 2, a. 3, c., éd. M. F. Moos, Paris, Lethielleux, 1933, 1057 ; *De virtutibus in communi* q. un., a. 6, c., éd. Odetto, 722a-723b ; *STh* II-II, q. 47, a. 7. À propos de la prudence comme ce par quoi une personne trouve le meilleur moyen d'accomplir une action vertueuse, cf. *STh* I-II, q. 57, a. 5 ; q. 58, a. 4 ; q. 65, a. 1 ; II-II, q. 51, a. 1. Dans la perspective de Thomas, la circularité entre prudence et vertus morales n'est pas un cercle vicieux, cf. *SLE* VI, lect. 2 [1131], Léon. 47/2, 337a, l. 109-127. Pour la relation entre vertus morales et prudence, *cf.* également J. Porter, « The Unity of Virtues and the Ambiguity of Goodness : A Reappraisal of Aquinas's Theory of the Virtues », *Journal of Religious Ethics* 21 (1993) ; D. Westberg, *Right Practical Reason : Aristotle, Action, and Prudence in Aquinas*, Oxford, Oxford UP, 1994, p. 187-197.

de la prudence : 1) les désirs de l'appétit sensible doivent se conformer à la raison ; 2) la prescription de la droite raison doit être rencontrée sur la base de l'inclination de la vertu à l'égard du bien ; 3) la prescription de la droite raison doit être mise en pratique.

La tempérance et la prudence constituent l'objectif que doit viser une personne s'efforçant de vaincre l'incontinence. Étant donné l'importance de la prudence dans cette entreprise, il apparaît déjà que les progrès cognitif et affectif sont inclus dans le progrès moral de l'incontinent. Ce qui est nécessaire, c'est moins la connaissance théorique que la sagesse pratique soutenue par l'affectivité de la personne. Puisque prudence et tempérance sont interdépendantes, on ne peut les obtenir que simultanément. Mais comment cela est-il possible pour une personne dont le point de départ est l'incontinence ? Sur ce point, une réponse aux questions suivantes s'impose :

1) Comment une personne incontinente peut-elle devenir continente, c'est-à-dire comment peut-elle parvenir à suivre la prescription de la raison malgré ses désirs désordonnés ? Plus précisément : 1a) Comment cela peut-il se produire à l'égard d'actes particuliers ? 1b) Comment cela peut-il se produire de manière permanente ?

2) Comment une personne continente peut-elle devenir tempérante et prudente, c'est-à-dire réussir à suivre régulièrement la prescription de la droite raison en matière de nourriture, de boisson et de sexe, et ce non seulement par un effort de la volonté mais par disposition ?

DE L'INCONTINENCE À LA CONTINENCE

La capacité à éviter des actes particuliers d'incontinence

Puisque les passions désordonnées conduisent une personne à accomplir des actes d'incontinence, triompher de l'incontinence signifie prendre le contrôle de ces passions avant qu'elles ne se présentent ou réduire leur effet lorsqu'elles ont déjà commencé à se manifester. En considérant la succession des événements, nous pouvons voir à quelle étape cela peut se produire :

1) Une personne se trouve, volontairement ou non, dans une situation où des passions désordonnées se manifestent.

2) Un mouvement passionnel se produit, souvent par mégarde, bien que ce puisse également être volontairement[1].

3) Les passions entravent la raison et l'empêchent de poser un jugement contraire à leur propre mouvement[2].

4) L'inclination de la volonté suit le jugement affaibli de la raison[3]. Avec le consentement de la volonté à l'action mauvaise, la personne commet un péché[4].

5) La volonté commande le mouvement des membres du corps conformément à l'inclination résultant du jugement de la raison.

Pour éviter un acte incontinent, la chaîne des événements doit être interrompue à l'une de ces cinq étapes. Pour la plupart d'entre elles, c'est impossible :

1) Dans un grand nombre de cas, il est difficile, voire impossible d'éviter les occasions de commettre une mauvaise action[5]. (Dans certains cas, l'intention d'éviter de telles occasions peut elle-même être sujette à un comportement incontinent : la passion peut conduire quelqu'un à abandonner la résolution d'éviter une situation de tentation.)

2) L'émergence soudaine des passions est inévitable[6].

3) Il est effectivement possible d'empêcher les passions d'entraver la raison. Nous avons ici la clé permettant de prendre le contrôle de l'action incontinente.

4) La volonté ne peut pas recevoir d'inclination contraire au dernier jugement pratique de la raison[7].

1. Sur la distinction entre passions antécédentes (non contrôlées) et conséquentes (contrôlées), cf. *STh* I-II, q. 34, a. 3, ad 1 ; q. 77, a. 6 ; *De veritate* q. 26, a. 7 ; *De malo* q. 3, a. 11.

2. *STh* I-II, q. 77, a. 1 et 2.

3. *STh* I-II, q. 77, a. 1.

4. *De veritate*, q. 24, a. 12, Léon. 22/3, 716b, l. 295-296.

5. Cf. *In IV Sent.* d. 16, q. 4, a. 2, ql. 3, sol., éd. M. F. Moos, Paris, Lethielleux, 1947, 814 : « (...) poenitens non potest omnes peccati occasiones vitare dum in mundo isto vivit ». Cf. *STh* III, q. 41, a. 2, ad 2.

6. *STh* I-II, q. 10, a. 3, ad 1 ; q. 17, a. 7 ; q. 74, a. 3, ad 2 ; *De veritate* q. 24, a. 12, Léon. 22/3, 716a, l. 303-308.

7. *STh* I-II, q. 77, a. 1 ; *De malo* q. 16, a. 2, Léon. 23, 288b-289a, l. 261-269 ; cf. *STh* I, q. 83, a. 3, ad 2 ; *STh* III, q. 18, a. 4, ad 2 ; *De veritate* q. 24, a. 2, Léon. 22/3, 685b, l. 79-81. – Bien que la volonté suive nécessairement le dernier jugement pratique de la raison – sans quoi ce jugement pratique ne serait pas le *dernier* – l'inclination de la volonté n'est pas rendue nécessaire par des facteurs extérieurs au contrôle de la volonté, puisque c'est par le moyen de la volonté qu'une personne contrôle la délibération qui débouche sur ce jugement. *Cf.* D. M. Gallagher, « Free Choice and Free Judgment in Thomas Aquinas », *Archiv für Geschichte der*

5) À moins que les circonstances extérieures ne le permettent pas, le mouvement des membres suivra l'inclination de la volonté[1].

La psychologie morale de Thomas lui permet d'expliquer plus complètement que ne le pouvait Aristote la manière dont la chaîne des événements peut être bloquée à la troisième étape, lorsque les passions affectent le fonctionnement de la raison. D'après Thomas, la lutte qui oppose la résistance et l'abandon à la tentation n'implique pas seulement la raison et l'appétit sensible, comme c'était le cas chez Aristote, mais également la volonté. Thomas admet que les passions désordonnées peuvent se présenter soudainement et sans le consentement de la volonté, et qu'elles peuvent conduire une personne à juger qu'un certain objet est source de plaisir et digne d'être recherché. Cependant une personne peut se départir elle-même de ce jugement, en l'évaluant, en jugeant le jugement[2]. Ce jugement de second ordre n'est pas prédéterminé par le jugement de premier ordre, c'est-à-dire par l'évaluation immédiate réagissant à la présence des passions, parce que la volonté commande l'attention de la raison. À partir de là, la volonté peut détourner cette attention des passions désordonnées pour la reporter sur un autre objet. Grâce à sa volonté, une personne contrôle par conséquent l'ampleur de l'entrave passionnelle qui affecte le fonctionnement de sa raison. Toutefois, même en dirigeant la raison, la volonté est à son tour informée par un acte de raison antérieur. Il s'ensuit que, pour le contrôle de la volonté sur la raison, le fonctionnement de la raison ne doit pas être complètement entravé. Plus les passions font obstacle à la raison, moins la personne est libre. Le degré de liberté qui subsiste suffit ou bien à repousser les passions, ou du moins à diminuer leur effet. Seul un fou ne contrôle pas ses actes et n'en est par conséquent pas responsable[3].

En conséquence, Thomas place dans une différence de volontés la différence psychologique entre les continents et les incontinents. Ce qui les distingue n'est pas un habitus différent dans leur appétit sensible, parce que

Philosophie 76 (1994) ; J. Laporte, « Le libre arbitre et l'attention selon saint Thomas », *Revue de Métaphysique et de Morale* 38 (1931) ; 39 (1932) ; 41 (1934).

1. *De veritate* q. 24, a. 2, Léon. 22/3, 685b, l. 86-87.

2. *De veritate* q. 24, a. 1, Léon. 22/3, 681a, l. 288-295 ; *Summa contra Gentiles* II, cap. 48.

3. *STh* I-II, q. 10, a. 3, c. et ad 2 ; q. 77, a. 7 ; *De veritate* q. 22, a. 9, ad 6, Léon.22/3, 634b, l. 203-209 ; *De malo* q. 3, a. 10, Léon. 23, 89b, l. 72-77. Concernant l'implication de la volonté pour éviter les actions incontinentes où y succomber, *cf.* également J. Müller, « Willensschwäche als Problem der Mittelalterlichen Philosophie : Überlegungen zu Thomas von Aquin », *Recherches de Théologie et Philosophie Médiévales* 72 (2005), p. 22-27.

les uns et les autres sont affectés par de puissants désirs mauvais[1]. Il ne se distinguent pas non plus pour ce qui est du jugement de la raison, car ils s'accordent sur le jugement général d'après lequel ces désirs ne devraient pas être satisfaits. Ils se distinguent seulement au niveau de la volonté. Aussi Thomas met-il en avant le fait que non seulement les actions continentes, mais également les actions incontinentes résultent d'un choix. Les continents choisissent de mettre un frein à leurs passions, tandis que les incontinents choisissent de leur donner libre cours[2]. Thomas soutient que ces états ne résident pas dans la raison ou l'appétit sensible, mais dans la volonté, parce que c'est elle qui fait la différence entre continence et incontinence[3].

Pour autant que la volonté conserve la liberté de mettre un frein aux passions, une personne garde le contrôle de l'acte au milieu du foisonnement des passions, et par là cette personne peut éviter des actes individuels d'incontinence. Il est donc en principe possible de triompher de l'incontinence. Mais est-il pour autant possible qu'une personne évite les actions incontinentes infailliblement, encore et encore? La force de la volonté suffit-elle à soutenir une personne dans son effort continu en vue du progrès moral?

1. Pour saint Thomas, l'incontinence n'est pas un *habitus*, mais seulement un état passager. Thomas caractérise toutefois la continence comme *habitus*, *cf.* B. Kent, « Aquinas and Weakness of Will », *Philosophy & Phenomenological Research*, à paraître.

2. *STh* II-II, q. 155, a. 3. En affirmant que les incontinents font un choix, Thomas ne contredit pas Aristote, lorsque celui-ci affirme qu'ils agissent contre la propre décision, c'est-à-dire contre leur désir délibéré (*EN* III 2, 1111b 13-15; VII 4, 1148a 6-10; VII 8, 1151a 5-7). Par conséquent, bien que Thomas nie que les incontinents agissent « ex electione », il affirme qu'ils choisissent de se conformer à leurs passions plutôt qu'à leur raison. Aussi un incontinent agit-il « eligens ». B. Kent la première a attiré l'attention sur cette distinction, *cf.* son article « Transitory Vice », p. 207-210. *Cf.* également R. Saarinen, *Weakness of the Will in Medieval Thought: From Augustine to Buridan*, Leiden – New York – Köln, Brill, 1994, p. 122-125; T. Irwin, « Will, Responsibility, and Ignorance », p. 50-54.

3. *STh* II-II, q. 155, a. 3; *SLE* VII, lect. 10 [1463], Léon. 47/2, 421b-422a, l. 87-97. Pour ce qui est de la continence, Thomas tient un discours différent dans différentes parties de la *Somme de théologie*. Il enseigne constamment que le sujet de la continence n'est pas l'appétit sensible. Cependant il dit parfois que la continence a son siège dans la raison, *STh* I-II, q. 58, a. 3, ad 2; *STh* II-II, q. 53, a. 5, ad 3. Qu'il y ait là un changement de doctrine ou simplement de vocabulaire, ce n'est pas une question que nous aborderons ici. *Cf.* par exemple, J. C. Doig, *Aquinas's Philosophical Commentary on the* Ethics: *A Historical Perspective*, Dordrecht-Boston-London, Springer, 2001, p. 225-229.

L'incapacité d'éviter les actes incontinents de manière permanente

Thomas discute implicitement le problème de savoir dans quelle mesure une personne peut régulièrement l'emporter sur l'incontinence dans le contexte de la question théologique traditionnelle relative à l'évitement du péché sans l'aide de la grâce. Malgré le caractère théologique de ce problème, Thomas se réfère à des données d'expérience humaine communément observables et pertinentes pour la discussion philosophique de la continence et de l'incontinence[1].

Le problème de l'évitement du péché est fondamentalement différent en ce qui concerne le péché véniel et le péché mortel, quoique la situation soit analogue à certains égards[2]. Le péché véniel est typiquement associé aux passions et le péché mortel aux habitus, et cependant cette différence ne rencontre pas la distinction entre le péché causé par la passion (dont l'incontinence est une espèce) et le péché causé par des habitus vicieux. Les passions désordonnées doivent être contrôlées, et lorsqu'elles se présentent, cela constitue un péché véniel. Ce n'est que lorsque de telles passions désordonnées sont choisies en conscience qu'elles peuvent donner lieu à un péché mortel, comme lorsqu'une personne consent au désir de forniquer[3]. Le péché mortel consiste en une adhésion habituelle au péché, par la poursuite, à titre de fin dernière, de biens créés plutôt que du bien incréé, à savoir Dieu. Le péché mortel, bien qu'il implique une disposition au péché, est possible indépendamment du vice[4]. Inversement, un péché causé par la

1. Ses prémisses théologiques concernent le péché originel, la destinée surnaturelle de l'homme, la nécessité de la vertu de charité que l'on ne peut avoir que par la grâce, et la distinction entre péché véniel et péché mortel.

2. La distinction de Thomas entre péché véniel et péché mortel est authentiquement théologique. Thomas explique leur différence par une analogie : la différence entre une maladie que l'on peut guérir et une maladie mortelle. À la différence de la maladie que l'on peut guérir, celle qui est mortelle affecte le principe de la vie et conduit à la mort. De façon analogue et par opposition au péché véniel, le péché mortel affecte le principe de la vie morale. Celui-ci est le but vers lequel nous devons ordonner nos actions et qui, théologiquement parlant, est la charité. La charité unit l'âme à Dieu, qui est principe de la vie ; inversement, ce qui s'oppose à la charité détruit le principe de vie d'une personne. Tel est le péché mortel. Cf. *De malo* q. 7, a. 1, Léon. 23, 158b-159a, l. 277-316 ; *STh* I-II, q. 72, a. 5.

3. *STh* I-II, q. 74, a. 8 ; cf. *De veritate* q. 25, a. 5, Léon. 22/3, 739a, l. 102-111 ; *STh* I-II, q. 74, a. 4 ; *De malo* q. 7, a. 6, Léon. 23, 175a, l. 80-92.

4. *De veritate* q. 24, a. 12, Léon. 22/3, 716b-717a, l. 252-260.

passion, comme l'incontinence, peut constituer un péché mortel, comme lorsqu'une personne consent au désir de forniquer[1].

Si l'on excepte la première période de son enseignement dans le *Commentaire* sur les *Sentences*, Thomas réconcilie le libre choix avec la nécessité de la grâce par le moyen d'un exposé subtil de l'inévitabilité du péché. Il soutient qu'il est possible, par les seules ressources de la nature, d'éviter chaque péché en particulier, mais que sans la grâce il n'est pas possible d'éviter le péché mortel si l'on prend en compte une longue période de temps. Et même avec le secours de la grâce, dit-il encore, il est impossible d'éviter tout péché véniel pendant une période de temps prolongée. La raison en est que

> un péché particulier arrive soudainement et plus ou moins par surprise, échappant ainsi au choix du libre arbitre, bien que le libre arbitre puisse commettre le péché ou l'éviter en concentrant sur lui son attention ou ses efforts[2].

L'inévitabilité du péché véniel est une conséquence du fait que, dans les conditions d'existence concrètes de cette vie, l'appétit sensible ne peut pas être entièrement soumis à la raison. L'explication de cette condition est la doctrine théologique du péché originel. Celui-ci entraîne ce que l'on désigne comme la « corruption du *fomes* », c'est-à-dire la corruption des désirs de l'appétit sensible. En raison de cette *corruptio fomitis*, l'appétit sensible est porté à des désirs désordonnés, c'est-à-dire qu'il est amené à

1. *Quodlibet* IX, q. 7, a. 1, ad 1, Léon. 25/1, 115b-116a, l. 50-56. Cf. *STh* I-II, q. 77, a. 8; *De malo* q. 3, a. 10.

2. *De veritate* q. 24, a. 12, Léon. 22/3, 716a, l. 303-308. Dans son *Commentaire* sur les *Sentences*, Thomas soutenait qu'il était possible de s'abstenir de façon permanente du péché mortel sans le secours de la grâce, *In II Sent.*, d. 28, q. 1, a. 2, c., éd. P. Mandonnet, Paris, Lethielleux, 1929, 723. Sous l'influence croissante des écrits anti-pélagiens d'Augustin, Thomas est devenu de plus en plus pessimiste en ce qui concerne les capacités de la nature humaine sans le secours de la grâce. Aussi, plus tard dans sa carrière, a-t-il régulièrement défendu l'idée que sans la grâce il n'est pas possible d'éviter bien longtemps le péché mortel, cf. *Summa contra Gentiles* II, cap. 160; *De veritate* q. 24, a. 12; *STh* I-II, q. 109, a. 8. Sur la doctrine thomasienne de l'inévitabilité du péché, *cf.* B. Lonergan, *Grace and Freedom: Operative Grace in the Thought of St Thomas Aquinas*, dans F. E. Crowe et R. M. Doran (éd.), *Collected Works of Bernard Lonergan*, vol. 1, Toronto – Buffalo – London, University of Toronto Press, 2000, p. 350-368. *Cf.* également J. P. Wawrykow, *God's Grace and Human Action*, p. 167-172. Concernant l'exposé anti-pélagien du dernier Augustin relativement à l'agir humain, *cf.* J. Wetzel, *Augustine and the Limits of Virtue*, Cambridge, Cambridge University Press, 1992, p. 161-218; sur le problème de l'évitabilité du péché dans la scolastique naissante, *cf.* A. M. Landgraf, *Dogmengeschichte der Frühscholastik*, vol. 1/1, Regensburg, Friedrich Pustet, 1952, p. 99-114.

désirer des objets qui sont source d'un plaisir sensible contraire à l'ordre de la raison[1]. Comme tel, ce désordre est un fait d'expérience manifeste, indépendamment de toute référence à des explications théologiques. Cependant, par rapport aux données de la seule expérience, la théologie chrétienne présente ce désordre d'une manière plus radicale et affirme l'impossibilité d'en triompher complètement dans cette vie[2].

D'après Thomas, une personne peut par mégarde commettre un péché véniel à cause de mouvements désordonnés soudains de l'appétit sensible, qui se produisent indépendamment du commandement de la raison. Que de tels péchés soient évitables pris individuellement (bien que cela ne soit pas possible sur de longues durées), cela résulte de la considération suivante. Comme nous l'avons dit plus haut, la volonté peut détourner l'attention de la raison des mouvements passionnels désordonnés en la reportant sur un autre objet; mais, au même moment, un nouveau mouvement désordonné de l'appétit sensible peut se produire. Thomas donne l'exemple d'une personne qui lutte avec succès contre des pensées de délectation charnelle en détournant son attention vers des considérations scientifiques, lorsque soudain surgit une pensée inattendue de vaine gloire. En étant particulièrement attentive, une personne peut parvenir à esquiver ces mouvements de l'appétit sensible. Toutefois, en raison des occupations diverses de l'esprit humain, il est impossible, comme le soutient Thomas, d'être constamment dans un état de vigilance tel qu'il permette d'éviter continuellement tout mouvement désordonné de l'appétit sensible[3].

Plus important: l'inclination habituelle au mal dans une personne en état de péché mortel fait qu'il lui est impossible d'éviter, tôt ou tard, de commettre de nouveaux péchés mortels. Un habitus fait qu'une personne est à ce point encline qu'elle peut agir par disposition avant même de s'en rendre compte. Une telle inclination habituelle au mal est intrinsèquement impliquée dans le péché mortel, de telle manière qu'une personne en état de péché mortel ne peut pas éviter constamment de commettre un nouveau péché mortel. Dans la *Somme de théologie*, Thomas introduit une modification subtile dans l'enseignement qu'il proposait dans le *De veritate*, q. 24, où il soutenait que, lorsque la grâce ôte l'inclination habituelle au mal, la personne peut éviter les péchés mortels sans avoir besoin d'un

1. *De malo* q. 4, a. 2, Léon. 23, 111a-b, l. 270-312; *ibid.*, ad 1; *STh* I-II, q. 82, a. 3.

2. *Cf.*, par exemple, *In II Sent.*, d. 32, q. 1, a. 1, c., éd. Mandonnet, 825; *STh* I-II, q. 74, a. 4, ad 2; *De virtutibus in communi* q. un., a. 10, ad 14, éd. Odetto, 737a-b.

3. *STh* I-II, q. 74, a. 3, ad 2; *De veritate* q. 24, a. 12, Léon. 22/3, l. 318-321.

nouveau secours de la grâce[1]. Dans la *Somme de théologie* I-II, q. 109, Thomas maintient l'essentiel de l'argumentation développée dans le *De veritate* en continuant de soutenir que c'est seulement en état de grâce qu'une personne peut éviter tous les péchés mortels (a. 8). Mais cette fois, il précise que même dans cet état de grâce un tel évitement présuppose une grâce supplémentaire (a. 9). La grâce habituelle (*habituale donum*) réoriente l'esprit vers Dieu en lui ôtant l'orientation au mal impliquée par le péché mortel. Mais cette guérison de l'inclination de l'esprit ne supprime ni la corruption de l'appétit sensible ni le caractère limité de l'intellect humain. La résistance aux péchés causés par ces défauts restants exige la grâce actuelle (*auxilium gratiae*)[2]. Thomas recommande la prière pour obtenir la grâce d'éviter le péché[3].

À la lumière de ces considérations relatives à l'inévitabilité du péché, Thomas soutient qu'il n'est pas possible d'être continent de manière permanente sans le secours divin[4]. Même la grâce qui guérit l'inclination habituelle au mal qu'entraîne le péché mortel ne guérit pas le désordre dans l'appétit sensible, en raison duquel le péché véniel demeure inévitable tout au long de cette vie[5].

Réaliser la vertu

La notion de tempérance à la lumière de l'inévitabilité du péché

La capacité limitée qu'a l'homme d'éviter le péché affecte de manière significative la notion thomasienne de tempérance, puisque la possibilité même de la tempérance est menacée à deux titres. 1) L'inévitabilité des péchés mortels sans la grâce a pour conséquence qu'une personne ne peut éviter tous les actes incontinents sans la grâce. Si la continence requiert la

1. *De veritate* q. 24, a. 13.

2. *STh* I-II, q. 109, a. 9.

3. *STh* I-II, q. 109, a. 9 et 10; q. 114, a. 9, ad 1. Sur le rôle de la prière dans le progrès moral, *cf.* P. De Letter, « Merit and Prayer in the Life of Grace », *The Thomist* 19 (1956).

4. *STh* II-II, q. 156, a. 2, ad 1 : « (…) homo potest vitare peccatum et facere bonum, non tamen sine divino auxilio (…) homo indiget divino auxilio ad hoc quod sit continens ». Cf. *ibid.*, a. 3, ad 2.

5. Saint Thomas confirme cette doctrine dans son commentaire à *Rm* 7.14-25, cf. *Super Romanos*, cap. 7, lect. 3-4, nn. 556-594, éd. R. Cai, Roma-Torino, Marietti, 1953, p. 101a-107b. Pour une analyse de ce texte, *cf.* N. Kretzmann, « Warring Against the Law of My Mind : Aquinas on Romans 7 », dans Th. V. Morris (éd.), *Philosophy and the Christian Faith*, Notre Dame, University of Notre Dame Press, 1998, en particulier p. 182-189.

grâce, il semblerait que la tempérance ne peut être atteinte sans la grâce. En raison de la connexion des vertus, cela entraînerait en outre que l'on ne peut posséder aucune vertu sans la grâce. 2) Même si la grâce permet à une personne d'éviter régulièrement l'incontinence, il reste impossible d'exercer un contrôle complet sur les désirs désordonnés de l'appétit sensible, et il semble par conséquent que dans cette vie, même la grâce ne permet pas à qui que ce soit de réaliser plus que la continence.

En ce qui concerne la première difficulté, Thomas défend explicitement la possibilité de parvenir aux vertus morales indépendamment de la grâce. En réponse à l'objection selon laquelle l'incapacité foncière à éviter le péché entraîne l'impossibilité de la vertu acquise, Thomas écrit :

> [U]ne vertu humainement acquise est compatible avec un acte de péché, même mortel : parce que l'exercice en nous d'un habitus est soumis (…) à notre volonté ; or un seul acte de péché ne fait pas perdre l'habitus d'une vertu acquise, car ce qui s'oppose directement à un habitus ce n'est pas un acte, mais un habitus. Voilà pourquoi, bien que sans la grâce on ne puisse éviter le péché mortel au point de ne jamais pécher mortellement, rien n'empêche qu'on puisse acquérir l'habitus d'une vertu et que par cette vertu l'on s'abstienne, du moins le plus souvent, des œuvres mauvaises, surtout de celles qui sont tout à fait contraires à la raison [1].

Ce qui est important pour notre propos, c'est la remarque de Thomas selon laquelle une personne peut acquérir la vertu en dépit d'un comportement incontinent occasionnel. La sorte de tempérance et par suite la sorte de continence que l'on ne peut posséder sans la grâce sont celles par lesquelles une personne évite les actes incontinents de façon permanente.

Ces considérations révèlent que Thomas applique à la vertu de tempérance des critères moins stricts que ne l'étaient ceux d'Aristote. De plus – et cela répond à la seconde difficulté, sur la possibilité de réaliser davantage que la seule continence –, Thomas soutient qu'une personne tempérante continue d'avoir des désirs désordonnés. Le Stagirite pensait qu'une personne tempérante n'a plus le moindre désir mauvais [2]. À l'inverse et

1. *STh* I-II, q. 63, a. 2, ad 2, Paris, Cerf, 1984, t. II, p. 383. Cf. *STh* I-II, q. 71, a. 4 ; *De virtutibus in communi* q. un., a. 9, ad 5, éd. Odetto 732a.

2. *EN* VII 2, 1146a 11-12 ; VII 9, 1152a 1-2. En *EN* III 11, 1119a 11-21, Aristote tient compte des désirs incontrôlés dans les personnes tempérantes, mais l'assouvissement de ces désirs ne leur cause pas davantage de plaisir qu'ils ne devraient en éprouver, ni l'absence d'assouvissement davantage de peine. *Cf.* H. J. Curzer, « Aristotle's Account of the Virtue of Temperance », p. 11-19. – Même dans son commentaire sur l'*Éthique*, Thomas se sépare d'Aristote pour ce qui est du degré auquel il est possible d'être tempérant. Pour Aristote, dans

dans la suite d'Augustin[1], Thomas estime que les vertus ne mettent pas un terme aux désirs désordonnés mais les modèrent seulement. Il précise que c'est le cas même lorsqu'elles sont un don de la grâce :

> Les passions qui portent au mal ne sont complètement supprimées ni par la vertu acquise ni par la vertu infuse, sinon peut-être par miracle ; car la lutte qui met aux prises la chair et l'esprit demeure toujours, même avec la vertu morale. L'Apôtre en parle en Gal. V 17 : « Car la chair a des désirs contraires à ceux de l'Esprit, et l'Esprit en a de contraires à ceux de la chair ». Mais ces passions sont modifiées tant par la vertu acquise que par la vertu infuse, de telle façon que l'homme n'est pas mû par elles d'une manière débridée[2].

La maîtrise complète des désirs sensibles ne peut être réalisée, mais les effets de ces désirs peuvent être modérés. En cela, la tempérance acquise et la tempérance infuse ont des rôles complémentaires. On parvient à la tempérance acquise par la répétition d'actes de maîtrise de soi. Avec chaque action tempérante, la personne devient davantage disposée à résister aux passions et ressent progressivement moins de désirs désordonnés[3]. La tempérance acquise n'empêche toutefois pas une personne de céder de temps à autre à des désirs désordonnés : cela n'est possible qu'au moyen de la tempérance infuse, qui est un don de la grâce.

> La vertu infuse fait que l'on n'obéit aucunement aux désirs du péché, et elle le fait de manière infaillible aussi longtemps qu'elle demeure. Mais la vertu acquise échoue sur ce point, bien que dans un petit nombre de cas seulement, de même aussi que les autres inclinations naturelles échouent rarement[4].

les personnes tempérantes, la « partie non rationnelle qui participe à la raison » (que les Scolastiques désignent comme l'appétit sensible) s'accorde *en tout* avec la raison (*EN* I 13, 1102b 28). En exposant le texte d'Aristote, Thomas écrit que l'appétit sensible des tempérants s'accorde *presque* en tout avec la raison, *SLE* I, lect. 20 [239], Léon. 47/1, 72b, l. 128-135.

1. Sur la notion augustinienne de tempérance à la lumière du combat permanent entre la chair et l'esprit, cf. *De civitate Dei* XIX, 4, 3, CCL 48, 665-666, l. 62-84.

2. *De virtutibus in communi* q. un., a. 10, ad 14. Cf. *In III Sent.*, d. 33, q. 2, a. 2, ql. 2, ad 1, éd. Moos, 1054 : « (…) virtutes non omnino extinguunt passiones, sed moderant eas ».

3. *De virtutibus in communi* q. un., a. 10, ad 14, éd. Odetto, 737b ; *STh* I-II, q. 65, a. 3, ad 2 ; *De virtutibus cardinalibus* q. un., a. 2, ad 2, éd. Odetto, 819b.

4. *De virtutibus in communi* q. un., a. 10, ad 14. Sur le rôle des vertus morales infuses dans l'éthique de Thomas, *cf.* G. Bullet, *Vertus morales infuses et vertus morales acquises selon saint Thomas d'Aquin*, Fribourg, Éditions universitaires, 1958 ; B. Kent, « Habits and Virtues », dans S. Pope (éd.), *The Ethics of Aquinas*, *op. cit.* ; A. McKay, *The Infused and*

Il est donc évident que, dans la perspective de Thomas, il est possible de parvenir à la tempérance malgré la faiblesse fondamentale de la personne humaine – à un moindre degré par l'entremise de la tempérance acquise seule, et dans une plus large mesure par l'entremise de la tempérance infuse. La tempérance acquise est « une vertu véritable, mais imparfaite » (*vera virtus, sed imperfecta*), alors que seule la tempérance infuse est une vertu parfaite[1]. Mais malgré la tempérance acquise ou même infuse, la personne tempérante n'exerce pas un contrôle complet sur ses désirs désordonnés.

Comment s'acquiert la tempérance

Tout comme l'enquête portant sur la possibilité de surmonter l'incontinence, la question de savoir comment la tempérance peut être obtenue revêt un double aspect : le fondement psychologique de cette possibilité d'une part, et les conditions existentielles d'un tel progrès moral de l'autre. À l'égard de l'un et l'autre points, Thomas développe substantiellement l'exposé aristotélicien.

Une fois les vertus morales réalisées, les actions vertueuses sont produites par l'inclination à de telles actions conférée par les vertus et avec la prudence pour guide. Lorsqu'une personne n'a pas encore atteint les vertus morales et la sagesse pratique de la prudence, elle peut néanmoins accomplir des actes de vertu, bien que la perfection de la vertu manque à de tels actes[2]. Cette capacité se fonde sur l'inclination naturelle de la volonté au bien en accord avec la raison (dont Thomas parle comme d'une *inchoatio virtutis*) ainsi que sur la compréhension par l'intellect de principes pratiques évidents par soi, également désignés comme *semina(lia) virtutum*. Sur la base de *semina virtutum* et de l'inclination naturelle au bien, la raison pratique détermine quelles actions sont appropriées à une telle fin[3]. Outre les inclinations naturelles et des semences de vertu dans la

Acquired Virtus in Aquinas's Moral Philosophy, thèse de doctorat, The University of Notre Dame, 2004.

1. *STh* II-II, q. 23, a. 7 ; *cf.* B. Kent, « Moral Provincialism », p. 279.

2. Thomas distingue deux sens de l'expression « acte de vertu » (*actus virtutis*) : un acte de vertu est soit le fait d'accomplir ce qui est tempérant, courageux, juste, etc. par l'habitus de vertu, soit sans cet habitus, *STh* I-II, q. 96, a. 3, ad 2.

3. *In III Sent.*, d. 33, q. 1, a. 2, ql. 2, ad 2, éd. Moos, 1029 ; *De virtutibus in communi* q. un., a. 8, c. ; ad 10, éd. Odetto, 727b-728a, 728b-729a ; *STh* I-II, q. 63, a. 1. Concernant le rôle des premiers principes pratiques dans l'exposé de Thomas sur l'acquisition des vertus morales, et pour une comparaison avec ce qu'en dit Aristote, *cf.* G. Verbeke, « L'éducation morale et les

raison, un autre type d'*inchoatio virtutis* est la facilité naturelle éprouvée par des personnes différentes à l'égard de vertus différentes en raison de leur complexion physique. Mais ces dispositions naturelles ne sont pas seulement imparfaites, elles s'excluent mutuellement : par exemple, une personne qui a des dispositions pour le courage n'est pas bien disposée pour la douceur[1].

Ce qui manque à ceux qui n'ont pas encore acquis un habitus moral, c'est une inclination des puissances appétitives de l'âme aux actions vertueuses, un habitus qui permet un agir prompt et, dans une large mesure, infaillible. Une telle inclination s'acquiert graduellement par la répétition et l'accoutumance, avec le temps, à de telles actions. L'habitude devient ainsi une seconde nature[2]. Mais la vertu ne s'acquiert pas par une répétition automatique et aveugle : une inclination dans la puissance appétitive est plutôt engendrée par une détermination de la raison, grâce à laquelle la personne saisit la bonté de l'acte vertueux[3]. La raison juge de l'acte le plus approprié dans chaque situation, en prenant en ligne de compte toutes les circonstances, étant donné que les exigences de la tempérance, du courage et autres vertus ne consistent pas en des schémas mécaniquement déterminés susceptibles d'être acquis par des habitudes aveugles[4].

Avec la raison pratique pour guide et grâce à l'inclination naturelle de la volonté au bien de la raison, une personne peut accomplir des actes justes, tempérants et courageux (*iusta aut temperantia aut fortia*, *Sententia libri Ethicorum* II, lect. 1), qui se distinguent encore néanmoins des actes qui sont *le fait de* la vertu. Ce sont déjà des actes de vertu eu égard à « ce qui est accompli » (*id quod agitur*), bien qu'ils ne le soient pas encore par rapport à la manière dont ils sont accomplis (*modus agendi*), parce qu'ils ne sont pas

arts chez Aristote et Thomas d'Aquin », dans I. Craemer-Ruegenberg et A. Speer (éd.), *"Scientia" und "ars" im Hoch- und Spätmittelalter*, Berlin-New York, De Gruyter, 1994.

1. *De virtutibus in communi* q. un., a. 8, ad 10, éd. Odetto, 728b ; cf. *In III Sent.*, d. 33, q. 1, a. 2, ql. 1, sol. ; *STh* I-II, q. 63, a. 1.

2. *De virtutibus in communi* q. un., a. 9, c., éd. Odetto, 731b-732a ; *STh* I-II, q. 51, a. 2 et 3.

3. *De virtutibus in communi* q. un., a. 9, c., éd. Odetto, 732a : « Quia igitur vis appetitiva se habet ad utrumlibet ; non tendit in unum nisi secundum quod a ratione multoties determinatur in illud ». *Ibid.*, ad 14 : « Actus igitur qui virtutem praecedit, potest causare virtutem, in quantum est a ratione, a qua habet id quod perfectionis in ea est ». Cf. *STh* I-II, q. 51, a. 2 ; *SLE* II, lect. 4 [285-286], Léon. 47/1, 88a-b, l. 87-106.

4. Voir *supra*, p. 238, note 3.

encore accomplis promptement et avec plaisir[1]. Qu'en est-il des motifs? Des actes peuvent-ils être qualifiés de justes, tempérants ou courageux s'ils sont accomplis pour une mauvaise raison? Cela dépend : des actes peuvent être dits justes même s'ils sont accomplis pour des motifs inappropriés[2]. Il n'en va pas de même, cependant, pour les autres vertus morales. À la différence de la justice, la tempérance n'est pas séparable de l'agent, et par conséquent un acte ne peut être qualifié de tempérant que si l'individu qui le pose avait l'intention d'agir de façon tempérante[3]. En conséquence, Thomas soutient que le recours légal à la force et la crainte de la punition peuvent jouer un rôle initial dans l'éducation morale; et poser des actes de vertu par crainte peut conduire à la vertu. Cela exige toutefois un changement d'esprit : ce qui était fait auparavant par crainte le sera plus tard de plein gré[4]. C'est en posant de manière répétée des actes de vertu pour des motifs droits qu'une personne acquiert la vertu.

La force peut également avoir une certaine place dans le progrès moral des incontinents, c'est-à-dire de ceux qui veulent changer. Mais il ne s'agit pas d'une contrainte extérieure. Thomas pense qu'en un sens, on doit se forcer soi-même à poser des actes de vertu en se faisant d'une certaine manière violence à soi-même, parce qu'au point de départ de telles actions ne sont pas agréables à accomplir[5]. Dans cette entreprise laborieuse, une personne peut soit s'efforcer consciemment d'aller vers ce qui se trouve à l'exact opposé de ses inclinations, vers ce qu'elle veut éviter, ou bien de s'éloigner petit à petit de ses propres inclinations[6].

La description par Thomas des conditions sous lesquelles un individu pose des actes tempérants (*temperata*) coïncide avec sa notion de

1. *De virtutibus in communi* q. un., a. 9, ad 13; *STh* I, q. 89, a. 6, ad 3; II-II, q. 32, a. 1, ad 1. *SLE* II, lect. 4 [285], Léon. 47/1, 88a, l. 88-97. Concernant le plaisir comme exigence de la vertu, voir *supra*, p. 240, note 3.

2. *STh* II-II, q. 32, a. 1, ad 1 : « (...) actus iustitiae est facere iusta. Et talis actus virtutis potest esse sine virtute : multi enim non habentes habitum iustitiae iusta operantur, vel ex naturali ratione, vel ex timore sive ex spe aliquid adipiscendi ».

3. *STh* II-II, q. 59, a. 2, ad 3.

4. *STh* I-II, q. 95, a. 1; *De virtutibus in communi* q. un., a. 9, ad 9. R.P. George met l'accent sur ce point dans son étude sur Aristote et Thomas, *cf.* son *Making Men Moral : Civil Liberties and Public Morality*, Oxford, Oxford University Press, 1993, p. 25 et p. 42-47. Sur le rôle de la loi dans l'éducation, *cf.* aussi M. M. Keys, « Aquinas's Two Pedagogies : A Reconsideration of the Relation between Law and Moral Virtue », *American Journal of Political Science* 45 (2001).

5. *SLE* II, lect. 3 [265], Léon. 47/1, 83a, l. 7-17.

6. *SLE* II, lect. 11 [376], Léon. 47/1, 115a-b, l. 94-104.

continence. Grâce à l'inclination naturelle de la volonté au bien de la raison, on désire faire ce que commande la droite raison. Au moyen de la raison pratique, à partir des premiers principes pratiques, il est possible de comprendre quelles actions sont requises[1]. Les continents peuvent agir avec tempérance, mais sans plaisir. Pour Thomas, il est entendu que la tempérance s'acquiert par la répétition d'actes de continence.

Comment s'acquiert la prudence

D'après les exposés aristotélicien et thomiste, la connaissance morale ne constitue pas un remède suffisant pour guérir l'incontinence. Aristote et Thomas soutiennent néanmoins que l'incontinence est due à une défaillance au niveau de la raison pratique. Lorsque les incontinents pèchent, ils ne parviennent pas à estimer que leur acte contredit leurs convictions morales générales. Dans la perspective de Thomas, il est généralement impossible de commettre un péché sans quelque défaut dans la raison[2]. Bien que la connaissance ne suffise pas à triompher de l'incontinence, la puissance cognitive est pourtant loin d'être inutile dans cet effort.

Plus la connaissance engage l'affectivité d'une personne, plus grande aussi est la puissance de sa motivation. Si je veux déterminer ma volonté à s'attacher à un objet, je dois le percevoir comme bon et *conveniens*, c'est-à-dire bon pour moi, ici et maintenant[3]. Thomas est par conséquent bien conscient de l'importance qu'il y a à motiver les gens au bien à travers ce pour quoi ils éprouvent de l'affection[4]. Il est déjà possible de percevoir le caractère attrayant de la vertu à un stade peu avancé du progrès moral, même si l'on n'expérimente pas encore pleinement le plaisir inhérent à l'action vertueuse. Dans son traitement de l'*honestas*, que Thomas assimile à une « beauté spirituelle » qui n'a que peu de rapports avec le terme français d'« honnêteté », il met l'accent sur la beauté des vertus morales. Une fois perçue comme belle, la vertu est saisie comme *conveniens et bonum*, parce que sa beauté la rend attrayante[5]. Pour Thomas, la beauté

1. Voir *supra*, p. 241, note 4.

2. *Cf.*, par exemple, *STh* I-II, q. 77, a. 2, c. : « (…) voluntas nunquam in malum tenderet, nisi cum aliqua ignorantia vel errore rationis ». *STh* II-II, q. 53, a. 2, c. : « (…) nullum enim peccatum accidere potest nisi sit defectus in aliquo actu rationis dirigentis (…) » ; cf. *STh* I, q. 63, a. 1, ad 4 ; II-II, q. 54, a. 1, ad 2.

3. *STh* I-II, q. 9, a. 2 ; *De malo* q. 6, a. un., Léon. 23, 149b, l. 420-422.

4. *STh* I-II, q. 99, a. 6, c.

5. *STh* II-II, q. 145, a. 2, c. et ad 1. Sur la notion de beauté spirituelle chez Thomas, *cf.* A. Ramos, « Moral Beauty and Affective Knowledge in Aquinas », *Acta Philosophica* 13

spirituelle s'applique en particulier à la tempérance, parce que celle-ci repousse les désirs honteux des bêtes[1]. Pour illustrer l'idée de Thomas concernant le caractère attrayant de la tempérance, on peut prendre l'exemple d'une personne peu encline à la chasteté mais qui grandit dans le désir de cette vertu parce qu'un chaste individu l'a traitée avec une considération inhabituelle pour sa dignité et qu'elle voit par là le bien de la chasteté et désire accorder ses propres actions en conséquence.

L'intériorisation de la connaissance est complète lorsque la connaissance morale devient prudence, autrement dit sagesse pratique. La prudence ne s'étend pas seulement à la raison mais également à la puissance appétitive, alors que la pure connaissance morale ne regarde que la seule raison[2]. Bien que l'exposé de Thomas sur la prudence soit largement redevable à Aristote, il intègre cependant un certain nombre d'éléments non aristotéliciens importants pour la question qui nous occupe[3].

Thomas ne s'étend guère sur la manière dont s'acquiert la prudence. Pour voir comment les continents et les incontinents peuvent la réaliser, nous devons examiner quelques-unes des conditions nécessaires à la prudence, dont certaines sont progressivement remplies lorsqu'une personne accomplit un progrès moral.

La prudence est le moyen par lequel un individu applique la connaissance morale à une action concrète et commande un acte en conséquence. Cela exige tout à la fois une connaissance morale générale ainsi qu'une connaissance particulière de ce qui est requis pour chaque action déterminée[4]. L'échec de l'incontinent et l'imperfection du continent ne sont pas une question de connaissance morale générale mais d'application correcte, prompte et infaillible de cette connaissance à la situation individuelle dans laquelle ils se trouvent.

(2004); C. Chereso, *The Virtue of Honor and Beauty according to St. Thomas Aquinas : An Analysis of Moral Beauty*, River Forest (Ill.), The Aquinas Library, 1960.

1. *STh* II-II, q. 145, a. 4.

2. *SLE* VI, lect. 7 [1200], Léon. 47/2, 357a-b, l. 88-95 ; cf. *STh* I-II, q. 57, a. 4 ; q. 58, a. 3, ad 1 ; q. 61, a. 1.

3. Les points sur lesquels la description par Thomas de la prudence vont au-delà de ce qu'en dit Aristote sont mis en évidence par R. C. Miner, « Non-Aristotelian Prudence in the *Prima Secundae* », *The Thomist* 64 (2000). Miner attire à juste titre l'attention sur un certain nombre d'éléments non aristotéliciens. Toutefois, la thèse qu'il défend à propos du caractère théologique de la notion thomasienne de prudence acquise n'est pas suffisamment fondée dans les textes auxquels il renvoie.

4. *STh* II-II, q. 47, a. 3 et 15.

Parmi les exigences requises par cette application d'une connaissance morale générale à un cas particulier, la première place revient à la droiture de l'appétit. Incontinents et continents sont déjà de bonne volonté, puisqu'ils savent ce qui est bien et désirent agir en conséquence[1]. Ce qui a encore besoin d'être rectifié, c'est leur appétit sensible. La force de leurs passions, et tout particulièrement celle du plaisir sexuel, est susceptible d'interférer avec l'application de la connaissance à l'action particulière qu'elle réclame[2].

La prudence exige ainsi de toute évidence que les vertus morales, et spécialement la tempérance, modèrent les passions[3]. Mais l'importance des vertus morales pour la prudence va beaucoup plus loin. Les personnes vertueuses jouissent effectivement d'un avantage cognitif sur celles qui ne sont pas vertueuses, parce qu'il leur est devenu connaturel de porter un jugement droit sur ce qui mérite d'être poursuivi. Grâce à cette connaturalité, ils ne produisent pas seulement des jugements moraux de manière abstraite, mais ils exercent leur jugement *per modum inclinationis*, ayant complètement intériorisé la connaissance morale et étant pleinement engagés dans le jugement prudentiel qu'ils posent. Ce jugement est soutenu plutôt qu'il n'est entravé par les passions de l'homme vertueux. Aussi Thomas dit-il avec Aristote qu'une telle personne juge correctement de la fin[4].

Une personne incontinente n'a pas suffisamment fait siennes les croyances morales, de manière à en être convaincue « dans son cœur », même à l'heure de la tentation[5]. Pour sa part, le continent n'a pas encore réalisé l'état dans lequel il lui est connaturel de poser un jugement conforme aux exigences de la vertu. Il n'agit pas promptement, mais plutôt il « agite dans son cœur » (*versatur in corde eius*) la prescription de la droite

1. Ils ne visent donc pas une fin mauvaise (*STh* II-II, q. 47, a. 13) ni n'utilisent de mauvais moyens en vue d'une fin bonne ou mauvaise (*astutia* – ruse, q. 55, a. 3 à 5).

2. Pour l'effet de passions fortes sur la prudence, cf. *STh* I-II, q. 34, a. 1 ; II-II, q. 47, a. 16 ; pour l'effet produit par le plaisir sexuel, cf. *STh* II-II, q. 53, a. 6 ; q. 153, a. 5, ad 1. L'argumentation de Thomas est ici incomplète, dans la mesure où il ne rend pas compte des effets différents que les plaisirs sexuels désordonnés et légitimes ont sur la prudence.

3. La tempérance empêche la corruption de la prudence causée par les passions, *SLE* VI, lect. 4 [1170], Léon. 47/2, 346b, l. 127-142.

4. *STh* I-II, q. 58, a. 5 ; *SLE* VII, lect. 3 [1344], Léon. 47/2, 392a-b, l. 206-220 ; cf. *STh* I, q. 1, a. 6, ad 3 ; II-II, q. 45, a. 2. Sur le rôle de la connaturalité par rapport à la rationalité pratique, *cf.* R.-T. Caldera, *Le jugement par inclination chez saint Thomas d'Aquin*, Paris, Vrin, 1980 ; M. D'Avenia, *La conoscenza per connaturalità in S. Tommaso d'Aquino*, Bologna, Edizioni Studio Domenicano, 1992, p. 69-80 et 121-139.

5. *De malo* q. 3, a. 9, ad 8 ; *SLE* VII, lect. 3 [1344], Léon. 47/2, 392b, l. 215-217.

raison et la suggestion des plaisirs, avant d'agir finalement en conformité avec la droite raison[1]. Comment parvenir à cette capacité? En termes génériques, la réponse est qu'une personne a besoin d'expérience et de temps pour acquérir la prudence[2]. Mais celui qui s'efforce de devenir vertueux ne peut se satisfaire de ce conseil générique.

Sur le plan de l'existence concrète, il paraît difficile, voire impossible, qu'un individu devienne moralement vertueux seulement par ses propres efforts. Mais avec l'aide des autres, le progrès moral est à sa portée. Dans l'exposé qu'il consacre à la prudence, Thomas énumère des conditions particulières exigées par la prudence et qu'il emprunte à Cicéron et à Macrobe[3]. Parmi elles, la docilité paraît être particulièrement pertinente pour la lutte que doit mener l'incontinent – et même le continent – pour atteindre à la vertu et à la prudence. Avant d'y parvenir, le jugement pratique est biaisé. Les capacités naturelles de la raison et l'inclination au bien expliquent que l'on peut en principe posséder un jugement droit. Mais, sur le plan de l'existence concrète, il est très difficile pour les incontinents et les continents de porter un jugement objectif. Un individu sincèrement désireux de progresser accueillera, dans des situations déterminées, les conseils qui peuvent lui être prodigués. La docilité semble être la voie d'accès par laquelle le secours peut parvenir à un individu pour l'aider dans son progrès moral, de manière à lui permettre de porter un jugement plus lucide lorsque, faute de temps, il n'est pas encore parvenu au terme de son cheminement[4].

La docilité exige une recherche active de l'aide d'autrui. Toutefois, comme il arrive souvent, une personne peut ignorer qu'elle emprunte une mauvaise voie. Ici, une correction fraternelle non réclamée peut aider : à condition de s'exercer avec discrétion, la correction fraternelle est une exigence de l'amour, puisque l'amour conduit une personne à contribuer au bien-être des autres, spécialement en ce qui concerne leur bien suprême, qui est celui de la vertu. L'amour exige ainsi que l'on soutienne ses amis sur

1. *De malo* q. 3, a. 9, ad 7.

2. *STh* II-II, q. 47, a. 14, ad 3. Cf. *STh* II-II, q. 47, a. 3, ad 2 et 3 ; a. 15, ad 2 ; a. 16, ad 2 ; q. 49, a. 1.

3. *STh* II-II, q. 48, a. un., arg. 1 : « Tullius enim, in II Rhet., ponit tres partes prudentiae : scilicet memoriam, intelligentiam et providentiam. – Macrobius autem, secundum sententiam Plotini, attribuit prudentiae sex, scilicet rationem, intellectum, circumspectionem, providentiam, docilitatem et cautionem ». Thomas discute chacun de ces points dans la q. 49. Pour un examen de cette *quaestio* et des sources utilisées par Thomas, voir R. J. Mulvaney, « Wisdom, Time, and Avarice in St. Thomas Aquinas's Treatise on Prudence », *The Modern Schoolman* 69 (1992).

4. *STh* II-II, q. 49, a. 3.

le chemin qui conduit à la vertu en leur prodiguant des conseils et en les aidant à agir bien [1]. Ceux qui reçoivent la correction fraternelle doivent bien entendu être disposés à l'accepter [2]. S'ils sont dociles, ils ne feront pas que l'accepter : ils l'accueilleront.

CONCLUSION

Thomas dessine une image réaliste de la possibilité, des difficultés et du soutien extérieur du progrès moral de l'incontinent. Il ressort clairement de son exposé que l'incontinence n'est qu'une partie d'une notion plus large de faiblesse morale qui comprend des éléments empruntés à Aristote et Augustin. L'explication qu'il propose de la manière dont une personne peut agir à l'encontre de son meilleur jugement est aristotélicienne. Mais quand il est question d'exposer de quelle manière il est possible de triompher de l'incontinence, son explication est davantage augustinienne. Thomas admet qu'il est possible en principe de l'emporter sur l'incontinence, parce qu'un individu, grâce à sa volonté, a toujours la possibilité de détourner l'attention de la raison d'un objet tentant. Mais sur le plan de l'existence concrète, l'incontinent est incapable de surmonter son état moral par ses seuls efforts, comme le dit explicitement Thomas en résumant incidemment les principaux sujets abordés dans notre article :

> La connaissance seule ne suffit pas à la guérison de l'incontinent, mais il y faut le secours intérieur d'une grâce apaisant la convoitise, comme aussi le remède extérieur de l'admonition et de la correction, grâce auxquelles l'incontinent commence à résister à la convoitise, ce qui affaiblit celle-ci [3].

La grâce dont il est question dans cette citation peut être soit la grâce actuelle qui aide une personne à éviter le péché, soit la grâce habituelle par laquelle une personne est gratifiée des vertus infuses. Bien que la grâce soit nécessaire pour triompher complètement de l'incontinence, il est possible, comme nous l'avons vu, d'acquérir la tempérance sans la grâce. Toutefois, une telle tempérance ne permettra pas d'éviter des actes occasionnels

1. *De correctione fraterna* q. un., a. 1, éd. P. A. Odetto, Roma – Torino, Marietti, 1950, 793a-797b; *STh* II-II, q. 33, a. 1. La correction fraternelle est essentiellement un acte d'amour; elle n'est un acte de prudence qu'en second lieu, parce qu'elle dirige l'action vers le bien, voir *ibid.*, ad 2. Pour une discussion de la correction fraternelle en relation avec la justice, *cf.* E. Stump, *Aquinas*, London-New York, Routledge, 2003, p. 327-338.

2. *De correctione fraterna* q. un., a. 1, ad 2.

3. *STh* II-II, q. 156, a. 3, ad 2, Paris, Cerf, 1985, t. III, p. 892.

d'incontinence. Cela ne peut être le fait que de la tempérance infuse. Inversement, la notion thomasienne de tempérance acquise ressemble à celle d'Augustin et est similaire à la notion de continence développée par Aristote[1].

Dans le texte cité ici, la remarque de Thomas concernant l'insuffisance de la connaissance ne devrait pas être comprise comme si l'avancement moral pouvait se passer d'un progrès cognitif. La connaissance morale abstraite n'a pas de grande force pour motiver; mais dans la mesure où la connaissance pratique développe des racines affectives dans une personne, une telle connaissance n'est pas seulement utile, mais elle est essentielle à la fois pour éviter le mal et pour accomplir des actes vertueux promptement et sans hésitation. Une fois intériorisée, une connaissance devenue connaturelle peut difficilement être contrecarrée. Par là, Thomas ne se sépare pas complètement de Socrate, pour qui il est impossible d'agir à l'encontre de la connaissance, au sens le plus fort de ce terme.

Tobias HOFFMANN

Traduit de l'anglais par Stéphane Mercier

1. *Cf.* B. Kent, *Virtues of the Will: The Transformation of Ethics in the Late Thirteenth Century*, Washington, D.C., CUA Press, 1995, p. 210. Sur la notion augustinienne de tempérance, voir *supra*, p. 252, note 1.

CHAPITRE X

LE JUGEMENT PRATIQUE CARTÉSIEN OU DE L'EXCELLENCE CHEZ DESCARTES ET ARISTOTE *

> Car c'est le signe d'un homme éduqué d'attendre en chaque genre le degré d'exactitude qu'admet la nature de la chose.
>
> Aristote [1]

On a pu écrire que « science et morale sont étroitement unies chez Descartes, qui n'admet pas la disjonction établie par Kant entre connaissance et éthique » [2] et l'on peut rappeler que « la plus haute et la plus parfaite morale », « présupposant une entière connaissance des autres sciences », est au dire de l'auteur des *Principes* « le dernier degré de la sagesse » [3], qui constitue donc la branche la plus élevée et la plus difficile d'accès de l'arbre que forme la philosophie. Il ne s'ensuit pas qu'il soit jamais selon ce père de la modernité philosophique question de conduire sa vie d'après une

* Ce texte est une version amendée et mise à jour de l'étude intitulée « Du bon sens le mieux partagé » (*Revue philosophique de Louvain*, t. 94, mai 1996).

1. *Éthique à Nicomaque*, 1094b24-25. Nous citons la traduction de J. Tricot (Nouvelle trad. avec introd., notes et index), Paris, Vrin, 1983, parfois légèrement amendée.

2. A. Philonenko, *Relire Descartes*, Paris, Jacques Grancher, 1994, p. 20.

3. Lettre-préface à la traduction des *Principes*, IX-2, 14. Toutes les citations de Descartes renvoient à l'édition Adam-Tannery, nouvelle présentation en co-édition avec le CNRS, Paris, Vrin, 1966-89; les chiffres romains indiquent la tomaison, les chiffres arabes la pagination.

« science » morale qui relèverait de la même certitude que les premiers principes de la métaphysique, ou que s'appliqueraient en cette morale les mêmes critères que dans les mathématiques ou en physique. L'unité du savoir ne veut pas dire uniformité et homogénéité parfaites de ses branches quant à la clarté et à la distinction des idées, quant à l'évidence et à la certitude.

La *phronèsis* est, chez Aristote, l'excellence du mode de vie qu'est la *praxis*, l'action ; elle porte sur les choses qui, au contraire des objets de l'*epistèmè* ou de la *sophia*, peuvent être autrement qu'elles ne sont, sont changeantes et contingentes. La première idée qui préside au parallèle ici suggéré est que dans la mesure où la générosité cartésienne présente des traits communs signicatifs avec la *phronèsis*, elle reflète l'admission par Descartes de deux ordres ou registres distincts du savoir et de l'agir. Cette confrontation devrait nous éclairer sur la manière dont le philosophe moderne a compris ces ordres, leurs distinction et articulation dans l'existence humaine[1]. Les *Principes* proclament avec force la distinction

1. Il doit être clair dès l'abord qu'il ne s'agit nullement ici de mener une étude historique quant aux sources anciennes ou médiévales de Descartes en matière de morale. Les études ne manquent pas sur le sujet depuis les travaux fondateurs d'É. Gilson en la matière (*Index scolastico-cartésien*, Paris, Alcan, 1913 (Vrin, 1979) et *Études sur le rôle de la pensée médiévale dans la formation du système cartésien*, Paris, Vrin, 1930), et ceux de J.-L. Marion (en particulier, *Sur l'ontologie grise de Descartes. Savoir aristotélicien et science cartésienne dans les* Regulae, Paris, Vrin, 1975). *Cf.* par exemple, dans cette même ligne, l'ouvrage récent de L. Renault, *Descartes ou la félicité volontaire. L'idéal aristotélicien de la sagesse et la réforme de l'admiration*, Paris, P.U.F., 2000. Ce dernier ouvrage entend mesurer « l'impact de la philosophie vraie sur la conception de la félicité » ; « il s'agit, écrit l'auteur, de mettre en évidence la complexité de la relation de Descartes à Aristote, et en particulier, d'évaluer l'influence d'Aristote, jusqu'ici minorée au profit du stoïcisme, sur les perspectives éthiques de la pensée cartésienne » (p. 10). Mais c'est essentiellement à l'idéal aristotélicien de la félicité théorétique qu'est confronté le discours cartésien hésitant entre l'affirmation que « la félicité réside dans la contemplation du divin » et la thèse qu'« elle consiste dans l'amour de Dieu, ou encore dans le droit usage du libre arbitre » (p. 4). L'ouvrage fait la part belle à la référence de Descartes à la magnanimité aristotélicienne quand il s'agit d'éclairer la notion de générosité (*cf.* le chap. VI : « La réforme de la magnanimité »), mais passe sous silence le concept de *phronèsis*, pourtant crucial dans l'articulation de l'éthique aristotélicienne, pour conclure que « ce que Descartes oppose d'emblée au modèle du sage aristotélicien, c'est implicitement la figure épurée et révisée du magnanime aristotélicien, qui s'explicitera dans la théorie cartésienne de la générosité » (p. 211). Nous lisons la distance prise par Descartes par rapport au *sophos* d'Aristote quand il dessine la figure du généreux comme rapprochant celle-ci de la figure du *phronimos* autant que du magnanime. Les sources de Descartes ou ce qu'il avait à cœur de mettre à distance nous importent moins ici que de montrer qu'il n'est pas un de ces Modernes chez qui le primat du théorique nie la spécificité de la pratique.

de « deux sortes de certitudes » : « la première est appelée morale, c'est-à-dire suffisante pour régler nos mœurs, ou aussi grande que celle des choses dont nous n'avons point coutume de douter touchant la conduite de la vie, bien que nous sachions qu'il se peut faire, absolument parlant, qu'elles soient fausses »[1], tandis que « l'autre sorte » « est lorsque nous pensons qu'il n'est aucunement possible que la chose soit autre que nous la jugeons »[2]. Cette dernière certitude est quant à elle certitude « absolument parlant », fondée qu'elle est sur le principe métaphysique « très assuré » d'un Dieu infiniment bon, vérace, et « source de toute vérité ». Cette certitude métaphysique s'étend évidemment aux démonstrations des mathématiques et, pour la physique, « à toutes les choses qui peuvent être démontrées, touchant [les] corps, par les principes de la mathématique ou par d'autres aussi évidents et certains ; au nombre desquelles, il me semble que celles que j'ai écrites en ce traité doivent être reçues, *au moins les principales et plus générales* »[3]. Cette dernière nuance est ici d'importance, laissant entendre qu'en physique même toutes les propositions ne sont pas également certaines et qu'il y a lieu de distinguer à cet égard les principes les plus généraux des énoncés touchant aux phénomènes les plus particuliers. On en trouvera confirmation ailleurs (*Principes*, III, art. 44 (IX-2, 123) : « Que je ne veux point toutefois assurer que celles [les causes] que je propose sont vraies » ; et : « je désire que ce que j'écrirai soit seulement pris pour une hypothèse, laquelle est peut-être fort éloignée de la vérité »[4]. C'est que les limites de l'entendement humain l'empêchent de

1. *Principes*, IV, art. 205 ; IX-2, 323.
2. *Principes*, IV, art. 206 ; IX-2, 324.
3. *Loc. cit.*
4. Même si l'on peut évoquer ici une prudence rhétorique de Descartes touchant matières dangereuses (*cf.* le contexte de cet article : à l'art. 43 (IX-2, 123), on lit : « ce serait faire injure à Dieu, de croire que les causes ainsi trouvées sont fausses » et à l'art. 45 (IX-2, 123-24) l'auteur explique cependant qu'il « ne doute point que le monde n'ait été créé … » en la manière que décrit l'enseignement de l'Église), il n'en demeure pas moins que si l'on a pu établir sûrement (dans la deuxième partie) certains principes généraux quant à la matière qui compose tous les corps, à sa divisibilité et aux mouvements de ces corps, etc., « nous n'avons pu déterminer *en même façon* combien sont grandes les parties auxquelles cette matière est divisée, ni quelle est la vitesse dont elles se meuvent […]. Car ces choses ayant pu être ordonnées de Dieu en une infinité de diverses façons, c'est par la seule expérience, *et non par la force du raisonnement*, qu'on peut savoir laquelle de toutes ces façons il a choisie. C'est pourquoi il nous est maintenant libre de *supposer celle que nous voudrons*, pourvu que toutes les choses qui en seront déduites s'accordent entièrement avec l'expérience » (III, art. 46 ; IX-2, 124, nous soulignons). Aussi Descartes peut-il déclarer plus loin qu'il « ne [veut] point qu'on se persuade que les corps qui composent ce monde visible aient jamais été produits en la

connaître « toutes les causes qui contribuent à chaque effet »[1] et qu'il faut réserver à Dieu d'avoir « l'entière connaissance de la vérité de toutes choses »[2]. *A fortiori* ce qui vaut pour certaine part de la physique vaudra-t-il pour la morale. Tant il est vrai que « Descartes [a] souvent affirmé que certitude et vie tombaient l'une en dehors de l'autre »[3] et que la morale aura beau être considérée comme une science, parmi et au-dessus des autres sciences et dépendante d'elles, elle n'en aura pas moins pour objet de régler la conduite de la vie en ces circonstances si singulières et compliquées qu'il n'est pas en notre pouvoir d'homme d'en connaître tous et chacun des tenants et aboutissants. De sorte qu'il nous faut admettre que cette morale « la plus parfaite » qui « [présuppose] une *entière* connaissance des autres sciences »[4], cette perfection de la morale est en un sens « inaccessible » et destinée à demeurer « *l'Idée d'une science*, et donc aussi nécessairement, *une Idée pour la science en général* »[5].

façon [qu'il a] décrite » (*Principes*, IV, art. 1 ; IX-2, 201). C'est que tel n'est pas son propos, il « ne croit pas [...], écrit Alquié, qu'elle [sa physique] enseigne ce que sont réellement les choses » (F. Alquié, *La découverte métaphysique de l'homme chez Descartes*, Paris, P.U.F., 1966 (1ère éd., 1950), p. 125), qui un peu plus loin ajoute : « la science imite la Nature et ne l'égale point » (p. 127).

1. *Passions*, art. 145 ; XI, 438.

2. Lettre-Préface à la traduction des *Principes* ; IX-2, 2-3. La position sur le caractère approximatif et limité du savoir humain n'est pas propre aux *Principes* : dès 1630, la correspondance avec Mersenne l'indiquait, où Descartes évoque « la *fable* de [son] Monde » (25 nov. ; I, 179, nous soulignons), expression présente également dans le traité du *Monde* (XI, 31) : « j'en veux envelopper une partie [de son discours] dans l'invention d'une fable ». L'expression n'y est pas étrangère à l'idée qu'il n'y faut pas attendre « des démonstrations exactes de toutes les choses que je dirai » (XI, 48). Sur le statut de « vrai-semblance » de la science de la nature, *cf.* N. Grimaldi, *L'expérience de la pensée dans la philosophie de Descartes*, Paris, Vrin, 1978, en particulier p. 176 *sq*. Pour une approche de ces degrés de certitude qui fait davantage porter l'accent sur la transmission de la certitude « majeure » de la métaphysique et des mathématiques à la physique dont Descartes écrivait en 1638 (le 27 juillet) à Mersenne (II, 268) qu'elle « n'est autre chose que géométrie », *cf.* G. Rodis-Lewis, *L'œuvre de Descartes*, 2 tomes, Paris, Vrin, 1971, I, p. 392 *sq*. (et notes). Qu'une part de la science de la nature échappe à la certitude métaphysique se comprend aisément si l'on songe, d'une part, à la nécessité d'un recours à l'expérience – et combien de fois Descartes ne se plaint-il pas de ne pouvoir faire toutes les expériences nécessaires à l'avancement de ses travaux–, recours qui suppose évidemment un usage de l'observation sensible toujours suspecte d'erreur, et, d'autre part, à l'intervention de l'imagination : « le corps, c'est-à-dire l'extension, les figures et les mouvements » se connaissent « beaucoup mieux par l'entendement aidé de l'imagination » (à Élisabeth, 28-6-43 ; III, 691).

3. A. Philonenko, *op. cit.*, p. 419.

4. Lettre-Préface à la traduction des *Principes* ; IX-2, 14, nous soulignons.

5. D. Kambouchner, *L'homme des Passions. Commentaires sur Descartes*, I, Analytique, II, Canonique, Paris, Albin Michel, 1995, II, p. 312. L'auteur y précise en quel

Ce qui est significatif pour notre propos n'est pas simplement que Descartes admette différents degrés de certitude selon les parties du savoir que peut acquérir l'homme, même quant à la nature, c'est aussi le motif pour lequel ce savant épris de certitude se peut en physique satisfaire de principes qui sont seulement les « plus vraisemblables »[1]. Or ce motif, Descartes l'évoque à l'art. 44 déjà cité (IX-2, 123) : si l'on peut de la sorte se contenter d'une hypothèse « peut-être fort éloignée de la vérité », c'est qu'un enjeu pratique guide le savant jusque dans sa théorie physique, c'est que « si cela se trouve, elle ne sera pas moins utile à la vie que si elle était vraie, *pour ce qu'on s'en pourra servir en même façon pour disposer les causes naturelles à produire les effets qu'on désirera* ». Cet *enjeu pratique* reste bien dans la ligne annoncée par le *Discours* d'une science de la nature dont la publication se justifie de son *utilité* pour l'homme : « je ne pouvais les tenir cachés sans pécher grandement contre la loi qui nous oblige à procurer autant qu'il est en nous le bien général de tous les hommes ». C'est que la physique procure « des connaissances fort utiles à la vie », comme fera *a fortiori* la médecine, qui s'occupe à « la conservation de la santé, laquelle est sans doute le premier bien et le fondement de tous les autres biens de cette vie »[2]. Et par delà l'utilité matérielle et pragmatique, le confort et le bien-être physique, ce que la méthode doit procurer par le savoir qu'elle permet d'acquérir, ce sont les moyens de « voir clair en mes actions, et marcher avec assurance en cette vie »[3], de « conduire [sa] vie beaucoup mieux »[4], ou, comme disaient les *Regulae* déjà, c'est « qu'en chaque occasion de sa vie son entendement montre à sa volonté le choix qu'il faut faire »[5]. Toutes ces considérations montrent à suffisance que la conduite de la vie, le bien commun des hommes, est prioritaire chez Descartes, étant à la fois le point de départ de l'entreprise de rénovation du savoir et de la recherche des fondements les plus assurés, et le critère qui détermine à quel degré de certitude on peut s'en tenir dans les différentes

sens la *perfection* de la morale vouée à l'inaccessibilité est « son absolue complétude », soit une morale qui atteindrait à « une parfaite précision et systématicité par rapport à toute la pratique ». Ce qui n'empêche pas d'envisager la morale issue du traité des *Passions* comme porteuse de certitude et d'une complétude autrement entendue.

1. *Principes*, III, art. 47 ; IX-2, 125.

2. Sixième part. ; VI, 61-62.

3. Première part. ; VI, 10.

4. Deuxième part. ; VI, 14.

5. Latin : X, 361 ; français cité d'après l'édition Alquié (*Descartes, Œuvres philosophiques*, Paris, Garnier, 2 tomes, 1963-67), t. 1 (1618-1637), 1963, p. 79.

parts de l'édifice du savoir : il suffit d'être « *comme* maître et possesseur de la nature » [1], c'est-à-dire d'en pénétrer les mécanismes assez pour être capable de produire selon les besoins et désirs humains les effets souhaités … [2].

Chacune à leur manière, bien des études insistant sur la continuité qui existe entre la morale « par provision » du *Discours* et la morale de la correspondance avec Élisabeth et avec d'autres correspondants (surtout à partir de 1644-45) et du traité des *Passions*, apportent leur appui à l'idée d'une imperfection de principe du savoir moral chez Descartes. Ainsi par exemple, Henri Gouhier [3] avance-t-il des éléments en ce sens : « la morale provisoire est un projet sérieux ; c'est pourquoi aussi la sagesse authentique n'en abolira pas complètement le souvenir » [4], même s'il tient qu'« entre la morale définitive et la morale provisoire, il y a toute la distance qui sépare la vérité de la vraisemblance » [5]. Commentant l'abstention politique de Descartes, le même auteur écrit un peu plus loin : « Si les sociétés sont l'œuvre de l'histoire et non de la raison, cette dernière reste fidèle à elle-même en s'arrêtant devant l'irrationnel et se contentant alors d'une morale dont *l'imperfection n'est pas provisoire* » [6]. L'irrationalité qui fait tomber

1. *Discours*, 6e part. ; VI, 62.

2. Laurence Renault, si elle insiste sur la réciprocité du « lien essentiel entre la pratique de la méthode et l'accès à la félicité », est dans le sens que nous indiquons ici amenée de son côté à conclure : « Rétrospectivement, nous pouvons dire que la méthode présuppose déjà l'attitude morale qui sera celle du généreux » (*op. cit.*, p. 210). En contrepoint, pour partie au moins, on peut signaler la lecture de D. Dumouchel qui quant à lui voit une évolution dans la tension opposant chez Descartes une morale « technicienne (dans la mesure où elle subordonne le questionnement moral à la tâche de domination scientifique et technique de la nature) et une morale du contentement », de sorte qu'après 1645 « l'orientation de la réflexion s'est inversée » : « le projet d'une morale disons “scientifique”, en continuité avec le système de la science orienté vers l'universelle sagesse, *se subordonne* désormais au noyau normatif de la morale, et non plus l'inverse » (« La passion de la vertu. À propos d'une tension dans la morale cartésienne », *Laval Théologique et Philosophique*, 53, 3, 1997, p. 672). Quoi qu'il en soit de l'évolution ou non, il demeure que cette lecture comme les autres dessine deux registres bien distincts car si « la morale cartésienne reste fortement cognitive » (p. 674), « la raison théorique n'a pas en soi de dimension *morale* » (p. 673) et identifie pour ainsi dire deux versants à la générosité qui rappellent les deux composantes de la *phronèsis* d'Aristote telles que nous les rappellerons ici : la générosité, insiste l'auteur, « consiste *en partie* à “connaître” la libre disposition de nos volontés », mais la « vraie générosité », remarque-t-il, « réside essentiellement dans le fait que l'on “*sent en soi-même* une ferme et constante résolution” de faire un bon usage de la liberté de la volonté » (p. 690-691).

3. Cf. *Essais sur Descartes*, Paris, Vrin, 1937, sixième essai.

4. *Op. cit.*, p. 246, voir aussi p. 249.

5. *Op. cit.*, p. 250.

6. *Op. cit.*, p. 252, nous soulignons.

la politique définitivement « en dehors de la philosophie » ne fait-elle pas tomber l'action morale du moins en dehors de la certitude de la science? Actions politique et morale ont en commun de s'inscrire dans les rapports et interactions des hommes les uns avec les autres.

Dans « Maîtrise des passions et sagesse chez Descartes » [1], comme dans le petit livre édité la même année : *La morale de Descartes* [2], Geneviève Rodis-Lewis insiste de son côté sur l'incertitude qui accompagne toute l'évolution de la morale cartésienne, qui se maintient jusque dans la morale de la correspondance et du traité des *Passions* même si cette dernière est très explicitement fondée sur des vérités métaphysiques, ce qui au contraire fait apparaître que par delà l'incertitude temporaire ou transitoire que pallie la morale du *Discours*, il en est une, principielle celle-là, que Descartes reconnaît fort explicitement, et ce dès avant d'évoquer dans la Préface aux *Principes* la « plus haute » et « plus parfaite » morale [3]. *La morale de Descartes* souligne très largement la cohérence de la pensée pratique et le maintien, *mutatis mutandis*, des maximes de la morale par provision jusqu'au traité des *Passions*, par le biais d'une fondation du discours moral dans les principes métaphysiques des *Méditations* [4].

Nicolas Grimaldi [5] défend quant à lui l'idée que « cette morale d'attente n'est [...] pas l'attente d'une morale : elle est *la* morale » [6], puisque ses règles « sont les "fondements de [la] morale définitive" » [7], la « morale parfaite » supposant un « savoir absolu » à jamais impossible à l'homme. Dans « La morale provisoire et la découverte métaphysique de l'homme chez Descartes » [8], le même auteur souligne encore la continuité depuis la morale provisoire jusqu'au concept de générosité dans le traité des *Passions*, s'efforçant d'indiquer la présence même de la générosité dans les exigences des règles « par provision », et dessinant à son tour les liens de dépendance entre morale et métaphysique dans le cheminement cartésien. Il met en exergue le surgissement de la liberté comme supposition requise par la morale par provision, cette découverte entraînant le développement

1. Dans *Descartes*, Cahiers de Royaumont, Paris, Minuit, 1957.
2. Paris, P.U.F., 1970 (1re éd., 1957).
3. « Maîtrise des passions... », p. 221 et 222.
4. Cette fondation est confirmée par « Le dernier fruit de la métaphysique cartésienne : la générosité », *Les Études philosophiques*, n°1, 1987.
5. *Op. cit.*, chap. v (surtout section 1).
6. *Op. cit.*, p. 189.
7. *Op. cit.*, p. 187, citant J. Laporte.
8. Dans N. Grimaldi et J.-L. Marion (éd.), *Le discours et sa méthode*, Paris, P.U.F., 1987.

considérable (imprévu jusque-là) de l'interrogation métaphysique chargée de rendre compte de cette liberté qui se donne d'emblée dans ce qu'elle a d'absolu. Montrant ainsi – par des voies fort différentes – en quoi la morale des *Passions* dépend de la métaphysique, ces deux commentateurs éclairent bien ce qu'il en est de l'*unité* du savoir cartésien par delà les différences de registres et de degrés de certitude [1].

Si donc les études cartésiennes ont établi que Descartes n'a pas cru, en matière de morale, pouvoir atteindre à la même certitude qu'en mathématique ou même que dans les sciences de la nature, nous voudrions montrer ici que cet aveu apparaît à même les textes qui sont les derniers et les plus aboutis en ce domaine : les articles du traité des *Passions* consacrés à la générosité et en lesquels s'exprime la fine pointe de sa pensée morale la plus personnelle. Et si nous croyons pertinent de mener cet examen en nous donnant pour guide la comparaison de la générosité cartésienne avec la *phronèsis* aristotélicienne, c'est aussi qu'au second tome de l'ouvrage déjà cité, Denis Kambouchner menait quant à lui deux comparaisons fort utiles pour notre propos. D'une part, il confrontait la *phronèsis* aristotélicienne à la notion cartésienne de la vertu ; de l'autre, il suivait de très près le parallèle explicitement appelé par les textes entre la générosité cartésienne et la traditionnelle vertu de magnanimité, renvoyant avec beaucoup de détails à l'analyse de la *megalopsuchia* par Aristote dans l'*Éthique à Nicomaque*. Pour éclairantes que fussent ces comparaisons du point de vue de l'histoire des idées, deux éléments nous y appelaient à reprendre la question. Dans ses analyses en effet, l'auteur opposait à la vertu aristotélicienne, dont la norme demeurerait extérieure [2], comme dictée du dehors, la vertu cartésienne qui se caractériserait par l'intériorité de la norme. En outre, s'il est vrai qu'Aristote fait de la magnanimité l'« ornement » des autres vertus [3], il paraît douteux qu'il entende par là en faire la *clef* au sens où Descartes fait de la générosité la clef des autres vertus. Dans les pages qui suivent nous souhaitons apporter quelques nuances sur chacun de ces deux points.

1. La liste des études que l'on peut citer peut s'allonger confirmant cette différence de registres chez Descartes ; ainsi J.-P. Marcos écrit-il : « il apparaît qu'à la différence de la doctrine de l'erreur dans la sphère théorétique où la précipitation du vouloir condamne l'*ego* à juger en méconnaissance de cause, la doctrine morale réclame de l'entendement, une exacte connaissance du possible ». Et encore : « La compréhension rationnelle de l'impératif demeure insuffisante pour fonder son observation » (« Gouvernement de soi et contentement », *Les Études philosophiques*, n°1-2, 1996, p. 108 et p. 116).

2. D. Kambouchner, *op. cit.*, p. 221-223.

3. *Op. cit.*,. p. 231 *sq*.

> Ainsi je crois que la vraie générosité, qui fait qu'un homme s'estime au plus haut point qu'il se peut légitimement estimer, consiste seulement partie en ce qu'il connaît qu'il n'y a rien qui véritablement lui appartienne que cette libre disposition de ses volontés, ni pourquoi il doive être loué ou blâmé sinon pour ce qu'il en use bien ou mal, et partie en ce qu'il sent en soi-même une ferme et constante résolution d'en bien user, c'est-à-dire de ne manquer jamais de volonté pour entreprendre et exécuter toutes les choses qu'il jugera être les meilleures; ce qui est suivre parfaitement la vertu[1].

Partons, en regard de ce texte central chez Descartes, d'une définition rapide de la *phronèsis* et disons qu'elle est, dans l'esprit d'Aristote, l'excellence de la perspicacité quant à la question de savoir comment il est bon *hic et nunc* de réagir à *cette* situation singulière afin que l'amitié (conçue comme relation de respect mutuel entre égaux) avec la conflictualité (la rivalité) toujours renouvelée qu'elle inclut (la *philia* suppose la *différence* autant que l'égalité), conserve un maximum de chances, c'est-à-dire en vue du bien-vivre ensemble. Et relevons d'emblée les traits marquants de la *phronèsis* dont il s'agira de suggérer qu'ils appartiennent aussi à la générosité.

1) Les deux vertus ont trait au particulier, à la contingence d'une situation, et cherchent à mettre en rapport ce particulier avec un universel; avec ce corollaire capital que le jugement ne peut dès lors avoir dans la pratique la certitude qu'il a en science. 2) Les deux vertus ont un rapport normatif aux vertus éthiques et déterminent pour elles une mesure qui est un juste milieu[2]. 3) Elles présentent un double aspect, l'un intellectuel,

1. Ainsi l'article 153 des *Passions* (XI, 445-46) définit-il la générosité. Notons que Descartes est explicite quant au caractère personnel de ce qu'il énonce ici, quand, rappelant pour Élisabeth (4-8-45; IV, 265) les trois règles de morale du *Discours*, il écrit : « [...] qu'il ait une ferme et constante résolution d'exécuter tout ce que la raison lui conseillera, [...] et c'est la fermeté de cette résolution, que je crois devoir être prise pour la vertu, bien que je ne sache point que personne l'ait jamais ainsi expliquée ». Un petit texte suggestif de G. Jacquemot confirme par d'autres voies que les nôtres qu'il y a chez Descartes une « région de la rationalité » propre à l'action, que dans cette région « le jugement est tout, mais il n'est rien sans la résolution » et que « le jugement est à l'action ce que le sentiment est à la substance composée », jugement à l'irréductibilité duquel Descartes fait droit. *Cf.* G. Jacquemot, « Descartes et la rationalité de l'action », dans A. Tosel (éd.), *Les logiques de l'agir dans la modernité*, *op. cit.*, p. 51.

2. La médiété qui constitue l'*aretè ethikè*, dit Aristote, est déterminée comme la déterminerait le *phronimos*. (1107a1-2). Cependant, sur la difficulté d'interprétation du passage, cf. *supra*, chap. V, les analyses de J.-L. Labarrière.

l'autre plus proprement moral (une option pour le bien-agir)[1]; ces composantes font cercle. 4) À partir d'une entière autonomie du jugement, de la parfaite liberté de l'individu, se dessine un rapport respectueux, favorable et amical à autrui[2].

LE TEMPS, LA SINGULARITÉ DE L'ACTION ET L'EXPÉRIENCE

Tant la *phronèsis* que la générosité cartésienne sont à l'œuvre dans des situations singulières où une décision doit être prise, toutes deux désignent l'excellence dans cette prise de décision et dans ce qu'elle présuppose : une ferme option pour le bien et une délibération aussi soutenue que possible dans le respect du temps propre de l'action, de la ponctualité exigée par l'urgence[3].

1) La conscience qu'a Descartes de la nécessité, pour bien agir, de se donner les moyens de décider en temps et heure – temps et heure chaque fois relatifs à la situation dans sa singularité – est manifeste dans tous ses écrits sur les questions morales. Et ce, dès la morale par provision du *Discours*, dont c'est une des raisons d'être que la nécessité de tenir compte que la vie, l'action n'attendent pas : « avant de commencer à rebâtir le logis où on demeure, […] il faut aussi s'être pourvu de quelque autre, où on puisse être logé commodément pendant le temps qu'on y travaillera ; […] afin que je ne demeurasse point irrésolu en mes actions, pendant que la raison m'obligerait de l'être en mes jugements, et que je ne laissasse pas de vivre dès lors le plus heureusement que je pourrais, je me formai une morale par provision […] »[4]. L'approche nuancée de l'irrésolution à l'article 170[5] des *Passions* témoigne encore de ce souci de la ponctualité dans l'action chère à Aristote, de la nécessité morale de cette ponctualité : ainsi l'irrésolution a-t-elle – en tant que passion – « quelque usage qui est bon » en ce qu'elle donne à l'âme « du temps pour choisir avant que de se déterminer ». Mais il ne faut pas qu'elle « dure plus qu'il ne faut », ni qu'elle

1. Le *phronimos*, dit Aristote, est celui qui délibère bien, mais la bonne délibération est celle qui tend vers un bien (1141b10-1142b35).

2. Le *phronimos*, dit encore Aristote, est bienveillant et favorablement disposé à l'égard des autres (1143a28-32). C'est la *phronèsis* (politique) qui règle le bien-vivre ensemble dans la Cité.

3. *Cf.* 1142b25-30.

4. Troisième part. ; VI, 22.

5. XI, 459.

fasse « employer à délibérer le temps qui est requis pour agir », car elle est alors « fort mauvaise »[1].

2) L'insistance sur la *particularité* des choses sur lesquelles doit porter le jugement requis par la générosité se fait également sentir, chez Descartes, par la récurrence dans les textes portant sur le bien-agir d'expressions où il est question de choix à faire « dans les diverses rencontres de la vie »[2], du mieux à faire « dans les rencontres de la vie, où nous ne pouvons éviter le hasard d'être trompés »[3], de l'impossibilité qu'il y a et du besoin qu'il n'y a pas à « avoir une connaissance exacte de la vérité de chaque chose » ou à « avoir prévu *en particulier* tous les accidents qui *peuvent* survenir »[4] ou du fait que « nous ne connaissons pas toutes les causes qui contribuent à chaque effet »[5]. Autant d'expressions qui témoignent de ce qu'à nos yeux d'hommes au moins ces choses sur lesquelles se prononce la générosité sont bien de celles qui, selon l'expression d'Aristote, peuvent être autrement qu'elles ne sont. Aussi l'idée même de la générosité égalant un « suivre parfaitement la vertu » est-elle fondée sur ceci qu'aucun savoir *humain* ne peut accéder à une science de chaque chose en particulier – ce qui serait requis pour agir bien, en tout et à chaque instant, pour agir en parfaite connaissance de cause et faire en tout ce qui doit, absolument parlant ou au regard de Dieu, être fait. La générosité est issue de cette idée qu'il n'est même « pas nécessaire aussi que notre raison ne se trompe point »[6] pour suivre parfaitement la vertu humainement possible (ce qui ne veut pas dire qu'il n'est pas possible d'en imaginer une plus parfaite quant à son efficace à l'égard du bien) et avoir ainsi accès à la béatitude en cette vie. C'est que la sagesse en quête de laquelle s'est mis Descartes demeure humaine et qu'il n'est pas donné à l'entendement fini de l'homme d'accéder au savoir parfait de chaque chose dans son unicité. C'est bien pourquoi il y a lieu de se laisser guider par quelque chose d'autre que la science en matières morales. Notre science est insuffisante à nous éclairer dans les situations concrètes et chaque fois uniques où il nous faut pourtant agir selon le devoir que la science ne nous désigne pas. C'est en fonction de cette particularité de la situation où l'acte intervient que l'expérience doit venir suppléer la raison ; ainsi « nous devons nous servir

1. Voir aussi art. 59 (XI, 376) : l'irrésolution « dispose à délibérer et prendre conseil ».
2. À Élis., 6-10-45 ; IV, 308.
3. *Passions*, art. 142 ; XI, 435.
4. À Élis., 05-46 ; IV, 411, nous soulignons.
5. *Passions*, art.145 ; XI, 438.
6. À Élis., 4-8-45 ; IV, 266.

de l'expérience et de la raison, pour distinguer le bien d'avec le mal » [1] afin d'éviter les excès auxquels pourraient entraîner nos passions : la science de leurs mécanismes et du composé âme-corps ne saurait suffire à leur maîtrise, il y faut la générosité qui décide au cas par cas et sur la base de l'expérience que nous avons de nous-mêmes, de situations similaires, des autres. Parlant de la vie civile, en mai 1646, Descartes va jusqu'à dire qu'« il vaut mieux se régler en cela sur l'*expérience* que sur la raison » et ce « parce qu'on a rarement à traiter avec des personnes parfaitement raisonnables » [2], ce qui ne peut que valoir également dans les circonstances de la vie privée ...

3) La *phronèsis* aristotélicienne *met en relation* un universel et un particulier [3], elle doit trouver l'universel, la règle du bien-agir, à même la situation particulière. En elle, la priorité porte sur le particulier car « l'action a rapport aux choses singulières ». C'est aussi pourquoi la *phronèsis* ne saurait appartenir à la jeunesse : elle exige l'expérience qui seule peut nous rendre familiers les faits particuliers [4]. De même, la générosité cartésienne met en relation, d'une part, une connaissance générale : « il *connaît* qu'il n'y a rien qui véritablement lui appartienne, que cette libre disposition de ses volontés, ni pourquoi il doive être loué ou blâmé sinon pour ce qu'il en use bien ou mal » [5] et, d'autre part, par l'intermédiaire d'une « ferme résolution » et d'un jugement sur le « meilleur », la particularité des diverses circonstances de la vie dans lesquelles il nous faut choisir une conduite à tenir. Et la générosité peut elle aussi s'acquérir, à force d'exercice et d'expérience, par delà les différences individuelles et innées : « la bonne institution sert beaucoup pour corriger les défauts de la naissance ; et [...] si on s'occupe *souvent* à considérer ce que c'est que le libre arbitre, [...] on peut exciter en soi la passion et ensuite acquérir la vertu de générosité ... » [6].

Nous aurons à revenir ultérieurement sur l'affinement progressif du jugement constitutif de la générosité comme vertu. Notons pourtant dès à présent qu'il y a en elle mise en relation d'une connaissance de portée universelle et d'un savoir singulier en cet autre sens encore que c'est une part de la générosité que d'être conscient qu'il n'y a « qu'une seule chose qui nous puisse donner juste raison de nous estimer, à savoir l'usage de

1. *Passions*, art.138 ; XI, 431, nous soulignons.
2. IV, 412, nous soulignons.
3. 1141b14-23.
4. 1142a12-15.
5. *Passions*, art. 153 ; XI, 446, nous soulignons.
6. Art. 161 ; XI, 453-54.

notre libre arbitre et l'empire que nous avons sur nos volontés »[1] et que c'en est une autre part que de s'estimer soi-même « au plus haut point qu'[on] se peut légitimement estimer ». Estime légitime qui implique une mise en rapport de cet énoncé général (universel) avec l'usage plus ou moins bon ou mauvais (particulier) que l'on fait soi-même de son libre arbitre (ou plutôt que l'on a ferme résolution de faire), mise en rapport qui évalue justement le second (le particulier) à l'aune du premier (l'universel). Ce qui importe ici n'est évidemment pas que Descartes admette que l'action a trait au particulier, ce qui serait assez trivial, mais bien que le particulier, même si l'on y veut trouver et appliquer une règle de vie, ne se laisse pas aborder comme la nature en ses lois et qu'il y faut un autre type d'intellection, de clairvoyance où joue un rôle important l'expérience, voire l'exemplarité. De cette dernière on sait l'intervention dans la première règle de la morale par provision – « suivant les opinions [...] qui fussent communément reçues en pratique par les mieux sensés de ceux avec lesquels j'aurais à vivre [...] plutôt prendre garde à ce qu'ils pratiquaient qu'à ce qu'ils disaient »[2]. Mais même quand le jugement du généreux s'affirme dans son autonomie, l'exemple ne disparaît pas, témoignant à la fois de ce qu'on est dans un ordre autre que celui du rapport au vrai de la certitude scientifique, et de l'implication d'autrui dans la vertu du généreux. Ainsi de l'émulation définie à l'article 172 des *Passions*[3], désignant une espèce de courage « duquel la cause externe est l'exemple ». Les liens de la générosité aux autres vertus (tel le courage) et la marque qu'elle impose aux rapports à autrui seront l'objet de notre dernière section ci-dessous. Pour lors, qu'il suffise d'indiquer que ces traits du comportement généreux manifestent qu'aux yeux de Descartes, ordre du savoir (de la vérité) et ordre de l'agir (de la volonté) sont fermement distingués et ne sauraient que demeurer distincts[4]. La morale « parfaite » évoquée parfois n'est jamais qu'une « idée », un principe régulateur. C'est qu'en effet, là même où cette idée est évoquée, il apparaît que cette morale parfaite est « le dernier degré de la sagesse », sagesse qu'il faut entendre comme « une parfaite connaissance de toutes les choses que l'homme *peut* savoir, tant pour la conduite de sa vie, que pour la conservation de sa santé et l'invention de tous les arts »[5].

1. Art. 152 ; XI, 445.
2. *Discours*, troisième part. ; VI, 23.
3. XI, 461.
4. Voir à ce propos la position de N. Grimaldi, *L'expérience de la pensée ...*, *op. cit.*, p. 190 *sq.*
5. Lettre-Préface à la traduction des *Principes* ; IX-2, 2, nous soulignons.

C'est dire que cette sagesse même, culminant dans la plus parfaite morale, demeure un savoir à dimension humaine, – « dont l'esprit humain soit capable »[1] – et non un savoir absolu concernant chaque chose dans son détail. Or, rappelons-le, « la nature de l'homme n'est pas de tout savoir »[2] et, à proprement parler, « il n'y a véritablement que Dieu seul qui soit parfaitement sage »[3]. Ce qui revient à reconnaître, s'il faut comprendre en un sens absolu la sagesse et donc la perfection de la morale qui est sa branche la plus haute, qu'elle est par nature hors d'atteinte de l'homme, dont l'entendement est fini. Et s'il faut admettre que la sagesse visée par le philosophe n'a jamais été qu'*humaine*, et il faut l'admettre[4], on peut dire que pour imparfaite que soit à l'égard d'un savoir absolu la morale de la générosité ou du meilleur jugement proposée en fin de compte, elle n'en est pas moins, d'un autre point de vue, une morale humainement indépassable, puisqu'elle se fonde sur la disparité de l'entendement et de la volonté constatée dans la quatrième *Méditation* (et y expliquant l'erreur)[5]. Dans la ligne de cette *Méditation*, à Christine de Suède, le 20 novembre 1647, Descartes écrit que « [les biens] de l'âme se rapportent tous à deux chefs, qui sont, l'un de connaître, et l'autre de vouloir ce qui est bon; mais *la connaissance est souvent au-delà de nos forces*; c'est pourquoi il ne reste que notre volonté, dont nous puissions absolument disposer »[6]. Et de rappeler sans la nommer pourtant la définition de la générosité : « Et je ne vois point qu'il soit possible d'en disposer mieux, que si l'on a toujours une ferme et constante résolution de faire exactement toutes les choses que l'on jugera être les meilleures, et d'employer toutes les forces de son esprit à les bien connaître. C'est en cela seul que consistent toutes les vertus; c'est cela seul qui, à proprement parler, mérite de la louange et de la gloire; enfin c'est de cela seul que résulte toujours le plus grand et le plus solide contentement de la vie ». Cet enchaînement synthétique est très parlant, car il souligne bien que c'est en fonction des déficiences du savoir qu'il est impossible de

1. *Ibid.*; IX-2, 11.

2. À Élis., 6-10-45; IV, 307.

3. Lettre-Préface à la traduction des *Principes*; IX-2, 2.

4. G. Rodis-Lewis, *L'œuvre de Descartes*, *op. cit.*, p. 404. Sur ce point, voir aussi « Maîtrise des passions ... », déjà cité, p. 210, 220, 221, pour la discussion de la thèse de Guéroult selon laquelle Descartes aurait constaté l'impossibilité d'une morale comme science déductive et se serait alors contenté de succédanés.

5. Descartes y redit à cette occasion que c'est Dieu qui renferme « tous les trésors de la science et de la sagesse » (IX-1, 42).

6. V, 83, nous soulignons.

s'en remettre, pour agir, à la seule raison. Ce qui est possible dans l'acquisition de la science, la suspension de jugement, ne peut être ici la solution : le registre de l'action n'est pas comparable, quant à son exigence de certitude, à celui du savoir théorique. L'action peut être requise avant que soit assurée la connaissance de toutes les caractéristiques de la situation et de toutes les conséquences de toutes les actions possibles. C'est même le plus souvent le cas. C'est pourquoi si la méthode, quant à l'acquisition du savoir, prescrit la prudence, la patience et de s'en remettre à la seule raison, la morale prescrit quant à l'agir de suppléer l'insuffisance du savoir par un acte de volonté qui est quant à lui toujours en notre pouvoir et seul nous rend responsables. Encore faut-il voir qu'il importe autant de s'être résolu à se donner tous les moyens qui nous soient accessibles pour juger le mieux possible que de s'être résolu, une fois qu'on a le mieux possible jugé du meilleur à faire, à l'exécuter le plus et le mieux que nous pourrons.

Cette morale peut bien n'être plus *provisoire*, même si elle reste en quelque sorte « par provision » à l'égard d'un impossible savoir intégral, puisqu'aussi bien, fondée sur la reconnaissance des limites humaines, *naturelles*, quant au savoir du bien et du mal, sa règle reste la même quel que soit le degré de ce savoir atteint par l'individu, et quelle que soit l'acuité de son jugement. En édictant cette règle unique de morale indépendante du degré de « sagesse » atteint, la définition de la générosité entérine la différence des ordres de la vérité et de l'agir reflétée en divers lieux du corpus cartésien. Et cette différence est bien plus qu'un simple fait, c'est une distinction de droit, comme le souligne explicitement une lettre d'août 1641 (à Hyperaspites) : « Il serait à souhaiter autant de certitude dans les choses qui regardent la conduite de la vie, qu'il en est requis pour acquérir la science; mais néanmoins il est très facile de démontrer qu'il n'y en faut *pas chercher ni espérer* une si grande »[1]. Suivent l'argument *a priori* de la corruptibilité du composé humain, puis l'argument « *a posteriori*, à savoir par les conséquences », en l'occurrence l'exemple de l'homme qui s'abstiendrait de tout aliment tant qu'il n'a pas la certitude qu'il n'y peut s'y trouver aucun poison. Exposé dans lequel il faut retenir l'usage de cette

1. Latin : III, 422; français cité d'après l'édition F. Alquié, *Descartes, Œuvres philosophiques*, t. 2 (1638-1642), Paris, Garnier, 1967, p. 359-60, nous soulignons. La date de cette lettre, bien antérieure aux *Principes*, et donc à la Lettre-Préface à leur traduction, prouve, s'il en était besoin, que bien avant la correspondance sur la morale et la rédaction des *Passions*, Descartes sait – et sans doute l'a-t-il toujours su – qu'il ne sera jamais question de remplacer la morale « par provision » par une morale déduite des sciences, fussent-elles de l'homme, selon des règles qui conféreraient aux principes de l'action la certitude des sciences physiques.

expression : « faire plutôt ce qui *paraît* utile que ce qui l'est en effet ». La conduite de la vie se meut dans le *paraître*, alors que la science cherche à atteindre l'être des choses ; c'est pourquoi la première ne peut qu'être régie par d'autres lois que la seconde, et en particulier ne peut attendre la certitude scientifique pour agir. Quelque chose de semblable à ce « paraître » utile se retrouve dans le traité des *Passions* où il s'agit bien plus souvent de savoir si « une chose nous est *représentée comme* bonne »[1] que de *savoir* au sens strict si elle l'est.

4) Si l'on peut résumer ce qui sépare l'ordre de la science de l'ordre de l'action et leurs degrés respectifs de certitude, il faut dire d'abord que l'impératif du *temps* s'impose au second ordre seulement, avec cette conséquence inévitable qu'il nous faut pour agir juger sur fond de probabilité et de vraisemblance et non de certitude, car notre connaissance ne peut progresser suffisamment vite pour toujours éclairer l'action : « nous devons néanmoins prendre parti, et embrasser les opinions qui nous *paraissent* les plus *vraisemblables* [...] afin que, lorsqu'il est question d'agir, nous ne soyons jamais irrésolus »[2]. Mais il faut ajouter aussitôt que la science aura beau progresser pendant des siècles, elle ne permettra pas du haut de ses principes universels à l'intelligence humaine de percer la singularité de chaque situation où il faut décider pour agir : il n'est pas humain de tout connaître, c'est là une vérité métaphysique, comme telle inébranlable. La liberté de l'individu humain est du reste une autre vérité métaphysique qui interdit la certitude du jugement sur une situation particulière : cette liberté est telle qu'il demeurera toujours à nos yeux un certain degré d'imprévisibilité dans les actions et réactions d'autrui[3]. Enfin, comme le fait justement remarquer G. Rodis-Lewis, « la morale concerne cet homme total (*hominem totum*) dont parlait Descartes dans sa première lettre à Beeckman, et c'est pourquoi elle ne peut être déduction intégralement intellectuelle, comme si nous étions *ingenium solum* (*cf.* à Beeckman, 24

1. Art. 56 ; XI, 374, nous soulignons.
2. À Élis., 15-9-45 ; IV, 295, nous soulignons.
3. *Cf.* art. 146 des *Passions* (XI, 439-40) : le choix du chemin par le voyageur en fonction des habitudes du voleur ne le met jamais sûrement à l'abri. L'article qu'a consacré J.-C. Bardout à « Descartes et la fortune » souligne fortement cette conséquence de la liberté : l'action d'autrui est affectée « d'une indétermination radicale », « Descartes lie, explicitement, cette affirmation de l'absoluité de la liberté et de son irréductibilité à une norme – fût-elle intrinsèque – au concept de fortune qui sert, désormais, à dire cette opacité, cette imperméabilité du monde humain à la lumière de l'évidence » (*Les Études philosophiques*, n°1-2, 1996, p. 95).

janv. 1619, AT, X, 151) »[1]. C'est que si la raison, après avoir identifié l'âme comme chose pensante, découvre l'être même des corps, ainsi que l'a montré l'épisode du morceau de cire dans la deuxième *Méditation*, l'union même de l'âme et du corps, domaine où se doit prononcer la morale, ainsi qu'en atteste s'il en était besoin le traité des *Passions de l'âme* (dont les causes sont dans des mouvements du corps), ce domaine est précisément celui où la raison humaine se heurte d'emblée à ses limites, et donc à l'absence de la certitude rencontrée en métaphysique ou mathématique (où l'âme n'a affaire qu'à elle-même). C'est que les trois « notions primitives » « se connaissent chacune d'une façon particulière » et que « l'âme ne se conçoit que par l'entendement pur; le corps, c'est-à-dire l'extension, les figures et les mouvements, se peuvent aussi connaître par l'entendement seul, mais beaucoup mieux par l'entendement aidé de l'imagination; et enfin, les choses qui appartiennent à l'union de l'âme et du corps, ne se connaissent qu'obscurément par l'entendement seul, ni même par l'entendement aidé de l'imagination, mais elles se connaissent très clairement par les sens ». De sorte que « c'est en usant seulement de la vie et des conversations ordinaires, et en s'abstenant de méditer et d'étudier aux choses qui exercent l'imagination [les mathématiques], qu'on apprend à concevoir l'union de l'âme et du corps »[2]. Comme c'est aussi « ceux qui ne philosophent jamais » qui « ne doutent point que l'âme ne meuve le corps, et que le corps n'agisse sur l'âme » et qui « conçoivent leur union » le plus aisément[3], on comprend qu'il n'est pas nécessaire pour agir moralement (ce qui implique notamment de bien régler les passions que l'âme subit de la part du corps et de bien diriger, par son libre arbitre, les mouvements du corps) d'être grand physicien, mathématicien ou médecin – même si certaines connaissances des sciences peuvent informer sur des moyens d'assurer ce contrôle de soi-même par exemple. Il faut donc, dans l'ordre moral, admettre une relativité ainsi que G. Rodis-Lewis le résume excellemment : « chacun, dans la mesure de ses possibilités, accède à ce qui est pour lui la plus haute sagesse : elle demeure relative à l'état du savoir à son époque, à ses aptitudes intellectuelles, et à la complexité des situations qu'il rencontre »[4].

1. « Maîtrise des passions … », déjà cité, p. 224.
2. À Élis., 28-6-43 ; III, 691-92.
3. *Loc. cit.*
4. G. Rodis-Lewis, *L'œuvre de Descartes*, *op. cit.*, p. 405.

LA CLÉ DE TOUTES LES VERTUS ET LE JUSTE MILIEU DE LA VERTU ÉTHIQUE

La *phronèsis* peut être considérée comme la clef des vertus éthiques : le *phronimos* est celui qui peut déterminer pour chacune la *mesotès* qui indiquera où se tient l'action vertueuse, entre un excès et un défaut. Cette mesure a trait non seulement à l'action mais à la régulation des états affectifs et se trouve *relative à chacun*, dit l'*Éthique à Nicomaque*[1]. Or la sagesse que vise Descartes voit sa relativité réaffirmée et confirmée par ceci que la générosité, en tant qu'elle inclut à titre essentiel de « savoir en quelle façon et pour quelle cause chacun se doit estimer ou mépriser », se trouve présentée comme « l'une des principales parties de la sagesse »[2]. En effet, quoi de plus personnel et relatif à chaque individu que cette générosité « qui fait qu'un homme s'estime au plus haut point qu'il se peut légitimement estimer »[3] ? Quoi de plus relatif à chacun que cette estime de soi ? Relativité encore renforcée si l'on considère en outre que tant dans sa dimension intellectuelle du jugement sur le meilleur parti à prendre, dans le discernement du bien et du mal, que dans sa dimension plus proprement morale de « résolution » de bien user de son libre arbitre, les différences d'aptitude d'un homme à l'autre ont occasion de se marquer. D'une part, parce que « l'entendement de quelques-uns n'est pas si bon que celui des autres »[4] ; de l'autre, parce que la « force d'âme » n'est pas non plus également répartie[5], ni donc l'effort à fournir pour garder ferme sa résolution, même s'il demeure vrai que « ceux même qui ont les plus faibles âmes, pourraient acquérir un empire très absolu sur toutes leurs passions, si on employait assez d'industrie à les dresser, et à les conduire »[6]. Ce qui indique clairement que chacun ne pourra être sage qu'« autant que *sa* nature permet qu'il le soit »[7], ce qui n'empêchera pas les hommes, tous autant qu'ils sont, d'être « aussi *parfaitement* sages que leur nature le permet, [...] si seulement ils ont toujours une ferme résolution de faire tout le bien qu'ils sauront, et de n'omettre rien pour apprendre celui qu'ils ignorent »[8], ce qui

1. II, 4 et 5.
2. Art. 152 ; XI, 445.
3. Art. 153 ; XI, 445-46.
4. Épître-Dédicace aux *Principes ;* IX-2, 22.
5. Art. 48 à 50 ; XI, 366-70, art. 161 ; XI, 453-54.
6. Art. 50 ; XI, 370.
7. Épître-Dédicace aux *Principes* ; IX-2, 22, nous soulignons.
8. Épître-Dédicace aux *Principes ;* IX-2, *loc. cit.*

est exactement être généreux et donc « suivre parfaitement la vertu »[1]. La générosité est donc relative à chacun, à ses possibilités, aux défauts de son naturel[2] en même temps qu'elle est une perfection qui procure à l'âme ce contentement intérieur, cette « tranquillité » qui provient de ce que l'on « [suit] exactement la vertu »[3]. En effet, comme vertu et remède contre les excès des passions, elle consiste pour chacun à juger du mieux qu'il peut et à prendre la ferme résolution de suivre du mieux qu'il pourra ce jugement sur le meilleur.

Cette relativité se reporte, comme chez Aristote, sur la pratique des vertus morales particulières, puisque la générosité est « comme la clef de toutes les autres vertus »[4]. La Dédicace des *Principes* l'indiquait : « quiconque a une volonté ferme [...], par cela seul il est juste, courageux, modéré, et a toutes les autres vertus, mais tellement jointes entre elles qu'il n'y en a aucune qui paraisse plus que les autres »[5]. La générosité résume en une seule toutes les vertus, et si l'on est généreux, on est de ce fait aussi courageux, modéré, etc. C'est que si l'on peut distinguer les vertus selon leurs objets, ou selon les circonstances auxquelles il s'agit de réagir, la vertu consiste toujours à agir de la meilleure façon possible, c'est-à-dire en conformité avec ce que l'on juge être le meilleur quand on s'est résolu à juger le mieux possible, et c'est cela même qui définit la générosité : la résolution pour le meilleur jugement et pour l'action la meilleure dans les circonstances données, la résolution pour le meilleur usage de ma liberté, c'est-à-dire l'usage conforme au jugement que je rendrai en m'étant efforcé le plus que je puis de juger bien. C'est la même résolution qui affronte des situations chaque fois différentes, dont les caractéristiques feront que l'on nommera l'acte posé par référence à telle ou telle vertu particulière. C'est donc bien la générosité qui détermine ici le bien visé par chaque vertu particulière comme c'est chez Aristote la *phronèsis* qui donne sa norme à chaque vertu morale. Et cela veut dire que dans un cas comme dans l'autre, séparer cette vertu majeure des vertus morales particulières n'a pas de sens, l'une ne va pas sans les autres et les vertus ne vont pas sans cette vertu qui

1. Art. 153 ; XI, 370.
2. Art. 211 ; XI, 486.
3. Art. 148 ; XI, 442.
4. Art. 161 ; XI, 454.
5. IX-2, 22. On pourrait évidemment songer ici à l'unité indissoluble des vertus stoïciennes (référence bien connue qu'impose aussi la distinction (*cf.* un peu plus loin) entre ce qui dépend de nous et ce qui n'en dépend pas), mais ce serait hors notre présent propos, comme nous l'avons indiqué en commençant.

les résume et « sert de remède contre tous les dérèglements des passions »[1], ce qui est, dans le vocabulaire d'Aristote, déterminer un juste milieu entre des extrêmes opposés, qui sont des vices contraires.

Comme clef des autres vertus, c'est en effet une excellence qui vise une juste mesure entre deux comportements opposés et blâmables que dessine aussi la générosité cartésienne. Elle-même se définit comme une estime de soi justement dosée – au contraire, d'un côté, de l'orgueil et, de l'autre, de l'humilité vicieuse – entre un excès et un défaut, puisqu'elle repose, d'une part, sur « la puissance d'user de son libre arbitre, *qui fait qu'on se prise soi-même* », et, d'autre part, sur « les infirmités du sujet en qui est cette puissance, *qui fait qu'on ne s'estime pas trop* »[2]. Juste milieu encore dans cette autre expression de la générosité selon laquelle les généreux « sont naturellement portés à faire de grandes choses, et toutefois à ne rien entreprendre dont ils ne se sentent capables »[3], juste évaluation de soi oblige : on ne saurait se contenter d'œuvres trop basses, mais il faut aussi bien éviter l'excès inverse de la surestimation de soi. Si la générosité, en outre, doit servir à remédier aux dérèglements des passions, c'est évidemment dans la mesure où celles-ci portent aux excès et ce surtout parce qu'« elles font paraître presque toujours, tant les biens que les maux qu'elles représentent, beaucoup plus grands et plus importants qu'ils ne sont; en sorte qu'elles nous incitent à rechercher les uns et fuir les autres avec plus d'ardeur et plus de soin qu'il n'est convenable ». Contre cette tendance c'est la générosité qui porte à se servir comme il faut « de l'expérience et de la raison, pour distinguer le bien d'avec le mal, et connaître leur juste valeur, afin de ne prendre pas l'un pour l'autre, et *de ne nous porter à rien avec excès* »[4]. Comme ces passions, et leurs excès, s'opposent par deux – ainsi de l'amour et de la haine, de la joie et de la tristesse, parmi les passions les plus fondamentales –, c'est chaque fois une juste mesure entre deux excès opposés que cherche à déterminer la générosité qui les régule. Pour ce qui est du désir, qui est la passion par le truchement de laquelle les autres poussent à l'action[5], si l'on ne saurait trop désirer « les choses bonnes qui dépendent de nous », il faut s'efforcer de ne pas les « [désirer] trop peu » et pour cela se délivrer « de toutes sortes d'autres désirs moins utiles » et, pour éviter de

1. Art. 156; XI, 447.
2. Art. 160; XI, 452-53, nous soulignons.
3. Art. 156; XI, 447.
4. Art. 138; XI, 431, nous soulignons.
5. Art. 143; XI, 435-36.

désirer à mauvais escient, « tâcher de connaître bien clairement [...] la bonté de ce qui est à désirer »[1]. Quant aux choses qui ne dépendent pas de nous, à l'inverse, « on ne les doit jamais désirer avec passion », tout désir à leur égard est excessif et le premier remède contre « ces vains désirs » est la générosité même[2]. La juste mesure que cherche la générosité entre les désirs à écarter et ceux qui sont convenables se fait plus encore sentir dans les choses « qui dépendent de nous *et* d'autrui »[3]. L'idéal est de distinguer « en elles ce qui ne dépend que de nous, afin de n'étendre notre désir qu'à cela seul ». Mais pour le reste « nous ne devons pas laisser de considérer les raisons qui le font plus ou moins espérer, afin qu'elles servent à régler nos actions »[4]. Éviter les vains désirs, désirer le plus possible ce qui est bon et dépend de nous sans tomber dans l'excès du trop grand désir de bien faire, qui mène à l'irrésolution[5], évaluer au mieux les choses pour déterminer son action dans les choses qui ne dépendent que partiellement de nous, telle est la juste régulation, la juste mesure à donner à nos désirs. Cette recherche, en tout, d'un juste milieu par la générosité dans la régulation des passions souligne l'*interdépendance* des vertus particulières et de la générosité : la résolution de bien juger et de bien faire ne peut que renforcer ces habitudes que sont les vertus, et la pratique des vertus, reposant sur cette résolution, ne peut qu'aiguiser le jugement à force de l'exercer en différentes circonstances où l'on opte pour le bien. Interdépendance qui se trouvait dans les définitions aristotéliciennes de la *phronèsis* et des vertus éthiques.

LE CERCLE DE L'EXCELLENCE INTELLECTUELLE ET DE L'OPTION POUR LE BIEN

Ce qui précède conduit tout naturellement à considérer le cercle que forment les composantes de la générosité, avant de revenir sur le lien de celle-ci aux diverses vertus morales sous un angle différent, celui du rapport à autrui.

Chez Aristote, la *phronèsis* rassemble une composante intellectuelle, une acuité du jugement que précède une délibération *bien* menée, et une option, un choix volontaire et préalable, pour le bien-agir, ce qui permet

1. Art. 144 ; XI, 436-37.
2. Art. 145 ; XI, 437-38.
3. Art. 146 ; XI, 439, nous soulignons.
4. Art. 146 ; XI, 439.
5. Art. 170 ; XI, 459-60.

d'unir à une droite règle un *désir* nécessaire au passage à l'acte. La générosité rassemble les mêmes éléments. On vient de voir que « l'entremise du désir » est nécessaire à l'agir moral. Aussi est-ce « particulièrement ce désir que nous devons avoir soin de régler, et c'est en cela que consiste la principale utilité de la morale » [1]. Nous savons aussi que c'est à la générosité de traiter les dérèglements des passions, c'est à elle donc de veiller à la bonne orientation et la bonne mesure des désirs; ce que confirme, dans le texte, s'il en était besoin, la ligne suivante, où l'on voit que le désir « est toujours bon lorsqu'il suit une vraie connaissance », étant entendu que la générosité requiert l'effort nécessaire à l'acquisition de la meilleure connaissance en la matière. La recherche de la droite règle d'action appartient à la générosité comme résolution « de ne manquer jamais de volonté pour entreprendre et exécuter toutes les choses *qu'il jugera être les meilleures* » [2] : il appartient à la générosité de *juger* du meilleur parti à prendre, ce qui veut dire « [tâcher] toujours de se servir, le mieux qu'il lui est possible, de son esprit, pour connaître ce qu'il doit faire ou ne pas faire en toutes les occurrences de la vie » [3]. « [Employer] *toutes les forces de son esprit* à examiner ce qu'on [doit] suivre » [4], voilà la part la plus intellectuelle de la générosité : juger du meilleur [5]. Mais cet effort intellectuel pour juger du meilleur fait cercle, comme dans la *phronèsis*, avec la résolution du bien-agir ou de faire bon usage de son libre arbitre. En effet, la ferme résolution de l'article 153 est une libre décision, décision « de ne manquer jamais de volonté pour entreprendre et exécuter … ». Quoi ? Ce que mon jugement désigne comme le meilleur : « toutes les choses qu'il jugera être les meilleures ». La ferme

1. Art. 144; XI, 436.
2. Art. 153; XI, 446, *cf.* aussi, art. 148; XI, 442.
3. À Élis., 4-8-45; IV, 265.
4. À Élis., 18-8-45; IV, 272, nous soulignons.
5. Plus loin (IV, 277), Descartes y insiste encore : « suivre la vertu, c'est-à-dire […] avoir une volonté ferme et constante d'exécuter tout ce que nous jugerons être le meilleur, et […] employer toute la force de notre entendement à en bien juger ». Et à Christine, le 20 novembre 47 (V, 83), il rappelle que les biens de l'âme « se rapportent tous à deux chefs, qui sont, l'un de connaître, et l'autre de vouloir ce qui est bon » et d'ajouter aussitôt : « mais la connaissance est souvent au-delà de nos forces; c'est pourquoi il ne reste que notre volonté, dont nous puissions absolument disposer. Et je ne crois point qu'il soit possible d'en disposer mieux, que si l'on a toujours une ferme et constante résolution de faire exactement toutes les choses que l'on jugera être les meilleures, et d'employer toutes les forces de son esprit à les bien connaître ». Il conclut : « c'est en cela seul que consistent *toutes* les vertus », confirmant par là le lien de la générosité non pas seulement à la vertu en général, mais à l'ensemble des vertus particulières. Ainsi la résolution de la générosité désigne-t-elle une volonté de « faire [son] mieux, tant pour connaître le bien que pour l'acquérir ».

résolution d'exécuter n'est rien si un jugement ne lui a pas désigné ce qui est à faire. Mais ce jugement, encore faut-il avoir fait de son mieux pour le rendre lucide, et correct. Et décider de faire de son mieux pour juger le mieux possible, c'est là une résolution qui suppose que l'on ait déjà opté pour le bien-agir et compris que pour agir au mieux il faut juger au mieux du meilleur à faire. Se résoudre à juger le mieux possible du meilleur à faire pour bien agir, cela suppose qu'on ait déjà résolu de bien agir, c'est-à-dire de faire bon usage de ses volontés. Et l'on ne jugera du mieux que l'on pourra que si l'on a déjà volontairement décidé de bien faire, comme l'on ne manquera jamais de volonté pour faire le meilleur que si l'on a jugé au mieux du meilleur… Il y a donc bien ici une option, un choix délibéré pour le bien, et un jugement – à aiguiser au maximum – sur ce qui est à faire qui renvoient l'un à l'autre, comme dans la *phronèsis*. Et s'ils font cercle ici comme là, c'est bien parce que le jugement ne peut avoir la certitude de la science : nous ne savons pas une fois pour toutes ce qui est bien et ce que l'on doit faire et personne ne peut nous l'enseigner. Nous pouvons seulement nous efforcer de le déterminer au mieux, précisément parce que ce bien-agir est relatif à chacun, à la complexité non entièrement élucidable de la situation, et exige de tenir en compte des choses sur quoi l'on n'a pas prise (parmi lesquelles la liberté d'autrui) et qui peuvent avoir des conséquences imprévisibles. Aussi le jugement évoqué dans la correspondance comme à l'article 153 ne porte-t-il pas sur *le* bien, mais sur le bien *que je peux connaître*, et plus exactement encore sur le *meilleur* que je puis identifier. C'est un jugement *délibératif*, pesant le pour et le contre, les avantages et les désavantages que les autres et soi-même pourront tirer de telle attitude ou action[1]. Et ce, sans jamais atteindre la certitude : « car si je connaissais toujours clairement ce qui est vrai, et ce qui est bon, je ne serais jamais en peine de délibérer quel jugement et quel choix je devrais faire »[2]. Comme il n'est en outre pas dans la nature humaine « de juger toujours si bien sur-le-champ, que lorsqu'on a beaucoup de temps à délibérer »[3] et

1. Un tel jugement délibératif est entre autres évoqué sur un exemple dans une lettre à Élisabeth de janvier 1646 (IV, 355) : « Ainsi, lorsqu'on offre un emploi à quelqu'un, il considère d'un côté l'honneur et le profit qu'il en peut attendre, comme des biens, et de l'autre la peine, le péril, la perte de temps, et autres telles choses, comme des maux ; et comparant ces maux avec ces biens, selon qu'il trouve ceux-ci plus ou moins grands que ceux-là, il l'accepte ou le refuse ». De même l'enjeu moral est beaucoup plus patent dans la lettre du 15 septembre 1645 (IV, 293), citée plus loin.

2. *Méditations*, IV ; IX-1, 46.

3. À Élis., 6-10-45 ; IV, 307.

qu'« on a grande raison », dès lors, « de prendre du temps pour délibérer, avant que d'entreprendre les choses qui sont d'importance »[1], mais que les circonstances ne donnent pas toujours le temps d'une longue irrésolution « qui nous dispose à délibérer et prendre conseil »[2], le jugement qui estime ce qui est le meilleur à entreprendre *hic et nunc* doit être, comme celui du *phronimos* chez Aristote, un habile dosage de comparaison et réflexion et de promptitude dans la décision. Bien juger du meilleur à faire, c'est aussi juger en temps opportun et, redisons-le, ne pas « employer à délibérer le temps qui est requis pour agir »[3].

L'AUTONOMIE DU JUGEMENT : L'INDIVIDU LIBRE ET SON RAPPORT À AUTRUI

Enfin, et ce n'est pas là le moindre de ses points de rencontre avec la *phronèsis* aristotélicienne, la générosité induit des rapports vertueux avec autrui, rapports de respect, d'égalité, de solidarité, d'amitié. La générosité table sur l'égalité des hommes en ceci qu'elle est par définition accessible à tout être raisonnable doté de libre arbitre et, nonobstant les difficultés plus ou moins grandes que les uns et les autres devront affronter pour l'acquérir[4], tout un chacun, en tant qu'homme, en est *en droit* capable. Mais la générosité fait aussi éprouver cette égalité : « ceux qui ont cette connaissance et ce sentiment d'eux-mêmes, se persuadent facilement que chacun des autres hommes les peut aussi avoir de soi, parce qu'il n'y a rien en cela qui dépende d'autrui. C'est pourquoi ils ne méprisent jamais personne »[5]. C'est que la générosité est savoir que rien ne nous appartient que « cette libre disposition de [nos] volontés » et que « les autres ayant leur libre arbitre aussi bien que nous, ils en peuvent aussi bien user »[6]. Et même s'il voit les autres mal faire, le généreux ne les méprisera pas, car c'est pour la bonne volonté qu'il y a lieu d'estimer les hommes et celle-ci, le généreux la suppose être en chacun, ou au moins y « pouvoir être »[7]. Pour les mêmes raisons, si nous sommes généreux, « nous ne nous préférons à personne », car nous faisons réflexion « sur l'infirmité de notre nature et sur les fautes

1. À Élis., mai 1646 ; IV, 414.
2. Art. 59 ; XI, 376.
3. Art. 170 ; XI, 459.
4. Art. 161 ; XI, 453-54.
5. Art. 154 ; XI, 446.
6. Art. 155 ; XI, 447.
7. Art. 154 ; XI, 447.

que nous pouvons autrefois avoir commises, ou sommes capables de commettre, qui ne sont pas moindres que celles qui peuvent être commises par d'autres »[1]. Aussi le généreux ne méprise-t-il « rien que les vices »[2], et jamais les hommes pour leurs fautes.

Ce qui est remarquable, c'est que la reconnaissance des égaux se fonde sur la reconnaissance de la *liberté* de chacun, ce qui d'emblée engage le respect de la liberté en chacun, puisque c'est là ce qui seul permet que nous ayons une « juste raison de nous estimer »[3] : l'usage que nous faisons de cette liberté. Mais les relations à autrui du généreux ne peuvent en rester à ce respect formel : la générosité a ceci de commun avec la magnanimité traditionnelle, avec laquelle Descartes demande de ne pas la confondre[4], qu'elle porte à faire de grandes choses. Or les généreux « n'estiment rien de plus grand que de faire du bien aux autres hommes et de mépriser son propre intérêt pour ce sujet », ce qui a pour effet qu'« ils sont toujours parfaitement courtois, affables et officieux envers un chacun ». Et c'est cela qui achève de les faire « entièrement maîtres de leurs passions ; particulièrement des désirs, de la jalousie et de l'envie, à cause qu'il n'y a aucune chose dont l'acquisition ne dépende pas d'eux qu'ils pensent valoir assez pour mériter d'être beaucoup souhaitée ; et de la haine envers les hommes, à cause qu'il les estime tous ; et de la peur, à cause que la confiance qu'ils ont en leur vertu les assure ; et enfin de la colère, à cause que n'estimant que fort peu toutes les choses qui dépendent d'autrui, jamais ils ne donnent tant davantage à leurs ennemis, que de reconnaître qu'ils en sont offensés »[5]. Le généreux a de la compassion pour autrui dans le malheur, et de la pitié pour ceux qu'il voit sujets au vice[6].

Peu importe ici les détails des arguments par lesquels Descartes fait découler de la générosité toutes sortes de rapports aux autres vertus et toutes sortes d'attitudes caractéristiques. Ce qu'il convient de souligner, c'est que la générosité est aussi directement impliquée dans une quête du bien-vivre ensemble que l'est la *phronèsis*. Le bon usage de la liberté ne porte pas seulement à estimer chaque homme, mais aussi à lui faire du bien : « c'est une chose plus haute et plus glorieuse, de faire du bien aux autres hommes que de s'en procurer à soi-même, aussi sont-ce les grandes âmes

1. Art. 155 ; 447.
2. Art. 164 ; XI, 456, également art. 187 ; XI, 470.
3. Art. 152 ; XI, 445.
4. Art. 161 ; XI, 453.
5. Art. 156 ; XI, 447-48.
6. Art. 187 ; XI, 470.

qui y ont le plus d'inclination »[1]. Et si elles y ont le plus d'inclination, cela ne peut être que parce qu'elles savent pourquoi elles se doivent légitimement estimer. Or ce pourquoi l'âme généreuse s'estime, c'est ce qu'elle reconnaît pouvoir être en chacun : « l'usage de notre libre arbitre, et l'empire que nous avons sur nos volontés »[2]. Aussi estime-t-elle chacun, a-t-on vu. Et quel usage plus estimable pourrait-on faire de sa liberté, sinon que de se dévouer à cette liberté estimable en chacun ? D'autant que parmi les choses « qui sont le plus à notre usage », quand il s'agit de « se fortifier l'entendement pour discerner ce qui est le meilleur de toutes les actions de la vie »[3], Descartes évoque en quatrième lieu « une vérité dont la connaissance me semble fort utile : qui est que, bien que chacun de nous soit une personne séparée des autres [...], on doit toutefois penser qu'on ne saurait subsister seul, et qu'on est, en effet, l'une des parties de l'univers, et plus particulièrement encore l'une des parties de cette terre, l'une des parties de cet État, de cette société, de cette famille, à laquelle on est joint par sa demeure, par son serment, par sa naissance ». Avec cette conclusion : « il faut toujours préférer les intérêts du tout, dont on est partie, à ceux de sa personne en particulier », car « en se considérant comme une partie du public, on prend plaisir à faire du bien à tout le monde, et même on ne craint pas d'exposer sa vie pour le service d'autrui, lorsque l'occasion s'en présente ; voire on voudrait perdre son âme, s'il se pouvait, pour sauver les autres »[4].

La solidarité à l'égard de ceux avec qui l'on vit entre égaux se traduit en *amitié* dans le traité des *Passions* comme dans l'*Éthique à Nicomaque*, et cette amitié prend ici comme là inévitablement une dimension politique. Par où l'on voit la générosité cartésienne tendre à rejoindre, dans ses effets, la *phronèsis* sur quoi repose la *Politeia* des Grecs, dans la liberté de parole et d'estimation des situations reconnue aux citoyens égaux en droit, réunis et discutant de la meilleure manière de vivre ensemble. En effet, la solidarité entre hommes appartenant à la même cité se traduit, vient-on de lire, en préférence de l'intérêt général sur le particulier, en possibilité de sacrifice. Or c'est bien là ce qui définit la sorte d'amour qu'est l'amitié dans les *Passions*. Parlant de l'amour du père pour ses enfants, Descartes écrit :

1. À Élis., 6-10-45 ; IV, 317. Au contraire du traité des *Passions* (art. 161 ; XI, 453), cette lettre ne distingue pas générosité et grandeur d'âme.

2. Art. 152 ; XI, 445, notons le pluriel !

3. À Élis., 15-9-45 ; IV, 291.

4. *Ibid.*, 293. Sur ce point encore, la référence aux Stoïciens est sans aucun doute pertinente ; mais il nous importe de montrer que ceci ne diminue pas la proximité avec Aristote.

« les considérant comme d'autres soi-même, il recherche leur bien comme le sien propre [...] se représentant que lui et eux font un tout dont il n'est pas la meilleure partie, il préfère souvent leurs intérêts aux siens, et *ne craint pas de se perdre pour les sauver* »[1] ; il ajoute aussitôt : « l'affection que les gens d'honneur ont pour leurs *amis* est de cette même nature »[2]. Et l'article 83 précise que l'amitié est l'affection qu'on porte à celui qu'on estime « à l'égal de soi ». Ce qui accorde une dimension politique parce qu'universelle à cette amitié dès qu'on ajoute « qu'il n'y a point d'homme si imparfait qu'on ne puisse avoir pour lui une amitié très parfaite, lorsqu'on pense qu'on en est aimé et qu'on a l'âme véritablement noble et généreuse »[3], et Descartes de renvoyer aux articles 154 et 156 déjà commentés, relatifs à la manière dont le généreux se rapporte aux autres hommes. En outre les mêmes possibilités de sacrifice que dans la correspondance sont évoquées au titre de la dévotion (affection où l'on estime l'autre plus que soi) : « en la dévotion l'on préfère tellement la chose aimée à soi-même qu'on ne craint pas de mourir pour la conserver »[4]. Les exemples sont ici encore les sacrifices pour son prince ou sa ville. Et il faut noter que la différence entre l'amitié et la dévotion n'est que dans les effets : en toutes deux « on se considère comme joint et uni à la chose aimée » et l'on est donc « prêt d'abandonner la moindre partie du tout qu'on compose avec elle, pour conserver l'autre »[5]. Tout dépend donc du jugement de valeur et de l'estime que l'on porte à chacune des parties du tout, et il est remarquable, politiquement parlant, que Descartes prononce, là même où il évoque le sacrifice d'un particulier à sa cité, ce témoignage de l'insigne respect dû à l'individu dans cette liberté qui nous rend estimables : « on aurait tort de s'exposer à un grand mal, pour procurer seulement un petit bien à ses parents ou à son pays ; et si un homme vaut plus, lui seul, que tout le reste de sa ville, il n'aurait pas raison de se vouloir perdre pour la sauver »[6].

Sans épiloguer sur la théorie politique qu'il n'a pas écrite, qu'il a refusé d'écrire[7], qu'il a pourtant glissée dans sa correspondance[8], nous voudrions

1. Nous soulignons.
2. Art. 82 ; XI, 389.
3. XI, 390.
4. Art. 83 ; XI, 390.
5. *Loc. cit.*
6. À Élis., 15-9-45 ; IV, 293.
7. À Élis., mai 1646 ; IV, 411-12.
8. À Élis., sept. 46, sur Machiavel ; IV, 485-494. Le livre de P. Guenancia, *Descartes et l'ordre politique. Critique cartésienne des fondements de la politique*, Paris, P.U.F., 1983, a

achever cet examen de la générosité cartésienne en attirant l'attention sur un dernier passage, en contrepoint à cet arrêt respectueux de Descartes devant l'infinie liberté de l'individu, qui ne peut s'en remettre qu'à lui-même, à sa bonne volonté et à son jugement pour décider de ce qu'il se doit de faire. À la fin de l'article 190 [1], Descartes évoque « les plus grands crimes qui puissent être commis par des hommes » et, quoi qu'il en soit des épisodes historiques auxquels il puisse être fait ici allusion, il est très remarquable encore, sur le plan politique, qu'il poursuive : « comme de trahir des villes, de tuer des princes, d'*exterminer des peuples entiers, pour cela seul qu'ils ne suivent pas leurs opinions* » [2].

Ce qui nous semble devoir être noté une fois encore, c'est que cette condamnation si forte et importante, tout comme le respect de tout autre homme, *découle directement* de la générosité qui permet de suivre parfaitement la vertu, par cela seul qu'elle reconnaît à chacun un égal pouvoir sur ses volontés, une égale liberté donc, et lui fait un devoir d'user au mieux de ce pouvoir, de sa liberté, en l'ordonnant à son propre jugement – fini, incertain, mais supposé par la générosité même orienté vers le bien et affiné le plus que l'on aura pu en chaque occasion –, bref par cela seul qu'elle s'en remet à la liberté et au jugement de chacun, unis par sa bonne volonté.

La comparaison menée avec la *phronèsis* aristotélicienne a ainsi fait apparaître à même les textes relatifs à la générosité les raisons que l'on a de voir en Descartes un moderne champion de la liberté. Cette insistance sur la liberté cartésienne se trouve notamment dans les ouvrages de N. Grimaldi et de P. Guenancia cités plus haut. N. Grimaldi fait valoir l'existence d'ordres différents de l'entendement et de la volonté qui se délimitent à partir de la découverte, à portée métaphysique capitale dans le cheminement de Descartes, de la liberté et de son absoluité. La liberté absolue est découverte quand s'élabore la morale par provision, qui la présuppose et engage toute la recherche métaphysique ultérieure. Chez P. Guenancia, les

admirablement rendu justice à Descartes sur ce point. Voir aussi les remarques de J.-C. Bardout, dans l'article déjà cité, qui souligne bien chez Descartes « cette obscurité intrinsèque de la communauté sociale », indiquant que « la fortune mine l'intelligibilité du politique » (p. 96), désignant ainsi un domaine bien différent de celui de la science : « Dès les *Regulae*, Descartes excluait de la considération philosophique le domaine du probable, du muable et de tous les changements qui ne sauraient se laisser réduire à des lois déterminées. Cette exclusion atteint autrui dans son être même, puisque sa liberté est précisément source de contingence » (p. 98).

1. XI, 472.

2. Nous soulignons.

deux ordres se dessinent également, opposant le mécanisme de l'ordre de la connaissance métaphysique et physique à l'ordre de la liberté, échappant à toute connaissance certaine parce qu'échappant totalement au mécanisme. L'ouvrage montre de manière convaincante qu'en creux, par delà et dans son refus de produire une théorie politique, l'ensemble de la position cartésienne – méthode, physique, métaphysique – comporte une défense radicale de la liberté, et cela veut dire de la liberté politique. Chez Descartes, et c'est son originalité dans cette perspective, le rationalisme et la défense de la liberté vont de pair – en vertu même du dualisme – alors que ce à quoi la modernité nous a depuis habitués, c'est à des tentatives de totalisation sous l'égide d'une raison proclamée supérieure aux individus et, pour cela, autorisée à leur imposer sa loi. Dans le contexte de ces totalisations, la notion même de générosité, au même titre du reste que celle de *phronèsis*, perd tout sens.

En suivant le fil conducteur du parallèle avec la *phronèsis* aristotélicienne, nous espérons avoir pu étayer cette thèse, en relevant les traits que la générosité a en commun avec la vertu politique par excellence dans la démocratie athénienne.

Ce que la morale de la générosité révèle fort nettement, c'est en effet qu'il est cartésien de reconnaître l'impossibilité d'énoncer des lois générales de l'agir humain comme on énonce les lois de la nature, d'admettre que le plus sage est de s'en remettre dans l'ordre de l'agir à la bonne volonté au moins possible de chacun et à son jugement, de faire ainsi le plus grand cas de la *liberté* individuelle, dans ce que la liberté humaine a d'absolu en chacun de nous. Autrement dit, Descartes inscrit l'action dans la *pluralité* des hommes et indique que pour que les hommes vivent ensemble du mieux qu'ils peuvent, cette action doit supposer l'*égalité* de tous, donner à chacun le respect qui lui est dû dans sa liberté, et accepter les *différences*, d'opinion, de motifs, etc. entre les individus.

En portant l'accent sur un Descartes, philosophe de la liberté individuelle et du libre pouvoir de juger, nous nous sommes attachée à souligner que le bon sens, « cette chose du monde la mieux partagée » n'est pas simplement raison théorique, qu'il a une portée pratique, étant ce sur quoi repose l'égal respect du généreux à l'égard de tous, à savoir cette possibilité qu'a tout homme de faire bon usage de son libre arbitre en faisant le meilleur usage de son jugement.

Danielle LORIES

CHAPITRE XI

LA PRUDENCE CHEZ KANT
TEMPS ET INCONDITIONNÉ DE LA LIBERTÉ

C'est un étonnement qui attend d'abord celui qui s'intéresse à la place de la prudence dans la philosophie morale de Kant, pour peu qu'il ait dans l'esprit le rôle qui lui revenait dans la philosophie morale d'Aristote, avec les marques de son chemin de tradition, Rome, spécialement Cicéron. Il s'agissait d'une vertu cardinale, occupant même une première place, à titre de vertu intellectuelle, tout particulièrement attentive aux circonstances permettant l'ajustement de l'agir. Kant ne l'ignore pas[1]. Pratiquement absente de la période précritique[2], la prudence est abordée dans les *Fondements de la métaphysique des mœurs*, mais c'est pour y subir un déclassement sévère. Mise du côté des *impératifs hypothétiques* en leur

1. *Éthique à Nicomaque*, VI, 12-13; sur la transmission, *cf.* K. Reich, *Kant und die Ethik der Griechen*, Tübingen, Mohr, 1935, p. 27-33. Sur la question de la prudence chez Kant, voir *cf.* particulièrement P. Aubenque, « La prudence chez Kant », *Revue de Métaphysique et de Morale*, 1975. G. Krüger, *Philosophie und Moral in der kantischen Kritik*, Tübingen, Mohr,1931, trad. M. Régnier: *Critique et morale chez Kant*, Paris, Beauchesne, 1961. H-J. Paton, *The Categorical Imperative, A Study in Kant's Moral Philosophy*, London, Hutchinson, 1946. E. Weil, *Problèmes kantiens*, Paris, Vrin, 1970[2]. F. Marty, *La naissance de la métaphysique chez Kant. Une étude sur la notion kantienne d'analogie*, Paris, Beauchesne, 1980, spécialement p. 233-276. F. Marty, « La typique du jugement pratique pur. La morale kantienne et son application aux cas particuliers », *Archives de philosophie*, 1955.

2. Il y a trois occurrences du terme dans les *Rêves d'un visionnaire expliqués par des rêves métaphysiques* (1766), usage occasionnel, sans qu'il y ait jamais réflexion sur la notion elle-même.

opposition à l'*impératif catégorique*, elle semble quitter l'ordre de la *moralité*. Elle n'est certes pas sans importance, et nous aurons à voir comment l'ordre *pragmatique* dans lequel elle est placée n'est pas sans faire signe vers un cours longuement professé par Kant, qui donnera lieu vers la fin de sa vie à une publication, l'*Anthropologie d'un point de vue pragmatique*. Il n'en reste pas moins que la réserve est sévère par rapport à son ancien statut. À dire vrai, c'est la force même de la prudence aristotélicienne qui entraîne cette sentence, car la façon dont la prudence lie la décision morale aux circonstances semble bien la situer irrémédiablement dans l'*hétéronomie*, hors de l'*autonomie* et donc de la moralité. C'est dire aussi que le diagnostic de dévaluation de la prudence conduit au travail même de pensée où se prend le tournant au primat du pratique. Il conviendrait alors de parler à propos de la prudence moins de dévaluation que de déplacement. La qualification de *pragmatique* pourrait éclairer celle de *moralité*, en donnant toute sa force à la dimension de temps inscrite dans l'impératif catégorique. Ce serait annuler le premier diagnostic de simple exclusion. Aussi bien sera-t-il nécessaire de revenir en deçà des *Fondements*, à la *Critique de la raison pure* elle-même, au *concept cosmique* de la philosophie, indispensable pour donner un juste éclairage au texte des *Fondements* et comprendre comment s'articulent les deux impératifs. Dans un deuxième temps, il sera possible de voir comment le pas en avant de la *Critique de la raison pratique* finit de mettre en place cet impératif de prudence. Il sera alors possible d'esquisser la place du *pragmatique* dans l'œuvre kantienne. En conclusion, il sera utile d'évoquer en quoi cette étude de la prudence chez Kant est décisive dans la sortie de l'interprétation formaliste, si longtemps dogme de la lecture kantienne.

LA DÉTERMINATION DU VOULOIR POUR L'HOMME, RAISONNABLE ET FINI, ÊTRE DANS LE MONDE

La *Critique de la raison pure* ouvre la période critique, en 1781, et c'est sept ans plus tard que vient une *Critique de la raison pratique*. Il faut bien reconnaître que la façon la plus obvie de situer les deux œuvres l'une par rapport à l'autre était de donner comme domaine à la première la raison théorique, la seconde venant la compléter en s'occupant du domaine pratique. S'en tenir là cependant reviendrait, et c'est ce qu'il faut d'abord brièvement montrer, à laisser de côté la *Doctrine transcendantale de la méthode* de la première *Critique* alors qu'elle constitue, dans le plan expressément marqué par Kant, la deuxième partie de l'œuvre, équilibrant la *Doctrine des éléments*. C'est la dimension *cosmique* de toute démarche philosophique qui se veut kantienne que l'on perdrait ainsi, essentielle pour une juste lecture des *Fondements de la métaphysique des mœurs*.

Le concept cosmique de la philosophie

La *Doctrine transcendantale de la méthode* a pour objet, explique Kant, « la détermination des conditions formelles d'un système complet de la raison pure »[1], ce qui marque sa progression par rapport à la première partie de l'œuvre, la *Doctrine transcendantale des éléments*. Cela ne veut pas dire que les « éléments » aient été pensés hors de leur valeur systématique, ce qui eût été les priver de leur sens. C'est cette valeur de système qui est maintenant à prendre en considération pour elle-même, pas décisif pour sceller l'achèvement de l'œuvre entière, un achèvement qui s'entend dans le titre du troisième chapitre : *Architectonique de la raison pure*. Il faut en venir tout de suite à ce que l'on peut considérer comme son propos central, celui d'un double concept de la philosophie, son « *concept scolastique* », caractère de système, lui donnant valeur de science, son « *concept cosmique* », « fondement de sa dénomination », indiquant ce dont il s'agit lorsqu'on parle de philosophie, et qui est « la science du rapport de toute connaissance aux fins essentielles de la raison humaine »[2]. Kant précise aussitôt après que parmi ces fins essentielles il faut aller encore aux « fins suprêmes », qui se ramènent à une, « la destination totale de l'homme », dont s'occupe la *morale*[3]. Cela signifie que l'on manque la notion kantienne de morale dès que l'on oublie cette dimension *cosmique*.

Il s'ensuit, et c'est capital, que le *primat de la raison pratique,* et avec lui de la *liberté*, appartiennent à la *Critique de la raison pure*, sans avoir à attendre la seconde *Critique*. C'est ce qu'exposait, en effet, le deuxième chapitre, mis sous le titre de *Canon de la raison pure*. Il faut entendre par *canon* les principes d'un usage légitime d'une faculté, ici donc de la raison pure. Il ne peut intervenir au niveau théorique, car ce serait sortir des conditions de l'expérience, où, et où seulement, la raison trouve un usage légitime, celui qu'expose le « système de tous les principes de l'entende-

1. *Critique de la raison pure (CRP)*, A 707-708, B 735-736, Ak 3, 465, 20-22, Pl. 1, 1294. « Doctrine de la méthode », mot-à-mot de *Methodenlehre*, peut parfaitement être rendu par *Méthodologie*.

2. *CRP*, A 838-839, B 866-867, Ak 3, 542, 19-26, Pl. 1, 1389. Les termes allemands sont *Schulbegriff* et *Weltbegriff*, pour ce dernier le latin étant donné : *conceptus cosmicus*.

3. *CRP*, A 840, B 868, Ak 3, 543, 7-17, Pl. 1, 1390.

ment pur»[1]. Le primat pratique demande de mettre comme première caractéristique de l'agir moral la *liberté*, prise en sa dimension de *choix*, où elle est en position de *libre arbitre*. Ce dernier peut certes se déterminer selon les penchants sensibles, ce qui revient à se mettre dans une dépendance, où il abdique de sa liberté. Mais il peut aussi se déterminer par des «lois objectives de la liberté»[2], distinctes des lois de la nature en ce qu'elles concernent non ce qui arrive, mais ce qui *doit arriver*, et c'est en ce sens que l'on peut parler de détermination par la raison pure pratique, qui est celle du devoir (*sollen*). Il s'agit bien, dès la première *Critique*, d'autonomie, même si le terme n'est pas présent, il y aura à revenir sur ce point. Dans ce même contexte, Kant précise que cette idée objective de la raison comme pratique pure ne saurait trouver de réalité qu'en devenant «principe subjectif» de l'agir, c'est-à-dire en prenant la forme de *maxime*, nous retrouverons bientôt largement cette problématique[3].

Ce qui vient d'être exposé atteste que le tournant pratique appartient déjà à la première *Critique*, et que la destination entière de l'homme relève de la philosophie morale. Si on peut convenir qu'un tel concept de la philosophie touche avec l'agir libre à ce qui est le plus élevé, on ne voit guère cependant pourquoi il convient de le qualifier de *cosmique*. Une brève parenthèse, dans ce qui vient d'être lu du *Canon* donne l'orientation, en rappelant que la liberté est à comprendre comme la faculté de commencer absolument une série qui se déploie dans le monde phénoménal[4]. C'est renvoyer à la *Dialectique transcendantale*, en sa deuxième idée, l'*idée cosmologique*. Il ne faut pas hésiter à y rapporter le concept *cosmologique* de la philosophie. L'essentiel, dans la perspective de ce travail sur la prudence, peut se dire brièvement. Tout d'abord un déplacement central de la *Critique de la raison pure* consiste à faire de la liberté une caractéristique du *monde*. Le monde kantien est *monde humain*, où l'enjeu majeur sera la pleine prise en compte de la liberté de l'homme. Celle-ci n'a plus comme lieu propre l'idée de l'homme, l'*idée psychologique*, mais bien le monde. Elle est la question majeure des *antinomies*, cette question qui a réveillé Kant de l'assoupissement dogmatique, donnant lieu à l'interrogation critique. Le fond de ce qui vient d'être dit du *Canon* n'est autre que la question majeure de la troisième antinomie : comment penser un commencement

1. *CRP*, A 796-797, B 824-825, Ak 3, 1359, Pl. 1, 1359.
2. *CRP*, A 802, B 830, Ak 3, 521, 10-25, Pl. 1,1863.
3. *CRP*, A 812, B 840, Ak 3, 527, 17-20, Pl. 1, 1370.
4. *CRP*, A 804, B 832, Ak 3, 522, 2-3, Pl. 1, 1364.

absolu, alors qu'il prend réalité seulement dans une chaîne phénoménale. C'est de là que partent les *Fondements de la métaphysique des mœurs*, auxquels il convient de venir tout de suite.

Impératif hypothétique, impératif catégorique

Les *Fondements de la métaphysique des mœurs* se composent de trois sections; la deuxième fournit la base d'une recherche sur la notion kantienne de prudence, tandis que la première permet de faire le lien avec le *Canon* de la *Critique de la raison pure*, et que la troisième soulève des problèmes qui seront décisifs pour la *Critique de la raison pratique*. Toutes les trois comportent dans leur titre la notion fort kantienne de *Passage*.

La première section fait « le passage de la connaissance morale rationnelle commune à la connaissance philosophique ». Il suffira d'en retenir ici le concept d'une *volonté bonne*, au sens absolu de cette qualification qui n'est pas prise de la convenance pour produire à titre d'effet quelque chose qui lui est extérieur. Une telle volonté ne peut être que celle qui est déterminée proprement comme *devoir*, à un niveau d'universalité qui est celui de la raison pure pratique, puisque c'est d'une détermination d'agir qu'il est question[1]. C'est le primat du pratique, tel qu'il s'élaborait dans le *Canon de la raison pure* que l'on peut entendre ici. Il s'agit de la loi morale, comme loi de liberté.

Avec la deuxième section, *Passage de la sagesse morale populaire à la métaphysique des mœurs*, la notion d'*impératif* vient au centre, avec la *contrainte* qu'elle connote. La volonté absolument bonne de la première section définissait une volonté *sainte*, pour laquelle la contrainte n'existait pas puisqu'elle ne pouvait être que bonne, l'accomplissement de cette sainteté n'étant autre chose que la volonté divine elle-même. La volonté humaine se présente donc comme *volonté imparfaite*, pour laquelle la loi prend forme d'impératif[2]. On aurait tort de considérer la première section, dominée par la volonté bonne, comme simple utopie. C'est l'essence même de la loi morale qui est visée, hors de quoi on ne peut comprendre ce qui se présentera[3] comme « souverain bien ». Il faut se souvenir que, pour imparfait que soit le vouloir humain, c'est une loi de sainteté qui intervient dans sa détermination.

1. *Fondements de la métaphysique des mœurs (FMM)*, Ak 4, 393, 1-394, 31, Pl. 2, 250-252.

2. *FMM*, Ak 4, 413, 12 - 414, 11, Pl. 2, 275-276.

3. Cf. *infra*, p. 307.

La première division des impératifs est binaire, en appui sur le couple moyen et fin, couple qui convient à une réflexion sur la pratique, avec un agir comme objet propre. Le schéma de base donne d'abord un *impératif hypothétique* : c'est la fin posée comme à réaliser, qui « commande » les moyens. La volonté déterminée par la fin ainsi « supposée » est bonne non pas simplement, mais en tant que *moyen* pour la fin. En revanche, parler de volonté absolument bonne revient à donner comme fin à cette volonté sa propre détermination, ce qui est en faire une *fin valant par elle-même*, qui ne peut donc être, comme telle, moyen. Aussi est-elle à dire *pure universalité*, valant *catégoriquement*, et *autonome*. Comme on pressent sans peine que la prudence sera dans le premier groupe, c'est cette première approche qui la disqualifie d'emblée et la place dans l'hétéronomie[1]. Une première tripartition s'esquisse, du fait d'une division concernant les impératifs hypothétiques. Leur visée peut porter sur un *possible*, et l'impératif sera *problématique*, ou bien elle concernera un *réel*, et elle sera *assertorique*. La qualification de l'impératif catégorique est dans ce cas d'*apodictique*[2].

C'est sur les impératifs hypothétiques que l'attention se porte, pour faire valoir les deux premiers termes de la tripartition. Ils sont regroupés d'abord sous le nom d'*habileté*, l'adéquation cherchée du moyen par rapport à la fin suffisant à faire comprendre cette appellation. On comprend aisément que les fins que l'on *peut* avoir sont indéfinies. Il est une fin cependant, présupposée, certes, mais que l'on peut présupposer chez tous : ils « l'*ont* [distinct du *pouvoir avoir*], du fait d'une nécessité naturelle, et qui est la visée du *bonheur* ». Aussi est-elle à dire *assertorique*, réelle donc en tout être humain. « Or on peut appeler cette habileté dans le choix des moyens pour le plus grand bonheur propre *prudence* au sens précis du terme »[3]. Ici intervient une note, capitale pour notre sujet. Kant demande de distinguer deux sens pour la prudence : l'une est la *prudence cosmique*, l'autre étant *prudence privée*. « La première est l'habileté d'un homme à avoir de l'influence sur les autres, pour les employer à ses visées. La seconde est l'intelligence pour rassembler ces visées à son propre avantage durable ». Et Kant ajoute que c'est le second but auquel le premier est à

1. *FMM*, Ak 4, 414, 12-25, Pl. 2, 176.
2. *FMM*, Ak 4, 414, 32-415, 5, Pl. 2, 277.
3. *FMM*, Ak 4, 415, 6-416, 6, Pl. 2, 277-278.

référer[1]. Il faut se laisser d'abord surprendre par la brutalité de ces analyses. Il faut souligner aussi comment le monde de Kant est bien le *monde de l'action de l'homme* de l'idée cosmologique. Le centrage sur l'individu, rigoureuse analyse de l'amour de soi, est à tempérer par le caractère universel du bonheur. Et on voit bien aussi qu'à ce moment la prudence est en effet hors de la moralité.

À ce point, c'est à une tripartition que Kant va passer. Elle est prise de la différence de la contrainte suivant les différents impératifs. Il faut parler de *règles* à propos de l'habileté, de *conseils* pour la prudence, de *commandements* pour la moralité, équivalence étant donnée pour cette dernière appellation avec les *lois*. Trois qualificatifs y correspondent : *technique*, il s'agit de l'art (au sens d'artisanat), *pragmatique*, désignant le bien-être, *moral*, concernant la conduite libre en général[2]. D'un assez long développement, situant le couple *analytique – synthétique* par rapport à ces divers impératifs, je retiendrai seulement que l'analycité vaut là où calcul et démonstration sont possibles, ce qui est le cas du technique. En ce qui concerne la prudence, son appartenance aux impératifs hypothétiques la met du côté de l'analytique. Cependant, au niveau du bonheur pris comme un tout, visée non pas seulement possible, mais réelle en toute personne humaine, la détermination de la fin fait place à une irrémédiable indétermination dans ce que l'on appelle bonheur[3]. La prudence bascule alors du côté du synthétique, rejoignant l'impératif catégorique. Mais si celui-ci est à dire synthétique *a priori* ce n'est plus en raison de quelque indétermination, mais bien plutôt parce qu'il s'agit d'une détermination purement autonome d'une liberté, prenant réalité dans le monde sensible[4].

Nous sommes au point où il faut en venir à la formulation de l'impératif catégorique.

Nous avons à prendre appui sur l'acquis de la première section des *Fondements*, expliquant que le qualificatif de *bon*, pris selon l'inconditionnalité qui est celle de la liberté, ne peut se dire que d'un *vouloir déterminé par une raison pure*, en un usage qui la fait *raison pratique*. Il s'ensuit une situation de l'impératif catégorique avantageuse par rapport à celle de

1. *FMM*, Ak 4, 416, 30-37, Pl. 2, 278. « Prudence cosmique » rend : *Weltklugheit*. La traduction proposée rend sensible la parenté avec *Weltbegriff*, « concept cosmique », cf. *supra* n. 2, p. 295. La traduction par « prudence mondaine » va au contre-sens ; Pl. traduit bien : « prudence par rapport au monde ».

2. *FMM*, Ak 4, 416, 15 - 417, 2, Pl. 2, 279.

3. *FMM*, Ak 4, 417,27-418, 3, Pl. 2, 280-281.

4. *FMM*, Ak 4, 419, 36 - 420, 17, Pl. 2, 283-284.

l'impératif hypothétique, et c'est par cela que Kant en introduit la considération. On ne peut en effet savoir d'avance ce que l'on pense en parlant d'impératif hypothétique, puisqu'il faut d'abord connaître la fin donnée à l'acte. Il en va tout autrement pour l'impératif catégorique, car le contenu qui fait sa catégoricité n'est pas autre chose que cette détermination par une raison pratique pure, qui est d'*universalité*, caractéristique propre de la faculté que nous nommons raison. L'impératif catégorique est donc unique, et il concerne proprement la *maxime*, ce par quoi Kant entend la décision prise portant l'agir à l'effectivité: «*agis seulement selon cette maxime, par laquelle tu peux vouloir en même temps qu'elle devienne une loi universelle*»[1]. Il faut tout de suite s'étonner ici de la mention du *temps* dans l'impératif catégorique. Il est clair que le temps intervient dans l'impératif hypothétique, il s'inscrit en sa structure même: il suit d'une fin d'abord posée. L'inconditionnalité de l'impératif catégorique est hors de l'écoulement du temps, comme cela paraît d'ailleurs de la forme la plus traditionnelle de l'obligation morale: le bien est à faire, le mal à éviter. Aussi bien n'est-ce pas un hasard si Kant met au début de sa pensée morale non le bien, mais l'acte lui-même: «agis». On pourrait dire, il est vrai, que c'est cette considération de l'agir qui induit le rapport au temps, inséparable de la condition humaine, et il faudrait donc en sortir pour se situer à la hauteur où se trouve enfin la moralité, qui est l'universel. Telle est bien en effet la lecture du *formalisme kantien*, cumulant les inconvénients du dualisme et de la morale de l'intention. Mais c'est rayer le «en même temps» de la formulation générale de l'impératif catégorique, qui barre la route du formalisme. Et on peut commencer à pressentir que la prudence n'est pas aussi étrangère qu'il paraissait à la moralité.

Cette introduction du temps dans l'impératif catégorique permet de donner toute leur portée aux trois formulations que Kant développe ensuite. Toutes, globalement, prennent en considération les conséquences de l'agir. L'interprétation formaliste ne pouvait que les marginaliser, sorte de concession aux débats casuistiques, à côté de l'authentique engagement moral. La question de la prudence, objet propre de cette étude, invite à les aborder par la deuxième, célèbre, de façon fort juste, mais ce qui lui vaut d'être souvent citée sans lien avec l'ensemble systématique qui est le sien: «*Agis de telle sorte que tu traites l'humanité, aussi bien dans ta personne que dans la personne de tout autre toujours en même temps comme un but,*

1. *FMM*, Ak 4, 420, 24 - 421, 8, Pl. 2, 284-285.

jamais seulement comme moyen»[1]. La formulation se construit sur le couple fin et moyen, et elle est appliquée à l'humanité, l'essence humaine, qui signifie à la fois la dignité et l'ensemble des capacités d'une personne. Elle s'inscrit d'emblée dans une relation entre les personnes, relation de société, mettant au niveau du *monde humain*. On voit que la fin de la formulation n'est pas autre chose que *l'impératif de prudence*, ne reculant pas devant sa brutalité. On ne peut éviter, en effet, de prendre les autres comme moyens, et de se faire soi-même tel, dans la dimension d'*efficacité* des relations sociales, ordonnées à l'« être bien », le bonheur, de l'impératif de prudence. Et finalement, on peut entendre l'individu, ordonnant tout son entourage à son bien-être. Mais le « toujours en même temps » se fait entendre pour que «dignité» et «efficacité» aillent ensemble, les deux ne cessant d'échanger leurs caractéristiques : que la figure prise par le moyen aille avec la dignité, et que celle-ci ne pense pas déchoir en servant de moyen. *L'impératif de prudence devient dès lors une composante de l'impératif catégorique*. La première formulation[2] se retrouve dans la mesure où la position de moyen relève de la législation de nature, la troisième, correspondant à l'autonomie[3], est à hauteur de la dignité.

Les trois formulations ne sont pas un simple dispositif pédagogique, compensant par le traitement d'exemples[4], pris sous diverses problématiques, l'austérité de la formulation générale de l'impératif catégorique, seule à honorer la rigueur de la raison. C'est au contraire la formule générale qui les demande pour expliciter sa systématicité. Ce qui pourrait demeurer inaperçu est précisément la composante temporelle de la forme générale de l'impératif, dont on ne prend au sérieux cette qualification qu'en donnant leur poids à tous ses termes. Kant revient d'ailleurs plus avant sur «les trois façons introduites pour présenter le principe de la réalité». Il s'agit «seulement d'autant de formes de la même loi, dont chacune réunit en elle les deux autres», possibilité que j'étais amené à

1. *FMM*, Ak 4,429,10-12, Pl. 2, 295.

2. *FMM*, Ak 4, 421, 18-20, Pl. 2, 285 : «*Agis comme si la maxime de ton action devait devenir par ta volonté loi universelle de la nature* ».

3. *FMM*, Ak 4, 434, 10-14 : « ne faire aucune action d'après une autre maxime telle qu'il puisse en aller aussi avec elle qu'elle soit une loi universelle, et donc seulement de sorte que *la volonté puisse se considérer par sa maxime même en même temps comme universellement législatrice* ».

4. Pour les deux premières formulations, Kant les applique à quatre exemples : le suicide, la promesse faite sans l'intention de la tenir, le développement de ses facultés, l'aide que l'on peut porter à qui est dans le besoin.

illustrer en ayant commencé par la deuxième formulation. La systématicité manifeste comment la maxime est, en tant que telle, portée à l'universel : selon la *forme*, qui tient proprement dans l'universalité, selon la *matière*, qui est la fin, selon la *pleine détermination* de toutes les maximes, composant ce « règne des fins », comme « règne de la nature », où chaque membre est à la fois sujet et législateur. Il faut prêter attention à la façon dont l'enjeu de cette diversité est exposé; elle est « plus subjectivement qu'objectivement pratique, à savoir pour rapprocher une idée de la raison de l'intuition (selon une certaine analogie) et par là du sentiment ». Ce qui vient ainsi à manifestation n'est pas autre chose que *la raison humaine en sa condition de finitude*. Cette finitude est son appartenance au temps, à dire intrinsèque à la raison humaine, parce qu'elle en marque tous les emplois. Le malentendu, quand il s'agit de raison finie est d'entendre par là une raison diminuée, par perte de quelque pourcentage de sa capacité. La raison finie est dans son plein emploi. Quand il s'agit de l'agir humain, elle est détermination du vouloir par une raison *pure*, seule capable de mettre le vouloir à hauteur de *l'inconditionné qu'est la liberté*. Cette légitimité cependant ne peut que lui être donnée, hors de quoi elle serait dans ce délire où elle s'égalerait à la raison divine. Kant est très précis sur la démarche d'une raison dans la finitude dans la détermination morale. Elle n'est pas dispensée du travail du *penser*, mais c'est celui de l'*analogie*, interdisant les déductions et leurs conclusions, toujours de l'ordre de l'acquis. Le *sentiment* a aussi place, avec à son horizon le *respect*, sentiment unique, produit par la loi morale dès lors qu'elle détermine un agent qui est dans le temps et l'espace. L'impasse du formalisme était d'ignorer la finitude, qui est au centre de la pensée critique.

LA CRITIQUE DE LA RAISON PRATIQUE : « IL Y A UNE RAISON PRATIQUE PURE »

L'impératif de prudence s'inscrit dans l'impératif catégorique, sans rien perdre de sa qualité d'impératif hypothétique, en écho à la chaîne phénoménale du *Canon*, solidaire des autres chaînes phénoménales composant un univers, mais qui est « en même temps » initiée selon l'inconditionné de la liberté. Il est juste de parler de *prudence cosmique* attestant qu'elle relève du *concept cosmique de la philosophie*. Encore faut-il dire comment elle prend place dans ce monde que l'on trouve d'abord dans la *Critique de la raison pure* à partir du « système du monde » exposé dans les *Philosophiae naturalis principia mathematica* de Newton. On verra comment la deuxième *Critique* constitue un tournant par rapport à la problématique de la première, qui valait toujours pour les *Fondements*. Ce tournant s'indique bien dans un propos, au début même de l'ouvrage : « il y a une raison pratique pure ». Il faudra faire voir alors comment ce tournant occasionne une nouvelle lecture des formulations de l'impératif catégorique et fait paraître un rapport à la religion.

L'impératif catégorique, fait unique de la raison pure

À la question sur la réalité de la liberté dans le monde, le *Canon de la raison pure* fait une réponse simple : « La liberté pratique peut être démontrée par l'expérience »[1], et un peu plus avant il précise que cette liberté pratique est « une des causes naturelles », en ce cas « une causalité de la raison dans la détermination de la volonté »[2]. Sans doute Kant précise-t-il aussitôt que cela ne saurait s'appliquer à la « liberté transcendantale »[3], celle dont il est question dans la solution de la troisième antinomie. De cette dernière on peut seulement dire qu'elle n'implique aucune contradiction, et elle est donc seulement problématique. Par rapport à la liberté pratique, cela signifie une possibilité négative, celle de la non-contradiction[4]. L'expérience qui démontre la liberté est celle de ces chaînes phénoménales, naturelles en ce sens, mais qui sont à attribuer à un commencement absolu, celui de la détermination du vouloir par une loi morale, qui est loi de liberté. Si elle est une des causalités naturelles, c'est dans la mesure où elle se présente comme un fait. Un peu plus avant, Kant donne son nom à cette sorte de séquence mondaine, il s'agit de « l'*histoire* de l'homme »[5]. Finalement, s'il y a des principes théoriques pour les causalités naturelles du type de la physique, il y a aussi des principes pratiques, et débattre sur les démonstrations auxquelles ils donnent lieu serait revenir sur le plan spéculatif, qui n'est pas celui du *Canon*.

Les *Fondements de la métaphysique des mœurs* se situent cette fois sur le plan pratique, et la troisième section s'ouvre sur la « causalité de la volonté ». Elle est située dans le cadre de la « nécessité naturelle », négativement d'abord, échappant à toute nécessité de ce type. Mais il faut bien aussi la considérer, cette fois positivement[6], comme causalité par liberté, à

1. *CRP*, A 802, B 830, Ak 3, 521, 14-15, Pl. 1, 1363.
2. *CRP*, A 803, B 831, Ak 3, 521, 33-35, Pl. 1, 1364.
3. *CRP*, A 803, B 831, Ak 3, 522, 1-5, Pl. 1, 1364.
4. Cf. *CRP*, A 557-558, B 585-586, Ak 3, 377, 13-21, Pl. 1, 1186.
5. *CRP*, A 807-B 635, Ak 3, 524, 18-31, Pl. 1, 1367.
6. *FMM*, Ak 4, 446, 7-12, Pl. 2, 315.

poser dès lors que l'on trouve une loi propre à une telle causalité, et qui est la loi morale. Cela revient à ouvrir le débat que le *Canon de la raison pure* pouvait éviter. Sans entrer dans tout son développement, il suffit ici de s'arrêter à un « cercle vicieux » auquel finalement il paraît bien conduire. C'est le cercle de la liberté et de la loi morale. Il semble bien qu'à partir de la liberté on puisse conclure à la détermination possible seulement par la loi morale, précisément loi de liberté. Mais on voit aussi que cela veut dire que parler de moralité est présupposer la liberté chez le sujet de l'action. La solution essayée par Kant consiste à mettre en avant la double appartenance de l'homme à l'univers sensible et à l'univers intelligible. Dans la mesure où le premier est du déterminé, l'autre étant du déterminant, le cercle est surmonté, en commençant par le déterminant, la liberté, d'où se déduit, dans le déterminé, la loi de liberté. C'est parce qu'il est libre que l'homme est moral[1].

C'est à ce point que la *Critique de la raison pratique* va inscrire sa différence.

Il faut venir au moment où la seconde *Critique* reprend à son compte la formulation de l'impératif catégorique. Il est présenté comme « loi fondamentale de la raison pratique pure », avec pour énoncé : « Agis de telle sorte que la maxime de ta volonté puisse valoir toujours en même temps comme principe d'une législation universelle »[2]. Par rapport à l'énoncé des *Fondements* il n'y a aucune variation sur le fond. La notation temporelle revient inchangée. La formulation est moins heurtée, le « par laquelle tu peux vouloir » étant repris dans « législation » (exactement, en serrant la forme allemande : « la donation de la loi », soulignant heureusement l'autonomie). La *remarque* qui suit réfléchit sur cette détermination qui se produit « par la seule forme de la loi »[3]. Il faut aller à la fin de la remarque pour percevoir un changement très radical cette fois par rapport à la problématique des *Fondements*. C'est sur « la conscience de cette loi fondamentale » que Kant revient, demandant de « le nommer un fait de la raison »[4]. Dans une argumentation très serrée, il explique d'abord que cette loi ne peut être la conclusion tirée par raisonnement de « données de la raison », dans lesquelles devrait nécessairement se trouver « la conscience de la liberté ». Cela revient à dire que la loi morale fondamentale est « synthé-

1. *FMM*, Ak 4, 450, 18-451, 36, Pl. 2, 320-322.
2. *Critique de la raison pratique (CRPr)*, Ak 5, 30, 37-39, Pl. 2, 643.
3. *CRPr*, Ak 5, 31, 10.
4. *CRPr*, Ak 5, 31, 34-35, Pl. 2, 644-645.

tique *a priori* », en ajoutant aussitôt cependant qu'elle ne saurait se fonder sur une intuition, qu'elle soit pure ou empirique. L'intuition pure peut être chez Kant immédiatement écartée. À ce point, on serait tenté de parler d'empiricité, et ce serait reprendre le langage du *Canon*, expliquant que la liberté est un fait d'expérience. Certes, en ce langage, qui est celui des *Fondements*, on est bien dans le *donné*, donc dans le synthétique *a priori* cherché[1]. Mais à rester là on serait dans un « malentendu » qui ne peut être évité qu'en faisant travailler le terme de *fait* : il faut le comprendre comme « le fait unique de la raison pure, qui s'annonce par là comme originairement législatrice (*sic volo, sic jubeo)* »[2]. Il relève du *fait* parce qu'il est du *donné*, impliqué dans la qualification de *synthétique*. Il faut entendre en arrière-fond tout ce qui fonde la *finitude* humaine, qui, comme théorique, ne peut se donner la légitimité de son usage, légitimité pleine quand elle est donnée, dans les conditions de l'expérience. Le caractère *unique* du « fait de la raison » tient en ceci : *ce qui est donné à la raison est la raison elle-même, en son usage pratique de raison pure*, un tel usage étant *légiférant*.

Je pense que Kant va ici très loin dans ce qui est le défi majeur de sa pensée, sur le tournant pratique : comment concilier *autonomie* et *obéissance*, indépendance et dépendance. Aussi bien est-ce retrouver ce qui est au fond de la troisième antinomie, avec le risque de mettre l'issue dans la considération de deux appartenances, au monde sensible, au monde intelligible, avec les deux « caractères », empirique et intelligible[3], et le risque très grand de simple juxtaposition. La prudence, replacée dans l'impératif catégorique, garde de ce risque, car elle est du côté de l'obéissance, prenant en compte ce dont le sujet ne dispose pas. Elle conforte même cette non-disposition, puisque, comme « prudence cosmique », elle concerne des rapports humains.

Je rejoins ici É. Weil, qui a su mettre en pleine lumière ce « fait unique de la raison »[4], décisif pour comprendre le primat de la raison pratique et la pensée critique dans son ensemble. Qu'il suffise de relever quelques points confirmant ce caractère clé, et tout spécialement ce qui éclaire le pas en avant de la *Critique de la raison pratique* par rapport aux *Fondements*, où se trouvent les textes majeurs concernant la prudence. On voit d'abord comment l'impératif catégorique comme fait unique de la raison éclaire

1. *CRPr*, Ak 5, 31, 26-31, Pl. 2, 645.
2. *CRPr*, Ak 5, 31, 31-34, Pl. 2, 645.
3. *CRP*, A 538-539, B 566-567, Ak 3, 366, 8-35, Pl. 1, 1172.
4. É. Weil, *Problèmes kantiens*, *op. cit.*, chap. II, « Sens et fait », p. 57 *sq*.

bien le changement qui se produit en allant des *Fondements* à la *Critique de la raison pratique*, et combien on perd quand, comme il arrive bien souvent, on met les deux œuvres sur le même plan. L'analyse qui vient d'être faite du fait de la raison, donnant à la raison d'être légiférante, raison pratique pure, éclaire ce qui est donné d'emblée comme enjeu à la seconde *Critique*, montrer « qu'il y a une raison pratique pure ». Tout est contenu en cela, tout d'abord le titre même de l'œuvre, *Critique de la raison pratique*, et non : *Critique de la raison pratique pure*, forme que Kant va presque à présenter comme une étourderie : s'il y a une telle raison pratique pure la question d'une déviation possible dans son exercice ne saurait se poser. Il s'agit donc seulement de critiquer *l'ensemble du pouvoir pratique*, pour séparer ce qui est usage pur et usage conditionné[1]. Kant oublie seulement que le titre de la troisième section des *Fondements* comportait cette expression[2]. Aussi bien n'est-ce pas sans rapport avec la sorte de cercle où risquait de s'embrouiller cette troisième partie sur l*a priori*té réciproque entre liberté et loi morale. Kant tranchait à ce moment-là en faveur de la liberté, d'où on pouvait conclure au caractère moral de la loi qui lui était propre. L'analyse présentée du principe fondamental de la raison pure pratique comme fait unique de la raison va à l'opposé, et Kant le souligne : on aboutit en effet à un résultat inattendu. Alors que l'on s'attendait à devoir poser la liberté, et à en déduire que la loi qui lui était propre ne pouvait être que la loi morale, c'est la position inverse qu'il faut prendre. C'est parce qu'il y a loi morale qu'il faut conclure à ce pouvoir de détermination de l'agir selon l'inconditionné qu'est la liberté[3]. Il y a là beaucoup plus qu'une querelle un peu formelle de préséance. Le premier modèle revenait en fait à raisonner à partir de la nature de l'homme. Le lieu de la *Critique* est le monde, et d'abord en ses rapports d'humanité et c'est bien l'impératif moral en sa catégoricité qui se présente alors comme lien constitutif de ce groupe, en des rapports de personne à personne. La liberté fait leur dignité comme leur responsabilité.

Un dernier point enfin, qui appartient aux parages de la prudence. C'est dans un monde sensible, celui de l'espace et du temps, que se présente cette loi de l'autonomie de la raison pratique pure, en lui qu'elle doit prendre réalité, ce qui ne saurait aller sans quelque transformation de ce monde

1. *CRPr*, Ak 5, 3, 2-13, Pl. 2, 609. C'est le premier alinéa de la Préface.
2. *FMM*, Ak 4, 447, 2-4, Pl. 2, 315 : « Passage de la métaphysique des mœurs à la Critique de la raison pratique pure ».
3. *CRPr*, Ak 5, 47, 21-37, Pl. 2, 665.

sensible. C'est ce qu'explique un passage où se rencontre la première mention du souverain bien dans cette *Critique*, en traçant d'un coup l'orientation d'ensemble. « La loi morale nous place effectivement selon l'idée dans une nature, dans laquelle la raison pure, si elle était accompagnée du pouvoir physique qui lui est proportionné, produirait le souverain bien et elle détermine notre volonté à impartir la forme au monde sensible comme à un tout des êtres raisonnables »[1]. C'est de la détermination produite par la loi morale qu'il s'agit, en ayant à son horizon la nature entière, vérifiant ainsi le caractère cosmologique de tout ce qui touche à la liberté. Or cette détermination qui est celle du vouloir libre, en un lieu et à un moment du temps a une poussée qui concerne le monde sensible en sa totalité, pour qu'il prenne la forme d'un tout des êtres raisonnables, ce qui serait le *souverain bien*. L'obstacle, sobrement évoqué, tient dans l'absence de la force physique, celle qui peut modifier la figure du monde sensible, le portant à hauteur de ce dont sont devenus dignes des être raisonnables. C'est du *bonheur* qu'il s'agit, cette visée qui est, comme l'enseignaient les *Fondements*, en tout homme. La progression se fait selon les conseils des impératifs de prudence, intéressant tout être humain, inscrits « assertoriquement » en cette détermination par la loi morale. La fin ainsi visée reçoit ici son nom, elle est le *souverain bien*, accomplissement d'un monde humain. Le pouvoir physique proportionné, manquant, fait signe vers Dieu, comme souverain bien originaire, le monde sensible porté à hauteur de ce dont l'homme s'est rendu digne étant le souverain bien dérivé.

L'important est que cela est inscrit dans l'obligation même de la loi morale, informant la volonté libre. Et c'est pourquoi Kant peut aller jusqu'à dire que l'échec à penser la possibilité du bonheur rendrait vaine la loi morale elle-même, tel un projet vide de sens[2].

La typique du jugement pratique pur, les catégories de la liberté

L'*Analytique* de la *Critique de la raison pratique* suit un ordre inverse de celui de la *Critique de la raison pure*. Alors que celle-ci partait du donné d'expérience et par les concepts aboutissait aux principes, celle-là part des principes et par les concepts va aux mobiles, de l'ordre du sensible. On se doute que ce changement est lié au propos d'entrée de la *Critique de la*

1. *CRPr*, Ak 5, 43, 30-34, Pl. 2, 660 (je donne une traduction aussi serrée que possible).
2. *CRPr*, Ak 5, 114, 6-9, Pl. 2, 747.

raison pratique : il y a une raison pure pratique se présentant comme fait[1]. Le deuxième chapitre revient à hauteur des *formulations de l'impératif catégorique*, dans une section traitant de la *typique de la faculté de juger pratique pure*. Sans chercher à faire un exposé de cette question, je me limite à ce qui présente une variation par rapport aux *Fondements*.

C'est l'homologie structurelle avec la première *Critique* qui fait le fond en même temps que l'intérêt de ces variations. Commune aux deux présentations est la recherche d'autres formulations pour l'impératif catégorique, énoncé en sa forme de base, commun aussi le souci de sa mise en œuvre au niveau de l'agir, en sa réalité sensible. La différence tient au fait que la deuxième *Critique* se place dans la problématique du *schématisme*. On voit vite que le fond est le même, celui de *la jonction entre sensible et intelligible*. On peut dire qu'elle est plus explicitée dans la typique, du fait même que l'on peut tenir la détermination morale du vouloir comme déjà posée avec le premier chapitre : on sait comment on parvient à une volonté *bonne*. Le deuxième chapitre dégage de cette détermination l'« objet » qu'elle produit qui est le *bien*. On entend cela dans la problématique de la typique. La maxime de l'action est déjà à l'universel, en sa détermination par la forme d'universalité. L'embarras est de savoir comment ce qui est possible dans la sensibilité est bien le cas en accord avec l'impératif[2]. Il faut tout de suite remarquer que, si on est en effet dans la problématique du schématisme, on ne va pas trouver d'aide dans ce qui est proprement le schématisme catégorial dans la première *Critique*. Dans la connaissance théorique, il s'agissait du divers de l'expérience sensible à subsumer, par le moyen de l'imagination transcendantale, sous une détermination intelligible. Or la détermination est une détermination du vouloir, et non de quelque donnée sensible prise en elle-même, et c'est pour cela qu'elle est de la forme de la loi, en son universalité, qui appartient comme telle au *supra*-sensible[3]. Certes, cette loi est celle d'un agir dans la sensibilité. Si la médiation n'est pas comme telle produit de l'imagination transcendantale, elle pourra se servir d'un « modèle », ce que signifie justement « type », issu du grec. C'est l'entendement qui sert alors de médiation, proposant une loi, mais appliquée dans l'expérience (au moyen, évidemment, du schématisme catégorial)[4].

1. *CRPr*, Ak 5, 18, 13-36, Pl. 2, 624-625.
2. *CRPr*, Ak 5, 67, 25-32, Pl. 2, 690.
3. *CRPr*, Ak 5, 68, 10-25, Pl. 2, 690-691.
4. *CRPr*, Ak 5, 68, 26-69, 19, Pl. 2, 691-692.

Kant donne alors la formulation du type : « demande-toi toi-même si, en considérant l'action que tu as en vue comme devant arriver d'après une loi de la nature dont tu serais toi-même une partie, tu pourrais encore la regarder comme possible pour ta volonté »[1]. Suivent des exemples, à la façon de ceux que donnaient les *Fondements*, mais plus réduits. On voit que l'on est à hauteur de la première des formulations de l'œuvre précédente, celle qui met en œuvre un processus de nature. La différence principale est dans la précision : « la nature dont tu serais toi-même une partie ». C'est exclure tout ce qui se ramènerait à quelque casuistique abstraite pour faire venir tout le contexte des circonstances, retrouvant, en toute leur force, les dimensions des lieux et des temps. On ne s'étonnera pas que le deuxième type évoqué soit justement le bonheur. Ayant rappelé que la détermination morale comme telle ne peut être prise des conséquences empiriques, « ce qu'on appelle le *bonheur* », Kant poursuit : « quoi qu'il soit vrai de dire que le bonheur et le nombre infini des conséquences utiles d'une volonté déterminée par l'amour de soi, si cette volonté se constituait en même temps elle-même en loi universelle de nature, pourrait servir de type parfaitement approprié au bien moral, sans toutefois se confondre avec lui »[2]. Le mot n'y est pas, mais c'est, et en toute réalité, l'impératif de prudence.

Puisque le modèle de la *Critique de la raison pure* amenait dans la *Critique de la raison pratique* la problématique du schématisme, on ne sera pas surpris si le deuxième chapitre de l'*Analytique*, dans cette dernière, propose une *table des catégories de la liberté*. Je n'en retiens ici que ce qui apporte quelque éclairage sur la façon dont se présentait la prudence dans les *Fondements*. Tout d'abord cette table, qui suit strictement, en leur organisation même, les douze catégories de la première *Critique*, présente un avantage de simplification : elle n'a à s'occuper que d'une seule des catégories de l'entendement, celle de *causalité*, la liberté en étant une des formes. L'indication est précieuse, car elle confirme que le lieu sur lequel travaillaient les *Fondements* et où la *Critique de la raison pratique* fait le pas qui conduit Kant à ouvrir une nouvelle Critique, est celui dans lequel le *Canon de la raison pure*, dans la première *Critique* pensait trouver la preuve de la possibilité d'actions libres, savoir qu'elles relèvent d'une des causalités que nous rencontrons dans notre expérience[3]. Mais alors que les catégories de l'entendement visent à introduire un ordre, et donc une unité,

1. *CRPr*, Ak 5, 69, 20-24, Pl. 2, 692.
2. *CRPr*, Ak 5, 70, 29-35, Pl. 2, 694.
3. *Supra*, p. 303.

dans le divers du donné sensible, les catégories de la liberté cherchent l'unité dans le divers des *désirs*. Aussi bien la volonté est-elle, quand on se souvient des appellations grecques et latines, la *faculté de* désirer[1]. Kant explique d'ailleurs que les douze catégories de la liberté représentent un chemin, qu'il illustre à propos des catégories de la *quantité*, qui vont des *maximes*, au niveau de l'individualité, à des *prescriptions*, où entre en jeu une rationalité, pour parvenir au niveau de la *loi*. Il est aisé d'identifier la prudence au niveau intermédiaire, en ces « prescriptions qui valent pour une espèce d'êtres raisonnables, en tant qu'ils s'accordent en certains penchants »[2]. La tripartition de la *relation* dans ces catégories de la liberté prend alors toute sa portée à l'endroit de la prudence : la *personnalité* vient à la base, première catégorie fondant la relation humaine. Elle a pour lieu l'*état de la personne*, deuxième membre de cette partition, la troisième étant la *réciprocité d'une personne sur l'état d'une autre*[3]. On est ici au point exact où l'impératif de prudence s'énonçait pour la première fois, comme impératif pragmatique, « prudence cosmique », telle parce qu'elle concernait les relations de personnes, avec une sorte de cynisme tranquille, ramenant tout l'univers à l'utilité de l'individu[4]. La prudence était bien mise dans la clôture des impératifs hypothétiques, et le verrou sur la clôture.

Le respect de la personne

Il faut rester encore à ce lien entre prudence et personne dans la philosophie morale de Kant. C'est la deuxième formulation de l'impératif catégorique dans les *Fondements* qui met en meilleure lumière la nécessité d'insérer dans la maxime l'impératif de prudence pour qu'elle puisse se mettre à la hauteur de l'impératif catégorique, en sa valeur de loi[5]. L'acte est pris en effet par la *fin*, premier déterminant du vouloir à examiner dans la délibération. Mais on voit aussitôt que le moraliste ne peut que suivre Aristote, lorsqu'il ouvrait son éthique sur l'homme dans la cité[6]. Et si Kant part plutôt d'un point de vue cosmique, il s'agit bien du monde habité par l'homme, en des relations spatio-temporelles, où parler de fin est toujours

1. *CRPr*, Ak 5, 65, 23-24, Pl. 2, 687. « Faculté de désirer » est « *Begehrungsvermögen* », c'est le terme de *Begehrung* qui est rendu par désir dans le texte de *CRPr*.
2. *CRPr*, Ak 5, 67, 12-20, Pl. 2, 689.
3. *CRPr*, Ak 5, 66, 30-34, Pl. 2, 688-689.
4. *Supra*, p. 298-299.
5. *Supra*, p. 301.
6. *Éthique à Nicomaque*, I, 1-3.

parler aussi de moyen. Par suite dans la dimension opérationnelle des relations certains ne peuvent qu'être en position de moyens, d'où la formulation demandant de les traiter toujours en même temps comme fin valant en soi. Se profile ici dans le développement de la *Critique de la raison pratique*, le *respect*, mobile qui donne son sceau à l'action morale, la distinguant de ce qui serait pure légalité. Or le respect pour la loi ne peut trouver son point juste que dans la relation à une personne. Certes, j'ai en moi la conscience de la loi morale, mais elle est obérée par la conscience que j'ai de toujours laisser interférer en elle l'amour-propre. C'est dans l'autre personne que je puis et dois la supposer en toute sa pureté, comme ce qui fait la dignité de cette personne[1]. Et c'est pourquoi, lorsque Kant expose dans la *Religion dans les limites de la simple raison* les trois degrés de la disposition au bien dans l'homme, le degré le plus haut est justement la *personnalité*, dont la marque est la capacité d'éprouver du respect pour la loi morale[2]. C'est cette disposition qui fait la dignité de l'homme, toujours à traiter non pas seulement comme moyen, mais comme fin en soi.

LE PRAGMATIQUE, CE QUE L'HOMME COMME LIBRE PEUT OU DOIT ET PEUT FAIRE

C'est par sa qualification de *pragmatique* que la prudence trouvait une position médiane, la détachant, dans les impératifs hypothétiques de la forme *technique* des impératifs de simple habileté, et demandant de faire appel du verdict d'exclusion du « moral ». Le relief pris par cette qualification dans le domaine de l'anthropologie servira de point d'accès, et très précisément le sens qui lui est donné d'emblée, et qui fait le titre de cette section. Cela servira de fil conducteur pour exposer le rôle de la prudence dans le domaine du droit et de l'éducation.

C'est dès le début de la préface que Kant distingue deux sortes d'*Anthropologie*, l'une du point de vue *physiologique*, l'autre du point de vue *pragmatique*. « La connaissance physiologique de l'homme va à la recherche de ce que la *nature* fait de l'homme, la pragmatique va à ce que, comme être agissant librement, il fait ou qu'il peut et doit faire de lui-même »[3]. Le propos est clair : une démarche où la nature est sujet du verbe *faire*, l'autre où c'est l'homme qui est sujet, car il y va de son agir, celui

1. *CRPr*, Ak 5, 76, 24-77, 18, Pl. 2, 701-702.
2. *Religion*, Ak 6, 27, 27-28, 7, Pl. 3, 39.
3. *Anthropologie*, Ak 7, 119, 11-14, Pl. 3, 939.

d'une liberté. On peut s'étonner, cependant, d'une sorte de complication de l'expression : on ne part pas seulement du faire de l'homme, mais de « ce qu'il peut et doit faire », le terme de « doit » étant celui qui est propre à l'agir moral. Il se trouve que ce couple du vouloir et du pouvoir revient tout à la fin de l'œuvre, précisément dans un contexte où il est question de prudence, et ce n'est pas sans éclairer ce que la définition du pragmatique a d'énigmatique. Il s'agit de ce qui peut être considéré comme caractère de l'espèce humaine : « Du reste, l'espèce humaine doit et *peut* être elle-même créatrice de son bonheur; cependant, qu'elle le *sera* ne se laisse pas conclure *a priori* des dispositions naturelles que nous lui connaissons, mais seulement de l'expérience et de l'histoire dans une attente aussi fondée qu'il est nécessaire pour ne pas désespérer d'un progrès vers le mieux, mais de favoriser avec toute la prudence et l'exemplarité morale nécessaire l'approche de ce but (chacun autant que cela est en lui) »[1]. L'énigme tient en ce que le « devoir » implique comme tel le « pouvoir ». Il y aurait donc une inutile tautologie. Cela invite à se faire attentif à un changement d'ordre dans le texte final où *sollen* vient en tête, suivi de *können* qui est en outre souligné. L'indétermination du bonheur oblige à renoncer à une déduction à partir des dispositions humaines, pour recourir à l'expérience et à l'histoire, ce qui est retrouver la notion aristotélicienne de prudence, l'attention à l'implanifiable, à partir des circonstances. Cette recherche du bonheur, inscrite dans le désir de tout être humain, est le *souverain bien* dérivé[2], qu'il faut lire en filigrane dans ce texte. Mais alors le soulignement du *pouvoir* prend tout son sens. Il est ce qui *doit pouvoir être pensé comme possible*. Il appartient à la structure même de l'impératif catégorique, quand est prise en compte son insertion dans le monde. Par un autre chemin que les formulations de l'impératif catégorique la prudence se retrouve comme *prudence cosmique*. Qu'il suffise de mentionner des reprises de la division tripartite technique, pragmatique, morale, avec toujours la position médiane du pragmatique[3].

Les propos sur la *Pédagogie*, publiés par Rink, à la demande de Kant, s'organisent en deux parties, l'éducation *physique*, commune à l'homme et aux animaux, une éducation *pratique* qui forme l'homme « pour une

1. *Anthropologie*, Ak 7, 328, 26-329, 6, Pl. 3, 1140.

2. *CRPr*, Ak 5, 125, 22-30, Pl. 2, 761.

3. *Anthropologie*, Ak 7, 322, 13-20, Pl. 3, 1134 – En rapprocher *Ibid.* Ak 7, 201, 1-11, Pl. 3, 1018-1019, développement de trois dispositions selon les âges de la vie, vingt ans pour la technique, quarante ans pour la prudence, soixante ans pour la sagesse.

existence d'être libre de ses actes ». C'est la *personnalité* qui est l'enjeu de cette éducation[1]. Le développement de l'homme se joue sur trois plans : le premier est scolastique et mécanique, et il est à qualifier de *didactique*. Le deuxième est pragmatique, expressément rattaché à la prudence. Le troisième est moral. À propos de la prudence une indication précieuse est donnée : c'est elle qui fait le *citoyen*, car c'est par elle que l'homme prend une *valeur publique*. Son acquisition requiert des années[2]. Lorsque la question revient plus avant à propos de « l'éducation pratique », c'est la notion de *prudence cosmique* (*Weltklugheit*) qui vient au premier rang. Il faut en retenir qu'elle ne peut éviter une « dissimulation », qui n'est pas « tromperie », mais qui va vers l'insincérité. On retrouve la vertu de prudence aristotélicienne en sa valeur de milieu entre deux extrêmes, lorsque Kant note qu'elle habitue à ne pas céder à l'emportement, sans pour autant rester dans l'indolence[3].

L'allusion au citoyen introduit bien aux écrits politiques. Je m'en tiendrai à un seul passage de l'essai : *Vers la paix perpétuelle*, traitant directement de la prudence. L'abord se fait par une « doctrine immorale de la prudence ». Il s'agit aussi bien du droit privé que du droit public, et on s'en tient à de simples « manœuvres de prudence » où les justifications des décisions politiques ne font que camoufler ce qui est la loi du plus fort, le *droit des gens* étant indiqué comme le domaine où le risque est le plus grand. Il y a pour Kant une impossibilité à un État mondial, avec un tribunal qui règlerait les conflits entre nations à la façon dont le fait le tribunal institué par le droit public en chaque nation, car le renoncement à la volonté particulière du contrat rousseauiste qui fait le citoyen ne peut s'appliquer simplement à la souveraineté entre les nations. Il faut se contenter d'associations entre les nations, à multiplier et élargir, cherchant à régler au mieux les conflits. Les compromis seront inévitables, la paix en sa réalité est une tâche à toujours continuer, cette inlassable visée étant finalement la modeste forme de sa perpétuité.

Or il est très remarquable que Kant souligne que ce but ne peut être atteint qu'avec « le souvenir de la prudence, [demandant] de ne pas l'atteindre de façon précipitée avec la force, mais de s'en rapprocher inlassablement selon l'occasion des circonstances favorables »[4]. Ici, c'est très

1. *Pédagogie*, Ak 9, 455, 2-10 ; Pl. 3, 1162.
2. *Pédagogie*, Ak 9, 455, 11-33n, Pl. 3, 1162-1163.
3. *Pédagogie*, Ak 9, 486, 5-33, Pl. 3, 1191.
4. *Vers la paix perpétuelle (PP)*, Ak 8, 378, 2, *cf.* Pl. 3, 373.

exactement la vertu aristotélicienne de prudence qui revient. La « Société des Nations » après la première guerre mondiale s'était référée à ces analyses de Kant, et l'ONU, qui après la deuxième guerre mondiale tentait de tirer les leçons de l'échec de ses prédécesseurs, n'a pas pu démentir les réserves de Kant sur la possibilité du tribunal international, capable en effet de régler les conflits entre les nations.

CONCLUSION

Lorsqu'il faisait appel à la notion de prudence, Kant savait qu'elle avait une histoire, puisqu'elle intervenait pour caractériser tel ou tel moment de la pensée grecque, particulièrement Épicure[1]. Et on peut faire confiance à P. Aubenque quand il considère qu'il avait une connaissance correcte de la position d'Aristote, sans doute surtout à travers Wolff[2]. Cette ancienneté des questions est, on le comprend sans peine, ce qui les désigne comme les lieux où se manifeste au mieux la nouveauté des réponses que l'avancée de l'histoire demande de faire. Ce n'est pas trop simplifier le parcours qui vient d'être fait de voir dans la prudence un abord privilégié de la question de l'impératif catégorique, au centre du primat du pratique qui oriente bien pour traiter du « tournant kantien ». Ce qui est mis en débat, c'est, ainsi qu'il a paru tout au long de cette étude, la lecture formaliste de cet impératif. L'intérêt de la prudence est alors d'en faire comprendre la possibilité, en même temps qu'en est manifestée la déviation. La possibilité tient dans l'abord par l'opposition binaire des impératifs, hypothétiques et catégoriques, les premiers partant de la fin posée d'abord, qui commande les moyens, le second situant l'agir dans l'inconditionné où la liberté se présente comme autonomie, seule à hauteur de l'absolu de la loi morale. C'était du même coup placer la prudence dans l'hétéronomie, hors de la moralité. Le point capital était de remarquer que cette lecture méconnaissait l'énoncé même de l'impératif catégorique, en négligeant la notation temporelle du « en même temps ». La seule parade contre cette critique était de tenter de neutraliser la notation de temps en opérateur logique de connexion entre maxime et loi. Contre cette réduction il suffisait de faire valoir la triple formulation de l'impératif catégorique dans les *Fondements*, appuyée par les catégories de la liberté et la typique de la *Critique de la*

1. *CRPr*, Ak 5, 126, 24-35, Pl. 2, 762.
2. P. Aubenque, « La prudence chez Kant », art. cit., p. 166.

raison pratique. Et c'était dans la seconde de ces formulations qu'il était possible de faire paraître l'insertion de l'impératif de prudence dans l'impératif catégorique lui-même. Ce qui était perdu avec le formalisme – Péguy : « le kantisme a les mains pures, mais il n'a pas de mains »[1] – ce n'était pas seulement la prise sur la réalité de l'agir humain. C'était, à la racine de cet échec d'ailleurs, le fruit de la Critique qui se perdait, la *finitude de la raison humaine*. Il ne s'agit pas de quelque diminution de la raison, l'impératif catégorique, « fait de la raison » est pleine détermination du vouloir par une raison pratique pure, mais qui ne peut jamais être de l'ordre de la *possession*. Elle dispenserait justement du cheminement de la prudence, preuve et épreuve, puisque la destination qui est inscrite dans la loi morale n'a d'autre preuve de son accessibilité que l'épreuve de l'inaccessibilité. C'est, dans l'avancée de l'histoire, une des réponses à la question : « que m'est-il permis d'espérer ? ».

François MARTY

1. C. Péguy, *Victor Marie, Comte Hugo, Solvuntur objecta*, Œuvres en prose, 1909-1914, « Bibliothèque de la Pléiade », Paris, Gallimard, p. 827.

CHAPITRE XII

GADAMER, LECTEUR D'ARISTOTE : *PHRONÈSIS* ET SCIENCES MORALES

Il y a un reproche qui suit toute la tradition post-heideggerienne comme une ombre, à savoir qu'elle exerce une sorte de violence interprétative sur les textes classiques de la philosophie. Cette méfiance apparaît de nouveau à propos de la compréhension de l'éthique aristotélicienne : « Chez Gadamer, l'intérêt herméneutique pour Aristote a été profondément conditionné par les exigences méthodologiques et épistémologiques contemporaines. [...] Il y eut ainsi des incursions rhapsodiques dans le *corpus aristotelicum* visant à en exploiter certains aspects et certaines intuitions »[1]. Dans ce qui suit on essayera de montrer que la lecture gadamerienne n'est ni rhapsodique ni violente, pour la simple raison que Gadamer n'entend pas développer une interprétation univoque et dogmatique de l'éthique aristotélicienne, mais en propose des approches tâtonnantes et divergentes. Il n'en reste pas moins vrai que cette indécision interprétative reflète une ambiguïté plus profonde quant au statut scientifique des sciences humaines[2].

1. F. Volpi, « Herméneutique et philosophie pratique », dans G. Deniau et J.-C. Gens (éd.), *L'héritage de H.-G. Gadamer*, Paris, Le Cercle herméneutique, 2003, p. 31.

2. Les textes de *Gesammelte Werke* (Tübingen, Mohr Siebeck, 1986-1995) auxquels nous nous référons sont les suivants : *GW1* : *Wahrheit und Methode*; *GW2* : « Replik zu Hermeneutik und Ideologiekritik »; « Hermeneutik als theoretische und praktische Aufgabe »; *GW3* : « *Ethos* und Ethik »; *GW4* : « Über die Möglichkeit einer philosophischen Ethik »; « Wertethik und praktische Philosophie »; *GW5* : « Praktisches Wissen »; *GW7* : *Die Idee des Guten zwischen Platon und Aristoteles*; *GW10* : « Die Idee der praktischen Philosophie »; « Vernunft und praktische Philosophie ». Voir aussi : *Rehabil.* : *Vernunft im*

I

On présentera d'abord le cadre du questionnement dans lequel s'inscrit l'appropriation gadamerienne d'Aristote. L'axe central sur lequel elle est structurée n'est autre que la relation qui noue la *phronèsis* à l'éthique comme science morale, c'est-à-dire, respectivement, l'expérience morale elle-même à la possibilité d'un discours théorique qui la rend thématique de façon adéquate. Il apparaît que « l'analyse aristotélicienne livre en effet une sorte de modèle des problèmes que pose la tâche herméneutique » (*GW1*, 329). « La seule raison » pour laquelle Gadamer investit la philosophie d'Aristote est sa conviction qu'« elle est *le seul modèle solide* pour une auto-compréhension adéquate des sciences humaines »[1]. Cela revient à dire que le modèle aristotélicien permettra aux sciences humaines de s'émanciper des sciences naturelles, de se rendre compte du fait que leur objet de recherche est d'une nature tout à fait particulière et que son explication exige, en conséquence, une méthode propre[2]. Bien sûr, toute science cherche à établir une méthode capable de mieux saisir son objet de recherche. La particularité des sciences humaines est due à l'identité (« circularité ») entre le sujet du savoir théorique et l'objet de sa recherche : la théorie n'est pas séparable de son objet (« n'est pas détachée de l'être »), puisque l'objet en cause représente une forme de l'expérience humaine. Le problème est donc de définir la méthode qui sera en mesure d'articuler une science de l'expérience humaine.

Il n'est pas opportun de discuter ici la pertinence de cette thèse, puisque notre propos n'aborde que la façon dont sont traités l'expérience morale et le discours qui la thématise. Qu'il soit pourtant noté que le parallélisme tracé ici entre le statut des sciences morales et l'éthique présuppose en substance que toutes deux se réfèrent à une expérience universelle et commune à tout être humain. En fait, l'expérience herméneutique et la conscience morale ne décrivent pas des activités que le sujet déciderait à volonté d'entreprendre, mais la facticité inévitable de l'homme : « On se trouve toujours initialement dans la situation de celui qui doit agir » (*GW1*, 322). Nous sommes déjà d'avance impliqués dans le terrain de l'action morale et, donc, « l'homme est toujours déjà dans le cercle de ce qui dépend de la

Zeitalter der Wissenschaft, Frankfurt am Main, Suhrkamp, 1976; *NE VI* : *Nikomachische Ethik VI*, introd. et trad., Frankfurt am Main, V. Klosterman, 1998.

1. *GW2*, 319 ; nous soulignons.

2. Ceci vaut en dépit du fait que, selon Gadamer, Aristote lui-même n'avait pas clarifié la relation existant entre la *phronèsis* et l'éthique (*NE VI*, 9).

phronèsis » (*GW5*, 242). L'être-moral est donc un Fait de l'expérience. Par conséquent, l'idée d'une insertion dans la moralité, d'un devenir moral, serait dépourvue de sens. Au demeurant, il y a lieu de préciser que la *phronèsis* ne représente plus ici la vertu intellectuelle aristotélicienne dont disposent exclusivement les hommes vertueux, mais l'expérience morale en général, notre capacité rationnelle de nous orienter dans le monde. L'éthique se présente donc comme modèle des sciences humaines non pas grâce à l'existence historique et fortuite des écrits aristotéliciens, mais prioritairement grâce à une nécessité ontologique : l'expérience morale « offre quelque chose comme une *sachliche Grundlage* [des sciences morales] »[1].

II

Quittons ces explications introductives pour aborder le problème auquel est confronté Gadamer : *il est obligé de justifier en même temps l'affinité essentielle entre l'expérience morale et le discours théorique de l'éthique* (puisqu'il prétend que le respect de cette affinité est la condition *sine qua non* de toute science de l'homme) et *leur différence infranchissable,* puisque le discours théorique ne fait pas partie de l'expérience immédiate de la réalité. Il s'avérera que ce double objectif ne sera jamais réalisé par Gadamer et il nous faudra plus loin en dégager la raison.

Il y a deux thèses que Gadamer n'abandonnera jamais. Tout d'abord, il accepte sans hésitation le caractère théorique de toute philosophie pratique. Malgré certaines formules qui pourraient donner l'impression contraire (dans la mesure où elles mettent l'accent sur la fonction pratique de l'éthique)[2], Gadamer est clair quant à son intention de ne pas mettre en danger la portée théorique de l'éthique en général et de l'éthique aristotélicienne en particulier : « la philosophie pratique est sans doute une "science" » (*Rehab.*, 84), « une entreprise théorique » (*Rehab.*, 109); « la philosophie pratique a, en tout cas, le caractère d'une théorie. On peut

1. H.-G. Gadamer, « Reflections on my Philosophical Journey », dans L. E. Hahn (éd.), *The Philosophy of Hans-Georg Gadamer*, Chicago and La Salle, Open Court, 1997, p. 31.

2. L'interprétation unilatérale d'E. Berti semble en être victime (« The Reception of Aristotle's Intellectual Virtues in Gadamer and the Hermeneutic Philosophy », dans R. Pozzo (éd.) *The Impact of Aristotelianism on Modern Philosophy*, Washington, The Catholic University of America, 2004.

l'appeler *epistèmè, technè, methodos, pragmateia* ou *theôria* » (*GW7*, 218). Pour tout lecteur de l'*Éthique à Nicomaque* qui est familier de la distinction radicale entre la *phronèsis* et la science (dans la mesure où la *phronèsis* concerne l'action même dans une situation singulière et la façon dont l'agent singulier conçoit le bien), la deuxième thèse de Gadamer n'est guère surprenante : l'éthique comme science n'est pas identique à la *phronèsis* comme expérience morale. Il est vrai que parfois le postulat de leur affinité décrite ci-dessus laisse à entendre que l'éthique doit ressembler à un reflet de la *phronèsis*, à une sorte de *duplicata*. Or, cette duplication aurait d'emblée ôté à l'éthique son statut scientifique. Il faut donc éclairer que « la philosophie pratique n'est pas la vertu de la rationalité pratique » (*GW2*, 304). Que le passage de l'expérience morale à la réflexion sur cette expérience exclut nécessairement tout détachement « ne veut nullement dire que la philosophie qui a à faire avec l'action serait, pour cette raison, rationalité pratique » (*GW10*, 264). Cette opposition tranchante entre la *phronèsis* et l'éthique a une double conséquence : d'une part, elle met à l'abri le statut scientifique de l'éthique et, de l'autre, elle ne permet pas à la théorie d'orienter la *phronèsis* ou même de lui imposer ses propres critères de rectitude. Le *phronimos* n'est pas nécessairement un philosophe (*GW4*, 184), et la philosophie pratique ne jouit pas « d'une supériorité sur l'autonomie de la rationalité pratique » (*GW2*, 327). Bien au contraire, la théorie reste toujours tributaire de la *praxis* elle-même (*GW 7*, 219).

La distinction entre la science morale et la *phronèsis* étant mise en lumière, il reste à expliquer le statut spécifique de cette science. La réponse ne se fait pas attendre : la spécificité de l'éthique est due à son caractère *ôs epi to polu*. En fait, selon Aristote, l'éthique ne dispose pas de l'exactitude propre aux sciences mathématiques et ses vérités ont par essence un caractère approximatif. À vrai dire, cette réponse est loin d'être suffisante, bien que la tradition herméneutique s'y réfère souvent. D'une part, l'attribut *ôs epi to polu* est également octroyé à la physique aristotélicienne et à toute science non mathématique (non déductive)[1]. De l'autre, eu égard à la question épistémologique, l'appel au style approximatif de l'éthique offre des appuis aux adversaires du relativisme plutôt qu'il n'explique le vrai statut de la philosophie pratique. Conscient de ces problèmes, Gadamer ne se contente pas de cette justification superficielle et se presse d'examiner la particularité de l'éthique selon deux stratégies différentes, *dont la première*

1. Voir G. Anagnostopoulos, *Aristotle on the Goals and the Exactness of Ethics*, Berkeley, University of California Press, 1994.

thématise les conditions de naissance du savoir théorique moral et dont la deuxième thématise son contenu même.

La théorie morale est « une science avec des *inhaltlichen Voraussetzungen* ! » (*GW2*, 326) : sa naissance est sujette à certaines conditions sociales et culturelles. Ce serait un lieu commun que de remarquer que toute science présuppose son développement historique et une communauté scientifique. La particularité de la science morale tient au fait qu'elle présuppose non pas l'élaboration de certains concepts et la tradition scientifique qui en découle mais, bien plus, l'enracinement dans une forme de vie : « La philosophie pratique présuppose que nous sommes déjà formés par les représentations normatives [...] qui se trouvent au fondement de l'ordre de la vie sociale en général » (*GW2*, 317) ; elle présuppose « la réalisation déterminée de cette vie dans un *èthos* vivant » (*Rehab.*, 89). Le philosophe qui rédige une philosophie pratique et ses disciples qui espèrent en profiter doivent avoir préalablement formé jusqu'à maturité certaines habitudes, quelques différentes qu'elles soient (*GW10*, 239; *GW1*, 318). Dans un premier temps, cela pourrait s'entendre en ce sens trivial qu'un homme non intégré à une communauté morale n'aura pas accès à la philosophie pratique. Au mieux, cette thèse rappelle seulement que l'objet de l'éthique est l'expérience morale elle-même qui ne peut être décrite que par le sujet de cette expérience. Dans un deuxième temps, cela signifie que le point de départ de toute philosophie pratique est scellé par la normativité que s'approprie chaque fois le philosophe. Même si son but s'avère être la critique de cette normativité (voir, par exemple : *GW2*, 317), le *hoti* de son *èthos* détermine inévitablement son raisonnement initial, ne fût-ce que pour la simple raison que les problèmes et les questions auxquels il est confronté apparaissent dans un contexte spécifique. Il ne fait pas de doute que cette thèse est très ambiguë et suspecte de scepticisme (on ne peut s'expliquer là-dessus avant d'éclairer le concept d'*èthos* chez Gadamer). Néanmoins, il y a lieu de concevoir cette idée de façon moins contestable. En effet, on pourrait suggérer que même la philosophie morale qui est fondée sur le principe idéalisant d'un observateur neutre n'hésite pas à accepter que la recherche d'une norme ou d'une justification universelle présuppose un *èthos* particulier et l'engagement dans des conflictualités réelles : « À l'instar des questions éthiques, les questions morales ne peuvent, elles aussi, être traitées qu'à partir de la perspective des participants »[1].

1. J. Habermas, *De l'éthique de la discussion*, trad. M. Hunyadi, Paris, Cerf, 1992, p. 115.

Qu'on accorde provisoirement à Gadamer que la philosophie morale est marquée par les conditions de sa naissance. La question est de savoir quel en est le reflet sur le contenu même de l'éthique et sur le type de justification qui lui est propre. Dire que l'*èthos* détermine la légitimité d'une théorie, c'est ouvrir la porte au scepticisme et, heureusement, Gadamer ne succombe pas à cette tentation. En substance, il avance ici un argument beaucoup plus subtil qu'on pourrait présenter comme suit : la rationalité pratique, la *phronèsis*, reconnaît le *kath'ekaston* dans une situation singulière et doit chaque fois improviser ses décisions sur l'arrière-fond d'une normativité communautaire ; avant le moment de l'application d'une règle, cette règle ne représente qu'un schème dont le contenu et la validité restent imprécis ; au-delà donc de toute typologie et de toute règle universelle, la philosophie pratique doit être en position de décrire adéquatement la fonction de la *phronèsis* sur le terrain même de l'expérience pratique ; pour y réussir, l'éthique formule des vérités qui sont, pour ainsi dire, « suspendues », dans la mesure où elles incluent une instance instable et non déterminable, à savoir le rôle même du *phronimos*. Par conséquent, la description scientifique de l'action morale et du raisonnement pratique n'est jamais définitive, puisque personne ne peut rationaliser la façon dont le *phronimos* arrive à percevoir le cas particulier et à prendre des décisions correctes. Gadamer déclare ainsi : « il y a une appartenance intime de la philosophie pratique à son fondement, la rationalité vécue » (*NE VI*, 9). Cette formule ne porte pas sur la naissance de la philosophie pratique mais thématise son contenu lui-même : d'une certaine façon, la philosophie pratique, au terme de ses analyses, s'oblige à abandonner tout projet d'explication de la *phronèsis* et se borne à renvoyer en dehors d'elle-même vers la réalisation incarnée de la *phronèsis*. En termes aristotéliciens : la normativité pratique est « telle que le *phronimos* pourrait la définir » (*EN*, 1107*a* 1-2)[1]. Il en résulte que l'éthique se présente comme modèle de l'herméneutique et des sciences morales au fur et à mesure qu'elle met en lumière le caractère fini de toute connaissance non-monologique. Voilà la conclusion de la longue discussion avec Habermas.

1. Pareille conclusion peut être appliquée aussi à la sphère des vertus intellectuelles et scientifiques. La capacité de concevoir un problème mathématique ou d'inventer une théorie scientifique est de l'ordre de l'expérience. *Cf.* p. 137-165 de l'étude de L. T. Zagzebski, *Virtues of the Mind*, Cambridge, Cambridge University Press, 1996.

III

Quelle que soit la particularité de la philosophie pratique, son caractère scientifique reste intact. Cela revient à dire que, nonobstant le renvoi au *phronimos* lui-même, *il n'en reste pas moins vrai que l'éthique (en tant que science) concerne non pas le particulier mais l'universel*. Gadamer ne fait pas mystère de ce que la philosophie pratique est rangée parmi les sciences et, en conséquence, « cherche à connaître les *Archai* et les *Aitiai*; il s'agit d'une recherche de l'*Archè* » (*GW2*, 303; voir également: *Rehab*., 83-84). Il arrive que Gadamer lui-même laisse parfois planer l'idée que l'objet de l'éthique ne doit pas être conçu comme un universel théorique détaché de l'expérience morale elle-même, comme un universel prêt à être appliqué dans un cas particulier. Néanmoins, c'est une chose de ne pas priver l'éthique de son statut scientifique et c'en est une autre de ne pas la laisser devenir « une éthique positive et normative » (*GW5*, 246).

La vraie perplexité est d'une autre nature. Car, hélas, ce n'est pas seulement l'éthique qui thématise l'universel, c'est également l'expérience morale elle-même qui y a accès : « la *phronèsis* [n'] est [pas seulement] une connaissance de l'universel » (*EN*, 1141*b* 14-15)[1]. Gadamer accentue cette notion aristotélicienne de *katholou* en faisant appel à tous les passages de l'*Éthique à Nicomaque* qui vérifient la thèse selon laquelle la *phronèsis* dispose aussi d'un statut noétique, qui la différencie d'ailleurs de la simple habileté, dans la mesure où elle comprend les buts et non pas seulement les moyens de l'action (*NE VI*, 13-14). Bien que l'universel qui se donne à la rationalité pratique soit, aux yeux de Gadamer, accroché à l'*èthos* communautaire qui détermine d'avance le bien en général (on y reviendra), la *phronèsis* n'est pas uniquement une *aisthèsis* pratique mais, surtout, *logos* et même une vertu *dianoétique* qui est en position de prendre en considération et, qui plus est, de s'approprier l'universel (l'*archè*) contenu dans la majeure du syllogisme moral.

Voilà donc la perplexité majeure : *pour que la philosophie pratique se distingue de la rationalité pratique, il faudra que l'universel auquel elles ont accès soit d'un genre différent*! La pierre angulaire de l'interprétation gadamerienne consiste précisément dans son effort pour distinguer ces deux types d'universel. Qu'il soit noté par anticipation que cet effort sera vain.

1. Voir aussi la traduction gadamerienne de 1142*b* 31-33, selon laquelle l'objet de la *phronèsis* est le *telos* de l'action et non pas simplement les moyens de sa réalisation.

En effet, on est en droit d'exprimer une certaine surprise devant l'indécision gadamerienne. Il est en l'occurrence surprenant que Gadamer (sans suggérer nulle part qu'il y ait là le moindre déplacement) nous offre cinq (!) versions divergentes et parfois contradictoires quant à la relation existant entre l'universel qui fait l'objet de la philosophie pratique et l'universel en œuvre dans le cadre immédiat de l'expérience morale. L'analyse de cette divergence inavouée eu égard au statut de l'universel intéresse notre propos à deux égards : *elle nous permettra de suivre le fil qui conduit Gadamer à illuminer des endroits différents de l'éthique aristotélicienne mais aussi d'approfondir les causes de son hésitation*. Esquissons le cadre des cinq versions susmentionnées.

a) Il suit des considérations qui précèdent qu'on devra conserver à tout prix la distinction entre la philosophie pratique et la rationalité pratique, le pivot de cette distinction étant l'universel mis en lumière par la théorie : l'éthique est « théorique » au fur et à mesure qu'elle est « générale (*allgemein*) » (*GW2*, 253-254; *GW7*, 219). Dans un premier temps, on pourrait peut-être supposer que la différence entre l'éthique et la *phronèsis* se réduit à une différence de niveau, comme si l'éthique représentait une sorte de *phronèsis* plus élevée. Pourtant, toute continuité de degré est d'avance exclue : « la connaissance (de l'éthique) n'est pas simplement une activité plus haute que la connaissance pratique décrite par Aristote comme *phronèsis* » (*GW2*, 253). En substance, *cette thèse confirme que l'opposition radicale entre l'éthique et la phronèsis est fondée sur la nature de l'universel théorique*.

b) Néanmoins, quand on essaie de cerner le rôle de cet universel théorique, l'abîme qui sépare l'éthique et la *phronèsis* n'est plus infranchissable. Il serait oiseux de faire ici appel au concept clé d'application et à ses conséquences, à savoir au fait que l'universel théorique n'a de sens qu'à partir de son application dans une situation particulière. Rien n'empêche en effet que l'universel théorique ait une nature différente de l'universel de la rationalité pratique elle-même. La seule limitation semble être la suivante : « Toutes les descriptions qui forment une typique se comprennent moyennant leur référence à la concrétisation » (*GW2*, 315). *Pourtant, qui plus est, Gadamer prend soin d'identifier l'universel théorique avec l'universel qu'implique l'expérience morale* au sens grec du terme : *empeiria*. En clair, l'expérience du monde et l'éthique partagent la même fonction : elles représentent une sorte de réserve qui facilite la mise en œuvre de la *phronèsis*, « une pré-connaissance intensifiée » (*GW5*, 242). En vérité, essayant de ne pas privilégier la théorie, à savoir de ne pas lui octroyer une effectivité omnipotente sur le terrain de l'action, Gadamer réserve à la philosophie pratique un rôle incertain, puisqu'elle ne peut aucunement promettre la réalisation du bien agir (*GW7*, 220-221). Cela dit, il s'avère que l'universel théorique ne dépasse pas, au mieux, le rang d'un universel empirique.

c) Si l'on prolonge ce raisonnement, on aboutira inévitablement à identifier l'éthique à la *phronèsis*, en ce sens qu'elles se trouvent « dans la même situation (*Lage*) » (*GW4*, 184), puisqu'elles sont fondées sur « la facticité de la *praxis* » (*GW10*, 265). Cette formulation n'est pas problématique, à condition qu'on la conçoive comme un rappel du fait que la philosophie morale s'enracine dans la région de l'action elle-même et y revient toujours pour montrer précisément son caractère pratique. Dans ce cas, on pourrait présumer en droit que l'éthique et la *phronèsis* partagent la même origine mais sont chargées de fonctions différentes. Or il convient de préciser que, pour l'essentiel, *Gadamer identifie sans réserve l'universel théorique à l'universel de la rationalité pratique* : tous deux constituent « des schèmes » qui se concrétisent dans une situation particulière et ne portent aucune « valeur » (*GW1*, 326) en dehors de leur application. Concluant ses analyses sur la possibilité d'une éthique philosophique, Gadamer écrit : « L'universel, le typique, qui se laisse dire seulement dans une recherche philosophique livrée à la généralité du concept *n'est pas, au fond, essentiellement différent de ce qui conduit la conscience pré-théorique* et générale (qui tient pour la plus grande part) dans sa délibération pratique-éthique » (*GW4*, 186; nous soulignons) ! Cette phrase est absolument révélatrice, puisqu'elle ruine toute prétention de l'éthique à une universalité/généralité propre.

De surcroît, l'identité essentielle des universaux en question dérive de leur base intersubjective commune. Cela prendra tout son sens à propos du concept de solidarité. D'une part, la *phronèsis* (comme vigilance de l'*èthos*) ne s'épanouit que sur l'arrière-fond de l'amitié, à savoir que sous la forme de la *sunesis* et du conseil (*GW1*, 328); finalement, cette amitié sera transformée (à tort)[1] en solidarité. D'autre part, la philosophie pratique elle-même n'est communicable et, *a fortiori*, effective, que si elle s'adresse à un public soucieux de sa solidarité, capable de se reconnaître comme porteur d'un *èthos* commun (*GW10*, 265)[2]. Il s'avère donc que sa validité objective et intersubjective se borne aux confins de la solidarité. Il en résulte que les universaux de l'éthique et de la *phronèsis* portent la même

1. Voir notre étude : « L'impasse de l'intersubjectivité chez Gadamer », dans J.-C. Gens, P. Kontos et P. Rodrigo (éd.), *Gadamer et les Grecs*, *op. cit.*

2. H.-G. Gadamer, « Practical Philosophy as a Model of the Human Sciences », *Research in Phenomenology*, 9, 1979, p. 84.

teneur intersubjective et que, par conséquent, il n'y a rien qui puisse dorénavant fonder leur prétendue différence.

d) À supposer que l'on traite cette identification avec la plus grande « équité », on pourrait encore raisonner comme suit : en dépit de l'identité essentielle de l'universel chaque fois impliqué, l'éthique et la *phronèsis* se distinguent grâce à leurs méthodes différentes ; autrement dit, elles arrivent au même résultat mais par des chemins différents. Il en est ainsi, dans la mesure précisément où le philosophe n'est pas nécessairement *phronimos* et le *phronimos* n'est pas un philosophe. Pourtant, Gadamer n'hésite pas à occulter la thèse précédente, en suggérant cette fois *que la formation scientifique de l'universel présuppose qu'on a d'avance accès à l'universel propre à la* phronèsis. Juste après avoir fermement établi la différence entre l'éthique et la *phronèsis*, Gadamer raisonne dans les termes de Dilthey : « C'est toujours déjà à une auto-compréhension de la vie que s'associe la formation conceptuelle de la philosophie pratique (formation qui généralise, schématise et donne des types) et c'est toujours sur une telle auto-compréhension qu'elle se fonde » (*GW10*, 264). Il en résulte que la philosophie pratique ne présuppose pas simplement que le philosophe soit intégré dans un *èthos* déterminé mais, davantage, qu'il parvienne à se connaître comme agent moral, capacité dianoétique qui est sans doute réservée au *phronimos* lui-même. Dès que l'universel de l'éthique est réduit à l'auto-compréhension, rien ne semble pouvoir assumer le rôle du trait distinctif de la philosophie pratique, étant donné que tout est déjà conquis au niveau de la *phronèsis* et que la philosophie n'y ajoute qu'un revêtement conceptuel.

e) Il y a une dernière possibilité ouverte, à savoir que l'éthique ne soit ni différente de la *phronèsis* ni subordonnée à elle, mais qu'*elles soient mutuellement présupposées*, leur relation étant celle d'une « *Wechselbedingtheit* » (*GW10*, 240). Nous nous référons aux passages qui introduisent la thèse bien connue selon laquelle la distinction entre la théorie et la *phronèsis* est « artificielle » et ne correspond pas aux choses mêmes. De ce point de vue, toute théorie représente une forme de *praxis* au sens large du terme (*GW4*, 175, 186) et toute *phronèsis* renferme un côté théorique (*GW10*, 240). L'objectif visé, à savoir découvrir une source commune de l'éthique et de la *phronèsis*, n'est pas illégitime à condition qu'on s'explique clairement sur deux points : il importe de noter, d'abord, que la *praxis* se prive ici de son sens moral et se réduit à une activité quelconque[1] et, ensuite, que l'aspect théorique de la *phronèsis* se limite à son accès à un universel de premier ordre, pré-théorique. Or, sous ces restrictions, le discours herméneutique devient trop métaphorique pour qu'il puisse éclairer le statut de l'universel en cause.

Il s'avère donc que Gadamer nous procure toute la gamme des interprétations possibles de la relation existant entre la philosophie pratique et la rationalité pratique en faisant chaque fois appel à l'*Éthique à Nicomaque* de façon plus ou moins orthodoxe. *L'élément déterminant en est qu'il essaie plutôt d'éclairer cette relation avec l'appui d'Aristote que de faire parler Aristote comme un défenseur de l'herméneutique avant la lettre*. Pourtant, eu égard au projet herméneutique lui-même, rien n'exonère Gadamer d'une décision définitive quant au statut de l'universel qui est propre à la philosophie pratique et/ou à la *phronèsis*.

IV

Le problème ici soulevé implique au premier chef qu'on repère le préjugé qui oblige Gadamer à rester piégé dans cette ambivalence. Tout au long de sa discussion avec Habermas, il sembla que Gadamer visait principalement à critiquer le modèle des sciences monologiques et avait du mal à définir le statut scientifique des sciences morales, faisant trop de concessions au scepticisme. Par conséquent, l'universel propre aux sciences morales était trop imprécis pour être efficace, à savoir trop faible pour fonder la critique et la justification des normes, des valeurs ou des systèmes.

De notre point de vue, celui de la phénoménologie, l'impasse gadamerienne n'est pas due à l'imprécision du statut de la philosophie pratique. En fait, si l'on s'approprie la thèse selon laquelle l'universel découvert par la théorie reflète celui impliqué déjà dans l'expérience morale, *ce qui fait initialement problème c'est précisément la description de cet universel de l'expérience, c'est la description de la* phronèsis *et non pas la description de l'éthique*. Aussi longtemps que la *phronèsis* s'ancre dans l'*èthos* d'une

1. Gadamer fait ici allusion au passage 1325*b* 15-18 de *Politiques*. Or, à y regarder de près, ce passage utilise un concept non moral de l'action, dans la mesure où il s'agit ici d'une « activité pratique qui n'est pas nécessairement adressée à autrui ».

communauté historique, l'universel en question ne sera que trop faible[1]. Et, en vérité, Gadamer ne voit dans l'universel de la *phronèsis* et de l'éthique qu'un *èthos* éclairé.

Ce serait un lieu commun que de montrer l'importance capitale du concept d'*èthos* chez Gadamer[2] et de constater que ce même concept a été la cible par excellence des critiques contre le projet herméneutique d'une philosophie pratique[3]. Deux aspects de ce concept intéressent notre propos.

Premièrement, le fait que l'*èthos* représente à la fois le *topos* de l'universel propre à la *phronèsis* et à l'éthique. En effet, Gadamer prend soin d'observer que la majeure du syllogisme pratique concerne l'*èthos* de la communauté à laquelle appartient le *phronimos*, c'est-à-dire les normes qu'il s'approprie. Tandis que la *phronèsis* semble avoir accès « aux buts généraux de toute activité pratique » (*NE VI*, 13), il apparaît que ces buts n'ont pas une teneur universelle mais dépendent d'un *èthos* particulier, de sorte que l'*èthos* ne constitue pas, en substance, l'objet d'une connaissance (pratique ou autre) mais un « être », « l'être moral » de l'agent (*GW2*, 316; *GW5*, 247). Aucun raisonnement pratique ne semble être possible en dehors ou au-delà de l'enracinement dans un certain *èthos*. De surcroît, rien d'autre que ces normes ne peut donner de contenu à l'universel auquel a accès la rationalité pratique en tant que *noûs*. Tout le reste est de l'ordre de la perception. Dans la même perspective, l'éthique en tant que science s'épanouit au sein d'un *èthos*. Qui plus est, elle ne parvient pas à le dépasser, se limitant à un rôle d'assistant : grâce à sa capacité théorique de mettre en question les préjugés (*GW10*, 241), elle contribue à l'auto-compréhension de l'agent moral qui se rend ainsi compte de son vrai *èthos* [« d'être conscient de ce qui est commun » (*GW2*, 317)]. Rien de plus. Gadamer ne laisse planer aucun doute : « l'enseignement de l'éthique consiste précisément en ceci : démontrer l'*Aretè* et la *Theôria* comme buts

1. La même critique est adressée à Gadamer par A. MacIntyre mais dans une tout autre perspective, dans la mesure où l'universel en question est considéré comme un concept non moral emprunté à la métaphysique (A. MacIntyre, « On Not Having the Last Word : Thoughts on Our Debts to Gadamer », dans J. Malpas (éd.), *Gadamer's Century*, Cambridge/ London, MIT Press, 2002). De notre point de vue, l'universel est un élément propre à l'expérience morale elle-même.

2. Il va de soi que le concept gadamerien d'*èthos* est plus riche que celui d'Aristote, dans la mesure où il englobe la *Sittlichkeit* de Hegel. *Cf.* la fameuse thèse suivante : « le fondement véritable de l'autorité est également un acte de liberté » (*GW1*, 284). Pourtant, cette réserve quant à l'usage du concept ne semble pas avoir de conséquences pour notre propos.

3. Voir surtout K. Günther, *Der Sinn für Angemessenheit*, Frankfurt am Main, V. Klosterman, 1988 (p. 216-253).

et cela à partir d'une conception traditionnelle des buts de la vie » (*GW3*, 361). Si l'on quitte ce niveau de la mise en lumière de l'*èthos* particulier d'une communauté, on devra suivre un chemin que Gadamer a tracé sans l'avoir pour autant élucidé. En substance, il s'agit d'une explication de l'*èthos* au-delà de sa relativité dans la mesure où la philosophie pratique est chargée de mettre en lumière la teneur même de l'*èthos* et sa relativité essentielle (*GW10*, 263), dans le but éventuel de réaliser une « fusion des horizons »[1]. Cette sorte de compréhension est d'ailleurs essentielle pour le *phronimos* lui-même, dans la mesure où l'on accepte (en s'éloignant d'Aristote) que l'*èthos* implique la liberté.

De ce point de vue, il serait opportun de remarquer que l'expérience morale porte le trait fondamental de toute expérience véritable, à savoir la négativité : « l'expérience est toujours expérience de nullité (*Nichtigkeit*) : la chose n'est pas telle que nous la supposions » (*GW1*, 360). La raison en est que l'expérience n'est pas sujette à une universalité préétablie qui aurait déterminé son processus, mais se constitue à partir des cas particuliers et des décisions singulières. De même, eu égard à l'expérience morale, la négativité n'est pas pré-définie par une prétendue modification théorique de la normativité, c'est-à-dire par une *Aufklärung* qui s'imposerait sur la *praxis*. Bien au contraire, toute annulation ou transformation d'une norme/valeur a lieu sur le terrain même de l'action. Il en résulte que l'*èthos* ne représente pas une hiérarchie fixe de valeurs mais implique en soi une instance d'altérité, à savoir une instance critique. Autrement dit, c'est l'expérience elle-même qui fait appel à la rationalité critique aux cas où l'*èthos* s'avère être inapte à résoudre les vrais dilemmes moraux qui viennent au jour[2]. La négativité présuppose donc l'application. Même si cette explication ne procure pas une clarification du statut de l'universel en cause, elle nous enseigne de façon définitive que l'universalité impliquée dans l'expérience morale n'est pas en position de définir *a priori* le processus de cette expérience : la négativité doit être respectée non pas simplement comme indice de la finitude humaine mais, qui plus est, comme une source d'improvisation et d'enrichissement.

1. Tel semble être le projet gadamerien de C. Taylor : « Understanding the Other », dans *Gadamer's Century*, *op. cit.*

2. Voir l'excellente étude de R. Sokolowski, « Moral Thinking », dans *Pictures, Quotations and Distinctions*, Notre Dame - London, University of Notre Dame Press, 1992.

Deuxièmement, l'élucidation de l'*èthos* pourrait avoir la forme d'une ontologie (de type heideggerien)[1] qui analyse « la constitution ontologique de l'homme » et, au demeurant, découvre les traits essentiels et radicaux de tout *èthos* humain. Dans cette perspective, la philosophie pratique devrait thématiser le « droit naturel », les éléments qui déterminent tout *èthos* : « La famille, la société, l'état déterminent la constitution essentielle de l'homme, dans la mesure où elles remplissent son *èthos* avec des contenus alternatifs » (*GW4*, 188)[2]. Mis à part le risque de formuler des conclusions triviales, cette dernière orientation de la pensée gadamerienne ne souffre pas moins d'un grave défaut qui consiste en ce qu'elle abandonne le terrain même de l'action afin de se tourner vers une critique méta-éthique des civilisations et des systèmes éthiques. Autrement dit, *c'est seulement l'éthique et non pas la* phronèsis *qui a accès à cette compréhension ontologique*.

La discussion précédente confirme notre thèse initiale selon laquelle Gadamer fait appel au concept de l'*èthos* parce qu'il ne voit pas d'autre réponse à la question de savoir quel est l'universel impliqué dans la *phronèsis* et dans la théorie pratique. Privilégier l'*èthos* en tant que l'universel moral par excellence, c'est condamner l'éthique au relativisme. L'itinéraire gadamerien de la praxéologie à l'ontologie en est révélateur.

V

Il est incontestable que Gadamer a mis au jour un trait fondamental de l'éthique aristotélicienne, à savoir le rôle primordial de la *phronèsis* en tant que rationalité pratique. C'est précisément ce rôle de la *phronèsis* qui met à l'abri, à la fois, l'autonomie de la raison pratique et celle de l'éthique. D'un

1. Il semble donc que, malgré ses déclarations opposées (*NE VI*, 67), Gadamer n'a pas évité un certain rapprochement tardif avec la conception heideggerienne. *Cf.* T. Gutschker, *Aristotelische Diskurse*, Stuttgart, Metzler Verlag, 2002, p. 212-254. Une élaboration ontologique de l'*èthos* pourrait être également menée à partir des thèses de H. Arendt sans s'écarter des intentions gadameriennes. Voir R. Célis, « Prolégomènes à une phénoménologie de l'*èthos* naturel », *Genos*, I, 2000, p. 7-21.

2. *Mutatis mutandis* cette conception est voisine de la pensée néo-aristotélicienne de M. Nussbaum dans son effort pour découvrir les expériences communes qui déterminent l'*èthos* humain : « Non-relative Virtues. An Aristotelian Approach », dans M. Nussbaum, A. Sen (éd.), *The Quality of Life*, Oxford, Clarendon Press, 1993. Il est vrai que Gadamer a thématisé certaines de ces expériences ; en effet, on trouvera dans *Über die Verborgenheit der Gesundheit*, Frankfurt am Main, Suhrkamp, 1993, des analyses profondes de la facticité du corps ou de l'expérience de la mort. Pour autant, ces analyses ne semblent pas avoir de portée morale.

point de vue phénoménologique, la question qui se pose est de savoir quel est l'universel pré-théorique auquel a accès la *phronèsis*. Ce qui est sous-entendu c'est que l'éthique sera dépourvue de toute universalité aussi longtemps que la *phronèsis* elle-même reste attachée à l'éventualité des situations particulières et de l'*èthos*.

Nous avons suggéré ailleurs[1] que cet universel est à chercher dans la distinction entre la *praxis* et les autres types d'activités humaines (*poièsis, epistèmè, theôria*). Qu'il suffise de noter ici que notre argument est inspiré en même temps par les analyses heideggeriennes dans le cours sur le *Sophiste* et par les réserves exprimées rétrospectivement par Gadamer[2]. En bref, d'une part, Heidegger a montré la pertinence de la distinction ontologique entre la *praxis* et la *poièsis*. Or cette distinction a été reprise de sorte que son centre de gravité est la possibilité du *Dasein* de se connaître lui-même comme celui qui répond à la question de l'être. Il se trouve donc que la distinction ontologique précédente, malgré son prétendu impact sur l'authenticité/inauthenticité du *Dasein*, se prive de toute vraie portée morale. D'autre part, Gadamer s'est approprié la distinction *praxis/poièsis* qui occupe une place considérable dans son œuvre majeure, *Vérité et méthode*. En outre, Gadamer n'a pas manqué de reconnaître que la distinction en cause n'est pas auxiliaire mais fait partie du contenu de la philosophie pratique : « Le fait de distinguer ces formes appartient lui-même au contenu de la philosophie pratique » (*GW10*, 238). Or il y voit non pas une question à propos de l'être mais une problématique à propos de la *praxis* et de sa rationalité, à savoir son côté *dianoétique* (*NE VI*, 67). Notre propre questionnement ne fait que reprendre ce dialogue : s'il est vrai que l'éthique aristotélicienne est orientée non pas vers l'ontologie mais vers l'action même, et que la distinction ontologique entre *praxis* et *poièsis* occupe le centre du livre VI de l'*Éthique à Nicomaque*, il en résulte que cette distinction, outre sa portée ontologique, s'avère être décisive pour l'action elle-même et la rationalité pratique. Or, pour qu'elle assume ce rôle, elle doit être accessible à la *phronèsis*.

Nous interrompons ici cette discussion qui nous mènerait au delà de notre propos. En guise de conclusion, force est de reconnaître qu'une grande partie des études contemporaines sur Aristote (notre propre

1. *L'action morale chez Aristote*, Paris, P.U.F., 2002.

2. Sur la façon dont Gadamer s'approprie l'interprétation heideggerienne d'Aristote, *cf.* J. Taminiaux, *Sillages phénoménologiques*, *op. cit.*, p.155-202.

questionnement ici y compris) doivent à Gadamer une dette qui reste souvent inavouée. En effet, la lecture gadamerienne de l'éthique aristotélicienne, grâce précisément à son caractère tâtonnant et ouvert, justifie magistralement le principe herméneutique selon lequel « questionner, c'est ouvrir des possibilités de sens ».

Pavlos KONTOS

CHAPITRE XIII

PHRONÈSIS, CULTURA ANIMI ET JUGEMENT RÉFLÉCHISSANT

REMARQUES SUR HANNAH ARENDT

Nous voudrions dans les pages qui suivent contribuer à éclairer la genèse de la problématique arendtienne du jugement qui devait former le troisième volet de l'enquête restée inachevée sur la vie de l'esprit qu'édita à titre posthume Mary McCarthy [1].

Il arrive souvent que l'on tente de reconstituer les articulations majeures de cette problématique restée à l'état de projet en se centrant sur les conférences que Hannah Arendt prononça à la *New School* en automne 1970 sur la philosophie politique de Kant et qui furent éditées en 1982 par Ronald Beiner [2]. Comme le dit cet éditeur, ces conférences « sont une interprétation des écrits esthétiques et politiques de Kant, destinée à montrer que la *Critique de la faculté de juger* renferme les grandes lignes d'une puissante et considérable philosophie politique – philosophie que Kant lui-même n'a pas explicitement développée... » [3]. Le même éditeur ajoute au texte de ces conférences, et en parallèle avec celles-ci, quelques pages de notes relatives à l'imagination, provenant d'un séminaire dirigé par Hannah Arendt au cours du même semestre et qui portait également sur la

1. *The Life of the Mind*, New York, Harcourt Brace Jovanovich, 1978.

2. Ouvrage traduit en français par M. Revault d'Allonnes : H. Arendt, *Juger. Sur la philosophie politique de Kant*, Paris, Seuil, 1991.

3. Trad. fr. cit., p. 7-8.

troisième *Critique* de Kant. En outre, il fait précéder le texte des conférences proprement dites par celui du *Post-scriptum* dans lequel, au terme de son enquête sur l'activité de penser, donc au terme du tome I de *La vie de l'esprit*, Hannah Arendt annonçait (en 1973 ?) qu'elle allait traiter de deux autres activités de l'esprit, le vouloir et le juger, et spécifiait à propos du jugement entendu comme « capacité mentale distincte » : « Ce n'est qu'avec la *Critique de la faculté de juger* de Kant que cette faculté est devenue un centre d'intérêt essentiel pour un penseur de premier plan »[1]. De son côté, Mary McCarthy, dans sa Postface à *La vie de l'esprit*, rappelle dans le même sens qu'Arendt disait à ses amis qu'elle comptait bien que son analyse du jugement serait à la fois plus courte et plus aisée que son analyse de la pensée et de la volonté. Plus courte faute de sources car, selon les termes de l'éditrice, « Kant était le seul à avoir écrit sur cette faculté qu'avant lui les philosophes avaient négligée sauf dans le domaine de l'esthétique, où on l'appelait goût » ; et plus aisée parce que, toujours au dire de l'éditrice qui reconnaît s'exprimer à titre conjectural, les cours d'Arendt sur la philosophie politique de Kant « avaient bien préparé le terrain »[2].

Tout cela pourrait faire croire qu'aux yeux d'Arendt l'analyse kantienne du jugement réfléchissant esthétique, pour peu qu'on y déchiffre une problématique politique, était absolument inaugurale et qu'il serait vain de lui chercher quelque antécédent chez les Anciens, c'est-à-dire chez les Athéniens pourtant inventeurs de la *polis*, ou chez les Romains en dépit du fait qu'ils reconnaissaient tout ce que leur *Res publica* devait à l'héritage grec.

Notre propos est de déjouer cette impression d'unilatéralisme kantien que pourrait sembler justifier d'une part le fait que les références aux Anciens sont rares dans les conférences de 1970, mais contre laquelle d'autre part on peut relever une mise en garde dans le *Post-scriptum* cité plus haut où après avoir annoncé que son analyse du jugement attribuera beaucoup d'importance à la troisième *Critique*, Arendt précise que sa réflexion sur cette activité spécifique de l'esprit doit beaucoup à la méditation d'un propos de Caton l'Ancien qu'elle citait déjà en conclusion de

1. *Ibid.*, p. 18.

2. Nous citons d'après la traduction française de H. Arendt, *La vie de l'esprit*. II *Le vouloir*, *op. cit.*, p. 9.

son analyse de la *Vita activa* : « jamais je ne suis plus actif que lorsque je ne fais rien, jamais je ne suis moins seul que dans la solitude »[1].

Voilà qui invite à s'enquérir, à même les textes publiés par Arendt avant qu'elle n'entreprenne son analyse de la vie de l'esprit, d'un recoupement entre sa réappropriation politique du jugement esthétique au sens kantien et l'enseignement qu'elle retirait de sa longue fréquentation des textes des Anciens, Grecs et Romains.

1.

Ce recoupement nous paraît manifeste dans l'essai qu'elle consacra à « La crise dans la culture », essai paru partiellement dans la revue *Daedalus* en 1960 et dont une version plus complète figure au chapitre VI du recueil de 1961 intitulé *Between Past and Future*. L'intitulé sous lequel nous présentons nos remarques entend suggérer que ce recoupement concerne à la fois Aristote, Cicéron et Kant. C'est ce que nous voudrions montrer en suivant de près le parcours qu'accomplit cet essai dans le sillage du livre sur la condition humaine.

Il est divisé en deux parties. La première est une critique de la modernité, comme âge où la culture se trouve menacée. La seconde tente de cerner à l'aide des Anciens, Grecs et Romains, ce qu'est une culture digne de ce nom. Or c'est la notion kantienne de « désintéressement », facteur essentiel du jugement esthétique, qui assure l'enchaînement des deux parties, dans la mesure où, d'une part, elle implique une distanciation par rapport à ce que Arendt considère comme le vice de la modernité et dans la mesure, d'autre part, où elle permet d'éclairer la manière dont les Anciens y échappaient.

Voyons cela de plus près[2].

Il est fréquent que l'on caractérise l'époque contemporaine par le règne de la culture de masse, conçue comme dérivée de la société de masse, tantôt pour célébrer ce règne sous prétexte d'égalitarisme, tantôt pour le réprouver pour cause de nivellement, en accompagnant cette réprobation de la

1. *The Life of the Mind*, I, Post-scriptum, p. 216; trad. fr., p. 242. Voir aussi : *The Human Condition*, Chicago-London, University of Chicago Press, 1958, p. 325; *Condition de l'homme moderne*, Paris, Calmann-Lévy, 1983 [1961], p. 366.

2. Nos citations se réfèrent au texte anglais de l'essai paru sous le titre « The Crisis in Culture : Its social and its political Significance », formant le sixième chapitre de H. Arendt, *Between Past and Future*, New York, Penguin, 1977. Nous traduisons.

nostalgie d'un soi-disant âge d'or de la bonne société et de sa distinction qui remonterait au temps des cours de l'Ancien Régime. Arendt ne cache pas que ce contraste entre une relation passée prétendument de haut rang entre société et culture et une relation présente marquée par la platitude lui paraît non seulement suspect mais superficiel. Suspect parce que tous les traits que la psychologie des foules découvre dans l'individu de la société de masse – conformisme mais esseulement, excitabilité permanente en l'absence de normes, avidité de consommer sans discernement, et surtout égocentrisme – étaient déjà ceux des courtisans que décrivent les *Mémoires* d'un Saint-Simon. Superficiel parce que le contraste allégué ne fait selon Arendt que masquer le caractère « hautement problématique de la relation entre culture et société »[1], peu importe que celle-ci soit aristocratique comme sous l'Ancien Régime, bourgeois comme au XIXe siècle, où de masse comme au XXe. Elle rappelle pour faire ressortir ce caractère problématique que « tout le mouvement de l'art moderne commença par une rébellion véhémente de l'artiste contre la société comme telle (et non contre une société de masse encore inconnue) »[2].

Cette rébellion suffit à suggérer qu'il pourrait bien y avoir antinomie entre la culture et la « société », celle-ci étant un phénomène « plus ancien, certes, que la société de masse mais non pas plus ancien que l'âge moderne »[3]. Arendt écrit en ce sens : « Que ce soient précisément les producteurs des objets culturels les plus élevés, à savoir les œuvres d'art, qui doivent se tourner contre la société, que tout le développement de l'art moderne – qui en même temps que le développement scientifique demeurera probablement le plus grand accomplissement de notre époque – ait dû commencer par cette hostilité envers la société et la maintenir, cela démontre qu'il existe entre société et culture un antagonisme qui précède l'essor de la société de masse »[4]. Et elle résume d'un seul mot – « philistinisme » – qu'elle emprunte à un écrit satirique de Clemens von Brentano, contemporain de Goethe, mot que l'Allemagne depuis répéta de génération en génération, l'accusation que porte l'artiste contre la société. Le philistinisme, objet des quolibets de Brentano, est la mentalité qui consiste à aborder toute chose en termes d'utilité immédiate et par conséquent à n'avoir aucune

1. *Op. cit.*, p. 198.
2. *Op. cit.*, p. 198.
3. *Op. cit.*, p. 199.
4. *Op. cit.*, p. 201.

considération pour « les objets et occupations inutiles qu'impliquent la culture et l'art ».

La rébellion de l'artiste contre la société ne saurait s'expliquer par cette sorte de philistinisme qui est par définition inculte et rebelle à l'art ; mais elle s'explique par une métamorphose historique du philistinisme qui a consisté pour l'utilitarisme non plus à exclure la culture et l'art mais, au contraire, à les faire servir à ses propres fins. C'est ce qui se produisit lorsque la bourgeoisie, dans sa lutte contre le dédain que lui vouait l'aristocratie, se mit à considérer la culture et l'art comme un ensemble de « valeurs » propices à son avancement, et monopolisées par elle pour conquérir un statut supérieur lié à une éducation raffinée et au perfectionnement de soi. D'où le *kitsch* du XIXᵉ siècle conférant à la culture et aux arts la fonction de fuir la prose de la réalité pour y substituer l'éther d'une sphère idéale. La rébellion des artistes modernes contre la société désormais régentée par ces philistins d'un genre nouveau tint, selon Arendt, à ce qu'ils « flairèrent le danger d'être expulsés de la réalité dans une sphère de propos raffinés où ce qu'ils faisaient perdrait toute signification »[1].

C'est dans le contexte de cette opposition entre le souci de réalité qui anime les créateurs et le souci égoïste animant les philistins raffinés qu'Arendt introduit à grands traits le thème essentiel de sa réflexion sur la culture : celle-ci forme un monde doué d'un « statut objectif » car il est composé de « choses tangibles », d'œuvres consistantes qui, loin de se soumettre à des normes sociales d'éducation de soi, affichent pour seul critère une durabilité et même une immortalité qui ne sont nullement d'ordre social. Elle écrit avec force : « Seul ce qui durera à travers les siècles peut ultimement prétendre être un objet culturel »[2]. Cette insistance sur l'objectivité des œuvres ne vise nullement à les soustraire à tout rapport à un Soi car c'est justement en vertu de leur permanence tangible que les « choses culturelles » ont la singulière « faculté d'arrêter notre attention et de nous émouvoir »[3]. Mais cette implication personnelle n'entame pas la consistance de l'objet auquel elle se rapporte. Elle s'y subordonne, ce que ne saurait faire la poursuite égoïste d'un intérêt.

À cet égard, il est significatif qu'Arendt n'attribue aux vestiges de l'ère du kitsch – le néo-classique, le néo-gothique, le néo-renaissant – qu'un

1. *Op. cit.*, p. 203.
2. *Op. cit.*, p. 202.
3. *Op. cit.*, p. 204.

effet de « désintégration de la culture »[1]. Le XXe siècle, en substituant au règne du philistinisme éduqué, celui de l'« *animal laborans* » ne fait que pousser à son extrême limite cette désintégration. Il ne s'y agit plus en effet d'utiliser des objets mais de les consommer, c'est-à-dire de les faire disparaître aussitôt apparus. Arendt à tout le moins reconnaît aux produits de l'ère du kitsch que « même dans leurs formes les plus éculées ces choses restaient des choses et gardaient un certain caractère objectif. Ces formes se désintégraient jusqu'à ne plus ressembler qu'à un monceau de décombres, mais elles ne disparaissaient pas. La société de masse, au contraire, ne souhaite pas la culture mais la distraction, et les marchandises offertes par l'industrie des loisirs sont en fait consommées par la société exactement comme n'importe quel autre bien de consommation »[2].

Si la production des marchandises distrayantes, comme telles étrangères à la culture, restait confinée dans le cycle que Marx appelait « le métabolisme avec la nature », elle serait parfaitement justifiée car les jeux, non moins que le pain, sont nécessaires à la préservation et à la récupération du processus vital et celui-ci s'arrêterait si ces biens de consommation n'étaient sans cesse renouvelés. Mais Arendt souligne que l'affaire aujourd'hui est loin d'être aussi simple, car l'industrie des *mass media* ne se borne pas à produire des articles de loisir, nécessaires, comme tous les biens de consommation, à la récupération de la force de travail : son « appétit gargantuesque » la porte à « saccager tout l'éventail de la culture passée et présente dans l'espoir d'y trouver du matériel approprié »[3]. Et comme ce matériel doit procurer du plaisir, elle n'hésite pas à manipuler outrageusement les objets culturels sur lesquels elle fait main basse.

C'est en ce point qu'Arendt énonce la thèse centrale de son essai : « La culture se rapporte à des objets et est un phénomène du monde ; le divertissement (*entertainment*) se rapporte à des jeux et est un phénomène de la vie »[4].

Tout le problème est de déterminer les deux rapports que cette thèse distingue. Leur différence est affaire de durabilité. Bien sûr, le vivant comme tel, de même que le groupe auquel il appartient, se rapportent à un environnement mais celui-ci est sans durabilité intrinsèque car ils n'y cherchent que de quoi assister le circuit de la vie ou en satisfaire les besoins.

1. *Op. cit.*, p. 203.
2. *Op. cit.*, p. 205.
3. *Op. cit.*, p. 207.
4. *Op. cit.*, p. 208.

De sorte que ce dont se compose le milieu où s'inscrit la vie n'apparaît qu'à titre fonctionnel, c'est-à-dire pour disparaître aussitôt dans un usage ou une consommation. Tout autre est le rapport inhérent à la culture. Ce n'est pas à un milieu vital qu'elle se rapporte mais à un monde composé d'objets doués d'une durabilité intrinsèque en ce sens qu'ils transcendent le circuit des besoins et des fonctions.

À ce propos, Arendt écrit avec force que « toute discussion de la culture doit de quelque manière prendre pour point de départ le phénomène de l'art »[1]. Et ce pour trois raisons indissociables. D'abord la beauté des œuvres d'art ne répond à aucun besoin vital ni à aucune fonctionnalité utilitaire. En outre cette beauté jamais ne transcende le monde car elle s'exhibe dans des œuvres qui sont des « réalités mondaines tangibles » qui, en termes de durabilité, « sont clairement supérieures à toutes les autres choses » et dont on peut dire « puisqu'elles restent dans le monde plus longtemps que toute autre chose, qu'elles sont les plus mondaines de toutes les choses »[2]. Enfin ces œuvres précisément parce que leur durabilité s'arrache à l'emprise des besoins et des utilisations auxquels est soumis le processus vital sont proprement constitutives d'un monde en tant qu'habitat spécifiquement humain par delà le milieu vital et survivant aux générations inscrites dans ce dernier, habitat en l'absence duquel on ne saurait parler de culture.

Sans doute pourrait-on résumer le contraste entre milieu vital et monde en disant que le premier est soumis à une disparition sans cesse renouvelée tandis que le second peut témoigner d'une culture en persistant dans l'*apparaître*. Selon Arendt, c'est « dans le seul but d'apparaître » que son créées les œuvres d'art et c'est cet apparaître qui fait que « le critère pour en juger est la beauté ». Mais pour être capable d'admirer cet apparaître et de « le laisser être tel qu'il est dans son apparence », il nous faut d'abord être libres de nous dégager des soucis, intérêts et nécessités de nos vies et les mettre à distance. Se référant pour la première fois à la troisième *Critique*, Arendt considère que c'est cette distance qui est au cœur de ce que Kant appelait « satisfaction désintéressée » et elle n'hésite pas à écrire que grâce à celle-ci « les hommes peuvent être libres pour le monde »[3].

C'est donc sous l'égide du jugement esthétique au sens kantien que toute cette critique de la modernité, et de son aveuglement au monde prend

1. *Op. cit.*, p. 210.
2. *Op. cit.*, p. 208-209.
3. *Op. cit.*, p. 210.

pour point de départ l'œuvre d'art, « objet culturel par excellence », de manière à démontrer l'incompatibilité entre culture et société. L'importance donnée à ce point de départ pourrait cependant donner à penser que culture et art sont strictement synonymes. Or il importe de les distinguer si l'on veut comprendre que la culture n'est pas seulement étroitement reliée à l'art mais qu'elle concerne aussi le domaine politique. L'analyse doit donc s'élargir pour considérer la relation qu'entretiennent culture et politique.

Cet élargissement est l'objet de la deuxième partie de l'analyse. Encore qu'elle soit centrée sur les Anciens, il est remarquable que la troisième *Critique*, on va le voir, n'y est nullement négligée, bien au contraire.

2.

D'emblée Arendt souligne que le mot et le concept de culture sont d'origine romaine. *Cultura* dérive de *colere* qui désigne un rapport à la nature consistant à l'entretenir et à en prendre soin jusqu'à ce qu'elle soit adaptée à l'habitation humaine. Chez les Romains c'est un rapport sans domination qui peut aussi désigner le « culte » des dieux entendu comme soin fait à ce qui leur appartient en propre. La même connotation de soin apporté à une nature se trouve dans la transposition métaphorique par Cicéron du concept de culture aux affaires de l'esprit et à l'usage qu'il fait d'expressions telles que *excolere animum* et *cultura animi*. Celle-ci par conséquent était à l'opposé de toute activité de fabrication, de toute production exigeant de faire violence à la nature. À ce propos, Arendt, citant Mommsen, relève que les Romains tendaient à dissocier artisanat et beaux-arts dans la mesure où ils considéraient que le premier de ceux-ci – entretien du site paysager – avait été étroitement lié à la nature et qu'ils trouvaient la source de toute poésie dans « le chant que les feuilles se fredonnent dans la verte solitude des bois » [1].

À l'inverse les Grecs privilégiaient l'activité de fabrication. Ils tendaient à considérer même l'agriculture comme une entreprise relevant de la fabrication et par le fait même violentant la nature, comme tous les arts. Davantage, il ne se souciaient guère à la différence des Romains de prendre soin des monuments de leur propre passé. En ce sens « les Grecs ne savaient pas ce qu'est la culture » et c'est aux Romains que « nous devons

1. *Op. cit.*, p. 212.

non seulement la préservation de l'héritage grec mais la continuité même de notre tradition »[1].

De là à donner à penser que seuls des facteurs d'origine romaine déterminent la notion de culture et que celle-ci ne s'applique pas aux Grecs, il n'y a qu'un pas qu'Arendt cependant se garde bien de franchir.

En effet, le contraste évoqué jusqu'ici à l'avantage des Romains laissait dans l'ombre une composante essentielle de la notion. Sans être étrangère à la réflexion d'un Cicéron, cette composante selon Arendt fut illustrée bien avant lui par les Athéniens lors de l'essor de la *polis* démocratique. Il est significatif que pour la désigner, elle fasse appel à un terme essentiel de la troisième *Critique* : « le « goût », entendu comme « sensibilité à la beauté ». Ce goût, selon elle, les Grecs l'avaient « à un degré extraordinaire ». C'est en fonction de l'enseignement qu'elle retirait de Kant au sujet du goût qu'elle peut écrire qu'il y a lieu « de comprendre par culture (…) le mode de relations que prescrivent les civilisations à l'égard des choses les moins utiles et les plus mondaines »[2]. C'est ce même enseignement qui va lui permettre d'éclairer en termes culturels l'un des témoignages les plus mémorables de la cité athénienne du temps de son essor à la fois artistique et politique, la fameuse oraison funèbre prononcée par Périclès et rapportée par Thucydide.

Cet éclairage est régi par la question suivante : « Se pourrait-il que le goût appartienne aux facultés politiques ? »[3].

La réponse affirmative qu'Arendt apporte à cette question découle d'une analyse serrée des réserves qu'exprime simultanément Périclès à l'égard de l'amour de la beauté et de celui de la sagesse lorsqu'il s'exclame d'un seul souffle : *philokaloumen gar met'euteleias kai philosophoumen aneu malakias*.

Arendt considère que les deux réserves exprimées sont de nature « strictement politique » car l'absence d'*euteleia*, de juste ciblage, qui guette l'amour excessif de la beauté est un manque de jugement, donc une carence du discernement pratique nécessaire à l'homme d'action tandis que la *malakia*, la mollesse « efféminée », qui guette l'amour excessif de la sagesse, conduit de toute évidence à l'inactivité et donc détourne du jugement pratique. Il nous est donc dit par Périclès que c'est « la *polis* qui

1. *Op. cit.*, p. 213.
2. *Op. cit.*, p. 213.
3. *Op. cit.*, p. 215.

établit des limites à l'amour de la sagesse et de la beauté »[1]. Qu'il s'agisse d'esthétisme effréné ou de souci exclusif de contemplation muette d'une ultime vérité sans voile, dans les deux cas la limite imposée implique « jugement, discernement, et discrimination, bref cette aptitude curieuse et mal définie que l'on appelle communément le goût »[2].

C'est le recours explicite à l'enseignement de Kant qui permet à Arendt de justifier l'usage qu'elle fait de cette appellation commune tant sur le plan esthétique que sur le plan politique. Et de justifier du même coup, eu égard au sens de la notion de culture, le rapprochement qu'elle établit entre l'héritage des Romains et celui de Athéniens pour ce qui concerne la relation entre politique et art.

Examinant cette relation chez les Grecs, Arendt commence par observer qu'ils avaient un mot pour signifier ce qui fut appelé *philistin* au tournant du XVIIIe siècle allemand, le mot *banausos*, vocable qui initialement désignait les artisans et les artistes et qui dans l'usage dépréciatif qu'il en vint à posséder visait la mentalité strictement fonctionnaliste ou utilitaire présidant à l'acquisition d'une maîtrise dans quelque *technè*, savoir-faire artisanal ou artistique. La critique de cette mentalité par les acteurs de la cité démocratique et d'une manière générale la conviction qu'ils avaient qu'elle rend tout *technitès* impropre à l'exercice de la citoyenneté découlait de la conscience aiguë qu'ils avaient de la différence entre l'activité de fabrication et l'action proprement dite. La première vise des fins prédéfinies qu'elle atteint moyennant des moyens également définis : matériaux, outils, producteurs qualifiés. Cette poursuite ne requiert ni communication avec des interlocuteurs ni apparition publique de l'agent, ce qui en revanche est essentiel à l'action proprement dite qui, en vertu de ces deux facteurs qui la soustraient à toute pré-détermination, se trouve menacée lorsqu'on lui impose des normes fonctionnelles. Mais la mentalité utilitaire n'est pas seulement préjudiciable au politique, elle est aussi une menace pour ses produits les plus éminents, les œuvres d'art, dont la durabilité et la choséité mondaines risquent de perdre leur dignité intrinsèque pour n'être plus, à leur tour, que de simples moyens remplaçables par d'autres dans la poursuite de nouvelles fins.

Arendt prend soin cependant de ne pas réduire le conflit art-politique à la méfiance en laquelle le citoyen agissant doit tenir l'utilitarisme ; l'artiste de son côté a raison de se méfier de la publicité nécessaire à l'exercice de la

1. *Op. cit.*, p. 214.
2. *Op. cit.*, p. 214-15.

citoyenneté car il ne saurait créer sans s'isoler du public. Le conflit n'est donc pas à sens unique. La grandeur d'Athènes, aux yeux d'Arendt, « l'une des raisons, dit-elle, de l'extraordinaire épanouissement du genre artistique en Grèce classique », est justement d'avoir maintenu le conflit en vie et évité de le résoudre en faveur de l'une des deux parties[1].

Cependant cette conflictualité ne saurait être le dernier mot.

En effet, à y regarder de plus près, si l'on examine la relation entre art et politique non plus eu égard aux activités qui y sont impliquées mais eu égard à leurs produits respectifs, la conflictualité disparaît. Arendt écrit à ce propos : « le conflit qui divise l'homme d'État et l'artiste dans leurs activités respectives, ne s'applique plus lorsque nous portons notre attention non plus sur la production de l'art mais sur ses produits, sur les choses mêmes qui doivent trouver leur place dans le monde. Ces choses manifestement partagent avec les « produits » politiques que sont les paroles et les actes, la qualité d'avoir besoin d'un espace public où elles peuvent apparaître et être vues ; elles ne peuvent accomplir leur être propre, qui est d'apparaître, que dans un monde commun à tous »[2]. Non seulement la conflictualité disparaît au profit du partage d'un espace public commun, mais ce partage, loin d'être une simple juxtaposition, est une véritable synergie, « une mutuelle dépendance », car les faits et gestes des acteurs politiques, aussi rayonnants qu'ils puissent être au présent seraient très éphémères et sans lendemain si des œuvres – de parole ou de pierre – ne leur conféraient une beauté qui en garde publiquement la mémoire. Sans cette beauté, « c'est-à-dire sans la gloire radieuse dans laquelle une immortalité potentielle est rendue manifeste dans le monde humain, toute vie humaine serait futile et aucune grandeur ne pourrait durer »[3].

C'et donc par la médiation de l'*apparaître public* que s'apaise le conflit entre art et politique. Cet apparaître, investi dans des œuvres durables, requiert des humains une réceptivité qui lui soit appropriée.

C'est cette réceptivité que vise Périclès à sa manière lorsqu'il célèbre d'un seul souffle, mais dans les limites du discernement pratique nécessaire au *bios politikos*, *philokalein* et *philosophein*. C'est la même réceptivité qu'exprime la *cultura animi* dont parle Cicéron. Celui-ci certes n'éprouve pas le besoin comme Périclès de remettre à leur place « Homère et ses semblables » et de suggérer du même coup que les hauts faits de la Cité

1. *Op. cit.*, p. 216.
2. *Op. cit.*, p. 218.
3. *Op. cit.*, p. 218.

rayonnent d'une gloire telle que leur apparaître pourrait se passer du rayonnement des œuvres d'art. La raison en est que la vénération des témoignages du passé, la préservation d'une tradition, relativement minimisées par les Grecs de la *polis* faisaient au contraire partie intégrante de la notion romaine de la *Res publica*. Pareillement si Cicéron, loin d'éprouver le besoin comme Périclès de mettre en garde contre la passivité pure qui guette le *philosophein*, peut faire de la *cultura animi* l'apanage des philosophes, c'est qu'il considère ceux-ci comme des spectateurs libres et désintéressés des affaires humaines, capables de juger de « ce qui est fait et de la manière dont c'est fait », et nullement – il n'avait rien d'un métaphysicien – comme des solitaires adonnés à la poursuite d'une vue ontologique de dernière instance inaccessible au commun des mortels.

Cette réceptivité, ainsi conçue comme accueil spécifique de l'apparaître public tant des œuvres d'art que des paroles et des actes politiques, c'est à l'aide de l'analyse kantienne du jugement réfléchissant esthétique que Hannah Arendt entreprend d'en dégager les traits essentiels.

À la différence du principe qui impose à la pensée rationnelle d'être en accord avec elle-même tant sur le plan théorique que sur le plan éthique, principe fondamental à la fois dans la *Critique de la raison pure* et dans la *Critique de la raison pratique*, le principe sur lequel repose la *Critique de la faculté de juger* consiste en une manière de penser pour laquelle il ne suffit pas d'être en accord avec soi car elle impose de « penser en se mettant à la place de chacun d'autre ». C'est la raison pour laquelle Kant la qualifie de « manière de pensée élargie » (*erweiterte Denkungsart*)[1].

De ce que l'« accord potentiel » ou la « communication anticipée » avec autrui soit au principe de cette manière de penser découle sa validité spécifique. Comme l'accord de la pensée rationnelle avec elle-même le jugement impose de se libérer de « conditions subjectives privées », mais à la différence de la rationalité théorique ou pratique, il n'ambitionne pas d'avoir statut universel, d'être valable inconditionnellement pour tout être pensant.

Arendt écrit à ce propos que la validité du jugement « ne peut jamais s'étendre au-delà des autres personnes à la place desquelles s'est mise la personne qui juge », de sorte, précise-t-elle, qu'il « n'est pas valide pour ceux qui ne jugent pas ou pour ceux qui ne sont pas membres du domaine public où apparaissent les objets du jugement »[2]. C'est exactement en ce

1. *Op. cit.*, p. 220 ; Kant, *Critique de faculté de juger*, § 40.
2. *Op. cit.*, p. 221.

sens que la faculté de juger thématisée par Kant est aussi, selon Arendt, une « aptitude spécifiquement politique » et même « une des aptitudes fondamentales de l'homme en tant qu'être politique dans la mesure où elle le rend apte à s'orienter dans le domaine public, dans le monde commun »[1].

En ce point elle n'hésite pas à rapprocher le jugement réfléchissant, au sens kantien, de la *phronèsis* grecque et à se référer à ce sujet au livre VI de l'*Éthique à Nicomaque* où, en accord, dit-elle, avec « l'opinion publique de la *polis* athénienne »[2] telle que l'exprimait Périclès dans son oraison funèbre, Aristote distingue nettement cette excellence de l'homme d'État de celle que cherche à atteindre le philosophe. Et elle précise à propos de la *phronèsis* ainsi décrite par Aristote que « la différence entre cette perspicacité judicative et la pensée spéculative tient à ce que la première a ses racines dans le sens commun que la seconde en revanche ne cesse de transcender »[3].

Il ne s'agit pas dans de tels rapprochements avec les vues des Anciens de métamorphoser la troisième *Critique* en une philosophie politique, donc de prétendre que là où Kant écrit « jugement esthétique », il convient de lire « jugement politique ». Car la justification qu'Arendt donne à ces rapprochements ne consiste pas à réduire le premier jugement au second mais à faire ressortir que dans leur spécificité même ces deux genres de jugement affichent des traits semblables. À cet égard la manière même dont elle s'exprime est significative de son refus de tout réductionnisme. C'est ainsi qu'elle écrit : « Dans les jugements esthétiques non moins que dans les jugements politiques, une décision est prise, et quoique cette décision soit toujours déterminée par une certaine subjectivité, par le simple fait que chaque personne occupe une place qui lui est propre à partir de laquelle elle regarde et juge le monde, cette décision découle aussi du fait que le monde lui-même est une donnée objective, quelque chose de commun à tous ses habitants »[4].

Le même refus de tout réductionnisme se manifeste non moins nettement dans les termes par lesquels Arendt introduit un trait supplémentaire de différenciation entre l'accord rationnel et celui qui est au principe de la manière de penser élargie du jugement réfléchissant, tant comme jugement esthétique que comme jugement politique. Ce trait est la *persua-*

1. *Op. cit.*, p. 221.
2. *Op. cit.*, note, p. 297.
3. *Op. cit.*, p. 221.
4. *Op. cit.*, p. 222.

sion. Arendt écrit à ce propos : « Il est courant que l'on tienne les jugements de goût pour arbitraires parce qu'ils ne contraignent pas au sens où les faits démontrables ou les vérités prononcées par argument contraignent l'accord. Ils ont en commun avec les opinions politiques qu'ils sont persuasifs ; la personne qui juge – comme Kant le dit merveilleusement – ne peut que "courtiser le consentement de chacun d'autre" dans l'espoir d'aboutir finalement à un accord avec lui »[1]. En traduisant comme elle fait par le verbe anglais *to woe* le verbe allemand *werben*, Arendt restitue sa connotation de « séduire » à la formulation kantienne (§ 19), connotation qui n'est plus évidente en français si l'on traduit *Man wirbt um jedes andern Beistimmung* par « on sollicite l'adhésion de chacun ».

Puisqu'il s'agit pour elle de mettre en lumière ce que le jugement esthétique et le jugement politique ont de semblable, Arendt n'hésite pas à rapprocher le *werben* kantien du *peithein* grec et à recourir une fois encore à l'enseignement politique d'Aristote à ce sujet. De même que Kant entend souligner que la modalité du jugement de goût est une nécessité qui diffère de celle des jugements rationnels, en ceci qu'elle est conditionnelle, Aristote souligne que le *peithein* propre au discours politique diffère du *dialegesthai* propre au discours philosophique, c'est-à-dire, selon Arendt, à « un type de dialogue soucieux de connaissance et de découverte de la vérité et par conséquent demandant une démonstration contraignante »[2].

Il y a encore une autre similitude entre jugement de goût et jugement politique. Le jugement qui préside aux deux activités spécifiques du domaine politique – agir et parler – a ceci de particulier que dans la manifestation des actes et des paroles se révèle en public « qui est quelqu'un » par delà « les qualités et talents individuels qu'il peut posséder »[3]. Pareillement le goût « en tant qu'activité de l'esprit vraiment cultivé », en imposant des limites à l'amour immodéré du beau, introduit un « facteur personnel ». Arendt écrit à ce propos : « Le goût débarbarise le monde du beau en n'étant pas submergé par lui ; il prend soin du beau à sa propre manière "personnelle" et c'est ainsi qu'il produit une "culture" »[4].

Arendt attribue ce qu'elle appelle « une signification humaniste » à l'introduction de ce facteur personnel. Et elle s'empresse de préciser :

1. *Op. cit.*, p. 222.
2. *Op. cit.*, p. 223.
3. *Op. cit.*, p. 223.
4. *Op. cit.*, p. 224.

« L'humanisme, comme la culture, est bien sûr d'origine romaine ; il n'y a pas de mot dans la langue grecque qui corresponde à l'*humanitas* latine »[1].

C'est la raison pour laquelle elle conclut son essai sur un exemple romain destiné à « illustrer le sens dans lequel le goût est la capacité politique qui humanise vraiment le beau et crée une culture »[2]. L'exemple invoqué est un propos de Cicéron qui dans les *Tusculanes* déclare préférer errer en compagnie de Platon que de tenir des vues vraies avec ceux qui, tels les Pythagoriciens, sont ses adversaires. Ce propos, manifestement dirigé contre le cliché qui veut que l'amitié pour la vérité l'emporte sur l'amitié pour Platon, condense, selon Arendt, l'*humanitas* romaine qui résulte de la *cultura animi*, car il signifie somme toute : « En ce qui concerne mon association avec les humains et les choses, je refuse d'être contraint même par la vérité, même par la beauté »[3]. Ce qui permet à l'essai sur la *Crise dans la culture* de se terminer sur ces mots : « En tout cas, nous pouvons nous souvenir de ce que savaient les Romains – le premier peuple à prendre la culture au sérieux comme nous le faisons – de ce que doit être une personne cultivée : quelqu'un qui sait comment choisir sa compagnie parmi les humains, parmi les choses, parmi les pensées, au présent aussi bien qu'au passé »[4].

3.

Concluons. Notre seul propos était de déjouer l'impression d'unilatéralisme kantien que l'on est tenté de retirer de certains propos elliptiques d'Arendt sur la faculté de juger à l'époque où elle projetait de couronner par un examen de cette faculté son enquête sur la vie de l'esprit à l'issue de sa description de la pensée et du vouloir. De ce qu'elle ait pu écrire à propos de ce projet que « ce n'est qu'avec la *Critique de la faculté de juger* de Kant que cette faculté est devenue un centre d'intérêt essentiel pour un penseur de premier plan », on n'est pas en droit d'inférer que pour elle l'analyse kantienne de cette faculté était absolument inaugurale. Notre enquête montre, en effet, qu'aux yeux d'Arendt l'aptitude à juger est bel et bien un centre d'intérêt essentiel pour l'acteur politique de premier plan que fut Périclès mais aussi pour le penseur important, fût-il de second plan, que fut l'homme politique Cicéron, de même qu'elle était un centre d'intérêt

1. *Op. cit.*, p. 224.
2. *Op. cit.*, p. 224.
3. *Op. cit.*, p. 225.
4. *Op. cit.*, p. 226.

important pour le penseur de premier plan que fut Aristote, en dépit du fait qu'il tenait l'aptitude à juger pour une excellence inférieure à la *sophia* que cherche à atteindre le philosophe.

Plus précisément, ce qui nous paraît remarquable dans la deuxième partie de l'essai dont nous avons tenté de serrer d'aussi près que possible l'argumentation, c'est, d'une part, que le jugement réfléchissant au sens kantien y sert à éclairer à la fois le *philokalein* et le *philosophein* de Périclès, la *phronèsis* dont Aristote traite au passage dans l'*Éthique à Nicomaque*, et la *cultura animi* chère à Cicéron, mais aussi, d'autre part, qu'en sens inverse ce sont ces trois noms qu'invoque Arendt pour éclairer ce qu'il faut entendre par le jugement de goût qu'analyse la troisième *Critique*.

À prendre l'essai dans son ensemble, on pourrait dire que dans sa première partie, où l'art joue un rôle central, c'est le jugement esthétique au sens kantien qui permet à Arendt de dresser un tableau péjoratif de la soi-disant culture des Modernes. Tandis que dans la deuxième partie qui s'engage sur le rappel des origines romaines de la notion de culture de manière à montrer que la *cultura animi* au sens que lui donnait Cicéron avait une fonction médiatrice par rapport aux conflits qu'apercevaient les Grecs entre art et politique, c'est tout l'héritage des Anciens qui permet à Arendt d'élargir au politique l'enseignement qu'elle retirait de la description kantienne du jugement esthétique.

Ajoutons une dernière remarque. Si l'on admet que l'essai que nous avons analysé est chronologiquement le premier témoignage détaillé de l'intérêt qu'Arendt portait à la troisième *Critique* de Kant, le fait même que cet essai ait non seulement pour pivot une attitude de l'*animus*, c'est-à-dire de l'esprit, mais que sa thématique envisage, eu égard à une médiation, les risques de partialité de chacune des démarches envisagées – ce fait même suffit à rendre contestables les thèses à l'emporte-pièce qui veulent qu'avant qu'elle ne s'occupe expressément de la vie de l'esprit, Arendt n'envisageait le jugement que « du point de vue de la *vita activa* » et comme « caractéristique de la vie politique »[1].

Jacques TAMINIAUX

1. H. Arendt, *Juger*, *op. cit.*, Essai interprétatif de Ronald Beiner, p. 132-133. Par ailleurs, la publication récente dans le *Journal de pensée* de Hannah Arendt des nombreuses notes que, dès le mois d'avril 1957, elle consacra à la troisième *Critique* (*op. cit.*, tome 2, p. 763-778) nous paraît confirmer, contrairement à l'avis de Beiner, que bien avant son étude thématique de la vie de l'esprit elle ne se bornait nullement à envisager le jugement du seul point de vue de l'action.

CHAPITRE XIV

LA *PHRONÈSIS* DANS L'ÉTHIQUE DE PAUL RICŒUR

La *phronèsis* aristotélicienne jouit d'une très grande postérité[1], non seulement parmi les historiens de la philosophie ancienne, mais aussi chez les philosophes spécialisés en philosophie morale ou politique, voire même en éthique appliquée. La notion grecque est revisitée par nos contemporains et traduite tour à tour par prudence, jugement moral en situation ou sagesse pratique. L'éthique de Paul Ricœur a largement contribué à ce renouveau de la *phronèsis*. Dans *Soi-même comme un autre*, l'auteur a dédié la troisième partie de sa « petite éthique » à la sagesse pratique[2]. Cette étude pourrait être lue comme une ode à la gloire de la *phronèsis*, ainsi que l'indiquera neuf ans plus tard le titre d'un de ses articles[3]. Notre propos est dès lors de montrer comment Ricœur interprète la notion aristotélicienne, jusqu'où il la suit et en quoi il s'en démarque, explicitement ou implicitement. Nous commencerons par rappeler le cadre dans lequel il insère cette appropriation du concept grec.

1. *Cf.* C. Natali, « La *phronèsis* d'Aristote dans la dernière décennie du XXe siècle », dans G. Romeyer Dherbey (éd.), *L'excellence de la vie, op. cit.*

2. P. Ricœur, *Soi-même comme un autre*, Paris, Seuil, 1990, p. 279-344. Désormais : SMCA.

3. P. Ricœur, « À la gloire de la *phronèsis* », dans J.-Y. Chateau (éd.), *La vérité pratique*, *op. cit.*

LA SAGESSE PRATIQUE

La *phronèsis* est associée chez Ricœur à l'idée de conviction et au jugement moral en situation. Elle constitue la troisième étape d'une philosophie morale qui se décline en trois moments distincts et indissociables : l'éthique, aussi appelée « métamorale » (i), la morale (ii) et la sagesse pratique (iii). Fidèle aux principes de la philosophie morale kantienne, Ricœur reconnaît la valeur des normes et du devoir ainsi que la nécessité d'avoir recours au formalisme et au principe d'universalisation. Toutefois, les principes moraux ne constituent pas le point de départ de sa « petite éthique ». Le téléologique (i) est à la base du déontologique (ii). L'être humain doit se demander « comment voudrais-je mener ma vie ? » avant de se demander « que dois-je faire ? ». Un premier long détour par la philosophie éthique d'Aristote permet ainsi à Ricœur d'insister sur le souhait d'une vie bonne (a), sur la sollicitude et l'amitié, une relation à autrui où chacun estime l'autre comme un soi-même (b); et enfin sur la vertu de justice (c), puisque le cri de l'« autre lointain » éveille l'agent à sa responsabilité et à la nécessité d'œuvrer dans des institutions justes. Ce retour au désir profond de l'homme, à une métamorale capable de fonder les obligations, ne rend cependant pas les impératifs moraux superflus, car le mal et la violence existent et peuvent vicier le désir d'une volonté bonne. Toute action d'un agent devient un pouvoir sur un patient. Pour faire face aux dérives possibles de ce pouvoir, la norme s'avère nécessaire, ainsi que le souci d'universalisation (ii). D'Aristote vers Kant, du téléologique au déontologique, Ricœur souligne la pertinence de l'impératif catégorique. Toutefois, parce que l'application de règles aux situations concrètes n'évite pas non plus certains conflits, Ricœur considère qu'il est nécessaire d'insister sur le jugement moral en situation et sur la conviction. C'est ici que la *phronèsis* aristotélicienne refait surface et vient constituer le troisième moment de la « petite éthique » ricœurienne. Dans un article publié dix ans après *Soi-même comme un autre*, Ricœur précise que la *phronèsis* correspond à l'« éthique postérieure », tandis que la visée de la vie bonne constitue l'aval, l'éthique antérieure, la métamorale[1].

1. P. Ricœur, « De la morale à l'éthique et aux éthiques » (2000), dans *Le Juste 2*, Paris, Esprit, 2001.

La sagesse pratique permet d'appliquer les normes aux situations concrètes. La *phronèsis* « consiste en effet dans une capacité, l'aptitude à discerner la droite règle, l'*orthos logos*, dans les circonstances difficiles de l'action »[1]. Elle fait apparaître les contenus de l'éthique. Mais Ricœur va plus loin et considère que c'est précisément dans les éthiques appliquées que la *phronèsis* est mise à l'épreuve. L'auteur cite en exemple les éthiques spéciales, l'éthique médicale, l'éthique judiciaire, l'éthique de l'environnement, celle des affaires. Prenons l'exemple de l'éthique médicale, nous dit-il. Face à la souffrance d'un patient, le médecin vise à donner une prescription. Il est tenu aux règles morales du *Code de déontologie médicale* et à certaines règles administratives relevant du domaine de la santé publique. Selon la spécificité de son métier, il est aussi lié aux règles du savoir biologique et médical, mises à l'épreuve par le cas clinique. La prescription est le fruit d'une *phronèsis* médicale, encadrée par des règles précises, mais confrontée à la réalité particulière du patient. Elle devient également le lieu de visibilité d'un trait fondamental de l'éthique. Elle exprime en effet un trait de la sollicitude, qui « demande que secours soit porté à toute personne en danger »[2].

Si la notion de conviction est comprise à la fois comme une argumentation et comme une « motivation dont on ne peut pas rendre compte »[3], le recours aux convictions ne conduit pourtant pas au situationnisme arbitraire et relatif. Pour Ricœur, renouer avec ses convictions profondes revient à se concentrer sur la visée éthique pour éviter la rigueur du formalisme et ne pas négliger de prendre autrui en considération.

Toutefois, de la notion grecque aux débats de l'éthique médicale, quel est le lien avec Aristote, se demanderont les historiens de la philosophie ? Certains aspects de la *phronèsis* que Ricœur emprunte à Aristote s'inscrivent dans le sillage de l'héritage aristotélicien, d'autres, au contraire, s'en distancient fortement. Il convient dès lors de les mettre en lumière.

1. *Ibidem*, p. 65.
2. *Ibidem*, p. 67.
3. P. Ricœur, « La conviction et la critique », dans *Cahier de l'Herne. Ricœur*, Paris, Éditions de l'Herne, 2004, p. 15.

La prudence n'est pas une connaissance scientifique de la *praxis*

> Que la prudence ne soit pas science, c'est là une chose manifeste : elle porte, en effet, sur ce qu'il y a de plus particulier [1].

Lorsque Ricœur renoue avec la *phronèsis*, il veut souligner en premier lieu que l'intelligence pratique s'applique aux situations contingentes et factuelles. Ricœur cite à de maintes reprises l'extrait de l'*Éthique à Nicomaque* qui insiste sur la « pluralité des niveaux de scientificité » [2]. Comme le déclare Aristote, l'éthique n'a jamais la même précision que les sciences mathématiques. Il n'est pas question du nécessaire dans l'ordre éthique ou politique aux yeux du Stagirite, puisque « le bien pratique est celui qui peut être autrement qu'il n'est » [3]. Ricœur maintient avec force la distinction du domaine théorique et du domaine de l'action. Il tient absolument à démarquer la « raison pratique » de la rationalité « scientifico-technique ». En critiquant la construction par Kant du concept d'*a priori* pratique sur le modèle de l'*a priori* théorique, il va jusqu'à qualifier d'idée mortelle celle de « science de la *praxis* » [4]. En effet, « le domaine de l'agir est au point de vue ontologique celui des choses changeantes et au point de vue épistémologique celui du vraisemblable, au sens de plausible et de probable », nous dit Ricœur [5].

L'auteur insiste dès lors sur les deux pôles de la raison pratique, le désir et l'intellect. Il ne mésestime pas la difficulté de savoir si la *phronèsis* aristotélicienne porte sur les moyens ou sur les fins. Il focalise davantage son attention sur l'*orthos logos* qui appartient non pas à l'ordre du nécessaire et à la partie scientifique de l'âme, mais à la série du contingent et à la partie calculatrice. Rappelant la définition aristotélicienne du choix préférentiel comme intellect désirant ou comme désir raisonnant, Ricœur insiste sur le pôle du désir. Fidèle à sa méthode, l'éthique précède la morale, le désir évalué donne une assise à la morale [6]. La *phronèsis* permet d'être

1. Aristote, *EN*, VI, 9, 1142 a 22, trad. J. Tricot.

2. *Cf.* P. Ricœur, « Science et idéologie » (1974), dans *Du texte à l'action. Essais d'herméneutique II*, *op. cit.*, p. 335-336. Ricœur cite l'*EN*, I, 1, 1094 b 11-1095 a 2.

3. Aristote, *De anima*, III, 10, 433 a 30.

4. *Cf.* P. Ricœur, « La raison pratique » (1979), dans *Du texte à l'action, Essais d'herméneutique II*, *op. cit.*, p. 278.

5. P. Ricœur, « La raison pratique », p. 278.

6. P. Ricœur, « Paul Ricœur : Réflexions sur la philosophie morale. Propos recueillis par M. Canto-Sperber », *Magazine littéraire. Les nouvelles morales. Éthique et philosophie*, 361

sensible « à la variété des situations de "délibération" »[1]. Ce « désir délibératif » n'oblitère pas la « mobilisation de l'intelligence, du raisonnement » de la vertu de prudence[2].

Toutefois, à ses yeux, la prise en considération du pôle contingent de l'action efface la prétention à une vérité pratique. Ricœur n'ignore pas qu'Aristote utilise le terme *alètheia* pour parler de l'action. Comme il le rappelle, selon l'*Éthique à Nicomaque*, « il y a dans l'âme trois facteurs prédominants qui déterminent l'action et la vérité : sensation, intellection et désir »[3]. Pour Aristote, l'opposition du nécessaire au contingent n'équivaut donc pas à la distinction du vrai et du faux. La *praktikè alètheia* correspond au désir droit[4]. Mais s'il y a une vérité pratique, que peut signifier la vérité du contingent, se demande Ricœur avec perplexité.

Cette réserve de l'auteur contemporain n'est pas anodine. La conception de la vérité pratique est indéniablement une question extrêmement pointue sur laquelle les interprètes d'Aristote ne s'accordent pas. Néanmoins, il convient de rappeler que la distinction entre les sciences mathématiques et l'éthique se lit à la lumière de la fin. La Politique a pour fin, non pas la connaissance, mais l'action. La ligne de démarcation entre les mathématiques et l'éthique rejoint celle qui différencie le géomètre du charpentier. Les principes de l'action ne sont pas recherchés en vue de la connaissance, mais en vue d'une mise en pratique. Tel le charpentier qui cherche un angle « qui lui serve pour son travail » et non « l'essence » de l'angle droit ou ses « propriétés »[5]. Sa connaissance a une finalité différente de celle du géomètre. Toutefois, le charpentier doit tendre à la plus grande rigueur dans le champ d'application qui lui est propre. Lorsque Aristote distingue le degré de certitude des sciences mathématiques de celui de l'éthique, il ne considère pas pour autant que l'éthique est vouée à l'instable, à l'aléatoire. Il va jusqu'à affirmer que les activités conformes à la vertu, qui ont une fixité plus grande que toute autre action, « apparaissent

(1998) : « Ce que je dois à Aristote, c'est d'abord l'enracinement de la vie morale dans le désir. Bien avant Freud, Aristote dit que le désir est un désir parlé, un désir compris. Le désir humain a une structure de sens qui lui est fondamental. Il est dans ce que j'appellerai, en reprenant l'expression de Charles Taylor, les évaluations fortes. Le désir humain est un désir évalué. Il est par là dans une téléologie » (p. 39).

1. P. Ricœur, *Parcours de la reconnaissance. Trois études*, Paris, Stock, 2004, p. 305.

2. P. Ricœur, « À la gloire de la *phronèsis* », p. 19.

3. Aristote, *EN*, VI, 2, 1139 a 18-19. Cet extrait est cité par Ricœur : « À la gloire de la *phronèsis* », p. 16-17.

4. Aristote, *EN*, VI, 2, 1139 a 27 ; 1139 a 29-31.

5. Aristote, *EN*, I, 7, 1098 a 25-30.

plus stables encore que les connaissances scientifiques »[1]. L'intelligence pratique aristotélicienne jouit d'une excellence propre, même si elle s'applique aux faits contingents. La vertu « dans l'ordre de l'excellence et du parfait, c'est un sommet »[2].

Cette polarité est évidemment difficile à maintenir. Les deux tendances opposées s'observent parmi les commentateurs d'Aristote. Certains choisissent d'accentuer la notion de vérité pratique et le caractère scientifique de l'éthique, en tant que recherche des causes et des principes[3]. Terence Irwin, par exemple, insiste sur l'induction des principes, commune à d'autres œuvres d'Aristote, telle la *Métaphysique*. Une absolutisation des principes ou de la majeure du syllogisme pratique pourrait conduire à négliger l'importance d'un jugement pratique capable de trouver ce qui convient le mieux face à la contingence des faits. C'est pourquoi, à l'inverse, d'autres interprètes comme Martha Nussbaum se rangent du côté des partisans d'une éthique « dialectique », reposant sur les *endoxa*, ces opinions partagées par tous les hommes ou par les plus sages[4]. Le risque est dès lors de passer totalement sous silence la notion de vérité pratique, et de réduire l'éthique à une conception purement relativiste, contextualiste. Il est vrai qu'orientée vers l'action, une intelligence pratique réclame autant d'expérience que de connaissance. « Par conséquent, les paroles et les opinions indémontrées des gens d'expérience, des vieillards et des personnes douées de sagesse pratique sont tout aussi dignes d'attention que celles qui s'appuient sur des démonstrations, car l'expérience leur a donné une vue exercée qui leur permet de voir correctement les choses »[5]. Si Aristote attribue effectivement une place non négligeable à l'opinion (*doxa*), c'est parce que le domaine pratique diffère du domaine spéculatif. Mais l'opinion est néanmoins soumise à un critère de vérité. « L'opinion se divise selon le vrai et le faux »[6], rappelle Aristote. En outre, on ne peut

1. Aristote, *EN*, I, 11, 1100 b 12-14, trad. J. Tricot.

2. Aristote, *EN*, II, 6, 1107 a 6-7.

3. *Cf.* T. Irwin, *Aristotle's First Principles*, Oxford, Clarendon Press, 1988. Sur les différences de méthode en éthique aristotélicienne, *cf.* J. Barnes, « Aristotle and the methods of ethics », *Revue internationale de la philosophie*, 34 (1981).

4. *Cf.* Aristote, *Topiques*, I, 1, 100 b 21-23 : « Sont des idées admises, en revanche, les opinions partagées par tous les hommes, ou par presque tous, ou par ceux qui représentent l'opinion éclairée, et pour ces derniers par tous, ou par presque tous, ou par les plus connus et les mieux admis comme autorités ».

5. Aristote, *EN*, VI, 12, 1143 b 10.

6. Aristote, *EN*, III, 4, 1111 b 30. *Cf.* également *De anima*, III, 3, 427 b 20-21.

négliger l'induction des principes, même si l'éthique a une finalité différente de la métaphysique.

La même tension se retrouve dans la philosophie de Ricœur au sujet de la vérité pratique. Nous avons souligné sa perplexité à l'égard d'une vérité du contingent. Cet aspect peut se comprendre à la lumière de sa propre pensée. Soucieux de maintenir la distinction des transcendantaux entre le bon, le vrai et le beau, Ricœur les dissocie également de l'idée d'adéquation. Il estime que la distinction de l'être-vrai et de l'être-faux reste prisonnière de son lien avec le jugement assertif et il prend ses distances par rapport à l'idée de vérité comme adéquation au réel[1]. De la même façon qu'il revalorise la multiplicité des sens de l'être, il attribue une signification plurivoque à la notion de vérité. Héritier de Descartes, il entend appuyer l'épistémologie du vrai sur celle de la véracité, à laquelle il conjoint son concept d'attestation, de « fiance » ou de « créance ». À l'épreuve du doute, se dévoile le soupçon, qui « est aussi le chemin *vers* et la traversée *dans* l'attestation »[2]. L'attestation, selon ses propres mots, entremêle l'être-vrai et l'être-faux[3]. Il n'est dès lors pas étonnant de ne plus trouver chez lui de vérité dite pratique. La force de la raison pratique réside dans un autre mode, celui de l'impératif. « L'attestation est originairement injonction, sous peine que l'attestation perde toute signification éthique ou morale »[4]. « Il y a une autorité de l'injonction, qui se fait reconnaître par sa capacité d'universalisation (comme chez Kant), ou de contradiction performative (comme chez Habermas ou Apel) »[5]. La notion de vérité pratique rejetée, la *praxis* n'encourt pas pour autant une condamnation à l'arbitraire. Ricœur récuse un relativisme éthique. L'abandon d'une vérité pratique laisse place à une sagesse pratique fondée sur le jugement moral en situation. Aux yeux de l'auteur, le jugement en situation repose en dernière instance sur des convictions et non sur des règles. Il estime toutefois que ces convictions, loin d'être arbitraires, appartiennent à un sens éthique originaire. Toute

1. Paul Ricœur, « L'histoire de la philosophie et l'unité du vrai » (1953), dans *Histoire et vérité*, Paris, Seuil, 1967, p. 63 : « Nous devons renoncer à une définition en quelque sorte *monadique* de la vérité, où la vérité serait pour chacun l'adéquation de *sa* réponse à *sa* problématique. Nous accédons plutôt à une définition *intersubjective* de la vérité selon laquelle chacun "s'explique", développe sa perception du monde dans le "combat" avec autrui [...] ».

2. *Cf.* SMCA, p. 19-20; 351.

3. *Cf.* SMCA, p. 394.

4. SMCA, p. 409.

5. P. Ricœur, dans Fabrizio Turoldo, *Verità del metodo.... Indagini su Paul Ricœur*, presentazione di C. Vigna, con un saggio inedito di P. Ricœur, Padova, Il Poligrafo (Saggi, 11), 2000, « Secondo Entretien », p. 275.

conviction morale doit prétendre à l'universalité. Il s'agit donc d'universaux, mais d'« universaux en contexte, potentiels ou inchoatifs »[1].

Ricœur reconnaît le caractère paradoxal de ces notions, mais il préfère maintenir cette ambiguïté. Un universel ne peut l'être que pour une culture donnée, entachée de particularismes. Cette assertion ne conduit cependant pas à la relativité de tout universel. Comme l'auteur l'explique, dans un entretien avec Richard Kearney, à propos de l'exemple de la mutilation des femmes, il y a quelque chose d'universel dans l'assertion selon laquelle les femmes ont droit au plaisir, à l'intégrité physique, même si ce n'est pas reconnu. Néanmoins, nous devons amener cette assertion au plan de la discussion, car c'est seulement dans la discussion avec l'autre que nous pouvons finalement le convaincre que c'est universel[2].

DE LA *PHRONÈSIS* ÉTHIQUE À LA *PHRONÈSIS* POLITIQUE

> La prudence est la connaissance de ce qu'il y a de plus individuel, lequel n'est pas objet de science, mais de perception : non pas la perception des sensibles propres, mais une perception de la nature de celle par laquelle nous percevons que telle figure mathématique particulière est un triangle[3].

Un des points centraux de la réappropriation par Ricœur de la prudence aristotélicienne consiste à orienter cette notion vers l'« autre ». La comparaison entre la prudence et la perception lui permet de majorer la relation entre la *phronèsis* et l'individu. « On ne peut ni dans l'ordre de l'*aisthèsis*, ni dans celui de la prudence, descendre plus bas que les individus »[4]. Cette remarque sur l'individuel rejoint un fait primitif de sa petite éthique, le pôle de l'altérité. Si Ricœur insiste sur le rapport de la *phronèsis* à l'individuel, c'est aussi parce qu'il garde à l'esprit le respect du chacun. La reprise de la *phronèsis* dans l'éthique contemporaine est directement associée à la capacité de reconnaître l'altérité des personnes. La *phronèsis* devient presque un synonyme de l'attention à l'autre. Même lorsque Ricœur reconsidère l'impératif catégorique et ses trois formulations, il insiste particulièrement sur la continuité entre la sollicitude, mise en exergue dans la visée éthique,

1. *Cf.* P. Ricœur, « Éthique et morale » (1990), dans *Lectures 1. Autour du politique*, Paris, Seuil, 1991, p. 266.
2. R. Kearney, *On Paul Ricœur. The Owl of Minerva*, Burlington, Ashgate, 2004, p. 150.
3. Aristote, *EN*, VI, 9, 1142 a 27-29.
4. P. Ricœur, « À la gloire de la *phronèsis* », p. 20.

la Règle d'Or, et la deuxième formulation de l'impératif catégorique[1]. La considération d'autrui occupe une place centrale. Ainsi, afin de souligner cette valeur de l'individu, lorsqu'il s'agit d'appliquer les impératifs aux situations particulières, Ricœur met en exergue le concept aristotélicien d'équité. Aristote a eu raison de penser le recours à l'équité « là où le législateur a omis de prévoir le cas et a péché par esprit de simplification »[2]. La grandeur de l'équitable consiste à corriger la loi, là où la loi a manqué de statuer à cause de sa généralité[3]. « La justice et l'équité ne sont ni absolument identiques, ni génériquement différentes », mais une véritable justice doit pouvoir recourir à l'équitable[4]. Et Ricœur de citer encore Aristote : « La raison en est que la loi est toujours quelque chose de général, et qu'il y a des cas d'espèce pour lesquels il n'est pas possible de poser un énoncé général qui s'y applique avec rectitude »[5].

La composante d'altérité conduit également Ricœur à insister sur ce qu'il nomme une « *phronèsis* à plusieurs » ou une *phronèsis* « publique, comme le débat lui-même »[6]. Comme il le souligne également dans son article « À la gloire de la *phronèsis* », une reprise contemporaine de la *phronèsis* vise à privilégier l'ancrage de la philosophie dans la vie pratique au sens large. Ce primat du monde de la vie appellerait un certain « sens commun », une *phronèsis* à plusieurs, une évaluation communautaire au sein d'un « contextualisme culturel ». On retrouverait ces déterminations à l'origine du *phronein* tragique, et chez Aristote ensuite, dans la mise en valeur du *phronimos* ou encore dans l'importance de la pratique politique.

Certes, Ricœur souligne qu'il s'agit là d'une lecture surdéterminée de la *phronèsis* aristotélicienne. Ce point sensible du caractère pluriel ou singulier de la *phronèsis* renvoie à la distinction entre éthique et politique, et au statut du jugement. Au livre III de la *Politique*, Aristote s'interroge sur la capacité d'un grand nombre de citoyens à élire les magistrats et à redresser les comptes. Il met en évidence le gain en vertu et sagesse pratique d'une collectivité par rapport à un individu singulier. Ses exemples empruntés au domaine artistique sont très explicites. Si l'on veut juger d'une œuvre, il

1. SMCA, p. 258, note 1 : « "Agis de telle sorte que tu traites l'humanité aussi bien dans ta personne que dans la personne de tout autre toujours en même temps comme une fin, et jamais simplement comme un moyen" (trad. Delbos [IV, 436], p. 304) ».

2. Aristote, cité par Ricœur, dans SMCA, p. 304.

3. Aristote, *EN*, V, 14, 1137 b 19-27. *Cf.* SMCA, p. 305, note 1.

4. Aristote, *EN*, V, 14, 1137 a 32, trad. J. Tricot.

5. Cité par Ricœur, dans SMCA, p. 304.

6. SMCA, p. 304.

vaut mieux s'adresser à une multitude d'individus car chacun pourra juger d'une partie et finalement « tous jugent le tout »[1]. Toutefois, si la politique a trait au bien commun, l'éthique regarde davantage le bien propre de l'homme à travers son action morale personnelle. Dans l'*Éthique à Nicomaque*, le modèle de la *phronèsis* est celui du *phronimos*, mais non des *phronimoi*. Certes, Aristote ne néglige pas la valeur de demander conseil auprès des personnes sages, mais le *phronimos* est seul à prendre la décision. Il convient dès lors de distinguer la phase de conseil, la délibération et l'acte de juger. Si Périclès est un homme prudent, ce n'est pas parce qu'il prend ses décisions au sein d'un comité consultatif, mais parce que lui-même possède la faculté de voir ce qui lui convient et ce qui convient à l'homme en général[2]. La dimension politique est présente dans la visée, mais elle ne détermine pas le jugement éthique. Pour Ricœur, le décideur, qu'il soit ou non en position de législateur, diminue le caractère arbitraire de son jugement moral, dans la mesure où il a pris conseil auprès des personnes les plus compétentes et les plus sages. « Le *phronimos* n'est pas forcément un homme seul »[3]. Il apparaît clairement que Ricœur envisage la phase de conseil et le caractère pluriel du débat qui précèdent la décision. Ses exemples sont issus du domaine de la bioéthique. Néanmoins, comme il le souligne dans un autre extrait où il développe le thème de la conviction, « c'est toujours seul que, dans ce que nous avons appelé le tragique de l'action, on se décide »[4]. On ne trouve pas dans les éthiques d'Aristote l'idée d'un jugement *éthique* pris en commun, tel qu'on le verrait au sein d'un comité médical de sages ou de savants où la décision est prise après une discussion et une confrontation d'arguments, où le vote suit une délibération et respecte le choix de la majorité. Aristote reconnaît la valeur de se référer aux hommes prudents, aux opinions des sages, mais cet aspect concerne la qualité du conseil, et non la détermination du jugement. La *phronèsis* ne signifie pas le débat public. Ricœur insiste néanmoins sur cet aspect, car il inscrit la participation aux institutions dans sa visée éthique. En soulignant cette dimension plus politique, il maintient que la démocratie ne sera jamais un régime politique sans conflits. Loin de tendre au consensus, la démocratie doit seulement laisser les débats ouverts et susceptibles de négociations selon des règles d'arbitrage. Si l'on doit espé-

1. Aristote, *Politique*, III, 11, 1281 b 9-10.
2. Aristote, *EN*, VI, 5, 1140 b 5.
3. SMCA, p. 318.
4. SMCA, p. 405.

rer un jugement éclairé, une bonne délibération, la discussion ne pourra jamais être tenue pour close, puisqu'il ne sera jamais possible de décider du caractère du bien public de façon « scientifique » ou « dogmatique », ce qui n'entraîne aucunement le renoncement à un « bon gouvernement ».

Ricœur garde ses distances vis-à-vis de ce qu'il nomme la tentation hégélienne de l'État. La catégorie hégélienne de *Sittlichkeit* n'est pas à préférer à celle de la *phronèsis* aristotélicienne. L'auteur insiste donc sur la pratique politique en vue de refuser « la thèse de l'État érigé en instance supérieure dotée du savoir de soi »[1]. C'est donc bien une fois encore l'application politique de la *phronèsis* qui est mise en exergue par Ricœur. Au caractère délibératif de la notion grecque correspond la discussion publique. Le jugement en situation de la *phronèsis* se traduit quant à lui par le vote majoritaire. « C'est le jugement éclairé qu'on peut attendre du débat public »[2]. Cette même *phronèsis* politique s'avère également nécessaire pour rechercher la « "bonne" constitution », d'autant que le « bon » gouvernement recèle une pluralité de fins.

Ce caractère inévitable des conflits conduit Ricœur à insister sur la dimension tragique de l'action. On comprend dès lors pourquoi son étude sur la sagesse pratique est précédée par une méditation de la pièce d'Antigone[3]. L'œuvre de Sophocle permet de rappeler le caractère inévitable des conflits et l'importance du *phronein* qui fait défaut aux héros tragiques. La philosophie morale reçoit une instruction de la sagesse tragique, bien qu'elle ne réduise pas la tragédie à un enseignement moral. « La sagesse tragique renvoie la sagesse pratique à l'épreuve du seul jugement moral en situation »[4].

D'ARISTOTE À RICŒUR

En résumé, la conception *éthique* de la *phronèsis* aristotélicienne se retrouve à plusieurs niveaux dans l'itinéraire de Ricœur. Elle permet au philosophe contemporain d'insister sur la non-séparation du désir et de la raison, à l'encontre de la philosophie pratique de Kant et du danger d'hypostasier l'obligation morale. La notion de désir délibératif rend sa

1. SMCA, p. 298.
2. SMCA, p. 301.
3. *Cf.* G. Fiasse, « Le tragique de l'action. Ricœur et Antigone », dans Louise Grenier (éd.), *Le projet d'Antigone. Parcours vers la mort d'une fille d'Œdipe*, Montréal, Liber, 2005.
4. SMCA, p. 281.

place à la richesse de l'expérience. La *phronèsis* le conduit également à valoriser une intelligence pratique orientée vers l'action contingente. De vertu dianoétique, elle devient un véritable jugement moral en situation.

L'auteur de *Soi-même comme un autre* insiste encore davantage sur le caractère *politique* de la *phronèsis* aristotélicienne. L'acte du jugement laisse donc sa place à une prise de position à plusieurs, enrichie de l'apport de l'altérité et soumise au débat public. La perception du bien dans l'action contingente devient une attention vigilante à la singularité d'autrui et à l'appel de la justice. De la même façon que le concept d'équité signifie chez Aristote une rectification établie par le *juge* face à une déficience résultant du caractère trop général de la loi, chez Ricœur l'équité glisse subrepticement du côté du jugement éthique de l'*agent moral*. L'équité serait cette vertu permettant de prendre en considération l'altérité lors des conflits suscités par l'application des règles de l'action au donné du réel. La signification politique de la *phronèsis* et la composante juridique de la notion d'équité chez Aristote sont par conséquent intégrées à la compréhension éthique de la *phronèsis* ricœurienne.

D'un point de vue épistémologique, Ricœur retient l'aspect contingent du bien pratique et l'imprécision de la philosophie éthique décrits par Aristote. Voulant dissocier la raison pratique de la rationalité scientifique et technique, il refuse néanmoins d'adhérer à l'idée aristotélicienne de vérité pratique.

Gaëlle FIASSE

CHAPITRE XV

SAGESSE PRATIQUE ET ÉTHIQUE DE LA VERTU DANS LA PENSÉE ANGLO-SAXONNE CONTEMPORAINE

PRÉALABLE

Dans un livre à grand succès publié aux États-Unis, Barry Schwartz a récemment fait remarquer que notre pouvoir de choix a aujourd'hui augmenté d'une façon démesurée : il s'étend des biens de consommation aux personnes (amis, amants, etc.), lesquelles deviennent elles-mêmes des biens de consommation. Cependant, contrairement à ce que l'idéologie libérale semblait promettre, le fait que ces possibilités de choix se multiplient dans nos sociétés ne contribue aucunement à augmenter le bonheur des gens, et devient plutôt une source croissante d'angoisse et de soucis [1]. Si la société traditionnelle avait des limites bien connues, la société de consommation en a d'autres qui ne sont pas moins lourdes de conséquences. Que faire ? D'après Schwartz, il faut savoir quand il est opportun de choisir entre différentes possibilités et quand, au contraire, cela n'est pas nécessaire et pourrait même, à la longue, être contre-productif. Le problème est encore aggravé par la complexité extrême des choix imposés par la spécialisation croissante. Quels sont les avantages et les risques de la mise en œuvre d'une nouvelle technologie ? À quel spécialiste devons-nous

1. *Cf.* B. Schwartz, *The Paradox of Choice. Why more is less. How the Culture of Abundance robs us of Satisfaction*, New York, Harper Collins Publishers, 2004.

nous adresser dans le domaine scientifique? Comment identifier ce spécialiste?

Si l'on regarde les choses de ce point de vue, on comprend alors l'importance de la sagesse pratique (*phronèsis*, *prudentia*). Celle-ci permet de *bien choisir* lorsqu'il faut compter avec de nombreuses possibilités, mais surtout elle permet de décider en connaissance de cause quand il est opportun de *consacrer du temps et de l'énergie au choix*. Le problème moral d'aujourd'hui se pose, en effet, toujours davantage en ces termes: quels sont les choix qui méritent notre attention? Quels choix demandent une délibération soigneuse? En outre, la *phronèsis*, étant capable d'identifier les hommes sages, permet de mieux se dépêtrer dans le domaine enchevêtré des spécialisations.

Dans cette étude, je me propose d'esquisser un tableau synthétique de la manière dont la philosophie anglo-américaine de la seconde moitié du XXe siècle a traité des vertus et de la sagesse pratique d'origine aristotélicienne. Ce tableau ne se veut pas exhaustif, il cherche seulement à montrer quels auteurs ont proposé une contribution spéculativement significative à la clarification de cette thématique. Il est utile de préciser que la reprise de l'éthique de la vertu et, en particulier, de la sagesse pratique dans l'éthique anglo-saxonne de la deuxième moitié du siècle dernier remonte à l'article de l'élève de Wittgenstein, Elizabeth Anscombe, « Modern Moral Philosophy », dans lequel l'auteur mettait en question l'éthique moderne de la loi issue de la morale kantienne[1].

LA REPRISE DE L'ÉTHIQUE ARISTOTÉLICIENNE

En premier lieu, nous aborderons les auteurs qui sont aussi des spécialistes de la philosophie ancienne ou qui se sont inspirés du modèle aristotélicien. Le premier nom qui ressort est celui de Martha Nussbaum[2]. Dans son ouvrage *The Fragility of Goodness,* Martha Nussbaum souligne

1. G. E. M. Anscombe, « Modern Moral Philosophy », *Philosophy* XXXIII (1958); repris dans *Ethics, Religion and Politics*, Oxford, Blackwell, 1981.

2. *Cf.* surtout M. Nussbaum *The Fragility of Goodness. Luck and Ethics in Greek Tragedy and Philosophy*, Cambridge, Cambridge University Press, 1986; « Human Capabilities, Female Human Beings », dans M. Nussbaum, J. Glover (éd.), *Women, Culture and Development. A Study of Human Capabilities*, Oxford, Clarendon Press, 1995; *Women and Human Development. The Capabilities Approach*, Cambridge, Cambridge University Press, 2000; *Upheavals of Thought. The Intelligence of Emotions*, Cambridge, Cambridge University Press, 2001.

l'originalité de la position aristotélicienne. Celle-ci, en effet, à la différence de l'effort platonicien pour « contrôler » les passions, redécouvre le rôle de la dimension affective et, avec celle-ci, l'autonomie de la raison pratique, que la sagesse populaire et les tragiques avaient déjà mise en exergue[1]. Selon M. Nussbaum, Aristote aurait considéré l'absence de limites, qui est le propre des dieux, comme elle-même une limite qui empêche d'apprécier la multiplicité des aspects présents en revanche dans la vie humaine et qui présupposent la faiblesse et la vulnérabilité face aux événements[2]. Cette redécouverte des vertus pratiques est aussi découverte de la *phronèsis*, qui acquiert justement chez Aristote la signification précise de vertu de la rationalité pratique, point d'intersection entre les vertus dianoétiques et les vertus éthiques, signification qu'elle ne possédait pas chez Platon, et qui lui sera dorénavant attribuée d'une manière bien déterminée. À partir de sa lecture d'Aristote, M. Nussbaum développe le thème des capacités (*capabilities*) que l'homme est appelé à développer harmonieusement dans la perspective de l'épanouissement humain (*flourishment*). Dans un ouvrage plus récent, s'inspirant surtout de l'éthique stoïcienne, M. Nussbaum montre comment, en l'homme, les émotions possèdent une dimension cognitive et impliquent un jugement moral[3]. La *phronèsis* aristotélicienne elle-même implique une synergie d'affectivité et de rationalité pratique qui trouve ses racines dans la réaction émotive.

Selon une autre spécialiste de la pensée ancienne, Julia Annas, Aristote considère que les intuitions éthiques doivent être appliquées dans différents contextes. Les opinions éthiques pertinentes pourront acquérir un degré de cohésion et de cohérence internes d'autant plus élevé que l'agent élaborera un ensemble de principes qui se soutiennent et entrent en relation mutuelle. Une telle cohérence se déterminera en soumettant progressivement les intuitions éthiques à l'épreuve de l'exercice pratique et en les modifiant au fur et à mesure de l'exercice même[4]. La sagesse pratique (*phronèsis*) est justement cette vertu qui permet de soumettre les intuitions éthiques à

1. M. Nussbaum se réfère surtout ici au Platon des œuvres de jeunesse, celles qui précèdent la rédaction du *Phèdre*.

2. Cf. *The Fragility of Goodness*, p. 3 : « [...] but on the other side of this pursuit of self-sufficiency, complicating and constraining the effort to banish contingency from human life, was always a vivid sense of the special beauty of the contingent and the mutable, that love for the riskiness and openness of empirical humanity which finds its expression in recurrent stories about gods who fall in love with mortals ».

3. Cf. *Upheavals of Thought. The Intelligence of Emotions, op. cit.*

4. Cf. *The Morality of Happiness*, Oxford, Oxford University Press, 1993, chap. I, § 3.

l'épreuve de l'exercice pratique et d'apprendre à partir de celui-ci. Elle fonde aussi l'unité des vertus et de l'homme sage (*phronimos*). La tendance à prendre en considération l'unité de la personne dans sa globalité, attitude qui est généralement oubliée aujourd'hui en éthique mais dont J. Annas souligne le rôle aux fins de donner sens à la vie humaine, se fonde sur la reconnaissance du rôle dévolu à la *phronèsis*[1].

De façon significative, les conceptions de l'éthique mises en exergue par ces spécialistes de la pensée antique s'opposent à une interprétation plutôt relativiste de l'éthique des vertus. Dans la réflexion de M. Nussbaum il y a la redécouverte d'une *nature humaine essentielle* (la « théorie forte et vague du bien ») en opposition à tout relativisme des valeurs morales[2]. Selon J. Annas, une telle nature humaine peut être redécouverte à travers le développement de l'histoire, lequel laisserait progressivement venir à la surface un certain nombre d'acquisitions irréversibles concernant les valeurs humaines fondamentales[3].

Parmi les théoriciens de l'éthique des vertus qui développent explicitement un discours autonome de philosophie morale émergent Bernard Williams[4] et Philippa Foot[5] : dans leur éthique, ils se réfèrent non seulement à Aristote mais aussi à Hume. Williams en particulier souligne la fonction centrale de la *phronèsis*, en montrant qu'il n'existe pas de science morale dotée d'une validité universelle, comme le prétend la plus grande partie de l'éthique contemporaine portant l'empreinte utilitariste. Le rêve kantien d'une éthique qui prend ses distances par rapport au moi concret représente un aveuglement au même titre que le rêve utilitariste d'une procédure pour calculer un bien objectif de la totalité des sujets. La délibération pratique est en effet toujours « en première personne » et elle est

1. *Ibid.*

2. *Cf.* M. Nussbaum, « Non-Relative Virtues : An Aristotelian Approach », dans M. Nussbaum, A. Sen (éd.), *The Quality of Life*, New York, Clarendon Press, 1993.

3. *Cf.* J. Annas, « Women and the Quality of Life : Two Norms or One ? », dans M. Nussbaum, A. Sen (éd.), *The Quality of Life*, *op. cit.*

4. *Cf.* B. Williams, *Moral Luck*, Cambridge, Cambridge University Press, 1981 ; *Ethics and the Limits of Philosophy*, Cambridge, Cambridge University Press, 1985 (trad. A.-M. Lescourret, *L'éthique et les limites de la philosophie*, Paris, Gallimard, 1990) ; *Morality. An Introduction to Ethics*, New York, Harper & Row, 1972 (Canto Edition : Cambridge, Cambridge University Press, 1993).

5. Ph. Foot, « Moral Beliefs », dans *Theories of Ethics*, Oxford, Oxford University Press, 1967 ; « Morality as a System of Hypothetical Imperatives » *The Philosophical Review*, LXXXI, 3 1972 ; *Virtues and Vices*, Oxford, Blackwell, 1979 ; *Natural Goodness*, Oxford, Clarendon Press, 2001.

menée « ici et maintenant »[1]. Le raisonnement pratique est plutôt semblable à un processus heuristique et créatif. Selon Williams, la manière la plus nette et claire pour qu'une action puisse être nôtre est celle par laquelle on en fait une expression de notre caractère et de notre identité. « Il s'ensuit que l'habitude de la philosophie morale, en particulier dans sa forme kantienne, de traiter les personnes en faisant abstraction de leur caractère est moins un stratagème légitime pour aborder un seul aspect de la pensée qu'une représentation égarante, puisque cela laisse de côté ce qui à la fois limite cet aspect de la pensée et aide à le définir. Et on ne peut en juger uniquement comme d'un stratagème théorique : c'est là une des zones dans lesquelles la conception que l'on a du soi, et de soi-même, se rencontrent de manière fort importante »[2]. Les théories rationnelles de la justification en éthique seraient alors basées sur une maladroite amplification de la phrase de Camus que Williams a mise en exergue à la page de garde de son ouvrage *L'éthique dans les limites de la philosophie* : « Quand on n'a pas de caractère, il faut bien se donner une méthode ».

Williams fait cependant remarquer que cet exercice de « culture » des vertus n'échappe pas au soupçon de favoriser la présomption et l'auto-illusion. Lorsqu'on réfléchit sur ce qu'on peut être en termes de vertu, on ne pense pas tant à ses propres actions, ni au problème plus spécifique de savoir comment on peut ou on doit soupeser ces mêmes vertus (*internalisme éthique*) ; on se demande plutôt comment les autres pourraient décrire ou évaluer notre propre manière d'opérer des choix (*externalisme éthique*). Et si c'est bien là le contenu essentiel de nos décisions, alors nous sommes ici en présence d'une déviation en bonne et due forme de la tension éthique. Selon Williams, l'enseignement qu'on doit tirer de ces considérations n'est pas que la vertu n'est pas un concept éthique important, mais plutôt que l'importance d'un concept éthique ne réside pas nécessairement dans sa position comme facteur de la décision à prendre en première personne[3].

Au sein de cette thématique de la nature humaine et de son finalisme intentionnel (à savoir celui des vertus éthiques), le philosophe de Princeton, Harry Frankfurt inscrit très judicieusement le thème du *care,* de « l'avoir à cœur » ou de l'intérêt, qui ne dépend pas essentiellement de nous-mêmes compris comme des individus isolés, mais est intimement lié à l'intersubjectivité comme dimension structurelle de l'humain. L'homme a un besoin

1. *Moral Luck*, *op. cit.*
2. *Moral Luck*, p. 19.
3. Cf. *L'éthique et les limites de la philosophie,* chap. I.

constitutif d'aimer quelque chose, de donner sa vie pour quelque chose et, surtout, pour quelqu'un. Au-delà des déclarations explicites à cet égard, chacun met son désir et son espérance en quelque chose dont « naturellement » il a un avant-goût et sur laquelle il se repose [1]. Le but de la vie n'est pas décidé d'un instant à l'autre par nos choix, mais il est le résultat d'une histoire personnelle dans laquelle jouent un rôle déterminant les autres et le contexte (outre, bien entendu, la pratique des vertus ou des vices), et non pas tant ni seulement la volonté comprise comme un acte ponctuel de décision, dépendant exclusivement du sujet [2]. Ce que nous aimons et qui constitue la fin de nos actions et de nos choix est quelque chose de durable, qui procure stabilité à notre caractère et qui, à son tour, permet d'accomplir les choix ponctuels à l'aide de la *phronèsis*. Pour Harry Frankfurt c'est la volonté qui est la faculté la plus intime de l'homme. Dans cette perspective, découvrir qui nous sommes signifie essentiellement découvrir « qui nous devons être ». Et s'il n'y a pas de limites à notre liberté de choix, il n'y a pas non plus d'authentique autonomie : « ce qui n'a pas de limites, n'a pas de forme » [3]. Par conséquent, une personne n'a pas de nature ou d'identité en tant qu'agent, à moins qu'elle ne soit liée à cette dimension d'elle-même qu'est la volonté (l'option fondamentale, le désir du cœur), dont la forme révèle bien mieux que la raison ce qu'on est intimement. De façon significative, Frankfurt s'oppose aux théories « libérales » qui considèrent qu'on ne peut parler de liberté (en tant que libre-arbitre) et de responsabilité concernant une certaine action que dans les cas où il aurait été possible d'agir autrement. Par exemple, une maman ne doute normalement pas qu'elle doit s'occuper de son enfant lorsqu'il est en bas âge, mais ce n'est pas pour cela qu'on peut dire que ses actes accomplis à l'égard de son fils ne sont pas libres. Comme c'était déjà le cas pour Thomas d'Aquin, pour Frankfurt également, liberté et nécessité peuvent aussi coïncider [4].

Le deuxième apport important de Harry Frankfurt à l'éthique des vertus réside en ceci qu'il a reconnu que les *désirs d'ordre secondaire* (*second order volition*) – c'est-à-dire les désirs d'éprouver des désirs – sont une

1. Ce thème comporte des ressemblances avec la notion de la *fruitio* chez Thomas d'Aquin, cf. *Summa theologiae* I-II, Q. 11.

2. *Cf.* H. Frankfurt, *The Importance of what we care about. Philosophical Essays*, Cambridge, CUP, 1988, en particulier p. IX, p. 84-85 et p. 94.

3. H. Frankfurt, *The Importance of what we care about*, p. IX.

4. Cf. *Ibid.* p. 1-10. *Cf.* E. Stump, « Aquinas Account of Freedom : Intellect and Will », *The Monist*, 80 (1997), 4.

caractéristique fondamentale de l'homme[1]. Même si, réfléchissant à ce qu'on est en termes de vertu, on ne pensait à ses propres actions que pour se demander comment les autres pourraient décrire ou évaluer les modalités selon lesquelles on opère des choix, les désirs de second ordre pourraient motiver à assumer une attitude vertueuse sur la base de la reconnaissance de la convenance humaine et de la dignité d'un tel comportement.

Sur le lien assez enchevêtré entre *phronèsis* et vertus éthiques chez Aristote, quelques explications intéressantes nous sont proposées par John Mc Dowell, philosophe particulièrement attentif à la pensée de Wittgenstein[2]. Mc Dowell souligne l'impossibilité de lire la relation *phronèsis*-vertus éthiques en suivant une interprétation inspirée par la pensée de Hume, comme s'il s'agissait d'une relation extrinsèque fin-moyens. Cette interprétation, qui a parfois été proposée, aboutit à comprendre la conception aristotélicienne de la vertu éthique comme si celle-ci était une loi qui doit être appliquée. Au contraire, il n'est pas faux de penser les jugements de l'homme vertueux quant à ce qu'il faut faire, ou quant à ses propres actions, comme s'ils pouvaient être expliqués en fonction de l'interaction entre la connaissance qu'il a du *comment vivre* et la connaissance particulière qu'il possède de la situation concrète à laquelle il est confronté. Mais, dans ce cas, il ne s'agit pas d'opérer une déduction. Il s'agit au contraire, et avant tout, de saisir la pertinence de la situation concrète eu égard à son profil moral[3]. Mc Dowell insiste sur le fait que la rationalité de la vertu ne peut pas être démontrée d'un point de vue extérieur, mais seulement d'un point de vue intérieur, et que cette distinction n'était pas thématisée par Aristote.

La redécouverte de l'éthique de la vertu dans les dernières décennies du XXe siècle, et ce non pas seulement dans les milieux anglo-saxons, est liée en grande partie à Alasdair MacIntyre[4]. Dans son ouvrage *Après la vertu* et

1. *The Importance of what we care about*, p. 11-25.

2. *Cf.* les trois premiers chapitres de J. Mc Dowell, *Mind, Value & Reality*, Cambridge (Ms), Harvard University Press, 1998.

3. Cf. *Mind, Value & Reality*, p. 69 : « It is at the first stage – hitherto the supplementation – that knowledge of how to live interacts with particular knowledge, namely, of all the particular facts capable of engaging with concerns whose fulfilment would, on occasion, be virtuous. This interaction yields, in a way that is essentially dependent on appreciation of the particular case, a view of the situation with one such fact, as it were, in the foreground. Seen as salient, that fact serves, at the second stage, as minor premise in a core explanation ».

4. *Cf.* A. MacIntyre, *After Virtue. A Study in Moral Theory*, London, Duckworth, 1981(trad. L. Bury, *Après la vertu: étude de théorie morale*, Paris, P.U.F., 1997); *Encyclopedy, Genealogy, Tradition. Three Rival Versions of Moral Enquiry*, Notre Dame,

dans ses œuvres postérieures, à partir d'une perspective que nous pourrions définir comme aristotélico-hégélienne, MacIntyre met l'accent sur le contexte culturel et communautaire dans lequel il faut situer l'éthique pour qu'elle soit compréhensible et capable de motiver à l'action. Pour lui, une vertu ne peut être compréhensible qu'à l'intérieur d'une hiérarchie axiologique bien déterminée. Par exemple, « le contenu de la vertu de patience dépend [...] de notre hiérarchie des biens, si nous sommes rationnellement capables de les ordonner ainsi »[1].

Selon le philosophe écossais, si la raison moderne n'est plus capable de passer à l'action c'est parce qu'elle est une faculté d'un individu isolé, qui ne reconnaît pas sa dépendance par rapport à une dimension culturelle communautaire dans laquelle il se trouve. En d'autres termes, on assiste aujourd'hui à une séparation bien déterminée entre raisons et motivations : on a, d'une part, des raisons abstraites, incapables de passer à l'action, et, d'autre part, des émotions subjectives, dépourvues d'universalité comme dans l'émotivisme contemporain. Pour MacIntyre, la question relative à la possibilité de l'éthique coïncide avec l'interrogation suivante : « est-il rationnellement justifiable de concevoir chaque vie humaine comme une unité, afin de tenter de définir chaque vie comme dotée de son bien et afin de voir la fonction des vertus comme étant de permettre à un individu de faire de sa vie un type d'unité plutôt qu'une autre ? »[2].

MacIntyre souligne ainsi que, tandis que les Anciens et les Médiévaux comprenaient le rapport entre éthique normative et doctrine de la nature humaine à l'intérieur d'un schéma tripartite dans lequel il y avait place à la fois pour une nature humaine inculte, des préceptes d'éthique et une nature humaine comme *telos*, le projet des Lumières a voulu faire l'économie du troisième élément, à savoir la nature humaine comme *telos*, en éliminant ainsi une composante du premier élément, c'est-à-dire l'idée aristotélicienne de rationalité pratique et donc la *phronèsis*. À vrai dire, selon MacIntyre, sans insertion dans une vie communautaire, on ne comprend pas la finalité qui oriente la vie, le concept d'être humain « fonctionnel ». L'individu moderne qui se conçoit comme un « atome » finit par perdre le sens unitaire de sa vie et, avec lui, la signification de la sagesse pratique.

University of Notre Dame Press, 1990; *Whose Justice ? Which Rationality*?, Notre Dame, University of Notre Dame Press, 1988 (trad. M. Vignaux d'Hollande, *Quelle justice ? Quelle rationalité*?, Paris, P.U.F., 1993); *Dependent Rational Animals : Why Human Beings need the Virtues*, Chicago, Open Court, 1999.

1. *Après la vertu*, p. 196.

2. *Ibidem*, p. 197.

La position de MacIntyre dans son ouvrage *Après la vertu* est marquée par sa redécouverte de la vertu aristotélicienne, mais sans aucune référence à la notion de *nature humaine*. Selon de nombreux critiques, la philosophie de MacIntyre court le risque de tomber dans le relativisme éthique, en raison du contextualisme qui en est la marque distinctive. Il faut toutefois préciser que dans son livre plus récent *Dependent Rational Animals*, MacIntyre redécouvre la notion de nature bien que ce soit dans une acception plutôt biologique : les hommes sont des animaux dépendants, tout comme les dauphins [1].

Il peut être intéressant de remarquer, à ce point précis de l'analyse, que les conceptions éthiques des « aristotéliciens » peuvent se distinguer en fonction de deux interprétations différentes de la *phronèsis* aristotélicienne. Il y a ceux qui, comme Alasdair MacIntyre et Harry Frankfurt, comprennent la *phronèsis* essentiellement comme une capacité de choisir les moyens en vue de la fin, et il y a ceux qui, comme Hans-Georg Gadamer, Charles Taylor et dans une certaine mesure Martha Nussbaum, l'interprètent plutôt comme une capacité de délibérer non seulement sur les moyens mais aussi sur les fins de l'action. Parmi les spécialistes de la philosophie ancienne, la première interprétation a été défendue par des savants tels que Pierre Aubenque, la seconde a été soutenue par René-Antoine Gauthier [2].

Étant donné le risque que la reprise contemporaine de la sagesse pratique aristotélicienne, surtout telle qu'elle se fait dans les milieux continentaux, puisse finalement réduire celle-ci à une herméneutique sans critères normatifs ou à une « éthique de la situation », certains spécialistes anglo-saxons venant des milieux de la philosophie analytique, comme par exemple l'historien de la philosophie John Rist, ont affirmé qu'Aristote devrait être corrigé par Platon [3]. Le relativisme des néo-aristotéliciens trouverait sa légitimation dans l'éthique aristotélicienne elle-même, dans la mesure où celle-ci perdrait en normativité en se détachant de l'idéalisme platonicien et de l'accent qu'il mettait sur l'unité et l'intégrité de la personne humaine. « L'homme, selon Aristote, est un animal capable de vertus spécifiquement humaines, en ce compris des "vertus morales"; il est aussi un

1. Cf. *Dependent Rational Animals*, *op. cit.*

2. *Cf.* P. Aubenque, *La prudence chez Aristote*, *op. cit.*; Aristote, *Éthique a Nicomaque* (éd. R.-A. Gauthier et J.-Y. Jolif), *op. cit.*

3. *Cf.* J. M. Rist, *Real Ethics. Reconsidering the Foundations of Morality*, Cambridge, CUP, 1992. Le risque d'interpréter la *phronèsis* comme une herméneutique des situations dépourvue de critères objectifs est aussi présent chez H.-G. Gadamer, cf. *Vérité et Méthode*, *op. cit.*

animal capable de vices spécifiquement humains. Un compte rendu plus solide du rôle et de la nature du "bien" aurait permis à Aristote d'expliquer exactement pourquoi nous devrions en tant qu'humains exceller en vertu plutôt qu'en vice. Dire que l'homme est spécifiquement rationnel – ce qu'il peut bien être – ne va pas combler la lacune; nous avons besoin d'en savoir plus quant à l'usage propre de la raison. Sans un mot quant au "bien", la raison pratique pourrait être seulement instrumentale, un moyen en vue d'une fin qui se trouve au-delà de son théâtre d'opération »[1].

Dans cette perspective, un auteur qui reprend sans doute davantage à Platon qu'à Aristote, aussi bien en anthropologie qu'en éthique, est le philosophe canadien bien connu Charles Taylor. Son attention, en effet, est toute tournée vers la reconduction de la vie à un sens unitaire[2]. La rationalité pratique permet de choisir entre différentes interprétations ou évaluations fortes qui mettent en jeu des valeurs pertinentes en éthique. L'articulation d'un monde de *biens/valeurs* est le moyen qui nous permet d'avoir une conscience de ce que nous possédions déjà en nous-mêmes d'une manière irréfléchie. Nous articulons les significations qui nous viennent de l'expérience, dans laquelle individu, contexte culturel, affectivité et raison sont depuis toujours intimement liés. L'articulation correspond à une interprétation. À chaque étape, ce que nous ressentons est fonction de ce que nous avons déjà articulé, et suscite l'incertitude et la perplexité qu'une compréhension ultérieure peut ensuite résoudre[3]. L'articulation organise nos sentiments, nos propos, nos désirs, dessinant ainsi une « unité narrative » qui nous rend plus conscients de nous-mêmes. En exprimant ainsi ouvertement et consciemment notre situation émotive, nous donnons forme à nos sentiments et, de manière spontanée, nous articulons et réarticulons en continu nos expériences, en construisant à chaque fois des unités narratives destinées à être intégrées et réinterprétées dans de nouvelles articulations. Cela permet une croissance de l'expérience personnelle et un rapport à autrui. Les *évaluations fortes,* qui sont les conditions de l'articulation de nos expériences, se renforcent graduellement lorsqu'elles deviennent capables de soutenir la confrontation avec d'autres hiérarchies de valeur. Le statut du raisonnement pratique est en effet comparatif. Il est en

1. *Ibid.*, p. 150.

2. *Cf.* C. Taylor, *Sources of the Self. The Making of the Modern Identity*, Cambridge (Mass), Harvard University Press, 1989 (trad. fr., *Les sources du moi : la formation de l'identité moderne*, Montréal, Boréal, 1998).

3. *Cf.* C. Taylor, *Papers*, Cambridge, Cambridge University Press, 1985, 2 vol., p. 65.

grande partie façonné à partir du récit biographique : nous parvenons à la conviction qu'une opinion est supérieure à une autre parce que nous avons expérimenté une transition que nous interprétons comme une réduction de l'erreur. Dans cette perspective, la sagesse pratique semble correspondre à la vertu herméneutique qui permet, dans le concret d'une situation, d'opérer la comparaison entre différentes perspectives axiologiques.

Finalement, pour éviter le risque du contextualisme et du relativisme qui peuvent se cacher dans certaines interprétations contemporaines d'Aristote, si ce n'est dans la pensée même du Stagirite, certains savants anglo-américains préfèrent lire l'éthique d'Aristote à la lumière de sa reprise par Thomas d'Aquin. Et en effet, l'éthique de Thomas est à la fois une éthique de la vertu et une éthique de la loi. L'homme est *mesure* de ses actions au moyen de la vertu de la *prudentia* (traduction latine de la *phronèsis* aristotélicienne), car il est à son tour *mesuré* par la loi naturelle, dont il peut trouver les premiers principes en lui-même, et, en dernière analyse, dans la loi divine révélée en Jésus Christ. Loi et vertu peuvent donc s'intégrer mutuellement, car la loi, dans ses premiers principes, contient déjà une empreinte finaliste. Mais, tandis que des auteurs comme Grisez et Finnis s'arrêtent au thème de la *loi naturelle* interprétée d'une façon unilatérale dans une perspective qui souligne sans doute la dimension pratique de la rationalité, d'autres philosophes, tels Ralph MacInerny et Jean Porter, valorisent le thème de la *prudentia* d'une manière plus équilibrée et plus fidèle à la pensée de Thomas, en le liant à celui de la loi. L'éthique de Thomas d'Aquin est une éthique de la vertu, mais cette éthique de la vertu, en dernière analyse, se fonde sur des principes évidents à tous, et avant tout sur le premier principe de la loi naturelle selon lequel « il faut rechercher et poursuivre le bien et fuir le mal » [1].

AUTEURS D'AUTRES TRADITIONS

D'une façon significative, le thème de la sagesse pratique, du moins dans les milieux anglo-américains, n'est pas repris exclusivement par des auteurs qui se réclament directement d'Aristote, mais aussi par des philosophes qui développent leur pensée éthique en partant d'autres traditions. Un cas particulièrement significatif est celui de Robert Audi [2]. Sa position

1. Thomas d'Aquin, *Summa theologiae*, I-II, Q. 94, 2.

2. *Cf.* surtout : *Practical Reasoning*, London, Routledge, 1989 ; *The Structure of Justification*, Cambridge, CUP, 1993 ; *Moral Knowledge and Ethical Character*, Oxford, OUP,

de départ, ses fondements épistémologiques, sont susceptibles d'embrasser aussi bien la dimension spéculative que la dimension pratique de la rationalité humaine. La philosophie morale de R. Audi est marquée par une reprise de l'intuitionnisme de John Ross, auteur qui fut, et c'est significatif, un grand spécialiste d'Aristote, en liaison avec la mise en évidence de la fondation de la dignité de la personne en tant que « fin en soi », par référence à l'éthique kantienne.

Lorsqu'il s'agit de choix concrets, dit Audi, le dernier mot est à la sagesse pratique (*phronèsis*) qui, face à des cas concrets singuliers, a la capacité d'intégrer différentes valeurs. « Toute théorie de la justification qui admet une pluralité de normes de base rencontre ce genre de problème. Ross, comme Aristote, en appelle au besoin de sagesse pratique dans la décision sur la question de savoir comment faire la part des considérations intuitives en compétition, telles celles de la loyauté et celles de la bienfaisance. La sagesse pratique exige la maturité et, admettons-le, ne peut éliminer tout préjugé et toute subjectivité, même chez les personnes d'expérience. Mais il y a néanmoins des normes et procédures universellement applicables pour prendre des décisions raisonnables. L'équilibre réflexif nous est accessible, tant à l'intérieur de notre propre système de connaissances qu'entre nos vues et celles des autres : ce que nous faisons aujourd'hui, par exemple, devrait (à première vue) être cohérent avec ce que nous avons fait hier et avec ce que nous avons l'intention de faire demain ; et dans chacun de ces cas, nous devrions être capables de nous en expliquer devant les autres sans inconsistance ni simple ratiocination »[1].

D'une façon générale, selon Audi, non seulement l'éthique normative n'est pas forcément en contradiction avec l'éthique des vertus et de la centralité de la sagesse pratique, mais les deux sont ensemble nécessaires et complémentaires. Audi suggère l'existence d'une distinction entre « la théorie de l'obligation morale et la théorie de la valeur morale [...] ; on voit que les concepts de vertu peuvent être absolument fondamentaux dans cette dernière, même s'ils ne le sont pas dans la première »[2].

L'éthique de la vertu implique que les différentes normes qui, selon Ross, font l'objet d'une intuition, soient intériorisées et intégrées entre elles

1997 ; *Action, Intention, and Reason*, Cornell, Cornell University Press, 1993 ; *The Architecture of Reason. The Structure and Substance of Rationality*, Oxford, OUP, 2001 ; *Religious Commitment and Secular Reason*, Cambridge, CUP, 2000.

1. R. Audi, *Moral Knowledge*, p. 269.

2. R. Audi, *Moral Knowledge*, p. 6.

au nom de la dignité de l'homme, sachant comment faire face concrètement aux conflits qui surgissent entre elles. Cela ne signifie ni qu'il faille rappeler à la mémoire les normes en vue d'agir selon la vertu en faisant fond sur elles[1], ni qu'il faille agir en cherchant à actualiser telle vertu déterminée, et moins encore qu'il faille agir simplement *en conformité* avec un comportement vertueux déterminé plutôt que par vertu (*from virtue*)[2].

La centralité de la vertu en éthique est liée au fait que nous sommes jugés responsables non seulement des actes particuliers que nous accomplissons, mais aussi, en bonne partie, du caractère que nous avons[3]. Nous sommes au moins responsables de ne rien faire pour éviter de conserver dans le futur certains de nos défauts qui nous sont évidents (même si ces défauts peuvent avoir leur origine dans l'inconscient)[4]. Cultiver la bonne volonté est fondamental, car elle a affaire avec les valeurs en elles-mêmes[5]. Il n'est pas suffisant de se conformer aux normes pour être des individus dotés de moralité. D'où l'importance de la vertu[6]. Mais comment le lien entre norme et vertu peut-il être pensé ? Il faut séparer le plan génétique (dans lequel la vertu a priorité) du plan conceptuel (dans lequel c'est la norme qui est prioritaire) ; et aussi le plan normatif du plan axiologique (dans lequel l'attitude vertueuse joue un rôle central) : « Il est vrai qu'une fois qu'on a des modèles, on peut enseigner la vertu par leur exemple et sans normes (propositionnelles) antécédentes. Historiquement, donc, l'éthique de la vertu pouvait opérer indépendamment de la règle ou d'autres explications ne recourant pas à la vertu, telle l'intuition. Mais conceptuellement, les notions de vertu semblent dépendre d'autres concepts normatifs. Cette conclusion négative ne doit pas être surévaluée. Il reste tout à fait possible qu'une valeur morale des actions dépende de ce qu'il s'agit d'actions accomplies par vertu : même si les concepts de vertu ne peuvent par eux-mêmes nous dire quelle conduite nous convient en tant qu'agents moraux, il se peut que la seule manière moralement estimable (ou la plus estimable) de faire les choses en question soit de les faire par vertu. Une seconde thèse morale majeure est aussi laissée ouverte : que même la valeur morale – au

1. *Cf.* R. Audi, *Moral Knowledge*, p. 290.

2. *Cf.* R. Audi, *Moral Knowledge*, p. 34. On peut aussi agir par bienfaisance (« from beneficence »), bien que motivé par des facteurs auxquels on accorde plus d'importance qu'à la bienfaisance elle-même. *Cf.* aussi *op. cit.*, p. 182.

3. Cf. *ibid.*, p. 289.

4. Cf. *ibid.*, p. 160-61.

5. Cf. *ibid.*, p. 289.

6. Cf. *ibid.*, p. 289-90.

sens de la bonté – des personnes repose dans leur caractère vertueux (ou leur manque à cet égard). Ensemble ces thèses constituent une théorie de la valeur morale en termes de vertu, et on peut les considérer comme expliquant partiellement ce que c'est pour le caractère d'être moralement fondamental »[1].

En résumé, l'avantage de la position de Robert Audi dans le panorama de la pensée anglo-saxonne contemporaine réside dans l'équilibre qu'il tient entre éthique des normes et éthique de la vertu et, plus particulièrement, dans le rôle central de synthèse qu'il attribue à la sagesse pratique, laquelle permet d'intégrer entre elles des valeurs différentes, voire opposées, face aux cas concrets particuliers.

Une autre contribution significative concernant le rôle de la *phronèsis*, surtout face au défi représenté par le pluralisme culturel et religieux, nous vient de Linda Zagzebski[2]. Dans son ouvrage *Virtues of the Mind,* elle avance la thèse selon laquelle, dans la perspective de l'« épanouissement humain », même les vertus dianoétiques ou épistémiques traditionnelles doivent être comprises comme une partie de la nature et ne peuvent pas être séparées des vertus éthiques[3]. Dans le climat culturel contemporain, il est de plus en plus évident qu'il ne suffit pas de se référer à des évidences supposées connues, alors qu'on n'est pas habitué à les reconnaître, étant donné l'influence que le contexte culturel et les habitudes de vie ont sur la connaissance spéculative[4]. Le problème du développement correct de la connaissance, sans laquelle ne se donne aucune vraie liberté, implique l'accomplissement de l'homme dans sa globalité, la maturation de son expérience. « Acquérir de l'expérience » signifie développer les vertus et cela implique, à son tour, de mieux connaître la réalité et de mûrir d'une façon globale en tant qu'homme. Aujourd'hui, avec fraîcheur, même si c'est encore confusément, surgit l'exigence de redécouvrir ce que signifie « acquérir de l'expérience » et devenir ainsi « plus rationnels », « plus humains ».

1. *Ibid.*, p. 187.

2. *Cf.* L. Zagzebski, *Virtues of the Mind*, Cambridge (Mass.), Cambridge University Press, 1996; « *Phronesis* and The Christian Belief », dans G. Brüntrup et R. K. Tacelli (éd.), *The Rationality of Theism*, Dordrecht-Boston-London, Kluwer, 1999.

3. Cf. *Virtues of the Mind*, surtout p. XV. Sur le rapport de ressemblance et différence entre rationalité spéculative et rationalité pratique, *cf.* R. Audi, *The Architecture of Reason. The Structure and Substance of Rationality*, *op. cit.*

4. *Cf.* mon ouvrage *Etica della ragione. La filosofia dell'uomo fra nichilismo e confronto interculturale*, Milano, Jaca book, 2000, spécialement chap. I et II.

Dans la perspective d'une réhabilitation de la dimension éthique des vertus, Zagzebski affirme que la possibilité de réaliser une collaboration pacifique entre cultures et religions différentes réside dans la capacité des adhérents de reconnaître ces « sages » (*phronimoi*) présents aussi dans des cultures et religions qui diffèrent de la leur, sages qui, entre eux, peuvent trouver des points de contact significatifs. Seuls ces « sages » (*phronimoi)* des différentes cultures et religions peuvent se rencontrer véritablement. Le problème soulevé par le pluralisme interculturel et interreligieux pourrait donc être résolu, non pas tant en cherchant des *principes communs*, mais en reconnaissant le rôle de ces *personnes* qui, grâce à la sagesse pratique dont elles sont dotées, peuvent dépasser les conflits et atteindre des harmonies toujours nouvelles.

L'actualité d'une éthique de la vertu est confirmée aussi par les réflexions récentes concernant l'éthique des affaires et de la gestion des entreprises, des éthiques « appliquées » qui ont un poids de plus en plus important dans nos sociétés. Des auteurs comme Sumantra Goshal ont mis en évidence d'une manière efficace les risques liés à l'enseignement qui est dispensé au moins depuis trente ans dans les écoles pour manager d'entreprise, un enseignement qui est inspiré en grande partie du libéralisme d'Alan Friedman. L'application du modèle des sciences « pures » aux sciences sociales, avec en conséquence une vision de l'homme centrée sur l'atomisme individualiste, sur le déterminisme des comportements en un sens égoïste qui exclut tout rôle des choix et des intentions des individus, a conditionné d'une manière négative les comportements effectifs des responsables industriels. Le manque de confiance en l'homme présent dans cette théorie détermine une méfiance croissante envers les hommes réels qui travaillent. Le travailleur salarié finit par penser à lui-même tel qu'il est pensé par la théorie appliquée par ses supérieurs. Étant donné les prémisses, ce processus paraît sans issue. Selon Goshal, tout porte à désirer une nouvelle approche de l'homme et des entreprises, qui soit inspirée par une anthropologie intégrale, non soumise au modèle scientiste mathématisant, et trouvant ses racines dans la tradition aristotélicienne de la *phronèsis*. En d'autres termes, puisqu'elle correspond davantage à la réalité humaine, l'éthique des vertus semble être efficace aussi dans le milieu économique, pour les entreprises, et elle apparaît donc, en cela, comme un correctif utile face à des approches plus violentes et simplistes de l'homme et de l'entreprise[1].

CONCLUSIONS

Sur la base des analyses proposées, je voudrais pour finir suggérer quelques conclusions synthétiques à caractère spéculatif. Dans une époque marquée par la culture de la consommation, par des changements technologiques rapides entraînant des risques inévitables, et par l'impact du pluralisme culturel, l'importance de la *sagesse pratique* d'origine aristotélicienne s'impose d'elle-même, et cela aussi bien au niveau de l'éthique, que de la politique et de l'économie. En s'enracinant dans les vertus éthiques du caractère, la sagesse pratique permet de répondre d'une manière souple et créative aux défis toujours nouveaux du temps présent, tout en sauvegardant l'unité et l'identité de la personne. Souplesse et créativité – des vertus qui sont aussi de plus en plus exigées sur le marché du travail – ne doivent pas être conçues comme en contradiction avec la stabilité et la durée dans le temps des traits fondamentaux du caractère ; elles doivent plutôt être vues comme leurs aboutissements naturels. Ce sont plutôt les vertus qu'on appelle généralement « naturelles », et qui ne résultent pas d'un exercice, qui peuvent déterminer des comportements unilatéraux et rigides.

De plus, en tant que synthèse entre passion et désir d'une part et rationalité d'autre part, la raison pratique d'origine aristotélicienne répond à l'exigence contemporaine de redécouvrir la synergie en l'homme entre la dimension affective et la dimension rationnelle, et ce après une modernité qui a été souvent marquée par une anthropologie tronquée. Comme Aristote le soulignait déjà, l'homme est caractérisé essentiellement par une « raison qui désire et un désir qui raisonne »[2]. Dans la *phronèsis,* ce paradoxe d'une disposition de la rationalité (vertu dianoétique), qui mûrit essentiellement en ce que les dispositions affectives du caractère (vertus éthiques) visant le bien de la personne dans sa globalité se trouvent intensifiées et avivées, se réalise enfin. Grâce à la *phronèsis*, les passions informées par la raison (vertus éthiques), acquièrent une nouvelle physionomie et motivent le comportement moral, comblant ainsi la fracture entre raisons et motivations de l'agir que les éthiques contemporaines mettent si

1. *Cf.* par exemple, S. Goshal, « Bad Managements Theories are destroying Good Management Practices », *Academy of Management, Learning and Education*, 2005, vol. 4, n° 1.

2. Cf. *Éthique à Nicomaque* VI, 1139b 4-5.

facilement en évidence. À l'intérieur de la sagesse pratique convergent à la fois la dimension passionnelle, l'intelligence de l'universel et du particulier, l'exercice répété des actes, la créativité herméneutique. La sagesse pratique découvre le bien-fondé d'une situation du point de vue de son profil moral et invente des solutions toujours nouvelles.

Si l'homme vertueux (le *phronimos*) est « mesure des vertus », alors l'extrême importance et l'actualité du thème de l'éducation deviennent évidentes. Celle-ci, pour se réaliser, exige l'assimilation de paradigmes adéquats, d'hommes sages (*phronimoi*), du temps et de la patience, vertu si déterminante et pourtant bien oubliée aujourd'hui. Ce n'est pas un hasard si la *phronèsis* qui demande, pour subsister en tant que telle, les vertus acquises, s'oppose à l'automatisme spontané et à l'unilatéralité des vertus naturelles. Celles-ci sont très à la mode aujourd'hui au même titre que l'exaltation de la spontanéité mais, outre qu'elles déterminent la rigidité des comportements, elles accentuent d'une manière illusoire et velléitaire la possibilité de se connaître soi-même[1]. La sagesse pratique, au contraire, rend possible une humanité unifiée de manière harmonieuse, et par là en mesure de reconnaître un sens à la vie, et donc capable de véritable authenticité[2].

Afin que la sagesse pratique ait une portée normative, il est nécessaire que les *vertus éthiques* soient cultivées, mais il est aussi nécessaire, comme on le remarque chez certains auteurs dans cette étude, que ces mêmes vertus s'enracinent dans la dimension de la norme, de la *loi naturelle* ou des *premiers principes pratiques*, sans quoi le comportement vertueux pourrait facilement se réduire à un simple fait culturel. En effet, comment fait-on pour reconnaître les *phronimoi* ? La rationalité philosophique peut-elle dire quelque chose à ce propos ? Dans ses écrits déjà, Aristote soulignait, même si c'était sans trop la développer, la dimension normative inscrite dans l'agir en faisant continuellement allusion à l'*orthos logos* ou droite raison,

1. *Cf.* H. Frankfurt, *The Importance of what we care about*, *op. cit.*, p. 133 : « As conscious beings, we exist only in response to other things, and we cannot know ourselves at all without knowing them. Moreover, there is nothing in theory, and certainly nothing in experience, to support the extraordinary judgment that it is the truth about himself that is the easiest for a person to know. Facts about ourselves are not peculiarly solid and resistant to sceptical dissolution. Our natures are indeed elusively insubstantial – notoriously less stable and less inherent than the natures of other things. And insofar as this is the case, sincerity itself is bullshit ».

2. *Cf.* C. Taylor, *The Malaise of the Modernity*, Canadian Broadcasting Corporation, 1991 (trad. fr. C. Melançon, *Le malaise de la modernité*, Paris, Cerf, 1994).

qui est devenue la *recta ratio* des Médiévaux. La preuve en est que certains comportements, tels le meurtre de ses parents ou l'adultère, sont considérés comme moralement répréhensibles[1]. Positivement, la dimension de la norme doit cependant pouvoir se rapporter d'une façon harmonieuse aux vertus éthiques et à la sagesse pratique pour pouvoir s'introduire dans l'« ici et maintenant ». Mais dans cette perspective, la loi doit être interprétée en un sens finaliste et en harmonie avec les tendances humaines fondamentales, et non pas seulement, ni surtout, comme un impératif.

Enfin, pour mieux situer dans leur contexte les vertus éthiques et la *phronèsis*, il est nécessaire de mettre en évidence l'existence d'un rapport significatif entre la dimension pratique et la dimension spéculative de la rationalité, et cela tout en gardant les deux domaines bien séparés (c'est ce que, dans la lignée d'Aristote, cherche à faire R. Audi, un moraliste de formation épistémologique). Déjà chez Aristote la rationalité pratique présuppose toujours la dimension spéculative de la raison. Le même désir d'accomplissement et de bonheur qui pousse à l'action ne serait pas possible sans l'expérience originaire, à l'intérieur de la vie pratique qui est la plus propre à l'homme, de cette *praxis teleia* –l'action ayant sa fin en elle-même– et qui consiste dans des actes comme contempler et vivre qui sont communs à tous les hommes[2]. Comme il a été dit, c'est dans cette perspective qu'il s'agit de repenser la synergie nécessaire entre les vertus éthiques et certaines vertus de la raison qui sont aujourd'hui particulièrement mises en valeur, comme par exemple l'« ouverture mentale ». Parmi les auteurs anglo-saxons, J. Henry Newmann, par exemple, dès le XIXe siècle, avait mis en évidence les capacités herméneutiques de la *phronèsis* (il l'appelait *illative sense*), notamment sur le plan de l'adhésion à une conception de la vie. Ces mêmes capacités seront reprises sous un autre angle au XXe siècle par un auteur comme Gadamer[3]. Or ce lien, bien que ce soit dans la distinction entre spéculatif et pratique, transparaît aussi dans le fait que la *phronèsis*, comme le suggère Aristote, ne « commande pas à la *sagesse* », mais « en vue de la *sagesse* », et qu'elle s'emploie toujours dans l'horizon ouvert par ces principes spéculatifs qui, à leur tour, rendent

1. *Cf.* Aristote, *Éthique à Nicomaque* II, 1107a 9-27.
2. *Cf.* Aristote, *Métaphysique* VIII 6 (Theta), 1048 a 37.
3. *Cf.* J. H. Newman, *An Essay in Aid of a Grammar of Assent*, New York, Longmans, Green and Co., 1924, surtout le chap. IX. Par rapport à l'herméneutique de Gadamer, cependant, Newman souligne avec plus de force la dimension de la certitude à laquelle conduit la *phronèsis* ou *illative sense*.

possible la sagesse[1]. Le *phronimos* possède ces vertus éthiques qui disposent à la *sophia* (la philosophie). En s'appuyant sur les certitudes dont il fait l'expérience dans sa vie pratique, le *phronimos* apprend à supporter les contradictions et les apories, en évitant ainsi les synthèses hâtives, d'une part, et la méfiance en la raison qui conduit facilement aujourd'hui à se contenter de la culture de l'instant, d'autre part[2]. Ces observations visent à éviter une interprétation de la sagesse pratique tirée du contexte historique dans lequel elle a surgi et succombant par trop au relativisme contemporain et qui, par suite, ne serait pas à la hauteur des défis du temps présent.

Angelo CAMPODONICO
Traduit de l'italien et de l'anglais
par Laura Rizzerio et Danielle Lories

1. *Cf.* Aristote, *Éthique à Nicomaque* VI, 1145a 8-9. Bien évidemment, il s'agit alors de comprendre ce que peut signifier aujourd'hui la vertu dianoétique de la sagesse.
2. *Cf.* A. Campodonico, *Etica della ragione*, *op. cit.*, surtout chap. II.

LES AUTEURS

ALDO BRANCACCI est Professeur d'histoire de la philosophie antique à l'université de Rome Tor Vergata. Il fait partie du comité directeur d'*Elenchos* et du *Giornale Critico della Filosofia Italiana*. Il a notamment publié *Antisthène. Le discours propre*, Paris, Vrin, 2005. Il a dirigé de nombreux volumes collectifs parmi lesquels : *Philosophy and Doxography in the Imperial Age*, Firenze, Olschki, 2005; avec Monique Dixsaut : *Platon, source des Présocratiques. Exploration*, Paris, Vrin, 2002; avec Gianna Gigliotti, *Mémoire et Souvenir. Six études sur Platon, Aristote, Hegel et Husserl*, Napoli, Bibliopolis, 2006.

ANGELO CAMPODONICO est Professeur ordinaire de philosophie morale et d'anthropologie philosophique à la Faculté de Lettres et philosophie de l'Université de Gênes. On lui doit notamment : *Integritas. Metafisica ed etica in Tommaso d'Aquino*, Florence, Nardini, 1996 et *Tra legge e virtu. La filosofia pratica angloamericana contemporanea* (a cura di A. Campodonico), Gênes, Il Melangolo, 2004.

MONIQUE DIXSAUT est Professeur émérite à l'Université Paris1-Panthéon-Sorbonne. Elle est l'auteur de nombreuses études sur Platon. On lui doit notamment *Le naturel philosophe. Essai sur les Dialogues de Platon*, Paris, Vrin (Bibliothèque d'histoire de la philosophie), 2001 (3e éd. corr.) et *Platon et la question de la pensée. Études platoniciennes I*, Paris, Vrin (Bibliothèque d'histoire de la philosophie), 2000.

JEAN-JOËL DUHOT est Maître de conférences à l'Université Jean Moulin Lyon 3. Il a notamment publié *La conception stoïcienne de la causalité*, Paris, Vrin, 1989 et *Épictète et la sagesse stoïcienne*, Paris, Bayard, 1996 (poche Albin Michel, 2003) ; traduit dans plusieurs langues.

GAËLLE FIASSE est Professeur adjoint au département de philosophie de Mc Gill University (Montréal). Elle est l'auteur de plusieurs articles en philosophie ancienne et contemporaine et d'un livre intitulé *L'autre et l'amitié chez Aristote et Paul Ricœur. Analyses éthiques et ontologiques*, Paris-Louvain, Peeters (Bibliothèque philosophique de Louvain), 2006.

JEAN-BAPTISTE GOURINAT est Chargé de recherche au CNRS, Directeur-adjoint au Centre de recherches sur la pensée antique « Léon Robin », UMR 8061 du CNRS (Paris IV-ENS). Il a notamment publié *Les stoïciens et l'âme*, Paris, PUF, 1996; *La dialectique des stoïciens*, Paris, Vrin, 2000, et *Les stoïciens*, dir. G. Romeyer Dherbey, éd. J.-B. Gourinat, Paris, Vrin, 2005.

TOBIAS HOFFMANN est Professeur adjoint à la School of Philosophy de The Catholic University of America, Washington, D.C. Il a notamment publié *Creatura intellecta. Die Ideen und Possibilien bei Duns Scotus mit Ausblick auf Franz von Mayronis, Poncius und Matrius*, Münster, Aschendorff (Beiträge zur Geschichte der Philosophie und Theologie des Mittelalters, Neue Folge), 2002. Il a aussi édité, en collaboration avec Jörn Müller et Matthias Perkams, *Das Problem der Willensschwäche in der mittelalterlichen Philosophie / The Problem of Weakness of Will in Medieval Philosophy*, Paris-Leuven-Dudley (Mass.), Peeters (Recherches de théologie et philosophie médiévales Bibliotheca), 2006, et il est l'éditeur de *Weakness of Will from Plato to the Present*, Washington D.C., CUA Press (Studies in Philosophy and the History of Philosophy), 2008.

PAVLOS KONTOS est Professeur au département de philosophie de l'Université de Patras. Il a notamment publié *D'une phénoménologie de la perception chez Heidegger*, Dordrecht, Kluwer (Phaenomenologica), 1996 et *L'action morale chez Aristote. Une lecture phénoménologique et ses adversaires actuels*, Paris, P.U.F., 2002.

JEAN-LOUIS LABARRIÈRE est Chargé de recherches au CNRS, Centre Louis Gernet/Maison française d'Oxford/Oriel College, Oxford. Il a notamment publié *Langage, vie politique et mouvement des animaux. Études aristotéliciennes*, Paris, Vrin (Problèmes et controverses), 2004 et *La condition animale. Études sur Aristote et les stoïciens*, Paris-Louvain, Peeters (Aristote. Traductions et études), 2005.

DANIELLE LORIES est Professeur de philosophie à l'Université catholique de Louvain (Louvain-la-Neuve); elle y est membre du Centre d'études phénoménologiques et y dirige le Centre d'esthétique philosophique. Elle est notamment l'auteur de *Le sens commun et le jugement du phronimos. Aristote et les stoïciens*, Louvain-Paris, Peeters (Aristote. Traductions et études), 1998, et en collaboration avec Olivier Depré, de *Vie et liberté. Phénoménologie, nature et éthique chez Hans Jonas*, Paris, Vrin (Problèmes et controverses), 2003.

FRANÇOIS MARTY est Professeur émérite à la Faculté de philosophie, aux Facultés jésuites de Paris, Centre Sèvres. Il a notamment publié *La naissance de la métaphysique chez Kant. Une étude sur la notion kantienne d'analogie*, Paris, Beauchesne, 1997 (rééd.) et *L'homme habitant du monde. À l'horizon de la pensée critique de Kant*, Paris, Honoré Champion, 2004.

ANDRÉ MOTTE est Professeur honoraire à l'Université de Liège. On lui doit notamment une étude sur les notions de *sophia* et de *phronèsis* chez Aristote et

Cicéron (Mélanges M. De Corte, Bruxelles, Ousia, 1985) ainsi que plusieurs articles sur l'éthique de Démocrite (signalés dans sa contribution au présent volume).

LAURA RIZZERIO est Professeur aux Facultés Universitaires Notre-Dame de la Paix à Namur; elle est entre autres l'auteur de *Clemente di Alessandria e la "physiologia" veramente gnostica. Saggio sulle origini e le implicazioni di un'epistemologia e di un'ontologia cristiane,* Leuven, Peeters, 1996; elle a aussi publié, *De la phantasia à l'imagination*, D. Lories et L. Rizzerio (dir.), Leuven-Namur, 2003.

ALEXANDRINE SCHNIEWIND est Professeur ordinaire de philosophie ancienne à l'Université de Lausanne. Elle est notamment l'auteur de *L'éthique du sage chez Plotin. Le paradigme du* spoudaios, Paris, Vrin (Histoire des doctrines de l'antiquité classique), 2003. Elle a également publié : Plotin, *Traité 5 (V, 9)*, introduction, traduction et commentaire par A. Schniewind, Paris, Cerf, 2007.

JACQUES TAMINIAUX est Professeur émérite de philosophie à l'Université catholique de Louvain, où il a fondé le Centre d'études phénoménologiques (Centre d'archives Husserl), et de Boston College (Mass.), où il occupait la Frederic Adelmann Chair. Il est l'auteur de nombreux ouvrages s'inscrivant dans le mouvement phénoménologique, parmi lesquels : *Sillages phénoménologiques. Auditeurs et lecteurs de Heidegger*, Bruxelles, Ousia, 2002 et *Art et événement. Spéculation et jugement des Grecs à Heidegger*, Paris, Belin (L'extrême contemporain), 2005.

TABLE DES MATIÈRES

Imprimerie de la Manutention à Mayenne (France) – Août 2008 – N° 204-08
Dépôt légal : 3e trimestre 2008